本书系国家社会科学基金教育学一般项目“新课程情感态度与价值观目标达成途径与策略研究”（BHA120049）的研究成果

Research on the Achievement of Emotion Attitude and Value Goals in the New Curriculum

新课程情感态度与价值观目标达成研究

魏宏聚◎著

科学出版社
北京

内 容 简 介

情感态度与价值观目标的设置是新课程改革最大的亮点之一。该目标的创设对于在教学中培养学生情意素养，注重学生生命成长，改变教师在课堂教学中的知识本位倾向具有重要的意义。

本书从心理学、哲学与教育学的视角透视了情感态度与价值观目标的本质内涵，结合丰富、真实的教学实例，分析了导入、教学氛围及小组合作等常用的教学设计活动达成情感态度与价值观目标的基本原则与要求，为一线中小学教师的日常教学设计提供了思路；从学术研究的视角来看，本书从哲学的视角展开论述，特别对理科课堂情感目标的达成及评价进行了创新性的专题探索，具有极高的学术意义。

本书适合一线中小学教师、教学研究人员，以及专业的教育理论工作者阅读。

图书在版编目（CIP）数据

新课程情感态度与价值观目标达成研究 / 魏宏聚著. —北京：科学出版社，2017.7

ISBN 978-7-03-053504-7

Ⅰ. ①新… Ⅱ. ①魏… Ⅲ. ①课堂教学－教学研究－中小学 Ⅳ. ①G632.421

中国版本图书馆 CIP 数据核字（2017）第 136345 号

责任编辑：乔宇尚 崔文燕 王丽娟 / 责任校对：王晓茜
责任印制：张欣秀 / 封面设计：润一文化

科 学 出 版 社 出版
北京东黄城根北街 16 号
邮政编码：100717
http://www.sciencep.com
北京凌奇印刷有限责任公司 印刷
科学出版社发行 各地新华书店经销
*
2017 年 7 月第 一 版 开本：720×1000 B5
2017 年 7 月第一次印刷 印张：16 3/4
字数：326 000
POD定价： 79.00元
（如有印装质量问题，我社负责调换）

前　言

一种正确的教育，能防止公民的护卫者变成对公民的残害者，由公民的温和的朋友变成野蛮的主子。犹如牧羊人养了猎犬以保护羊群，猎犬不去驱赶豺狼，保护羊群，反而危害羊群。如果护卫者受过良好的教育，就可以保证他们不致变质。

——柏拉图[①]

一、培养健全的人是人类教育的理想

柏拉图在《理想国》中所追求的培养目标“哲学王”，也是一种健全的人、全面发展的人。他指出：应有良好的记性、敏于理解、豁达大度、温文尔雅、爱好和亲近真理、正义勇敢和节制。[②]我国的教育，总的来说，一直是以培养健全人格的人，促进受教育者的全面和谐发展为目标。《中华人民共和国教育法》规定，现阶段的教育目的是“培养德、智、体等诸方面全面发展的社会主义事业的建设者与接班人”[③]。而人的全面发展指的是人的综合素质，这里的综合素质包括人的身体、知识、智力、能力、情感、态度与价值观等多方面。本书提出的情感态度与价值观目标的达成，对于育人目标而言，正是着力于培养全面发展的人的一个方面，是从科学与人性的双重维度来对教学提出新的要求，具有重要的时代意义。

2001 年，第八次课程改革以来，“面向全体学生”“为了学生的全面发展”等观念逐渐深入人心。在教育教学中，关注学生的情感态度与价值观发展，将情感态度与价值观作为认知的基础及教学目标，正引起人们的认同、重视，并被作为正式要求写入了国家课程改革纲要，由此，情感态度与价值观目标的预设与达成——价值观教育逐渐融入中小学各学科的教学之中。中小学生是青少年的主体，当下他们的情感态度与价值观现状如何？来自一线的教师说出了自己的心声[④]：

“道德天平将要倾斜。”说到现在的学生，北京某中学特级教师感叹。在一次作文课上，高三的同学这样描写一位目睹名医（专家）误诊的女护士：“病人与

---

① 转引自：单中惠，杨汉麟. 2007. 西方教育学名著提要. 南昌：江西人民出版社：9.

② 转引自：单中惠，杨汉麟. 2007. 西方教育学名著提要. 南昌：江西人民出版社：11.

③ 转引自：李擎. 2008. 初中科学课程中“科学态度、情感与价值观”教育的研究. 华中师范大学硕士学位论文：1.

④ 胥丹丹. 2007. 情感态度与价值观——该怎样教. 光明日报，2007-01-24，第 010 版.

我又有什么关系呢？说了又不会提工资，如果有事，让医院去赔钱”；“他（指专家）那么有名，诈他几万块钱不成问题吧”；“我正好看这个专家不顺眼，这病人又穷耗了我一整天的宝贵时光，死了活该”。

“文如其人，言为心声。从某种程度上说，对人物心理的揣测刚好折射出作者价值观的偏离。”任课教师在课堂上点评。之后，在44名同学上交的“一言心得”中，“班上52%的学生表示认同教师点评，而还有高达48%的同学为这些作文叫好”。任课教师为此感到痛心。其实，这并不是单独的个案，中小学生情感态度与价值观的滑坡是普遍现象。

但是，从目前的教学过程来看，情感态度与价值观目标还远没有被一线教师列为真正意义上的教学目标，对于该目标，教师在理解和操作层面上还存着较深的误解及较大的疏漏，这也使得本书具有较强的现实意义。

二、情感目标达成是教学中培养健全的人的有利抓手

关注人的情感（态度与价值观）[①]发展是教育中的一个本源性、根基性的问题，这一问题被历史上著名学者进行了前所未有的强调。孔子有云：“知之者不如好之者，好之者不如乐知者”，“兴于诗，立于礼，成于乐”。卡西尔曾深刻地指出：“科学在思想上给予我们秩序；道德在行动中给予我们秩序；艺术则在对可见、可触、可听的外观之把握中给予我们以秩序的追求。”[②]“秩序”是什么，秩序即规则，不同层次的人类活动的规则，价值观是其重要内涵。总之，情感态度与价值观是人类教育世界的永恒主题，“教育的任务不在于把知识灌输到灵魂中去，而在于使灵魂转向”[③]。

（一）关注教学中情感目标的达成是“真”教学的追求

教学活动是教育活动的主要形式与途径。历史上许多著名学者的教育观，其实是课堂教学观，以教学活动代替教育，或许是因为在正规教育起源的早期，教学是教育活动的全部的缘故。所以，历史上许多著名学者，皆是在阐述他们教学观的同时表明他们的教育观。

什么样的教学是有效的，或换句话，什么样的教学是“真正”的教育，教学或教育的价值追求是什么？我们看看历史上一些著名学者的观点。

---

① 情感态度与价值观目标，在实践界一般简称为情感目标，为了便于表述与理解，本书统一称该目标为情感目标。如果从价值教育的视角，情感态度与价值观目标也可以简称为价值目标，它达成的过程则可以被称为价值教育，为了便于表述及易于理解，个别章节也称该目标为价值目标，达成过程为价值教育。

② 转引自：朱小蔓. 1994. 当代情感教育的基本特征. 教育研究，(10)：75.

③ 单中惠，杨汉麟. 2007. 西方教育学名著提要. 南昌：江西人民出版社：9.

1. 康德的教学、教育目的观

康德认为，教育就是品格教育，儿童品格的培养是教育教学活动的主要内容，甚至是全部内容。

康德在数学、物理学、哲学领域都有很深的建树，尤其是哲学领域，我们熟悉的“三大批判”是其代表性著作，但他的教育思想在教育历史长河中也占有一席之地，其中《论教育》被认为是第一核心著作。在该著作中，我们可以看到，康德所说的教育，就是道德准则的教育，是儿童道德品格的教育。在著作中，他向我们展示了教育是如何通过准则或者人类活动中一贯的原则塑造人的性格。比如他强调，“道德培养必须以某种准则而非规训为基础；父母和教师也需要有道德塑造方面的一些见识；如果要塑造儿童的品格，那么就要让他们意识到，在任何事情上都有某些要严格遵循的计划和法则”①。总之，在康德的视野里，教育就是品格教育，甚至他的墓碑上的铭文，也强调了德育至高无上的地位：“有两样东西，我们越是经常不断地思索它们，它们就越是唤起一种始终新颖和日益增长的赞叹和敬畏充溢我们的心灵，那就是我头顶的星空和心中的道德律。”②

2. 亚里士多德的教育目的观

亚里士多德在《政治学和伦理学》一书中对教育的内容与目的进行了明确的论述。他说，教育应是国家的责任，应通过立法进行规定。我们绝不能忽视教育内容，在亚里士多德时代，教育的内容同样受到人们的争论，他指出：“无论是有关德性还是有关最优良的生活，人们对年轻人应该学习的内容莫衷一是，至于教育应该偏重于思想内容还是偏重灵魂的伦理特性，人们同样是争论不休。”③在说明上述争论后，亚里士多德非常明确地强调，儿童应该学习种种必需的和实用的事务，而不是所有事务，因为工作有分类，儿童只能从事与德性有关的事务。

3. 赫尔巴特的教育目的观

教育性教学是赫尔巴特提出的著名命题，它指出了什么是教学的价值追求。赫尔巴特强调：“教学如果没有进行道德教育，只是一种没有目的的手段；道德教育如果没有教学，就是失去手段的目的。”④赫尔巴特的观点再次表明，教学如果没有进行德育教育，只是一种手段，没有目的；同时表明，教学是德育教育的重要途径。

---

① 转引自：Ozmon H A, Craver S M. 2006. 教育的哲学基础(第七版). 石中英，邓敏娜，等译，北京：中国轻工业出版社：42-43.

② 小卡. 2010. 康德墓志铭.https://www.douban.com/note/67515171/[2017-1-29].

③ 转引自：Ozmon H A, Craver S M. 2006. 教育的哲学基础(第七版). 石中英，邓敏娜，等译，北京：中国轻工业出版社：80.

④ 转引自：郑其恭，周康年.1993. 教书育人新探. 广州：广东教育出版社：167.

4. 杜威对教学中德育的强调

杜威也对教学中的德育寄予了很高的期望，“道德的目的是各科教学共同的和首要的目的，所以，知道如何把道德价值的社会标准加诸于学校所使用的教材上面，就是十分重要的”[①]。他认为，如果我们将品德发展作为一种终极的教育目标，同时又将知识的获得和理解力的发展这些在学校教育生活中占用大部分时间的工作视为与德育无关的活，学校德育实际上就会是毫无希望的事情。

综上所述，历史上的著名学者关于教学（教育）目的的认识，从知识教学与道德教学的关系来看，皆认为品格的培养应成为教学的最终追求。他们在论述教育目的时，都没有提到知识和技能，“这决不是他们认为这不重要，而是知识技能的学习相对于价值观的确立是第二位的，后者对于学生成人更加关键”[②]。教学中的德育是真正教学的重要体现与途径。

（二）关注教学中情感目标的达成是课堂教学有效性的需要

教学目标是一节课的起点与终点，从教学目标的达成来看，一节课有效与否就在于教学目标能否有效地达成。如果把情感目标与过程、方法目标的达成称为教学的人文性效果，把知识与技能目标的达成称为教学的工具性效果，显然理想的课堂教学应是高人文性与高工具性的交集。

所谓的高效课堂，也是最为理想的课堂。在这样的课堂上，教师既重视知识与技能目标的达成，也重视情感目标与方法目标的达成，既显示了课堂教学的工具性功能，又突出课堂教学的人文性功能。关注、探索情感目标的达成效果，显然是从教学人文性的角度来增强课堂教学的有效性，这是实现课堂教学有效性的需要。如果应该预设情感态度与价值观目标的教学内容缺失了该目标，那么这节课的教学有效性肯定是打折扣的，这节课绝不能称为一节高效的课。

其实，情感目标也是考试的重要内容，新课程改革以来，高考试题改革的一个显著特征就是增加对情感目标的考查。

应该说，考试并不是新鲜的评价手段，已存在很长时间，但存在的不足也是明显的。总的说来，“应试”评价倾向于知识与技能目标的评价，特别是知识目标的评价，评价指向过于单一，评价尺度简单、机械、片面，已不能适应素质教育的发展要求，更不利于学生的全面发展。新课程改革以来，把“情感态度与价值观”纳入到高考评价体系，是一种较大的尝试与创新。研究者李铜玉在《高考历史对“情感态度与价值观”的考查》一文中认为，高考历史学科对情感目标的考查分为三个维度：情感方面主要是考查学生能否心态平和、严谨细致、实事求是地回答问题；态度方面主要是衡量考生是否有毅力、有韧性、有追求真理的科

① Dewey J. 1909. Moral Principles in Education. Boston: Houghton Mifflin Company: 31.

② 赵希斌. 2014. 魅力课堂：高效与有趣的教学. 上海：华东师范大学出版社：68.

学态度，有良好的思维品质；价值观方面主要是鉴别考生对学科价值和基本的人生观的认识理解程度。[①]

2008年和2010年山东省高考文综卷考查情感目标的试题举例如下。[②]

2008年，山东省高考文综卷第27题以“家庭是文明社会的基本细胞”这一主题为切入点，从“家齐而后国治”“父母在，不远游”等古训的角度，考查了学生对中国社会传统文化特别是对传统的家庭伦理观念的理解，从而对考生进行了责任和感恩教育，使考生的人文精神得到深化。

2010年，山东省高考文综卷第36题以胡锦涛2009年6月在上海合作组织峰会上及温家宝2009年12月在联合国气候变化大会上的讲话、中国政府2009年在中非合作论坛上的表态为背景材料，设置如下问题：①从成员性质和职能范围的角度分别指出上海合作组织的类型。②如果以“活跃在世界舞台上的中国”为题写一篇时政评论，请结合材料列出要点。以人类所面临的共同问题——气候问题为切入点，考查学生的社会责任感。

综上所述，从教学有效性来说，情感目标的达成已成为考试取得好成绩的重要维度，该目标在教学中的达成已成为教学有效性的重要指标。

（三）关注教学中情感目标的达成是深化新课程教学改革的需要

新课程改革理念体现在学校教育活动的方方面面，但在教学中体现得最多、最为具体与重要的就是三维教学目标理念的提出。关于三维目标，“其主题最根本、最集中地表现为对完满人格的培养和追求，重视智力因素和非智力因素全面和谐的发展，强调受教育者在身体、精神、智力等方面的有机统一和个体潜能的开发”[③]。可以说，这次新课程改革，明确设定的三维目标是一大创举。

本次课程改革以“课程标准”取代了原来的“教学大纲”，确立了“知识与技能”“过程与方法”“情感态度与价值观”的三维目标。“新课程目标追求知识与技能、过程与方法、情感态度与价值观协调统一是教育本质的真实回归，体现了以学生发展为本的思想，是教育领域的一场深层次的革命。”[③]三维教学目标的明确设立也是对广大一线教师教学方向的规定与约束，它们是教的方向。其中，情感目标的设立是对教学中过于重视知识目标的有力纠正与补充，是对长期以来“学科德育”理念的深化与具体化，也是教学有效性与“本真”教学实现的重要抓手。“从课程改革的实践来看，还大量存在着由于教师缺乏对三维目标的理性思考和必要的理论与方法的指导，导致的教学策略不合理，教学效率低下，影响了学生创新能力与综合素质的形成和发展。”[③]因此，关注与探索情感目标的达成是

---

① 李铜玉. 2005. 高考历史对“情感态度与价值观”的考查. 中国考试(高考版)，(6)：43-45.

② 任大春. 2012. 历史科高考对情感态度与价值观的考查研究. 四川师范大学硕士学位论文：12-14.

③ 黄梅. 2009. 基于三维目标的化学教学策略研究. 西南大学博士学位论文：1.

深化、落实新课程改革理念的需要。

三、情感目标达成关键是策略与途径

无论从何视角看，教学中情感目标的达成都具有重要的意义，但是关于该目标达成的系统研究较少，能够“落地”的研究成果更是少之又少。该方面的研究成果无论从数量上还是从质量上，都无法满足中小学一线教学实践的需求。该领域迫切需要深入、系统的研究，以为一线教师提供可借鉴、可操作的研究成果。

情感态度与价值观目标达成研究的成果中，最为核心的应是情感目标的达成途径与策略。寻找这些“途径与策略”就成为本书最为核心的任务。这个研究有两个最为基本的思路：一个是文献研读与吸收，即传统的文献研究；另一个是实践寻找，即在教学实践中寻找教师常用的典型经验。文献研究是最基本的研究思路，仅靠这一研究路径，所寻找到的“途径与策略”很有可能缺乏创新性，并且不具有实践性，不被一线教师所接纳。本书的特色之一就是“途径与策略”寻找的实践研究。在长达三年的课堂观察中，在对高中、初中与小学大量课堂观察的基础上，在对大量优秀教师、优秀教学经验的总结与归纳的基础上，本书形成了具有操作性的“途径与策略”。优秀的教学经验属于教师的实践性知识，这类知识的最大特点是实践性强，易被一线教师所接受，实践研究或许会成为本书的一大亮点。

本书是2012年国家社科基金教育学一般课题“新课程情感态度与价值观目标达成途径与策略研究”的研究成果。在历时三年的研究中，没有合作学校的配合与支持是无法完成实践研究的，要特别感谢郑州市第九中学、郑州市回民中学与郑州市实验高级中学等合作学校，在这些学校的认真合作及团队的倾心配合下，本书才得以完成。最后感谢科学出版社乔宇尚、崔文燕及王丽娟编辑，她们为本书的出版做出了极其耐心、细致的工作！

魏宏聚

2017年5月1日

目　　录

第一章 情感目标内涵解读

如果要系统地、理智地研究某一个教育计划，首先必须确定所要达到的各种教育目标。这些教育目标是有意识地想要达到的目的，也就是教育职员期望实现的结果。

——泰勒[①]

学生在学校学习就像雏鸟学习飞行；学生不断获得的知识、技能、素质就像雏鸟逐渐丰满的羽翼，决定了它能飞多高、多远。但是，比飞得高、飞得远更重要的问题是“往哪里飞”，这就由价值教育中“价值”所决定了。[②]

情感目标是第八次课程改革提出的一个崭新理念。在价值教育领域内，该目标也叫价值目标、价值观目标，因此，关于它的达成活动被称为价值观教育或价值教育。本章将在价值教育视野内透视情感态度与价值观目标的本质内涵及三维目标的关系。

第一节 情感目标内涵透视：价值教育的视角[③]

价值教育（value education）是国际教育界自20世纪70年代以来兴起的一种国际性教育思潮。在多元文化、多元价值冲突的时代背景下，价值教育作为一种教育上的回应正悄然兴起，并且日益成为席卷全球的国际性教育改革思潮。1994年，著名学者泰勒出版了《价值教育在欧洲：1993年26国的比较调查概况》一书，这是对欧洲各国价值教育实践进行介绍的权威著作。[④]澳大利亚政府把价值教育作为学校工作的核心，出台了学校价值教育的国家框架并付诸实施；美国、德国在20世纪六七十年代已开始实施价值教育，“在最近25年中，‘价值’问题首先在美国，接着大约从1975年开始在德国，又一次成为教育学的一个中心主题。与第一次源于价值哲学推动的教育关注价值的风潮不同，这一次关注价值问题的风潮则源于世俗化的多元主义社会生活实践和教育实践的消极经验”[⑤]。价值教育

---

① 转引自：单中惠，杨汉麟. 2007. 西方教育学名著提要. 南昌：江西人民出版社：501.

② 赵希斌. 2014. 魅力课堂：高效与有趣的教学. 上海：华东师范大学出版社：68.

③ 本节核心内容发表于《教育理论与实践》2013年第19期。

④ 魏宏聚，金保华. 2010. 价值教育——一个命题的诠释. 教育理论与实践，(4)：33.

⑤ 沃夫冈·布雷钦卡. 2008. 信仰、道德和教育. 彭正梅，张坤译. 上海：华东师范大学出版社：126.

的兴起源于应对多元文化、多元价值产生的价值难题而造成的严重后果。例如，德国实施价值教育的动力是大批未成年人（如学生）广泛存在的冷漠精神状态、吸毒、孤立离群、对学校不满等[①]；美国价值教育兴起的动力则在于美国的文化变迁、生活形式的变化、极端的个人主义等。人们开始追问，教育是否该为社会价值沦丧负责？此到底孰之过？价值教育作为教育的重要内容，随即在世界领域内应运而生。

虽然价值教育在西方是一种重要的教育思潮，但目前对于我国教育学界而言，“价值教育”仍是一种较新的教育理念，国内学者刚刚开始涉足这一领域，相关的研究成果并不多见。对于多数学者而言，“价值教育”仍是一个令人费解的术语，它是道德教育吗？它与传统的价值观教育又有何区别？总之，这是一个易让人产生歧义的术语。其实，令人费解的是如何理解“价值”一词，澄清了“价值”的内涵也就澄清了“价值教育”的内涵。本书试图通过解读“价值教育”的关键词——“价值”，澄清价值教育的内涵，深入理解“情感态度与价值观”目标的本质内涵。

一、价值内涵——词源学的解释

克里夫·贝克说：“我相信每一个人都可以探索价值问题，因为价值就发生在每个人的日常生活之中。”[②]的确，“价值”一词是日常生活中与学术语言中出现得较为频繁的术语，但如果稍做思考，我们就会对价值教育产生一系列疑问：价值是什么？是不是所有的教育皆是价值教育？抑或“价值教育”只是教育的部分任务，只是教育者所要完成的众多的教育任务中的一种？当谈及某物有价值时，大家是在同一层意思上使用它的吗？显然，理解“价值”一词的内涵是理解价值教育内涵的关键。

理解“价值”的内涵需要从词源研究开始。词源研究是我们理解一个概念的重要途径，“通过把所用的语言材料回溯到一个概念最初的形态和早期的原始语境，触摸到真正的缘起，梳理出流变，对概念的产生与使用进行理解、体会、比较和分析，这让我们对一个概念能够有更加完整深刻的认识”[③]。价值在词源上应如何理解呢？根据研究者娄雨的分析，“价值”一词的词源学意义属于“价值”一词的基础性、内在的，甚至是物理性的内涵。她指出，“价值”一词起源于拉丁文 valere，演变为英语中的 value，它最初是指“强壮、有力、健康”，指的是人的身体状况良好，生命力蓬勃。“价值”一词的内涵经过发生与成长，最初的“强壮、有力、健康”之意早已不再使用，当前已成为不同学科、不同领域甚至不同语境下内涵丰富的术语。《说文解字》中对它的解释是这样的：“贾，物直也”；

① 沃夫冈·布雷钦卡. 2008. 信仰、道德和教育. 彭正梅，张坤译. 上海：华东师范大学出版社：129.

② 克里夫·贝克. 1997. 学会过美好生活——人的价值世界. 詹万生，等译. 北京：中央编译出版社：8.

③ 娄雨. 2011. 价值秩序与价值教育——基于舍勒价值现象学的教育哲学研究. 北京师范大学硕士学位论文：1.

“值，措也”[①]。“价”始指场所，引申为卖者之所得，买者之所出；“值”是持有，后引申为“相当”。从这个意义上来理解，“价值”实际上是指物品在比较、交换的过程中体现出的“相当”“不相当”，反映的是物的功用性。[②]

在此基础上，一种当前最为广泛意义上的价值内涵产生了，即“有用、意义与作用”层面的理解。这一理解在哲学及经济学上应用得最为广泛，比如，许多哲学教科书这样定义价值：是客体（事物或人）满足主体（个人主体或集体主体）需要的关系。满足的程度越大，客体对主体的价值也就越大。日常生活中约定俗成的价值内涵与哲学上的用法类似，比如，我们常说，某物对某人很有“价值”，或者这是一个很有“价值”的思考，等等。哲学及日常生活中对价值的理解，本质上是对事物意义、作用的判断与描述，这是已成共识的解释。实际上，教育学学科有时也在此意义上使用“价值”术语，比如“这个教学模式很有价值，教育的价值是什么”，这类命题也是在此内涵上使用价值这一术语。

二、价值内涵——伦理学的理解

实际上，价值教育中的价值，并不是在上述两种意义上使用“价值”这一术语，而是在伦理学意义上使用价值，即价理学学科视域下的价值。布雷钦卡曾指出，价值教育中的价值是指（哲学）伦理学意义上的价值。[③]这是相对于经济学意义上的价值而言的，这种用法直到19世纪末20世纪初才开始变得普遍。比如，那时出现了大量的价值理论和价值伦理，对教育学产生了持久的影响，并产生了“教育的价值学说”，即所谓的“价值哲学的教育学”或“价值教育学”。[④]最为重要的是，布雷钦卡明确指出价值教育的出现是因为出现了大量的价值理论与价值伦理，它们对教育学产生了持久影响后才逐渐产生了“价值教育”这一术语。这一观点是科学的，也是合理的。综上所述，价值教育中的价值指的就是伦理学意义上的价值，它偏重于德性价值，德性价值是规范性的，是对行为正当性进行评价的标准与准则，属于人类的规范性知识。国内外从事价值教育研究的学者皆是在此意义上理解价值的。比如，北京师范大学的石中英教授认为，价值教育中的价值具有鲜明的社会性、历史多样性与可变性，它指的是主体应当遵循的正当性原则，这些原则是个体行为的指南、文化的核心与组织认同的基础。[⑤]国外学者对价值教育中“价值”的解释与石中英教授的解释有诸多共同的地方，比如，日

---

① 段玉裁. 1988. 说文解字注. 上海：上海古籍出版社：281.

② 刘晓明. 2008. 视域融合：心理教育中的价值问题研究. 长春：东北师范大学出版社：119.

③ 布雷钦卡原文用的是“哲学”，笔者把它改为伦理学，因为布雷钦卡随后指出价值教育是在出现了大量的价值伦理后才出现的，笔者比较赞同这一观点，认为价值教育中的价值是在伦理学意义上的一种运用。

④ 沃夫冈·布雷钦卡. 2008. 信仰、道德和教育. 彭正梅，张坤译. 上海：华东师范大学出版社：125-126.

⑤ 以石中英教授2009年在一次学术报告中对价值内涵的界定为依据。

本有学者认为，通俗地说，价值就是创造维系某种文化的人们，即社会的成员共同持有的“期望性观念”（concept on desirability）。

此外，英国价值教育学者尼尔·赫克斯在其著作中指出，“价值”在价值教育中指的是指导人们思想和行为的一些基本原则与信念。他特别指出了青少年学生应当遵守的如合作、幸福和率直等 12 项基本的价值原则，这里列举其中的 8 项价值原则，以帮助大家理解价值教育中价值的内涵，见表 1-1①。

表 1-1 生活中的基本价值原则

价值原则	内涵	价值原则	内涵
合作	合作是互相帮助 合作是一起工作要有耐性 合作是以集体的努力来达成一个目标	幸福	幸福是爱和内在的平静 幸福是知道自己被爱着 幸福是把美好的祝福送给每一个人
责任感	责任感是做到公正 责任感是做好自己分内的工作 责任感是关照好自己和他人	率直	率直是感激、欣赏生活中的小事 率直是自然和美丽 率直是不做不必要的思考
自由	自由是能够选择 自由是生活得有尊严 自由是权利与责任达到平衡	和谐、一致	和谐是一致 和谐是集体的力量与协调 和谐是个体的承诺
诚实	诚实是讲真话 诚实是信任 诚实是对你自己和他人忠实	谦逊	谦逊是自尊、自重 谦逊是接纳每一个人 谦逊是有勇气和自信

可见，虽然不同学科领域内的价值在汉语表述上是同一个术语，但“价值”这一术语的意义在社会科学或哲学中并不是确定无疑的。价值教育领域中的“价值”的内涵具有独特性，它指的是一些人类公认的优秀价值原则或价值规范，可用以规范我们的生活，指引实践方向。它是教育的内容与对象，并不是事物属性，如效用性的判断，更不是指有用与没用的判断。总之，价值教育中的价值属于规则性知识，这些规则性知识是在人类发展过程中生成的，它源于人类群体的内在的社会性需要。实际上不止人类，其他生物同样有这样的规则性知识以维系群体的生存，哲学家叔本华在其著作中曾描述过这样一个故事②：

在一个寒冷的冬日里，一群豪猪为了取暖而挤作一团。当它们身上的刺把各自刺痛时，它们又立即散开。但是天气的寒冷又使它们不得不再次挤到一起，又再次分开。这样反反复复后，它们总算知道还是不要离得太远，但也不能挤到一块儿。只有这样，那相互温暖的需要虽然只是得到微弱的满足，但也不至于会刺痛对方。

① Hawkes N, Redsell C. 2005. How to inspire and develop positive values in your classroom. Cambridge: LDA: 7.
② 丁锦宏. 2005. 品格教育论. 北京：人民教育出版社：64.

所以，（价值）规则是生物界共有的一种知识，是生物彼此和谐相处的基本要求，是个体与周遭环境相互作用、和谐相处的基本要求。这里所说的环境指的是一切对个体产生影响的“存在”——既包括物质环境（如自然环境、生活条件等），又包括人文环境（如文化、风俗、宗教信仰、他人等）。[①]基于上述分析及国内外学者对价值的界定，本书认为，价值教育中的价值是某一群体所持有的思想原则、基本信念及生活的立场或标准等规范性原则，价值教育就是把这些价值原则内化为受教育者的价值观，进而指引受教育者行为的教育活动。

三、价值教育中价值的特点

价值教育中的价值是群体应当遵循的正当性原则，价值所具有的特点因信奉价值的“群体”不同而不同。

1）价值是具有正当性的规范性知识。这些知识是群体的原则、信念、立场或标准，不过这些原则、信念、立场或标准应当具有正当性。所以，从价值教育的角度去理解“价值”一词，它指的是一些人类传统的优秀价值原则，“这些价值原则通过教育的手段形成学生的价值理性，丰富他们的价值情感，激励他们积极的价值信念，进而指引学生的各种行为，并让学生以各种优秀的价值品质融入到社会生活中去，去开创更为美好的人生”[②]。这也正是开展价值教育的目的、教学中预设价值目标的目的，这是由价值的正当性特点所决定的，否则不可能过上美好的生活。

2）“群体”的时代性决定了价值具有相对性、时代性。价值教育中的许多价值内容具有相对性、时代性。比如，中国古代传统道德中的“三从四德”“男尊女卑”“二十四孝”等观念，都被推崇为处理男女及父母子女间关系的至高无上的道德标准，然而在现代社会，则明显不再适用。[③]随着时代的发展，这些价值的正当性就逐渐发生了变化，甚至现在许多人认为那是一种丑恶的价值。

3）价值具有群体性，群体的文化差异决定了价值具有不同的适用范围，具有相对性。“拾金不昧”是我国传统的优秀价值，在我国具有正当性。但在国外，如美国，可能就不是如此，下面的例子可以充分地说明价值的群体性。

无人认领就归你[④]

在美国探亲时，上小学一年级的孙女在超市捡到20美元，找失主却成了难题。我的小孙女采取了以下措施试图找到失主：

1）在超市门口喊：谁丢了20美元？快来认领啊！

① 丁锦宏. 2005. 品格教育论. 北京：人民教育出版社：66.

② 这一观点引自石中英教授2010年在一次学术报告中所用的PPT中的内容。

③ 赵振洲. 2010. 现代西方道德教育策略研究. 济南：山东人民出版社：3.

④ 武宝生. 2010. 无人认领就归你. 东西南北，(12): 53. 引用时略有改动。

2）跑到收银台，想把20美元交给收银员，收银员一边摆手一边说“NO”，无论如何也不收捡到的这20美元。怎么办啊？孙女有点犯难了！

3）我就对孙女说：明天到学校交给老师吧，哪想第二天下午放学，孙女又把那20美元拿回来了，孙女说：“老师问我，这20美元是我捡到还是我偷的？我回答说：捡的。又问：谁作证？我回答：我的老姑和我的老姑父，还有超市收银员！老师接着拍拍我的肩膀说：很好！这20美元就是你的了！我说，我不能要，应该交给学校！老师说，你捡到的就是你自己的！懂吗？后来我又找到学校，校长和老师说的一模一样：我捡到的就是我的！”

在中国，拾金不昧是美德，捡到东西要交公，可在美国，到哪儿去找“公”呀？全家人商量了半天，最后决定以孙女的名义，把这20美元交给超市保安，让保安帮着找失主。保安答复说，帮着找失主可以，但20美元还得由孙女本人保管。

一个月过去了，依然没人认领这20美元。超市保安给孙女打电话说：“按康涅狄格州地方法规，如有人捡到一般物品，在一个月内无人认领，该物品应归拾主所有。”孙女无奈地“昧”了这20美元，她没有花，而是留作纪念。

4）存在永恒的、普遍的人类价值。如果价值的群体无限扩大，扩展至全人类，那么就会出现适合全人类的价值，也就是永恒价值、普适价值。人类的永恒价值类似于克里夫·贝克所说的基础价值。基础价值或人类永恒价值是植根于人性本身，基于“人类”而形成的价值，是全人类切切实实所追求的正当性原则。他指出了一些人类的基础价值：生存、健康、幸福、伙伴、友谊、同情、助人、自尊、被人尊重、发现、美感体验、实现、自由、生活的意义感等。①

人类的基础价值有不同的版本，又如1993年，具有不同宗教观念和信仰的代表就最基本的共同道德价值观第一次达成了共识，形成了《全球伦理宣言》，这些伦理也是人类永恒的、共同的价值，跨越了民族、宗教的界限。例如，“己所不欲，勿施于人”；每一个人都必须被人道地对待；勿杀戮；勿偷盗；勿说谎；在性方面不能不道德。这些价值就是不同文化背景下人类价值观的最大公约数，它们在实际生活中代表着人类普遍的愿望，并被人类广泛追求，是人类最基本的价值。美国著名心理学家科尔伯格认为，正义是人们在确保生活价值有序进行中所共同关注的道德主题。除去具有文化独特性的行为规则，各个群体的家长都会发现，他们需要教授给孩子一些最基本的道德价值，如诚实、勇敢等。②这些价值原则之所以具有某种普遍性和共同性，一个重要的原因就是价值的基本社会功能——规范人类社会的行为，通过这些价值原则的教育，能让全人类和谐相处。不过需要强调的是，即使人类有普遍价值，它也非永恒不变，也非放之四海而皆准，“这种变化

① 克里夫·贝克. 1997. 学会过美好生活——人的价值世界. 詹万生，等译. 北京：中央编译出版社：9.

② 转引自：赵振洲. 2010. 现代西方道德教育策略研究. 济南：山东人民出版社：4-5.

又因人因地而异，在其普通的被人们熟悉的标签背后，隐藏着相当的差异性”[①]。上述分析也表明，价值教育不同于我们所理解的德育，是德育的深化、扩充。

四、价值教育中价值的分类

在我们厘清了价值的内涵与特点后，面临的下一个问题就是价值的分类。价值的内涵及人们对价值的理解是多种多样的，我们可以从多种学科视角去理解价值，如哲学中的价值、经济学中的价值、伦理学中的价值、心理学中的价值与教育学中的价值等。所以，价值的分类同样有多种维度、多种划分方法。当然，这些分类有交叉、有不同，这里展示两类有关价值的划分，仅供参考，希望能对人们理解价值教育视角下价值的内涵与分类有所帮助。

1）赖金良的价值划分。[②]他认为以前人们对价值的主客体理解，忽略了主体的价值需要，仅仅把主体当作客体时才谈论主体的价值，没有把“以人为尺度”的立场发挥彻底，因此提出了“人道价值论”。他把价值分为人道价值、规范价值与效用价值三个方面，每一方面的价值又具有各自的内涵：①人道价值，指的是人生命存在的意义、尊严与自由等主体自身的内在价值；②规范价值，指的是主体与主体之间的结构性价值，如社会的民主、公平、正义等价值；③效用价值，指的是客体对于主体的功能性价值，包括人的效用价值与物的效用价值。

2）克里夫·贝克的价值划分。克里夫·贝克认为不同类型的价值构成了一个价值系统，以服务人生幸福，这个价值系统包括基础价值、道德价值、社会价值、经济价值、政治价值等。在这个价值系统中，每种价值都很重要，这些价值是互相比较、互为平衡的，没有哪种价值可以居高临下地藐视其他的价值。克里夫·贝克把价值分为6类：①基础价值，包括人的生存、健康、幸福、友谊、助人（在一定程度上）、自尊、自由、自我实现等价值；②精神价值，包括良知、豁达与远见、整体感、惊奇、感激、希望、独立与超然等价值；③道德价值，包括诸如谨慎、责任、勇敢、自制、可靠、真诚、诚实、公正、无私等价值；④社会和政治价值，包括诸如和平、正义、宽容、参与、合作、分享、忠诚等价值；⑤中介价值，包括健美、运动能力、音乐鉴赏、读写能力、财务保障等价值；⑥具体价值，包括一个具体事物或一项运动的价值，如一辆自行车、一个高级学历证书或一种特殊运动的价值。[③]

在克里夫·贝克的价值分类中，基础价值在一定意义上接近于绝对价值，这类价值在价值系统中属于第一位的、根本的、终极的，因为它们最终保证美好生活的实现。从上述两类价值的划分我们可以看出，价值教育中的价值不完全等同

---

① 克里夫·贝克. 1997. 学会过美好生活——人的价值世界. 詹万生，等译. 北京：中央编译出版社：4.

② 赖金良. 1997. 人道价值的概念及其意义. 天津社会科学，(3)：40-44.

③ 克里夫·贝克. 1997. 学会过美好生活——人的价值世界. 詹万生，等译. 北京：中央编译出版社：6.

于上述学者理解的价值，价值教育中的价值更多的是一种规范性价值，不包括赖金良所说的效用价值，也不包括克里夫·贝克所说的中介价值与具体价值，它更多的是一种基础价值、道德价值与社会和政治价值。

总之，作为一股国际上兴起的教育思潮，价值教育逐渐被我国学者所关注。在有效地实施价值教育之前，澄清价值教育中价值的本质内涵是必要的，这有助于理解新课程情感态度与价值观目标的内涵。笔者认为，情感态度与价值观目标的内涵的本质就是价值教育中价值的内涵，二者并无区别。德国教育学家布雷钦卡在《信仰、道德和教育》的开首就指出明确价值教育内涵的重要性。他说："'价值教育'的口号是一种教育任务的名称。为了完成这个教育任务，人们必须充分精确地理解它到底包含了哪些内容。只有在目标明确的情况下，人们才能探求合理的方法。"[①]他同时指出，价值教育在德国第一次兴起是在1900—1925年，由于缺乏清晰性和不够贴近实际而对教育者的实践任务影响不大，不久，它便被遗忘了。本书努力探究价值教育中价值的内涵，也是为了避免在我国出现类似问题，进而使价值教育得以持续地开展。

第二节　情感目标内涵解读：新课程视角

我国2001年提出的新课程改革，确定了"知识与技能、过程与方法、情感态度与价值观"三位一体的课程目标。三维目标的确立，是对我国长期的教育、教学实践的反思，也是对国内外课程教育教学理论的具体应用，是一大创新与突破。

本次新课程改革中最明显和对教师冲击最大的就是三维目标的提出。三维目标中的情感态度与价值观目标具有深刻的内涵，但很多人想当然地认为无非是旧的思想教育目标的简单扩大化。对于三维目标的落实，存在着如下现象："在实践运用'三维目标'的过程中，单一的'知识和能力'本位的课程教学思维并没有从根本上改变，'过程与方法'目标还没有成为教学的常态目标，'情感态度和价值观'目标往往被虚化。"[②]这种现象既背离了三维目标设立的初衷，又背离了教育的本质。

三维目标中情感目标的设立，标志着教育教学理念的重大转变，即由单纯重视"双基"（基本知识与基本技能）的认知领域向认知领域与情意领域相结合转变。"传统教学中要对学生进行思想品德教育或爱国主义教育，现在所提出的情感态度与价值观要比过去全面、易操作"[③]，在调查中教师如是说。教育的本质就是要促进人的发展，促进人的全面发展，情感目标的提出，体现了以人为本的理

① 沃夫冈·布雷钦卡. 2008. 信仰、道德和教育. 彭正梅，张坤译. 上海：华东师范大学出版社：133.

② 廖传珠，李育民. 2015. 情感、态度、价值观是"三维目标"的首要目标. 陕西教育，(1-2)：74.

③ 毛豪明，吴娟. 2010. "情感态度与价值观"课程目标的理解与践行. 安庆师范学院学报(社会科学版)，(3)：104.

念在教学中的实现，其实质就是要关注人。甚至有学者指出："课程教学必须正本清源，把情感、态度、价值观目标提升到'三维目标'的首要目标，这才是课程教学乃至教育的根本方向。"②

一、情感态度与价值观目标内涵解读

情感态度与价值观是一个描述学生心理状态与变化的组合术语。

1. 情感

情感不仅指学习的热情和兴趣，还包括爱、快乐、审美情趣等丰富的内心体验，情感属于心理过程，作为一种内心体验，它的生成需要刺激情境。比如，《义务教育思想品德课程标准（2011 年版）》中关于情感目标的规定为："体会生态环境与人类生存的关系，爱护环境，形成勤俭节约、珍惜资源的意识。"①又如，《义务教育音乐课程标准（2011 年版）》中关于情感目标的规定中为："音乐学习可以丰富学生的情感体验，使其情感世界受到潜移默化的感染和熏陶，建立起对人类、对自然、对一切美好事物的关爱之情，进而养成对生活的积极乐观态度和对美好未来的向往与追求。"②

2. 态度

态度在个人心理生活中占有重要地位，它是后天学来的。"态度不是单一的心理过程，它是在信念、情感和动机等种种心理活动基础上综合而形成的，是其他心理过程的综合。"③它不仅是人的性格特征的重要方面，而且是人的理想、信念、世界观等个性倾向性的表现。态度不仅指学习态度，还包括乐观的生活态度、求实的科学态度、宽容的人生态度等。态度是具有相对稳定性的心理倾向，具有一定的稳定性，可以超越刺激情境而发挥作用。"价值观作为一个比较宽泛和抽象的概念，它强调了个人价值与社会价值的统一，科学价值和人文价值的统一，以及人类价值与自然价值的统一。"④各学科根据学科内容的不同，所规定的态度目标也不尽相同。比如，《义务教育思想品德课程标准（2011 年版）》中关于态度的规定是："感受生命的可贵，养成自尊自信、乐观向上、意志坚强的人生态度。"①而《义务教育数学课程标准（2011 年版）》则规定，数学教学中要达成的态度目标是"形成坚持真理、修正错误、严谨求实的科学态度"⑤。初中科学课程规定的态度目标是：让学生能有乐观、积极进取、敢于求实创新的人生观，热

---

① 中华人民共和国教育部. 2011. 义务教育思想品德课程标准（2011 年版）. 北京：北京师范大学出版社：5.

② 中华人民共和国教育部. 2011. 义务教育音乐课程标准（2011 年版）. 北京：北京师范大学出版社：8.

③ 李擎. 2008. 初中科学课程中"科学态度、情感与价值观"教育的研究. 华中师范大学硕士学位论文：5.

④ 邝丽湛. 2010. 中学德育学科教学论. 北京：北京大学出版社：112.

⑤ 中华人民共和国教育部. 2011. 义务教育数学课程标准（2011 年版）. 北京：北京师范大学出版社：9.

爱生活、学习、工作，热爱自然、社会，对社会有责任感、义务感，具有人道主义精神等。[①]

3. 价值观

价值观则是情感、态度的凝聚和升华，它是对事物进行判断的观念系统，是人格的核心组成部分，对行为有重要指导作用。情感态度与价值观作为一个教学目标，其描述应越简洁、准确越好。该目标用三个词——情感、态度、价值观来描述，从状态来看，这三个词描述的是一种递进关系，其起源是情感，最终生成的是价值观。比如，《义务教育思想品德课程标准（2011 年版）》中关于价值观的描述是："养成孝敬父母、尊重他人、诚实守信、乐于助人、有责任心、追求公正的品质。"[②]

教学内容作为人类文明的载体，其选入教材作为课程的部分，往往承载了人类优秀的情感态度与价值观。当作为教学内容进行教授时，教师就可以有目的、有意识地把负载在内容上的情感态度与价值观信息传递给受教育者。

二、三维目标的"三维"关系

泰勒指出，如果要系统地、理智地研究某一个教育计划，首先必须确定所要达到的各种教育目标。它是教师的期望，也是学生学习的结果。

1）知识与技能目标。该目标是一个传统的目标，它对于人的知识积累、人的智力和能力的发展、获得一定的谋生手段具有重要的价值。传统的知识本位就是过于重视该目标的教与学，由于它是显性目标，可测量、可评价，对学生学习结果或教学效果的评价最容易从该目标入手，现在流行一句话"当堂学，当堂测"，其测的无非是该目标的达成效果。知识与技能目标在三维目标中起到基础性作用，它的重要性是不言而喻的，但仅仅重视该目标的教与学显然是传统教育的误区。

2）过程与方法目标。该目标也是新课程改革提出的一个目标，它解决的是"怎么教""怎么学"的问题。过程与方法，指的是学生学习的过程与方法或教师教的过程与方法，该目标首次把"教与学"的过程纳入教学的目标体系，是课程教学目标的丰富和发展，过程与方法目标让知识与技能目标实现得更有效，也让情感、态度、价值观目标的达成具备了抓手。

3）情感态度与价值观目标。该目标解决的是人的情感、态度与价值观的养成问题，是以人为本的思想在教学中的体现，其实质是由重物转向重人。情感态度与价值观目标是三维目标的灵魂，它关注的是人的终极发展问题。因为"作为目的的'人'包括'人文'、'人格'、'人生'三个方面，因而人的教育应该是

① 冯函秋. 2004. 新课程中的情感、态度与价值观目标. 柳州师专学报，(2)：138-140.

② 中华人民共和国教育部. 2011. 义务教育思想品德课程标准（2011 年版）. 北京：北京师范大学出版社：5.

人文精神的教育、人格养成的教育和人生发展的教育”[①]。

如果从达成结果的显隐性上看，知识与技能是显性目标，可以通过习题进行检测，过程与方法目标是显性隐性兼顾的目标，情感态度与价值观目标则是隐性的，三者相辅相成，贯穿于教学全过程[②]。有学者从教学过程中学生掌握三者的过程分析情感目标与三维目标中其他二者的关系：“三维目标是交融互进的，‘知识和技能’只有在学习者的积极反思、大胆批判和实践运用的经历过程中，才能实现经验性的意义建构；‘情感态度与价值观’只有伴随着学习者对学科知识技能的反思、批判与运用，才能得到提升。”[③]在三维目标中，就人的素质而言，研究者多认为，情感目标是终极目标，“当学生将掌握的知识技能，经历的过程，形成的方法都升华为情感态度价值观对学生的终身学习、终身发展将是受益无穷的”[③]。情感目标内化为人的价值观的过程如图 1-1 所示[③]。

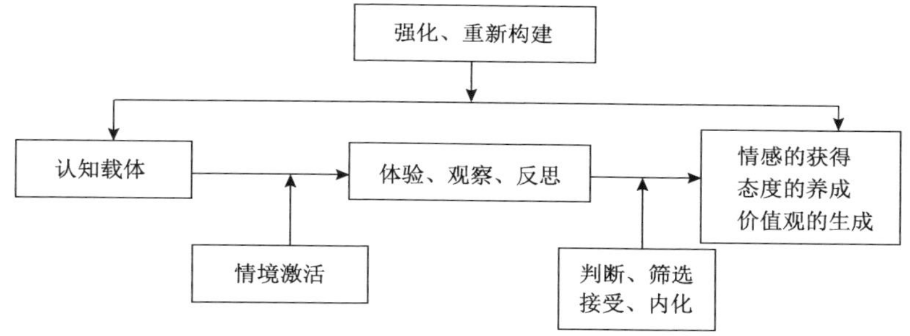

图 1-1　情感目标内化为人的价值观的过程

还有学者从心理学的角度，绘制了情感、态度与价值观三者的关系（参照了沙莲香的《社会心理学》），如图 1-2 所示[④]。

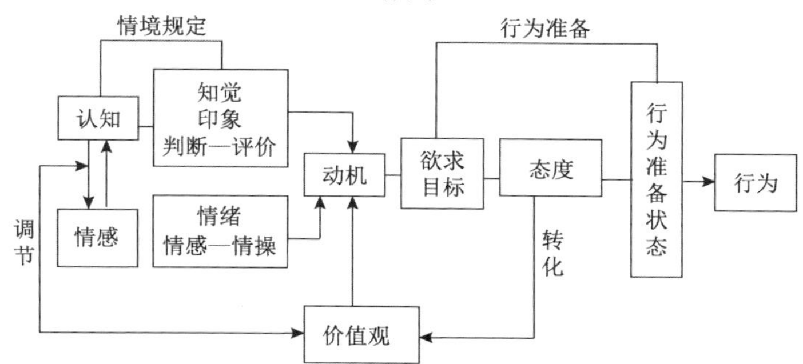

图 1-2　沙莲香绘制的情感、态度与价值观三者的关系图

① 廖传珠，李育民. 2015. 情感、态度、价值观是“三维目标”的首要目标. 陕西教育，(1-2)：74.

② 毛豪明，吴娟. 2010. “情感态度与价值观”课程目标的理解与践行. 安庆师范学院学报(社会科学版)，(3)：105.

③ 李育林. 2008. 对高中历史“情感态度与价值观”目标的认识. 福建论坛，人文社会科学版，(S3)：160.

④ 范俐. 2003. 论新课程分目标：情感态度与价值观. 南平师专学报，(1)：38.

图 1-2 呈现了三维目标中情感目标与其他目标的关系，显示了情感目标最终内化为价值观的过程，同时表明情感、态度和价值观三者关系是极其密切的，是人的整体意识的三个侧面。它是以认知载体（即“知识与技能”）为基础，以情境为中介，以情感的获得、态度的养成、价值观的生成为最终指向，三者相互联系、相互制约、相互协调。

情感态度与价值观本质上是人的情感的一个连续体，许多时候很难分清究竟是情感还是态度，抑或是价值观。事实上，如果没有什么比意愿更能深入影响学习，那么任何的认知或动作学习目标中都含有一些情感成分。在观念转变的教学中，学习者的意向和成就动机的作用，使得情感与认知学习不再相互隔离。[①]比如，一个人具有爱国主义的价值观，那么他一定会具有爱国主义情感，也会具有爱国主义态度。作为教学目标的情感态度与价值观，在形成价值观的过程中，总会伴随着相应的情感与态度的生成。也许正因为难以区分，而确实又有不同，该目标才会表述为“情感态度与价值观”。综上所述，“从横向上看，情感、态度和价值观三个要素具有相对独立性，它们描述了人的情意领域的完整画面；从纵向上看，这三个要素具有层次递进性，构成了一个由低级到高级的情意发展连续体”[②]。

三、情感目标与认知目标的统一性关系

情感目标对应的人的行为是情感行为，认知目标包括知识与技能目标，其对应的是认知行为。其实，人的认知行为与情感行为是统一的。正如希尔勒所述：“……可以把行为概念化，移入认知-情绪-动机的矩阵中，在这个矩阵中，不可能有任何真正的分离，无论我们怎样分解行为，动机-情绪-认知的组成部分总是按照这种或那种顺序呈现出来的。”[③]

（一）三维目标在教学实践中的统一

三维目标在教学实践中的统一指的是教学目标作为学生学习的结果，其达成过程高度统一在教学过程中，很难分清什么活动是为了达成知识与技能目标；什么活动又是为了达成情感目标。从心理学的角度来看，学生学习活动是一个心理变化的过程，外在的评价很难深入学生心理内部进行划分与评价。下面，以一节课预设的三维目标为例，说明为何情感目标与认知目标是统一的。

---

① P. L. 史密斯，T. J. 雷根. 2008. 教学设计. 庞维国，等译. 上海：华东师范大学出版社：402.

② 赵德居. 2003. 新课程实施中的情感、态度与价值观评价. 课程·教材·教法，(9)：10.

③ D. R. 克拉斯沃尔，B. S. 布卢姆，等. 1989. 教育目标分类学·第二分册·情感领域. 施良方，张云高译. 上海：华东师范大学出版社：47.

对于人教版高中地理教材必修一第三章“洋流对地理环境的影响”一节的教学，课程标准要求学生能够“运用地图，归纳世界洋流分布规律，说明洋流对地理环境的影响”。教师预设了以下教学目标。

1）通过案例，了解寒暖流对沿岸气候的不同影响；

2）通过读世界四大渔场图，能说出世界四大渔场的分布位置，并能够分析渔场成因；

3）从史实和问题出发，分析洋流对航海和海洋污染的影响；

4）培养学生懂得利用科学解释生活并将其运用于生活，形成理论与实践相互结合的习惯。

从目标属性上判断，目标 1）、目标 2）、目标 3）都属于知识与技能目标，分别让学生学习、掌握寒暖流对沿岸气候的不同影响，进而结合四大渔场的形成，说明这便是洋流影响的结果或是人们根据洋流的影响而确定下来的世界著名渔场。从目标 4），即情感目标的达成来看，前三个目标的达成，正是为该目标的达成做铺垫，最终让学生明白：洋流可以影响渔场，影响人们捕鱼，我们可以根据地理知识来为我们人类的生活服务。

（二）三维目标的分离是研究的需要，它们在本质上是统一的

著名的目标分类学家克拉斯沃尔与布卢姆指出：“我们试图把情感领域同认知领域分离开来加以分析，这一事实并不意味着这两个领域之间存在着一种根本的分离。实际上，这两个领域之间不存在任何分离。”①在论证认知与情感的不可分时，克拉斯沃尔与布卢姆引用了著名的心理学家威廉·詹姆士与密尔顿·罗基克的观点，节录如下①：

威廉·詹姆士：

从主观的角度，全部心理事实都是感情的。……这样，我们就会看出，当前把“感情”与“知识”对立起来的做法是非常荒谬的。如果每一种感情同时也具有一点知识，我们就不应该再认为心智状态的不同，或多或少是由认知的品质决定的。心智状态的不同，仅仅在于掌握知识的多寡，在于对客体的事实了解得多还是少。

密尔顿·罗基克：

……根据信念和信念体系来分析，并不一定要把我们自己限制在研究认知行为的范围内。我们设想，每一种情感状态也都用某种信念的形式，或一个体系内各种信念之间的某种结构关系的形式，表现出某种认知状态。

① D. R. 克拉斯沃尔，B. S. 布卢姆，等. 1989. 教育目标分类学·第二分册·情感领域. 施良方，张云高译. 上海：华东师范大学出版社：47-48.

克拉斯沃尔与布卢姆引用国际心理学先驱的观点，无非想表明，认知与情感是紧密相连的。其中认知目标中包含着情感成分。如果我们去寻找的话，几乎所有的认知目标都带有情感成分。比如，“通过小组合作，让学生愉快地掌握平均数的概念”这一目标表述，其重心是认知目标——“平均数概念”，但在表述这一认知目标的同时，包含了情感目标——“愉快地学习”。在日常的教学活动中，许多情感目标也被归入了认知目标中，只不过教师在表述目标时，没有具体说明这一点。因为“大多数教师都希望，他们学生会对所教的教材形成一种持续不断的兴趣。他们希望自己的学生学会对要处理的现象或解决问题的方式形成某种态度。但是，他们没有在目的上具体说明这一点”[①]。

（三）情感目标与认知目标在学习连续体中是交叉的

所谓的学习连续体，本质上是人知识、情意形成过程的心理描述。目标分类学对认知目标和情感目标都进行了亚类的区分，如果仔细地观察、比较，我们会发现，这些亚类是相互交叉的，或者说是不可分割的，如表 1-2 所示[②]。

表 1-2　认知连续体与情感连续体内涵的交叉

认知连续体	情感连续体
1. 认知连续体以学生知识（1.0）的回忆和再认为开端	1. 情感连续体以学生仅仅接受（1.0）刺激和消极地注意刺激为开端。它延伸到学生比较积极地注意刺激
2. 它延伸到学生领会（2.0）知识	2. 学生对刺激作出反应（2.0），愿意对刺激作出反应，以及在作出这种反应时感到满意
3. 学生具有运用（3.0）他已领会的知识的技能	3. 学生对某种现象或活动作出价值的评价（3.0），以便他自愿地作出反应，并寻找反应的方式
4. 学生具有分析（4.0）含有这种知识的情境的技能，具有把这种知识综合（5.0）成新的组织的技能	4. 学生对作出反应的每一种价值加以概念化（4.1）
5. 学生具有评价（6.0）的技能，即能够在这种知识领域中根据特定的目的来判断材料和方法的价值	5. 学生把这些价值组织（4.2）成体系，最后把价值复合体组织成一个单一的整体，即实现个体的性格化

注：克拉斯沃尔与布卢姆的目标分类学中内化过程的不同层级：从简单到复杂，1.0 是初级表现，依次类推到 5.0；每一层级又依据不同的表现分为不同的层级，例如，1.0 层级又可以分为 1.1、1.2 与 1.3 三个层级，这代表了个体接受信息后反映的不同程度

从上述连续体各亚层的内涵可以发现，我们认为属于认知领域的，其实也属于情感领域，这可能是因为角度不同。比如，认知领域的 1.0，“回忆和再认”属

① D. R. 克拉斯沃尔，B. S. 布卢姆，等. 1989. 教育目标分类学·第二分册·情感领域. 施良方，张云高译. 上海：华东师范大学出版社：51.

② D. R. 克拉斯沃尔，B. S. 布卢姆，等. 1989. 教育目标分类学·第二分册·情感领域. 施良方，张云高译. 上海：华东师范大学出版社：52-53.

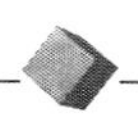

于认知领域的开端，其实这个时期，恰恰也是情感连续体的开端，是引起学生接受刺激和消极地注意刺激的开端。

综上所述，情感目标与认知目标，无论从心理学的角度，即内蕴的视角，还是从实践的角度，即外在的观察来看，二者都是紧密结合在一起的。其本质的关系可以用以下几个观点来概括。

1）二者互为达成的条件。在教学实践的过程中，认知目标可以作为情感目标达成的条件与手段；同样，情感目标也可以作为认知目标的达成条件与手段。“在有些情况下，课程同时追求情感目的与认知目的，导致它们在紧密交织的双重基础上，用某一领域作为另一领域的手段。”①

2）教学过程中同时、同活动中达成。在教学实践过程中，认知目标与情感目标可以在同一个教学活动中同时达成（当然这是主观的判断，但可以主观的这样设计与实施）。

3）在课程标准中，教学目标分三维进行表述，其实更多的是为了陈述的方便、预设的方便与研究的方便。

四、不同视角下的情感目标解读

在情感目标明确提出以前，教学中也强调该目标的达成，只不过是从另外三个角度来阐述该目标：①教学中的非智力因素的开发；②教学中的德育或学科德育；③情感教学。

（一）情感目标与非智力因素

在情感目标明确提出前，学科教学中同样强调情感目标的达成，只不过把情感目标归结为非智力因素。比如，语文教学中对此目标的解释是“‘描述兴趣、态度和价值等方面的变化及鉴赏和个人满意的顺应形式’，属于意向过程和非智力素质方面的目标，包括学习动机、兴趣和价值观的发展倾向等方面的要求”②。

非智力因素主要是从心理学的角度进行研究的。在我国，非智力因素概念被提出并成为研究热点问题是比较早的，起始于20世纪80年代初期，有学者指出：非智力因素的命运是与“1978年的改革开放紧密联系在一起的；如果不实行改革开放，就不会提倡解放思想；如果不解放思想，就不会有非理性主义的抬头；而没有非理性主义的抬头，也就不会独立地提出非智力因素概念并对之展开心理学的研究”③。

---

① D. R. 克拉斯沃尔， B. S. 布卢姆，等. 1989. 教育目标分类学・第二分册・情感领域. 施良方，张云高译. 上海：华东师范大学出版社：64.

② 贺从蕾. 2003. 对中学语文教学情感目标评价体系建构的探索. 华东师范大学硕士学位论文：1.

③ 燕国材. 2009. 非智力因素研究三十年. 上海师范大学学报(基础教育版)，(1)：1.

非智力因素被认为是个体成功的决定因素，“成功=智力因素+非智力因素”，并且许多学者强调非智力因素在个体学习中具有非常重要的作用。何为非智力因素？研究者对它有以下界定。

1）燕国材认为，凡是智力因素以外的一切心理因素，都可以称为非智力因素；从狭义看，非智力因素主要指情感、意志、性格而言。①

2）沈德立认为，广义的非智力因素，即除智力或能力因素以外的全部心理因素，狭义的非智力因素，是指与智力活动关系密切并共同影响智力活动效率的智力因素。同时，他提出了 11 种非智力因素：成就动机、交往动机、认识兴趣、学习热情、学习焦虑、学习责任、学习毅力、注意稳定性、情绪稳定性、好胜心和支配性。②

3）林崇德认为，非智力因素包括情感、意志、个性倾向、气质、性格等。它具有以下四个特点：①非智力因素不包括诸如热忱、大方、潇洒等与智力无关的心理因素；②非智力因素是一个整体，具有一定的结构和功能；③非智力因素与智力因素相互影响；④非智力因素只有与智力因素一起才能发挥它的作用。②

关于非智力因素概念及结构的认识与研究，曾引起我国学者的讨论与争鸣。“1992 年《华东师范大学学报（教育科学版）》发起了关于智力因素与非智力因素及其有关问题的争鸣’，参与这场‘争鸣’的刊物还有《江西教育科研》和北京的《中小学管理》等。”②在随后的研究中，非智力因素的结构进一步扩大，人们对于非智力因素的认识也进一步深入。

综上所述，从学者对非智力因素的结构论述中，可以看出，学者之间有争议也有共识，其中一般都认为情感、意志、性格属于非智力因素。后期，学者把学习热情、责任心、毅力和注意稳定性也列入非智力因素。非智力因素可以从三个层次来考察，但无论是哪个层次，其内涵皆与新课程改革中的情感目标的内涵紧密相关甚至重合。第一个层次为广义的，包括智力因素以外的一切心理因素，甚至还可以把政治品质、思想品质、道德品质和行为习惯等包含在内。这一层次中的品质、品德属于价值因素。第二个层次为狭义的，主要指需要、动机、兴趣、情感、意志、性格与世界观等。这一狭义层次的非智力因素中的兴趣、情感、世界观属于典型的情感目标内涵。第三个层次为具体的，主要为“五力”，即适应力、承受力、耐挫力、抗诱惑力与调控力；“五性”，即自觉性、主动性、积极性、独立性、创造性等；“五心”，即自尊心、自信心、好胜心、谦逊心与责任心等。②在这一层次中，“五力”属于理科课堂中情感目标的内涵，“五心”属于人文学科情感目标的内涵，“五性”部分内容属于情感目标的内涵。

总之，非智力因素虽然属于心理学的研究领域，是心理学中的一个专有术语，

① 燕国材. 2009. 非智力因素研究三十年. 上海师范大学学报(基础教育版)，(1)：1-4，7.

② 转引自：燕国材. 2009. 非智力因素研究三十年. 上海师范大学学报(基础教育版)，(1)：1-4，7.

但它的内涵与教育领域内的情感目标内涵有极大的重合。有些内容甚至完全一致，比如，在非智力因素研究中，心理学家林崇德先生提出了几个重要命题，认为"'德性'是非智力因素的核心"；非智力因素的培养是一条新的德育途径。从该观点及学者对非智力因素内涵的理解来看，教学中的情感目标结构与非智力因素的构成因素有很大程度的交叉，甚至重复。不过不同学科的学者们已充分认识到它们的重要性，学者们分别从心理学与教育学或德育学的角度进行着相似主题的研究。

（二）情感目标与学科德育

课堂教学是学生获取知识的主要渠道，据统计，课堂生活可以占据一个学生生涯的三分之二以上，因此，课堂就不仅仅是知识学习过程的场所，更是身心获得完美发展的地方。在此基础上，学科德育被提出并受到重视。

早期教学中的情感目标也被称为德育目标，教学中达成情感目标被称为学科德育。学科德育被认为是我国实施德育的主要途径。学科德育就是在学生获得各科基本知识的基础上，引导学生形成积极的人生观、正确的价值观。从这个角度上来说，本书所论述的教学中的价值教育可以称为学科德育，德育目标就是本书所论述的情感目标。但是，学科德育与当前论述的教学中的价值教育最大的区别体现在以下两个方面。

1. 学科德育目标空化、窄化

比如，语文学科强调在教学中达成该目标，该目标是"以思想道德教育、审美教育、马克思主义基本观点的教育为基本内容的意向性目标，注重于思想情感、行为态度的变化，旨在提高学生认识生活的能力和形成科学的世界观"①。语文学科可以说是中小学人文学科的代表，其教学内容蕴含着丰富的德育因素，强调在教学中实施学科德育似乎顺理成章。但是由于"教学指南"（教学指南是一线教师重要的教学参照用书）没有明确规定具体章节的德育目标内容，只是强调在教学中进行马克思列宁主义、思想品德等方面的教育，导致人文学科德育目标窄化、空化，难以在教学中得到落实。

2. 理科课堂中实施学科德育的形式化

一线中小学教师认为理科学科强调学科德育比较牵强。这是因为"至于自然科学的各门学科，由于反映的是大自然的客观规律，而规律本身没有阶级性，也不因民族的不同、国家的差异、人品的高下而有任何区别。因此，自然科学进行德育的途径比较少"②。这种观点反映了大多数人对理科课程进行学科德育的

---

① 贺从蕾. 2003. 对中学语文教学情感目标评价体系建构的探索. 华东师范大学硕士学位论文：2.

② 张奠宙. 2006. 数学学科德育的基点和层次. 数学教学，(6)：1.

认识。这种认识也体现了学科德育的最大不足之一，即理科课堂中学科德育的缺失与形式化。比如，数学学科中强调的学科德育内容仅为三方面：①进行辩证唯物主义教育；②进行爱国主义教育；③形成学生坚强意志、严谨作风和科学态度。针对这样的数学学科德育内容，著名的数学学者张奠宙先生指出：“这些工作当然是重要的，但是思路比较狭隘。”[②]

综上所述，在各学科教学中进行德育渗透，是世界各国教育制度的普遍特征，也是世界各国基础教育课程改革的基本趋势。新课程改革中的情感目标就是传统的学科德育中的德育目标，传统的学科德育就是在教学中实施价值教育，区别在于：新课程改革前，学科德育在实践中存在着目标不明、不具体、形式化问题，导致在教学实践中难以有效实施，而新课程改革后，学科德育目标明确、具体、可操作。

（三）情感目标与情感教学

人的情感与态度、价值观是紧密相连甚至是无法分开的，因此，情感目标在教学中的达成也被称为情感教学或情感教育。

情感教育、情感教学可以说是源远流长。古希腊历史上曾有柏拉图的心灵教育、苏格拉底的产婆术、亚里士多德的文雅教育。古希腊“三杰”的教育思想中无不闪烁着情感与人文的火花，为后世的情感教育提供了思想源流与可贵的启迪。

有学者这样界定情感教育：“实施情感教育，即在教育过程中要尊重和培养学生的社会性品质，提高其自我调控能力，促进其对自我、环境及两者之间的关系产生积极的情感体验，形成独立健全的人格特征。”[①]从这一定义可以看出，学者们所谓的情感教育，强调的实施过程是在教学中发生的，是教学中的情感教学，其中的情感又指的是什么呢？“它关注教育过程中学生的态度、情绪和情感以及信念，以促进学生个体和整个社会的健康和谐发展。”[①]从这一表述，我们可以清楚地明白，情感教育在教学过程中，关注学生的情感、态度与信念的养成，这与本书所关注的教学中情感态度与价值观目标的达成是“异曲同工”。

再看学者对情感教学的界定，所谓情感教学，是指“教师在教学过程中，在充分考虑认知因素的同时，充分发挥情感因素的积极作用，以完善教学目标，增强教学效果的教学”[②]。这一对情感教学的界定，强调情感是学生的非认知因素，知识的学习属于认知因素，在知识的学习过程中，要关注情感因素，即关注非认知因素，以促进有效学习。

在梳理有关文献后，笔者发现，在情感教育领域，研究者普遍认识到情感教育的重要意义：①对于人的生存具有积极意义；②促进学生认知的发展；③促进良好人际关系建立；④促进学生潜能开发；⑤提高学生审美能力；⑥完善学生品

① 严明，张晓书. 2005. 情感教育：梳理与反思. 教育探索，(1)：103.

② 卢家楣. 1993. 情感教学心理学. 上海：上海教育出版社：2.

德；⑦有利于学生社会化的发展。[①]

针对情感教育中情感的内容，有研究者认为，情感是一个多层次、多维度的构成物，并分别从内容、形式和能力三维度对情感的内容构成进行总结：①对自己的自我认知感、自我适应感、自我同一感、自爱自尊感、自信自强感等；②对他人的同情关怀感、体贴仁慈感、友谊真诚感、善解人意的挚爱感等；③对自然的敬畏感、亲近感、秩序感、护爱感、神往迷恋感等；④对社会的合作责任感、公正公平感、荣誉成就感、爱国使命感等。[②]

综上所述，情感教育与情感教学的内涵几乎一致，它们都强调教学中的情感因素的培养，这一点与本书中强调的情感目标的达成完全一致。有学者这样指出："把情感、态度、价值观培育作为新的目标维度纳入基础教育课程目标中，标志着情感教育将从教育的边缘正式进入教育舞台。"[③]情感教育虽然强调在教学过程中实施，但具体是何情感，却没有澄清，这严重影响了教学过程中情感教育的实施。

第三节 教学中情感目标的分类：预设与生成[④]

"教学活动是一种意识觉知的历程与结果，故也是意识形态的不断解放与重建，教学活动不应该只是知识或技能的传递，而是彼此对话，以及价值观的交流和权力的分享……教学应重视诚实、同情、勇气、仁慈、自律、合作与勤勉等品行的教育……教学莫陷入道德教育和职业教育二分的谬误。"[⑤]所以，教学理应包含价值教学，它与知识教学是同时进行的。教学目标应包括情感目标，教学中达成情感目标是教学的应有之意。课堂教学是预设与生成相互交织的结果，教学中的预设比较好理解，那教学为何有生成呢？福建师范大学的余文森教授指出了以下依据[⑥]。

1）人学的角度。人是生成性的存在，生命是不可预测的。学生带着自己的知识、思考、兴趣与经验参与课堂活动，并成为课堂教学不可分割的一部分，这就为教学生成埋下了伏笔。教师不应该用僵化的形式，如教师提前的预设，作用于学生，不应该用预先设定的目标僵硬地规定学生、限定学生，教师只能借助生成，恰当地引导学生自由、主动地生成和发展。

2）教学的角度。教学不是简单的教师教与学生学，教师教什么学生就学什么，

① 转引自：严明，张晓书. 2005. 情感教育：梳理与反思. 教育探索，(1)：103.

② 朱小蔓，梅仲荪. 2001. 道德情感教育初论. 思想理论教育，(10)：29-30.

③ 吴志华，邹翠霞. 2004. 情感教育——新的课程目标. 教育科学研究，(6)：47.

④ 本节核心内容发表于《江苏教育研究》2012 年第 1 期。

⑤ 温明丽. 2008. 教育哲学——本土教育哲学的建构. 台北：三民书局：162.

⑥ 赵小雅. 2006. 课堂：如何让"预设"与"生成"共精彩. 中国教育报，2006-04-14，第 005 版.

而是师生双方相互交流、相互沟通、相互启发、相互补充的过程。在这个过程中，新的情感、经验和知识不断地生成，因此教学是个发展的、增值的、生成的过程。

3）课程的角度。课程不仅是文本、教科书与课程标准，更是体验课程。这意味着，“课程的内容和意义在本质上并不是对所有人都相同的，在特定的教育情境中，每一位教师和学生对给定的内容都有其自身的理解，对给定的内容的意义都有其自身的解读”[②]。因此，教师和学生都是课程的创造者和主体，他们共同学习课程、开发课程，从而使课程实施过程成为课程内容持续生成与转化的过程。

一、课堂教学中的情感（价值）目标

课堂教学中的价值教育，关注的是教室内的价值教育。[①]它是指教师通过教学诸要素及教学环节，在传递知识的过程中，把人们认可的价值原则转化为学生相应价值观的教学活动。达成情感目标的课堂是有灵魂的课堂，帮助学生形成合适的价值观念和价值态度，能有效地进行价值识别、价值选择与价值创造，最终达成基于正确价值原则的生活方式，这是一种充满着价值关怀的课堂。

下面的案例就是融合了价值教育的课堂[②]。

记得一次去听一位小学数学老师的公开课，他在黑板上写了五道题让一名学生演板。

3×9=27；4×9=36；5×9=45；6×9=54；7×9=62

当演板的学生写完“62”时，台下多数同学都大声叫喊起来：“老师，她错了，最一后道错了……”我（听课者）当时的第一反应也是认为她的最后一道题算错了，满以为那位老师会马上纠正这名学生的错误，没想到他却说了一段让我至今记忆犹新的话。他说：“最后一题是错了，可大家为什么只说她错的这道题，而不说她前面四道题都做对了呢？看来，我们是多么容易发现别人的短处而忽略了别人的长处，当我们面对一个人时，首先要看其优点，要宽容地对待别人……”

上述案例中，对于上去演板的学生及其他学生来说，他们不但学会了知识，即个位数的乘法，而且可能达成了另外一种重要的目标，那就是学会了宽容、善待别人的优良价值品质。学生在课堂上计算错误或回答问题有误是每天、每节课

① 本节所述的价值目标即为本书中的情感目标，价值教育即为本书中所指的情感态度与价值观目标达成活动。价值教育与价值观教育有区别，价值观教育是国内的一种称谓，特指德育的一个领域，价值教育是国外的一种称谓，二者都是 value education，国外价值教育的内涵与外延都广于国内所谓的价值观教育。

② 陈成国. 2009. 新课程背景下的课堂德育. 北京：北京师范大学出版社：1-2.

都会发生的事，但是面对这么一个常态的现象，这位教师不是简单地纠正错误，而是借助这个事件，对学生进行了情感态度与价值观教育，留给听课教师的是耳目一新与震撼，留给学生的是价值观的养成与价值品质的形成，这是一个充满价值关怀的教学瞬间。价值教育不同于知识教学，价值教育培养的是具有“丰富合理价值世界”的人，它是把客观的价值内化为个体价值品格，让个体形成相应价值品质的过程。

石中英教授指出：“价值教育所关注的不是学生有关事实性知识、程序性知识或与职业活动直接有关的知识与技能的获得，而是学生价值观念和价值态度的形成、价值理性的提升、价值信念的建立以及基于正确价值原则的生活方式的形成。”①可见，追求价值观念、价值理性的形成，让受教育者过上高尚的、正当的生活应是价值教育区别于知识教学的重要方面。课堂教学中的价值目标具有以下特点。

1）价值目标的达成伴随着知识目标的达成而发生。课堂教学中的价值教育不是另起炉灶，单独设计一个活动实施，而是伴随着知识目标的教学，在教学进程中“随风潜入夜”地发生着。教学中的价值教育，把着眼点从教材本身转向了课堂教学的过程，特别关注教学过程中的“关系”和“活动”，关注师生的“交往”和学生的体验。

2）课堂教学中的价值目标可能是预设的，由教学内容所规定，也可能不是预设的，而在教学过程中产生，上述案例就属于后者。教学中的生成性激活了课堂，使课堂充满了生命活力，并呈现出生机勃勃的精神状态。

无论是预设的价值目标还是生成的价值目标，能否有效达成，都取决于教师的价值教育意识、价值领导力教学实践智慧。“教师要有意识地对自己的课堂教学行为进行审视和反思，即时修订、更改、充实、完善自己的教学设计和方案，使教学活动成为生成教学智慧和增强实践能力的过程。”②

本书中的课堂教学中的价值目标指的是课时目标，课堂教学过程就是课时目标实现的过程。如果课时目标设计得科学，高效的课堂、理想的课堂无非是课时目标完美实现的课堂。课堂教学中的价值目标可分为两大类：一类是预设的价值目标；另一类是生成的价值目标。预设的价值目标是教师依据教学内容课前设定的情感目标，即新课程三维目标中情感态度与价值观目标，这类目标是依据教学内容而确定的，相对稳定。生成的价值目标是教师在课堂教学中，在师生互动中，随机、即时达成的情感目标，这类情感目标以教学情境为依据，具有情境性与灵活性。教学过程的生成性与目标的预设性是价值教育课堂中一对紧密联系的情感目标。预设的价值目标主要指由教学内容挖掘出来的价值因素而形成的情感目标，

---

① 石中英. 2009a. 价值教育的时代使命. 中国民族教育，(1)：18.

② 赵小雅. 2006. 课堂：如何让“预设”与“生成”共精彩. 中国教育报，2006-04-14，第005版.

新课程情感态度与价值观目标代表并概括了这一类目标。这类目标是教师上课前预设的，被称为预设价值目标。预设目标与生成目标紧密联系，共同实现价值教学的终极目的。“预设是生成的基础，没有预设，教学质量将难以得到保障，生成也几乎是不可能的事情；生成是预设的拓展，没有生成，过分强调预设，预设有可能成为一潭死水，教师将沦为教书匠。”[①]关于预设与生成的关系，有学者发表了如下值得思考的观点[①]。

1）就语文教学而言，阅读是个性化行为，在情感、态度与价值观方面，学生对文本的体验虽然存在差异，但仍有共性的视界和基本的共识，这些也是可以预设的……我们预设的不是一些束缚学生思维的框框，不是预设学生学习的“标准答案”……而是预设课堂的各种变数。

2）预设与生成两相互补，相得益彰。但如果无法做到这点，我以为与其漫无边际地生成，不如认认真真地预设。

3）课堂上的生成，应该有个“度”的问题，否则，就会从过去的老师牵着学生的鼻子走转换为学生牵着老师的鼻子走，也可能越走越远。

4）如果把教案分为显性教案和隐性教案的话，预设可以等同于“教案”。“显性教案”是看得见的，应该简单实用，是“冰山”一角，做到课前有教案，课上用教案，课后反思教案。“隐性教案”是文化教案，是人格教案，是“冰山”的隐于水面以下的部分，它在教师的头脑中，在教师的胸中，是教师的文化底蕴。

二、课堂教学中的预设情感（价值）目标

课堂教学是一种有目的、有意识的教育活动。教学需要预设目标由教学的本质所决定，是保证教学质量的基本要求。教师在上课前，必须对一节课的教学目的、任务和过程有一个清晰、理性的思考和安排，即教学预设。分析哲学的代表人物 Scheffler 在《教育的语言》一书中指出，教学是一种“意向性”获得学习成就的概念，并认为“意向性”与“成功”是“教学”这个词的动词使用方式，其中“意向性”就表明了教学在开始之处就应有预设的目的，体现在目标上就是预设的教学目标。[②]课堂教学中预设的价值目标分为三个层次。

第一层次是课程总目标，它描述在某一教学阶段课程设置所要实现的总目标，并为安排各种类型的课程和领域提供依据，在我国往往体现在课程纲要和培养方案中。例如，这次课程改革中明确提出了三维目标，其中一维便是有关情感（价值）目标的规定，如图 1-3 所示。

---

① 张立昌，郝文武. 2011. 教学哲学. 北京：中国社会科学出版社：77.

② 简成熙. 2005. 教育哲学专论：当分析哲学遇上女性主义. 台北：高等教育文化事业有限公司：152-153.

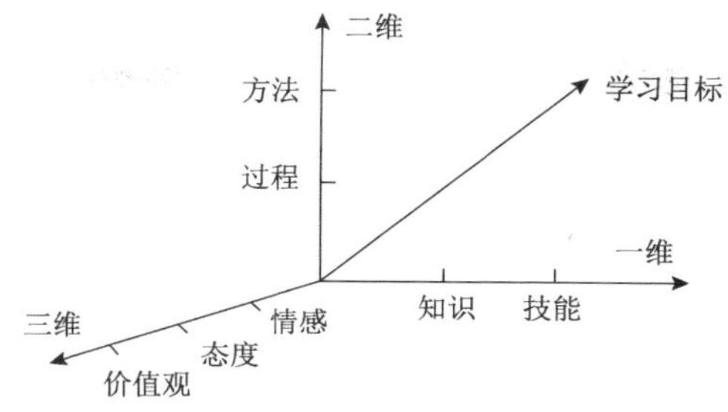

图 1-3　新课程教学改革提出的三维教学目标

第二层次是学科情感（价值）目标。它是根据某一具体学习领域或学科和学生发展阶段，描述一门课程所要达到的目标，具体体现在学科课程标准中。新课程改革各学科明确规定了学科情感（价值）目标，无论理科还是文科均设定了情感（价值）目标。《普通高中化学课程标准（实验）》规定的学科情感（价值）目标如下①。

1）发展学习化学的兴趣，乐于探究物质变化的奥秘，体验科学探究的艰辛和喜悦，感受化学世界的奇妙与和谐。

2）有参与化学科技活动的热情，有将化学知识应用于生产、生活实践的意识，能够对与化学有关的社会和生活问题做出合理的判断。

3）赞赏化学科学对个人生活和社会发展的贡献，关注与化学有关的社会热点问题，逐步形成可持续发展的思想。

4）树立辩证唯物主义的世界观，养成务实求真、勇于创新、积极实践的科学态度，崇尚科学，反对迷信。

5）热爱家乡，热爱祖国，树立为中华民族复兴、为人类文明和社会进步而努力学习化学的责任感和使命感。

学科目标仍然是个“纲”，不同的学科内容所规定的情感目标内容不尽相同。人们可以依据各学科具体的情感目标的规定，结合相应的内容，对课程标准规定的情感目标进一步细化，有学者就对地理与生物情感目标进一步细化分解，具体如下。

高中地理学科情感目标分解如下②。

情感：①学习兴趣；②是非观念；③审美意识；④国情国策意识。

态度：①人口观；②资源观；③环境观；④发展观；⑤科学态度。

价值观：①爱国主义；②国际主义；③辩证唯物主义；④合作意识；⑤创新意识；⑥灾害意识；⑦责任与义务；⑧人生态度。

---

① 中华人民共和国教育部. 2003. 普通高中化学课程标准（实验）. 北京：人民教育出版社：8.

② 金剑. 2012. 高中地理教材情感、态度、价值观目标体现比较研究——以四个版必修一为例. 广西师范大学硕士学位论文：23.

生物学科内容与地理学科的区别，因此，具体的情感目标内涵与地理学科有较大的差异。有研究者对高中生物学科情感目标做了如下的分解①。

情感可划分为学习兴趣、审美意识、生命意识、国情意识，每一项的具体内容如下。

①学习兴趣：喜欢学习生物学；初步认识生物科学的价值。②审美意识：欣赏自然美、艺术美、科学美；建立深层次人生美意识。③生命意识：关注生命健康；欣赏生命活力与美丽，探索生命奥秘。④国情意识：有热爱祖国，热爱家乡的情感；关注国情、国策。

态度可划分为人生态度和学习态度，科学态度和科学精神，创新意识，是非观念，环境意识，合作意识。这些项的具体内容如下。

①人生态度和学习态度：热爱学习，认真刻苦，意志坚韧；热爱生活，积极向上。②科学态度和科学精神：按照科学的要求，自觉去发现和解决问题；以科学的态度对人和事，关注科学发展。③创新意识：能独立地思考，大胆提出个人见解；不盲从，另辟路径解决问题。④是非观念：求真，求实，求善，求美；逐步形成较高的是非标准，并以此衡量和修正自己的行为。⑤环境意识：爱护环境，保护动植物；认识环境对生存的重要性。⑥合作意识：与他人友好相处；积极开展合作学习

价值观的具体内容如下。

①STS 意识：了解知识在社会生产中的应用；理解科学、技术、社会之间的联系。②辩证唯物主义：不孤立，片面地看待问题；建立辩证唯物主义观念。③责任和义务感：对自己、家庭、社会尽责任和义务；有为社会进步做贡献的使命感。④发展观：建立经济、社会、科学、环境、资源等和谐发展观念。⑤世界观：尊重科学事实；认同物质世界、人类社会的统一性；具有国际主义和全球观念。

上述对课程标准中情感目标的分解，仍是一个相对“粗”的框架，在教学中，教师必须依据具体的教学内容，分解、生成本节课的教学目标，即课时目标。

第三层次是课时情感（价值）目标。课时情感（价值）目标是具体的、情境化的、可操作的教学目标，是对上一级目标进行具体的分解和层层落实的目标，被称为课堂教学目标或课时目标。课时情感（价值）目标在教师用书上并没有明确规定，它是教师根据具体的教学内容临时设计的情感目标。它需要教师依据课程总目标、学科目标的规定及所教的教学内容而设定。不同的教师，由于对教学内容的理解及自身的专业素质不同，针对同样的教学内容可能设定出不同的课时情感目标。

预设的情感（价值）目标，其层次关系如图 1-4 所示。

---

① 姚本荔. 2010. 高中生物教材情感态度价值观目标体现研究. 东北师范大学硕士学位论文：20-21.

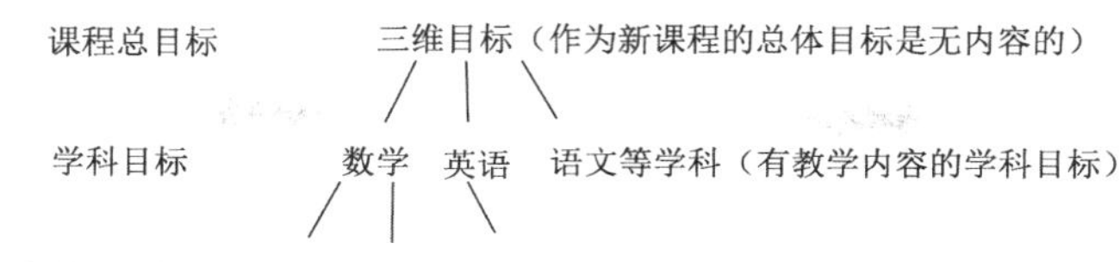

图 1-4　预设教学目标的层次

从图 1-4 可以看出，课时目标处于课程目标的最低层级，它直接担负着课程总目标实现的任务，甚至教育目标能否达成也依靠课时目标达成的效果，所以课时目标在决定教学质量与效果方面具有决定性的作用。根据教学内容预设情感目标，除了教学内容中明显蕴含的价值因素，可以直接被预设出相应的情感（价值）目标外，更多的是要靠教师对教学内容的深挖与整合，这完全依靠教师的价值教育意识与扎实的专业功底。这类情感（价值）目标在教学中特别是理科课堂中所占的比重较大，甚至占了绝大部分。下面列举苏教版化学“从铝土矿提取铝”的教学案例[①]。

教师预设的情感目标如下。

通过资料阅读等，让学生体验废旧金属循环利用的重要意义，培养学生节约资源、能源，注重环保的意识。

相应的教学实录如下。

阅读材料：铝的再生……“新世纪材料的亮点”

铝还有一个可贵的特性，即“循环应用（再生铝）”，再生铝又称二次铝，是目前废物界最有价值的材料。现在世界每年从废铝回收的铝量约为 400 万吨，相当于每年铝产量的 25%左右。与以铝土矿为起点相比，生产 1 吨再生铝合金能耗仅为新铝的 26%，并节省 10.5 吨水，少用固体材料 11 吨，比电解铝时少排放二氧化碳 91%，少处理废液、废渣 1.9 吨。

提问：看了以上资料，你想到什么？

讲述：我们知道铝的需求是巨大的，而铝资源却是有限的，所以大家要从身边的小事做起，比如不要乱丢易拉罐，注意废物回收再利用。

上述教学实录中，有两个教学设计活动引导学生达成“对自然和社会的责任感，形成可持续发展的思想”。第一个教学设计是教师选取与本节课教学内容、情感（价值）目标紧密相关的材料，通过收集整理，将材料呈现在学生面前，学生通过阅读材料领悟内蕴的情感（价值）目标。第二个教学设计是通过教师的讲述，直接引导学生要“从小事做起，比如不要乱丢易拉罐，注意废物回收再利用”。因此，教学中情感（价值）目标的预设，需要教师结合具体的教学内容，在把握

① 江锡钧，沈理明. 2011. “情感态度与价值观”目标在中学化学教学中落实的建议. 化学教育，(8)：16.

教学内容深、广度的基础上，充分分析教学内容的特点，挖掘和利用教学内容潜在的“价值教育”方面的信息资料，预设出科学、恰当的情感（价值）目标。但是在现实的教学中，教师有意识、有目的地预设情感（价值）目标的现状不容乐观，特别是缺乏预设目标的意识，在教学设计中，仅仅停留在上好一节课，而不是从价值教育的高度来“上好一节课”。比如，在下面的教学设计片段中，教师可以轻而易举地预设出科学、恰当的情感目标，但教师并没有这样做：在“氯气的性质”课堂教学中教师讲到了氯气在第二次世界大战中的“作为”，作为课的导入激发学生的求知欲，而忽略了引导学生正确看待氯气的利与弊，或者进一步引导科学成果如何利用①。认识到科学是一把双刃剑，这是新课程化学学科的重要情感目标，教师遗憾地忽略了该资源。

三、课堂教学中生成的情感（价值）目标

课堂教学中的情感（价值）目标既可以预设，又可以生成。生成性的情感（价值）目标也称为展开性情感目标。它是指在具体的课堂教学情境中，借助教师的教学机智与价值理性，而临时达成的情感（价值）目标。那么，课堂教学中生成的情感（价值）目标有何特点呢？我们先看下面的一个案例②。

一位年轻的女教师第一次走上讲台，心里不免有些紧张。忽然不知为什么，脚下一滑，跌了一跤。“哈，哈，哈……”几个淘气的学生首先大笑起来。“哈，哈，哈……”不少学生也随声附和。这位老师低头仔细一看，原来地下有块香蕉皮，显然这是个“陷阱”。但她并没有大发雷霆，而是慢慢地走到讲台旁，借题发挥地说：“同学们，这就是我给你们上的第一课，一个人可能摔倒，但他仍然可以再站起来！在人生道路上，不会没有崎岖，跌倒在所难免。但跌倒并不意味着失败。从哪里跌倒，就从哪里站起来，勇敢地走下去，就会获得成功。”

从上述案例来看，教师巧借摔倒这一事件，对学生进行了一场生动的价值教育——面对“摔倒”该怎么办？生成的情感（价值）目标具有以下特点。

1）生成的情感（价值）目标具有即时性、情境性。所谓生成，一般是指师生互动过程中的生成，它往往依据师生互动的内容、对象的特点及教师的智慧，临时达成情感目标。上述案例中，教师对于“摔倒”毫无防备，完全是借摔倒事件的临场发挥，达成情感（价值）目标具有即时性、情境性。所以，在日常教学过程中，由于教学过程是一个动态的开放的活动过程，再加上教学的对象是生动活泼的学生，教学氛围与主题各不相同，所有这些不可控因素导致师生交往中生成

① 李飞，林珩，陈裕森. 2014. “情感态度与价值观”实施情况观察报告. 闽南师范大学学报(自然版)，(4)：112.

② 童阜兰. 2009. 课堂教学偶发事件的处理策略. 教育理论与实践，(1)：41.

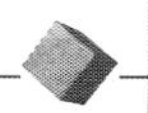

的情感（价值）目标是即时性与情境性的，同时也是丰富的。

2）生成的情感（价值）目标具有复杂性。教师的教学活动尽管有一定的规律可循，但由于教学内容、教学对象，师生交往的主题没有不变的固定程序和模式，所以，通过师生交往达成的情感目标具有复杂性。这里的复杂性主要是指情感目标的内容具有不可预见性，比如，上述案例中达成的情感目标——“面对摔倒怎么办”可能与教学内容毫不相干，甚至是难以预见的。

总之，师生交往中生成的情感（价值）目标是难以预见的，只有凭借高度的教育机智、高度的理智感、责任感和价值理性，教师才可以根据不同的情况、因势利导，借题发挥而达成情感（价值）目标。所以，生成的情感（价值）目标从主题上来说，一般不同于预设的情感（价值）目标。叶澜教授说她最欣赏德国教育家克拉夫基关于教学计划与教学关系的论述：“衡量一个教学计划是否具有教学论质量的标准，不是看实际进行的教学是否能尽可能与计划一致，而是看这个计划是否能够使教师在教学中采取教学论上可以论证的、灵活的行动，使学生创造性地进行学习，借此为发展他们的自觉能力作出贡献——即使是有限的贡献。”①叶澜教授所欣赏的这句话，实际上强调的是教学中生成的目标对学生发展、对高效课堂的重要作用。课堂上发生的一切，不是都能在备课时预测的，教学过程的真实推进及最终结果与效果，更多是由生成的目标所决定的，教学精彩也多出于此。

第四节　新课程三维目标表述方式质疑②

新课程三维目标是新课程改革提出的重要理念，它对改革起着重要的牵引作用，它的落实与否及落实的效果如何，直接决定着新课程改革的成效。三维目标即知识与技能、过程与方法、情感态度与价值观，三维目标的提出改变以往过于注重知识传授的倾向，强调形成积极主动的学习态度，使获得知识的过程成为学生学会学习和形成正确价值观的过程。三维目标的提出依据及课堂实施依据应是教育目标分类理论。该理论的创始者及代表者为布卢姆，他于 1956 年出版的《教育目标分类学：认知领域》成为 20 世纪影响最大的四本著作之一，已被译成 20 余种文字，2001 年又出版了修订版。本节试图以布卢姆的目标分类理论为依据，对三维目标进行概念分析，审视三维目标的提法是否科学、规范，因为“教育学作为一个专业知识领域，就像在其他一些人文社会科学研究中一样，存在着许多不能令人满意的方面，其中概念问题是一类比较突出的问题”③。三维目标作为一个核心概念，它的表述方式存在一些需要商榷的问题。

① 叶澜. 1997. 让课堂焕发出生命活力——论中小学教学改革的深化. 教育研究，(9)：7.

② 本节内容发表于《教育科学研究》2010 年第 4 期。

③ 石中英. 2009b. 教育学研究中的概念分析. 北京师范大学学报(社会科学版)，(3)：29-38.

一、目标分类学对情感态度与价值观目标表述方式的质疑

情感态度与价值观目标的提出是这次新课程改革的一个亮点，也是一个较大胆的创新。但从内涵角度判断，情感、态度与价值观三个术语的内涵有交叉，作为概念不能并列使用，它受到了国内一些学者的批判，比如，查有良教授指出："情感、态度与价值观连在一起使用，这是从外国引进的，三个概念角度不一，内涵复杂，外延纠缠。"①

从布卢姆的教育目标分类学来看，情感目标包括态度与价值观目标。布卢姆的教育目标分类学是较为权威的教育目标分类依据，在他的分类中，只有三类一级目标，那就是认知、情感与动作技能。其中情感目标是指情调、情绪或接受与拒绝的程度的目标。情感目标依据受教育者接受的程度分为五个层次，分别为接受或注意、反应、价值评价、价值观的组织和品格的形成。课堂教学中，情感从简单层次的接受，逐步到反应、价值评价，再到复杂层次的接受，逐步到反应、价值评价，再到复杂层次价值观的组织及品格的形成。品格的形成，也就是情感或情感体系的性格化，是情感目标实现的最高层次，指学习者通过对价值观体系的组织，逐渐形成个人的品格。②显然，在布卢姆的情感领域目标分类中，情感目标包括态度或价值观目标，态度与价值观目标没有必要单列，态度与价值观目标只不过是情感实现的不同程度。布卢姆曾提到："我们发现，在文献中，这类目标有许多是用兴趣、态度、欣赏、价值观和情绪意向或倾向这类术语来表示的。"③从他这一表述可以看出，在布卢姆的目标分类学中，态度与价值观属于情感类目标，而新课程三维目标把情感目标、态度目标与价值观目标并列起来，显然欠妥。"从本质上说，情感是人的一种价值取向，是主体对他人、他事的一种认识和能动反映，包括价值观、人生观等心理品德层面。"④从上述对情感本质的界定可以看出，价值观属于情感的范畴或者说情感包含价值观，二者是种与属的关系，不能并列使用。又如，顾明远先生主编的《教育大辞典》（增订合编本，1998 年）指出，课程目标可以分为四类，第三类是情感类，包括思想、观点和信念，如价值观、审美观等。从这一论述也可以看出，课程目标中的情感类目标应包括价值观目标。既然情感目标从内涵上说包括价值观目标，那么新课程"情感、态度与价值观目标"的称谓就出现了同义重复现象，表现为种、属不分。

此外，新课程把情感态度与价值观目标称为体验性目标，也受到了学者的质疑，因为所有的教学目标，要想转化为学习结果，都要经过体验过程，否则便难

① 张悦群. 2009. 三维目标尴尬处境的归因探析. 江苏教育研究，(1A)：33.

② 黄甫全. 2005. 高中新课程目标的研究与开发. 天津：天津教育出版社：10.

③ D. R. 克拉斯沃尔，B. S. 布卢姆，等. 1989. 教育目标分类学・第二分册・情感领域. 施良方，张云高译. 上海：华东师范大学出版社：5.

④ 吴志华，邹翠霞. 2004. 情感教育——新的课程目标. 教育科学研究，(6)：47-49.

以成为真正的学习结果。所以，把情感态度与价值观目标称为体验性目标，这一称呼能否成立也值得质疑。“知识、技能、价值观目标只有经历学生的体验（或经历、经验）之后，它们才能转化为学生内在的能力或倾向，成为一定的学习结果。所以任何目标都需要经历一个体验过程才能实现。把体验单独列为目标是荒谬的。”①

二、目标分类学对“知识与技能”目标表述的质疑

无论国内还是国外，课程与教学改革都是为了更好地处理传授知识与培养能力的关系问题。但是，如何通过知识教学来发展学生的能力？在 20 世纪 70 年代以前，教育学与心理学均不能合理地回答这个问题，于是我们在考虑教学目标时，把知识与技能分开，认为能力是超越知识的更重要的智育目标。在第一版《教育目标分类学：认知领域》中，布卢姆将能力与知识分开，将能力单独作为一维目标，认为“技巧或技能+知识=能力”。我们传统的“双基目标”——基本知识和基本技能也是如此考虑的。

但是，1999 年布卢姆的《教育目标分类学：认知领域》修订版吸收了 20 世纪 50 年代以来认知科学关于知识、技能与能力方面的研究成果，运用了新的知识观，提出了作为教学目标的四类知识。这四类知识不仅能够回答“是什么”“为什么”，而且还能够回答“怎么办”的问题，后者即我们传统所说的技能，包括智慧技能和动作技能。

关于知识类型的描述术语非常多，已知的有事实性知识、外显知识、默会知识与情境性知识等十几种之多。这么多表述类型的术语一方面表明不同知识类型间的差异；另一方面也表明，很可能存在着用不同的符号术语表示相同的知识类型的现象。作为目标分类学的研究，究竟该选取何种知识类型作为教师教学设计之用，这里要考虑两点：①我们选择的知识类型要相对简单、易于实践、便于使用，因为它要被成千上万的教师在课堂教学中运用；②所选择的知识类型应有代表性，但要保持数量上的简约性，以便教师操作。考虑上述限制后，布卢姆的分类学把知识分为四类：事实性知识、概念性知识、程序性知识与反省认知知识。其中，反省认知知识是新增的一种知识类型。

1）事实性知识。事实性知识是学科中最基本的元素，它通常是一些与具体事物相联系的符号或“符号串”，它传递着重要的信息，它有三个特点：对于学科来讲，事实性知识总是经久耐用，把它们从一种情境运用到另一种情境很少或完全不需要变化；如果学生要知晓某个学科或解决其中的任何问题，他们必须知道这些基本元素，也就是说这些事实性知识是学科的关键元素；大多数事实性知识

① 吴红耘，皮连生. 2009. 修订的布卢姆认知教育目标分类学的理论意义与实践意义. 课程·教材·教法，(2)：96.

以相对较低的抽象水平出现。它包括术语知识，如字母表知识与具体细节和元素知识。

2）概念性知识。概念性知识涉及类目、分类和它们两者或多者之间的关系——较为复杂的和有组织的知识形式。比如，为什么会出现四季变化，这不只是有关地球和太阳的简单孤立的事实，而且具有关于它们之间的关系和它们怎样与季节变化相关联的观念。它包括图式、心理模型或者在不同心理学模型中或明或显的理念。[①]概念性知识包括三个亚类知识：分类和类目的知识；原理和概括化的知识；理论、模型和结构的基础。

3）程序性知识。布卢姆对程序性知识解释得比较清楚，程序性知识是如何做“事”的知识。这里的“事”范围广泛，从完成相当固定程序的练习到解决新颖的问题。程序性知识通常以一系列要遵循的步骤的形式出现，它包括技能、算法、技术和方法的知识，在总体上是我们所知的程序。[②]

4）反省认知知识。反省认知知识一般指关于认知的知识，也指个人对自身的意识和知识。它包括学生对学习和思维的一般策略（策略性知识）和他们对认知任务，以及何时与为何运用这些不同策略的知识（关于任务的知识）。此外，认知和动机两方面的自我的知识（自我知识）也被纳入反省认知知识，因为认知和动机这两个方面的自我变量都影响着学生的行为表现。[③] 通过对目标分类学理论关于知识的分类及内涵的梳理，可以看出，我们传统的能力目标实际上包括在上述知识的内涵之中。例如，部分程序性知识包括在我们通常所说的技能或能力目标之中，如程序性知识的技能、算法、技术和方法的知识，显然包括在我们所说的能力目标之内；反省认知知识多数属于我们所说的能力范畴，如它包括的策略性知识及运用策略的知识。总之，依照当前认知理论的最新成果和布卢姆的目标分类学，作为教学目标的能力实际上是知识的一种，没有必要单独列出。新课程三维目标之一的“知识与技能”目标表述层面存在着包含与被包含的关系。“作为智育目标的能力，就是学生所掌握的不同认知水平的知识。也就是说，可以教会的作为智育目标的能力不存在知识掌握之外，而寓于知识掌握之中。”[④]我们在表述教育目标或教学目标时，完全没有必要再将能力单独列出，因为知识目标已包含了传统概念中的能力目标。“传统教学论之所以在掌握知识之外，再提第二

---

① L. W. 安德森，D. R. 克拉斯沃尔，P. W. 艾雷辛，等. 2008. 学习、教学和评估的分类学：布卢姆教育目标分类学修订版. 皮连生主译. 上海：华东师范大学出版社：44.

② L. W. 安德森，D. R. 克拉斯沃尔，P. W. 艾雷辛，等. 2008. 学习、教学和评估的分类学：布卢姆教育目标分类学修订版. 皮连生主译. 上海：华东师范大学出版社：47.

③ L. W. 安德森，D. R. 克拉斯沃尔，P. W. 艾雷辛，等. 2008. 学习、教学和评估的分类学：布卢姆教育目标分类学修订版. 皮连生主译. 上海：华东师范大学出版社：50.

④ 吴红耘，皮连生. 2009. 修订的布卢姆认知教育目标分类学的理论意义与实践意义. 课程·教材·教法，(2)：92-96.

个目标，即能力目标，原因是传统教学论中的知识和技能概念是有局限的，不能合理解释学生通过教学活动后所获得的智慧能力。”①

三、目标分类学对过程与方法目标表述的质疑

在论述了目标是什么后，布卢姆专门讨论了“目标不是什么”。什么不是目标呢？手段或教学活动不是目标。例如，“‘学生应能够通过州立中学熟练测验，’这不是一个教育目标。要确定教育目标，我们必须寻找到，学生通过测验必须学会和掌握的知识和认知过程”①。显然，教学手段、教学活动不能成为教学目标，它们是达到目标的途径。当我们知道布卢姆强调“目标不是什么”后，我们应该认识到，新课程提出的过程与方法是值得商榷的。

方法作为教学目标是可以理解的。因为从知识的分类角度来看，方法属于克拉斯沃尔说的元认知知识或布卢姆说的程序性知识，既然“方法”可以被看作知识，那么就可以成为学生学习的结果，作为目标是没有任何问题的。特别是针对传统的教学不重视方法性知识传授的特点而言，以方法作为教学目标具有重要的积极意义。但是有国内学者不同意这一看法，并质疑到：“过程与方法是指教学过程与教学方法或者学习过程与学习方法，如自主学习、探究性学习、合作学习等，完全不应该在教育目标范围内讨论它们。”①1956 年，布卢姆在他的著作中就明确地指出，在教学目标的设定中，我们常常出现的问题是，“有些教育人士有将结果和手段相混淆的倾向”“如果不能把教学活动（过程）从教育目标中区分出来，这将会对学生的学习造成负面影响”②。

综上所述，三维目标的提出无疑是我国新课程改革的一大亮点，它背后所蕴含的教育学意义也是毋庸置疑的，但是，学术界与实践界对三维目标称呼的质疑同样存在合理的一面，这需要我们认真地寻找背后的原因。有研究者指出，这与我们教育理论界长期不重视心理学理论建设有关。因为教育目标分类学是一个纯粹的心理学问题，布卢姆教育目标分类学修订，由著名的教育心理学家 R. E. Mayer、P. R. Pintrich 和 R. W. Wittrock 的参与，而我国的三维目标设置却没有或未尊重心理学家的意见。“‘三维目标’说在未征求或尊重心理学家的意见的情况下，由课程与教学论专家单独推出，恐怕是导致理论错误的重要原因之一。”③

---

① L. W. 安德森，D. R. 克拉斯沃尔，P. W. 艾雷辛，等. 2008. 学习、教学和评估的分类学：布卢姆教育目标分类学修订版. 皮连生主译. 上海：华东师范大学出版社：16.

② L. W. 安德森，D. R. 克拉斯沃尔，P. W. 艾雷辛，等. 2008. 学习、教学和评估的分类学：布卢姆教育目标分类学修订版. 皮连生主译. 上海：华东师范大学出版社：15-16.

③ 吴红耘，皮连生. 2009. 修订的布卢姆认知教育目标分类学的理论意义与实践意义. 课程·教材·教法，(2)：96.

第二章　情感目标达成现状的定量与定性考察

新课程标准实施十年来，虽然普遍认为情感态度与价值观这一目标很重要，但相当一部分教师对情感态度与价值观含义及三维目标之间关系的认识比较模糊；课堂教学实践还停留在浅表层次，没有内化为自己的教学行为；部分教师对如何进行情感态度与价值观评价感到困惑。①

"情绪、情感是人类精神生活最重要的组成部分，是人类经验中最亲近的体验，也是人类行为中最复杂的感受。"②教学中情感目标的达成是教学的重要任务，杜威对教学中的德育寄予了很高的期望，"如果我们将品德发展作为一种终极的教育目标，同时又将知识的获得和理解力的发展这些在学校教育生活中占用大部分时间的工作视为与德育无关的活，学校德育实际上就会是毫无希望的事情"③。增设该目标可以说是教育性教学在教学实践中的具体化与深化，也是学科德育的具体化与深化。情感目标从明确设立迄今已十余年，那么该目标在教学中的落实情况如何？实施效果又如何？余文森教授在回顾我国课程改革的成绩与问题时指出，现在存在三维目标确立与教学目标虚化的问题，突出表现知识技能目标，该实的不实；过程与方法目标出现了"游离"的现象；情感态度与价值观目标出现了"贴标签"现象。④那么，真实的情况究竟如何呢？

本章拟通过定性与定量两种方法考察情感目标的课堂达成现状。

第一节　情感目标达成现状的定量分析⑤

笔者以随机抽样的方法，历时两个月，跟踪分析了某示范性高中的25节课，以获取课堂教学中情感目标的达成现状。

---

① 毛豪明，吴娟. 2010. "情感态度与价值观"课程目标的理解与践行. 安庆师范学院学报（社会科学版），(3)：103.

② 朱小蔓. 2008. 情感教育论纲. 北京：人民出版社：7.

③ 吴淑凤. 2008. 教学交往中的道德教育意蕴及路径探析. 陕西师范大学硕士学位论文：1-2.

④ 黄梅. 2009. 基于三维目标的化学教学策略研究. 西南大学博士学位论文：1.

⑤ 本节核心内容发表于《课程·教材·教法》2014年第5期。

一、研究目的与假设

教学目标是一节课的起点与终点，情感目标的创设是新课程改革的重要内容，观测情感目标的达成状况，可以实现“窥一斑而知全豹”。了解课堂教学的现状与效果，具有重要的研究意义。按照教学目标达成顺序，本书拟研究三个问题：①情感目标在课堂教学中的预设现状；②情感目标在课堂教学中的达成效果；③情感目标在课堂教学中的达成策略特征。

通过对上述三个问题的研究，拟获取以下四个领域的答案与线索。

1）三维目标中情感目标的创设是本次新课程改革在教学理念中的重要创新，它的落实程度可以代表新课程改革理念在教学中的落实现状，那么现状如何呢？

2）三维教学目标达成的效果是高效课堂的重要指标，情感目标的达成是高效课堂的重要判断维度，通过分析样本课堂情感目标达成效果，试图获取课堂教学有效性的现状。

3）情感目标科学预设与有效达成是教师教学设计能力的重要体现，因此，通过样本课堂情感目标预设与有效达成现状的分析，获取教师教学专业素质的现状。

4）教师是否预设情感目标及预设得科学与否，除与教师本人的教学素质、责任感有关外，与学校的教学管理、引导有极强的关联，因此，通过学校教师预设情感目标的现状，来透视学校教学管理的现状。

二、研究对象及研究方法

本书所选取的样本学校是一座中部省会城市里的一所省级示范性高中，其教学设施、教学质量及教师的专业素质，在该省会城市所有高中中属中等偏上，其教学现状应代表了多数城市高中学校的教学现状。

1）样本的选择。课堂教学设计研究是样本学校进行了四年的校本研究主题，全校80%的教师参与了这一研究。根据学校的要求，每一位教师都要上教学设计展示课。全校每周要上三至四节教学展示课，所选取的25节课是随机抽取的。由于是持续进行了四年的研究活动，上展示课的教师认为上这样的课是教学常态而不会刻意地上“造假”课，从准备的情况来看，相比之下，会比上常态教学课投入的精力稍多，但又不会刻意地去准备。这样的课堂教学设计基本上可以反映出教师的教学水平与教学现状，情感目标的预设与达成情况可以反映出城市学校大多数教师的教学现状。

2）样本容量的确定。根据研究的性质及统计方法的需要，结合便于研究的原则，本书选取25节教师常态课为研究对象。随机抽取并持续了两个月采样的25

节课涵盖了高中体、音、美外的所有学科，文科 12 节，占总量的 48%；理科 13 节，占总量的 52%，文理科之比接近 1∶1。课型包括两大类：新授课与复习课。25 节课的基本情况如表 2-1 所示。

表 2-1　25 节课的基本情况

课型	文科					理科				合计/节	占比/%
	语文/节	英语/节	历史/节	地理/节	政治/节	数学/节	化学/节	物理/节	生物/节		
新授课	1	3	1	1	3	3	3	3	1	19	76
复习课	2				1		1	2		6	24

3）研究方法。本书采用定性与定量相结合的研究方法，其中定量研究主要采用课堂观察并兼用录像观察的方法，录像保存所有的样本课堂信息；定性研究以教学实践中的“好”经验为依据进行定性分析。整个研究采样和随机抽取课堂观课持续了两个多月，确保了研究信息的客观性。在现场观察后，多次反复观看部分课堂录像以验证现场采集信息的准确性。

三、研究的结果与分析

（一）课堂教学中情感目标预设现状

情感目标的达成效果、课堂教学的有效性，以教学设计（教案设计）的科学性为前提与保障。一般而言，教案显示了一节课所预设的教学目标、教学步骤，体现了教师的教学理念、教学经验与教学素质。教案的设计与要求还是学校教学管理的重要常规工作，因此，通过教案设计现状的调查，还可透视一所学校的教学管理水平与质量。为此，本次调查把教师预设情感目标的现状作为首要分析的问题。我们对 25 节课的教案都进行了收集、分析，重点分析教学目标中的情感目标预设现状。就一节课而言，其是否该预设情感目标，预设何内容的情感目标的判断依据有两个。①课程标准。以课程标准的规定及《教师用书》对该节内容、教学目标的描述与规定为依据。②实践经验。参照同行教案对该节教学目标的设计（通过网络检索同一节教学内容，同行教师所预设的教学目标），以判断某一节课教学内容是否该预设教学目标及具体内容。依据上述判断依据，具体的分析思路如下。

根据导学案或教案，如果教师没有预设情感目标，有三种情况：①该教学内容本身就不该预设情感目标；②该内容应该预设情感目标，教师的导学案中没有体现该目标，但在课堂教学过程中却有达成情感目标的教学行为；③该内容应该预设情感目标，导学案中没有体现该目标，在教学过程中也没有相关的达成活动。

如果教师预设了情感目标，也存在三种情况：①预设的情感目标偏离了教学内容，牵强、形式化；②预设的情感目标内容正确，但不全面；③预设的情感目标科学、全面。课堂教学中情感目标预设现状统计如表2-2所示。

表 2-2　25 节课的情感目标预设现状①

预设现状	分类	节数/节	占比/%
不科学	没有预设	10	56
	预设不全面、不具体	3	
	相关性不大、牵强	1	
预设科学	预设具体、合理	11	44

25节课中，情感目标预设不科学的节数是14节，占56%，预设不科学包括没有预设情感目标，预设不全面、不具体，以及预设的情感目标与教学内容的相关性不大、牵强三类。预设科学的节数仅占44%。这一现状提醒我们课堂教学的现状不容乐观。如果从教学有效性来看，情感目标的预设现状严重影响了教学的有效性，其中“根据教学内容该预设情感目标，教师却没有预设”的情况最为典型，下面以高一英语新授课“Music Using Language”为例说明②。

教师预设的教学目标如下。

1）Know more about Freddy’s life by listening to the tape.（听录音，进一步了解 Freddy 的生活）

2）Practice your listening and speaking skills by doing different kinds of exercises.（通过多样化练习，提高学生的听说能力）

3）Use key phrases or sentences to describe the advantages and disadvantages of being famous.（用关键性短语或句子来描述成名后的优势和劣势）

这节课的教学内容蕴涵丰富的价值教育思想，它描写的是著名歌手 Freddy Fender 的成长过程，他一生大起大落，幼年时期就喜欢拿着一把吉他到处弹唱。16岁时他加入了 Marine 旗下，5年后他出版了第一张西班牙语歌曲。隔年自己主笔写了一首成功的单曲 *Wasted Days and Wasted Nights*。成名后他发现他及乐队的隐私被人追逐，无法过正常生活，非常厌倦这种明星生活，后来又因私藏大麻被判刑，他突然自我醒悟，要离开明星生活，重新创业，并且离开英国再也不回来了。随后他逐渐又获得重生。他花了几年时间在得克萨斯州做汽车维修师傅，同

① 这25节课，通过研究发现皆可以预设情感目标。究竟一节课该不该预设情感目标，这是另外一个研究问题，限于篇幅，这里没有展开。

② 本案例来自某示范性高中张老师2015年8月的一节英语课的教学。

时也继续完成他的社会学学位。1975 年，他大放异彩，获全美流行与乡村单曲榜双料冠军。

教师完全可以根据上述内容创设本节课的情感目标，引导学生正确看待明星生活、合理看待个人发展的成功与失败。高一英语《教师教学用书》中关于本节课情感目标的规定是这样的：“谈论乐队以及明星生活，引导学生用辩证和理智的态度看待明星的生活。”这个目标的规定显然来自对歌手本人生平事迹的拓展与升华，是对英语语言载体文本内容思想性、人文性的挖掘与强调。这个情感目标预设得很自然、合理，它体现了英语教学的人文性。然而我们的英语教师过于重视英语教学的工具性，教学目标预设中完全没有体现情感目标，忽视了教学的人文性，过于重视语言听、说、读、写，而语言的人文性在教学中又通过情感目标的预设与达成来实现。这种现象代表了一大批教师对情感目标的认识：情感目标是“软目标”，可有可无，只重视知识目标以应对考试，其实“磨刀不误砍柴工”，离开情感目标的课堂教学是失去灵魂的课堂，知识目标的达成是枯燥、无味、效率不高的。

在中小学场域中，教师教学目标预设科学与否体现出三个方面的问题：①学校的教学常规管理是否到位；②教师本人的教学责任感如何；③教师的目标意识如何。

对教师的教案进行常规检查，是学校教学管理工作的重要内容，而教学目标的科学叙写又是教案的第一个必备模块，56%的不合格率表明我们的教学常规管理没有跟上。笔者在长期的一线调研中发现，许多教师上课前并没有认真地进行备课，学校管理部门的教学常规检查也是“走过场”，这样的状态直接影响教学的有效性。从教师个体的角度来看，没有或不会科学地预设情感目标，不仅与个人的教学责任感有关，还与教师的目标意识有关，许多教师在叙写教学目标时，往往有意或无意地忽略情感目标。针对这一现状，可以从教学常规管理、教师的教学责任感、目标意识及教学技能培训四个方面着手。

（二）课堂教学中情感目标达成效果现状

客观地评价一节课的教学效果，特别是三维目标的达成效果是比较困难的，因为客观的标准较难寻找到，这是学术界的一个难题。情感目标的达成效果具有滞后性，对它进行评价更有困难。本书对情感目标达成效果的判断主要参考研究者及其他观课教师现场的主观感受，依据是“大家普遍认为教学效果好就算好”，这是一种主观的定性或经验性判断。其实“主观感受”里有客观的成分，因为“主观感受”的主要依据是一线教师的实践经验，一节课上得好或不好的感受是经过长期实践的检验的，具有客观性。

课堂教学的整体效果依赖于情感目标达成的效果，有的课堂虽然预设了情感目标，但在课堂教学中并没有相应的达成策略，这样的情感目标预设没有意义。25 节课的教学中，只有 13 节课的教学过程中有达成情感目标的达成策略及活动，达成效果不理想的有 6 节，成功、有效地达成情感目标的课只有 7 节，占 28%。课堂教学中情感目标预设与达成现状及效果统计如表 2-3 所示。

表 2-3 25 节课的情感目标达成现状

达成现状	节数/节	占比/%
预设情感目标	15	60
预设科学	11	44
有情感目标达成活动	13	52
达成效果理想	7	28

教学目标是一节课的起点与终点。从教学目标的达成来看，一节课有效与否就在于教学目标能否有效地达成。通过情感目标达成现状的实证调查，我们不难发现，情感目标的达成现状并不理想，课堂教学的有效性并不乐观。那么为何会出现这种状况？或许通过质性的方法可以更清楚地揭示出其中的原因。

第二节 情感目标达成现状的定性分析

情感态度与价值观目标的设置是新课程改革最大的创举之一。新课程情感目标的明确提出，“其主题最根本、最集中地表现为对完满人格的培养和追求，重视智力因素和非智力因素全面和谐的发展，强调受教育者在身体、精神、智力等方面的有机统一和个体潜能的开发”①。该目标的创设对于在教学中培养学生情意素养、注重学生生命成长，改变教师在课堂教学中的知识本位倾向具有重要的意义。本次课程改革已进行了十余年，现实的课堂教学是否实现了这一预期的目的呢？达成现状究竟如何呢？本书选取了郑州市某重点高中为研究合作学校，通过持续两个月的课堂观察及与教师的访谈，捕捉到该目标达成低效现状的典型片段，虽为个案，但却具有一定的代表性。②

针对情感目标在课堂教学中的落实现状，笔者以随机抽样的方法，历时两个多月，跟踪分析了某示范性高中的 25 节，以获取课堂教学中情感目标的达成现状，如表 2-4 所示。

① 黄梅. 2009. 基于三维目标的化学教学策略研究. 西南大学博士学位论文：1.

② 本节核心内容发表于《天津师范大学学报(基础教育版)》2015 年第 2 期。

表 2-4　25 节课的情感目标达成现状

达成现状	节数/节	占比/%
预设情感目标	15	60
预设科学	11	44
有情感目标达成活动	13	52
达成效果理想	7	28

表 2-4 的调查数据显示，情感目标课堂达成效果并不理想，达成理想的课堂仅占 28%，可以说现状较为严峻。在 72%达成现状不理想的课堂中，有三类比较典型的达成低效课堂类型，分别为情感目标被销蚀、被形式化与达成无意识，这三类情况课堂教学效果皆表现为情感目标达成的“低效”，应引起我们的重视。

情感目标被销蚀是指情感目标在教师规划教学活动时被忽略（如设计教案、导学案时没有预设该目标），在教学过程也没有达成情感目标的相关行为，这是典型的以知识目标为本位的课堂；情感目标被形式化是指情感目标在教案中有预设、有体现，但预设得不规范、形式化，主要表现为情感目标预设得大而空，无法在教学活动中落实；情感目标达成无意识是指教师缺乏情感目标预设意识，虽然在教案中没有预设情感目标，但在教学过程中有达成情感目标的教学活动。

一、教学预设中被销蚀的情感目标——情感目标无预设、无达成

（一）研究对象与背景

这是某日课堂研究听的第一节课。不幸的是，这节讲授课不是大家心目中的“正课”。因为这是一节高中文科班的物理课，由于文科学生高考时不考物理，这样的课仅是为了“应付”毕业前的一次素质测试。由于测试成绩不记入高考成绩，即对升学没有影响，对于这样的课堂教学，教师没有心思教、学生也没有心思学。上课之前，陪笔者一起听课的教务主任就对笔者说，这是文科班的物理课，他特别强调是文科班，刚开始笔者没有意识到是怎么回事；紧接着这个班的班主任也跑过来对听课者说，这是文科班的物理课，并解释说高考不考。笔者这时才恍然大悟，原来他们是在强调，这节课没有研究的价值——因为高考不考！这类高考不考的科目（学生毕业时以素质测试作为评价手段而结束）在高中阶段有许多，课程设置专家对这些所谓的“非正课”寄予了厚望。因为设置这些“非正课”学科的目的在于“促进学生德、智、体全面发展，克服偏科现象，减轻学生负担”，担负着实现人的全面发展的理想（理科生学一部分文科知识，文科生学一些理科知识）。[①]在这类课堂中，教师是如何处理情感目标的呢？

① 邓立言. 1991. 谈谈普通高中毕业会考的目的和意义. 课程·教材·教法，(9)：33.

（二）研究现场

走入教室，年轻的物理教师精神抖擞地站在讲台上，微笑地看着大家，然后在黑板上写下了该节课的教学目标。

磁场

1）磁化、退磁；

2）铁磁性材料的分类；

3）地球磁场。

看到这几行字，研究者喜出望外，从课堂教学活动的设计来看，这是在出示教学目标，该教学行为是以“教与学”为导向，促使学生形成学习期待，非常有利于教学目标的达成，是一个很不错的教学行为。这显示出这位教师的教学功底不错，在课前进行了教学设计，或者说是进行了认真的备课，否则是不能够明确本节课教学目标的。从三维教学目标的设计来看，这三项内容属于什么目标呢？

从目标属性角度进行分析，这三项内容显然应属于“纯”知识目标，笔者心中不免产生了疑问，另两维目标——情感目标与方法目标在哪里呢？过程与方法目标也许他没有写出来，它将体现在教学过程中，这是可能的，也是可行的。但这节课有情感目标吗？应该有情感目标吗？带着这两个问题笔者仔细地观察教师、学生行为的每一个细节。从整个教学内容来看，教师的教学内容与教学资源多来自教材，并没有扩展教学资源，整节课有3～5次且每次3分钟左右的时间是让学生阅读教材上的内容。然后是教师的讲解。接着又是学生的阅读。“阅读-讲解”是这节课最基本的教学过程与方法，显然本节课的过程与方法目标设计得比较简单，突出学生的主体性基本上是落空了，课堂教学比较沉闷。这本应是一节非常有趣、生活化的物理教学内容，教师完全可以利用学生在生活中对磁场、磁性的了解加深学生对内容的学习，可惜的是刚上课应有的亮点被弱化了。上述情况表明，对于本节课，教师在备课或教学设计时没有下工夫，这或许是因为本学科高考不考！

（三）结论

随着教学过程的深入，笔者试图获取关于情感目标达成的教学行为的努力看来是白费了，因为自始至终没有发现教师结合教学内容对学生科学情感进行教育的活动或话语的出现，这也许是这节课最大的败笔。根据新课程标准的要求，情感目标应成为这节物理课“磁场”的重要目标，原因如下。

1）这节课的内容最适合设计情感教学目标。对于物理、化学这些自然科学的课程来讲，培养学生学习物理、化学的兴趣是最重要的情感目标，这在物理、化学的课程标准上有明确的规定，普通高中物理课程标准对情感目标的规定如下。

1）能领略自然界的奇妙与和谐，发展对科学的好奇心与求知欲，乐于探究自然界的奥秘，能体验探索自然规律的艰辛与喜悦。

2）有参与科技活动的热情，有将物理知识应用于生活和生产实践的意识，勇于探究与日常生活有关的物理学问题。

3）具有敢于坚持真理、勇于创新和实事求是的科学态度和科学精神，具有判断大众传媒有关信息是否科学的意识。

4）有主动与他人合作的精神，有将自己的见解与他人交流的愿望，敢于坚持正确观点，勇于修正错误，具有团队精神。

5）了解并体会物理学对经济、社会发展的贡献，关注并思考与物理学相关的热点问题，有可持续发展的意识，能在力所能及的范围内，为社会的可持续发展做出贡献。

6）关心国内、外科技发展的现状与趋势，有振兴中华的使命感与责任感，有将科学服务于人类的意识。①

根据课程标准的要求及本节课的内容，情感目标可以设定为：结合生活中的磁场现象及磁场的应用，培养学生学习物理的兴趣及养成运用物理知识为生活服务的意识与价值观。俗话说，兴趣是最好的老师。一个学生对这门课感兴趣，比学多少相关学科知识都重要。这是大家都有的经验，但从这节课的内容来看，磁场、磁性在日常生活中的应用比比皆是，如银行卡、手机、电脑及宾馆的钥匙卡等，教师完全可以利用学生已有的生活经验培养他们学习物理的兴趣，养成运用物理知识为生活服务的意识与价值观，这应是本节课重要的情感目标。

2）班级的性质决定应设计情感目标。从听课前教师反复对笔者说这是文科班的物理课一事来看，他们的言外之意是：这些学生对于物理的学习没有兴趣，教师的教也没有“多大劲”。既然文科班的学生对理科知识不感兴趣，这不正是这节课应解决这一问题的绝佳教育时机吗？培养学习兴趣不正是一个非常重要的情感目标吗？遗憾的是，任课教师把这个时机错过了，跟随听课的校领导也没有意识到这一问题。情感目标就这样被销蚀了。在当前的中小学教学中，课堂上忽略情感目标是一个普遍的现象与问题。这种现象在国外也是如此，布卢姆在进行教学目标分类，分出情感（意）目标后发现：“当我们追踪其中的某些学程一二十年后，我们发现，在对这门学程的陈述中，很快就把情感目标略掉了，到了评估学生在这一领域进展情况时，这种努力几乎完全消失了”②。情感目标被销蚀主要表现为：“情感目标说起来很重要，但在教学实践如教学中、评价中常常被忽略。”

① 中华人民共和国教育部. 2003. 普通高中物理课程标准(实验). 北京：人民教育出版社：9.

② D. R. 克拉斯沃尔，B. S. 布卢姆，等. 1989. 教育目标分类学·第二分册·情感领域. 施良方，张云高译. 上海：华东师范大学出版社：15.

原因大概有二：①情感目标与学生考试成绩“相关度不大”；②情感目标的教育结果是隐性的，需要一年甚至好几年才能有明显的变化，甚至没有变化，总之，学习效果不像智育目标那么直接，所以它常常被销蚀掉。情感目标作为本次新课程改革的核心教育理念被明确提出后，至今已十余年，在课堂教学中，它仍然被有意、无意地销蚀掉！

二、被虚设的情感目标——情感目标预设形式化

（一）研究对象与背景

本次案例分析的是两位教师的课堂，分别为郭老师与张老师，他们教授的是相同教学内容，可以称为同课异构。

授课内容：高一语文：古代汉语实词活用例说

第一节课授课教师：郭老师，女，市级骨干教师

上课了，郭老师首先展示了这节课的学习目标。

1）分别分析名词、动词、形容词在文言文中的活用现象，发现规律，总结辨析活用现象的方法。

2）用规律解决课文中的词类活用问题。

3）感受古代文言的语言魅力。

从三维目标的三个维度来判断，目标1）是知识与技能目标，目标2）属于过程与方法目标，目标3）属于情感、态度与价值观目标，即情感目标。

（二）目标达成过程分析

知识与技能目标、过程与方法目标应是整个教学过程的重点。在整个教学过程中，应该说，第1）、2）条目标得到了很好的体现与达成。从教师整个的教学过程与细节处理来看，任课教师的教学基本功与专业素养较好，知识与技能目标实现效果良好。在教学过程中教师也在努力达成过程与方法目标，她不断地提示学生怎样思考问题，怎样总结规律以使学生养成良好的学习习惯。整个过程中课堂气氛融洽，教师也运用鼓励性的语言来激发学生学习的积极性，激励学生积极地、更深层地思考问题，大部分学生积极配合，表现出较高的学习兴趣。

从知识教学的角度来看，应该说这是一节很不错的课堂教学。

就情感目标的达成来看，这节课却并不是非常成功。这节课的情感目标是“感受古代文言语言魅力”，但在整节课的教学过程中，教师并没有特别的针对情感目标的教学内容与教学设计安排，更没有启发学生朝着情感目标的内涵去思考。比如，在整节课的教学中，教师并没有对整个课堂内容有一个系统的总结，更没有让学生试着感悟这些词类活用所体现的古代文言的语言魅力。

与前几次所研究的没有设置情感目标的课堂教学实录相比，这节课应该说有了一个很大的进步，明确设置了情感目标。如何实施与达到这一目标呢？教师在教学活动中并没有有意地达成活动安排。

带着这个疑问，在课后笔者访谈了这位骨干教师，了解她对这个问题的看法。她的回答是一个没有答案的答案，她说："情感目标实施最主要的是要通过体验来感悟，不能直接给学生说'你去体验吧'！这样，学生什么也体验不出来。其实他们在学习的过程中已经感受到古文的语言魅力了。"这样的回答体现出她对情感目标特殊性的理解，情感目标的确是一个比较特殊的目标，它属于情感领域，也属于价值观领域，它不是外显的，而是内蕴的。学生达到这一目标与否是不好把握、检测的。的确，通过过程可以让学生感受到这一目标。但是，她的回答又是一个没有答案的答案，其问题在于，如果教学过程没有专门的达成设计，特别是没有设计能体现"魅力"的教学活动，恐怕学生体会"魅力"不会深刻，甚至没有体会。如果抱着"反正在教学活动中学生可以体悟"的心态，那么能否照此类推，三维目标均不需特意设置，因为通过整个教学活动，学生也可自然掌握三维目标。相信教师都不会信服这样一种解释。没有明确教学目标达成过程设计的教学过程，不可能有效地达成教学目标，也不可能完全达成教学目标。

在听完这位教师的课后，我们研究小组又听了另一位青年教师的课，由于他们的教学内容相同，我们可以进行比较性观课。

这位教师是刘老师。刘老师与郭老师的教授内容完全一样。我注意到，虽然是相同的教学内容，但两位教师所设置的情感目标有很大的不同。下面对两位教师设置的情感目标做一比较，如表 2-5 所示。

表 2-5　两位教师"古汉语语法"教学情感目标设定的比较

教师	设定的情感目标
郭老师	感受古代文言的语言魅力
刘老师	感受词类活用的奇妙，激发学习语法的兴趣，于学习中感受快乐

通过表 2-5 的比较可以清楚地发现如下问题。

郭老师的情感目标设定比较宏观、笼统。因为如果我们追问：通过教学过程，试图让学生感受古文哪些方面的语言魅力呢？怎样去感受，也就是用哪种方法去感受呢？相信这位老师是无法回答的。因为她的情感目标设计得不具体，并且没有设计达成这一目标的具体教学活动。但是，郭老师设定的情感目标并非不可实现，只不过不具体。相比而言，刘老师设计的情感目标相对具体，明确了语言魅力的具体内容。从目标达成来讲，目标越具体，越易实现。实际上，郭老师的情感目标可通过刘老师设定的情感目标进一步得到实现，即郭老师所设定的情感目标应是刘老师情感目标实现后进一步升华的情感或价值观。我们可以这样分析，如果从刘老师设计的情感目标的具体内涵来分析，当学生感受到词类活用的奇妙后，随即可能产生对学习古文语法、古文的兴趣，感受到学习的快乐后，进一步可能感受到古文的语言魅力。这一情感产生的过程可用图 2-1 表示。

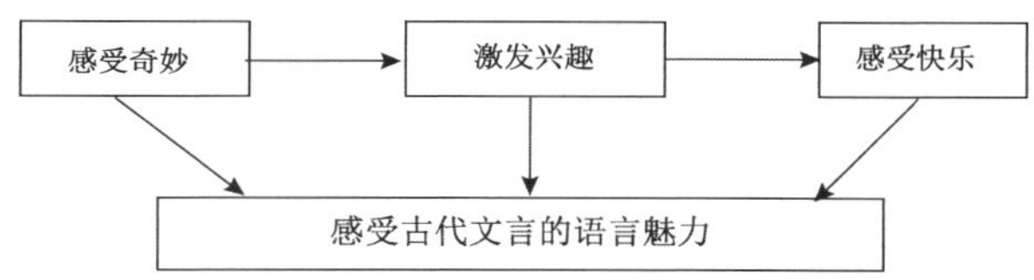

图 2-1　情感目标“感受语言魅力”情感实现的认知过程

综合上述分析，本书认为，上述教学内容的情感目标设定为如下内容比较理想：感受词类活用的奇妙，激发学习语法的兴趣，于学习中感受快乐，从而进一步感受古文的语言魅力。

通过对两位教师课堂教学的现场考察及多次的课堂观察，我们发现，课堂教学的情感目标被教师形式化也是一种普遍现象，形式化的表现就是制定大而空且无法达成的情感目标。

三、教学过程中，处于达成无意识状态的情感目标

教学过程中，处于达成无意识状态的情感目标，指的是教师在教学中有达成情感目标的行为，但教案或导学案中却没有预设。显然情感目标达成过程是凭经验处理的，处于达成无意识状态，因为无意识，其达成效果并不一定理想。这种现象在现实教学中也非常普遍。

（一）研究对象与背景

这是一节高一物理新授课，教学内容为“超重与失重”。物理学科组打算以这节课参加一个赛课活动。那么在这类教师努力设计的一节课中，情感目标预设与达成情况如何呢？

（二）研究现场

上课伊始，教师以幻灯片的形式出示了本节课的教学目标。

1）通过活动一，感受超重和失重；

2）通过活动二，能说出超重和失重的运动学特征和动力学特征；

3）通过活动三，能运用牛顿运动定律解释超重和失重的力学本质；

4）通过活动四，知道物体在完全失重状态下，一切由重力而产生的现象均会消失。

通过对教师预设的教学目标属性分析得出，教师预设了两类目标，分别为知识与技能目标、过程与方法目标。其中，情感目标缺失。在课堂的开始，教师却用了一个独特的设计进行物理学科情感目标的达成，具体设计片段如下。

在课堂开始，以 PPT 的形式，教师出示了两句对仗工整的话，与学生分享：

智慧火花照亮真我本色

火花碰撞增强团队力量

出示后，教师进行了如下引导：

我出示这两句话想要传递什么信息呢？希望大家能够敢于、勇于表达自己的想法，让自己更出色，让小组更加强大。我们每一位同学都应该“为自己而战，为小组而战”！下面进入我们今天的小组合作学习环节……

上述教学片段显示了教师在小组合作前的动员工作。从情感目标的达成来看，这一环节是在培养学生的“合作、互助”的意识与品质，合作、互助价值观是小组合作活动有效的必要前提与条件。但遗憾的是，教师并没有意识到这一目标是通过教学活动预设生成的情感目标，这一环节是在培养合作品质，教师的教学目标预设中并没有体现这一点。根据教师的课堂教学活动，可以进一步修正本节课的教学目标预设，比如，可以把本节课的教学目标 1）“通过活动一，感受超重和失重”修改为“通过活动一，感受超重、失重并总结出超重、失重的运动学和动力学特征，同时培养学生的合作意识与品质”。

综上所述，通过定量与定性两种手段，我们发现，从情感目标预设与达成的角度来看，我们的课堂教学依然存在着严重的功利主义倾向、经验主义倾向与无视现象，导致情感目标无法有效达成。

功利主义倾向是指教学的全部价值追求在于应试。课堂教学中，教师只关注知识目标的达成，以各种各样的表现形式，使以树人、育人为旨趣的教学活动沦为了一种单纯的知识传递和训练。

经验主义倾向是指教师对于情感目标的达成缺乏引领与指导，教学设计素质较低，教学活动全部凭经验来操作，备课及上课过程中，会主动预设情感目标，但预设与达成皆凭经验引导进行操作，情感目标的达成效果低效或无效。

无视现象是指教师对于情感目标的预设与达成处于无意识、无视状态，教师在备课、上课过程中，对待情感目标是不预设，不达成，无视情感目标的存在。这类课堂在现实的教学中大量存在，无论从何角度来看，皆属于低效课堂。

关于情感目标在教学实践中的达成现状，研究者毛豪明、吴娟对安徽安庆、辽宁鞍山两市进行了调查分析，发放问卷 520 份，收回 518 份，调查了共 12 所城乡中小学，涉及 10 个学科。他们的研究结果再一次证明了本书结论的合理性、真实性，他们的研究结论如下①。

---

① 毛豪明，吴娟. 2010. “情感态度与价值观”课程目标的理解与践行，(3)：107.

1）一线教师对情感目标的含义及三维目标之间关系的认识相当模糊。比如，仅把情感简单地理解为学生学习的兴趣，把态度理解为学生学习的态度。其实，情感态度与价值观，与学科内容结合后内涵异常丰富。

2）对情感目标的达成，一线教师的实施过程还停留在浅表层次上，并没有自觉地将其内化为自己的教学行为。特别是，“情感目标没有什么用处”这一认识具有普遍性，严重影响了教师积极探索情感目标达成的自觉性。

3）对如何评价情感目标感到困惑。情感目标的达成评价不同于知识目标，受功利主义及实用主义思维的影响，教师总想着情感目标的达成如何在中考、高考中体现，体现的程度如何，否则便没有预设、达成的积极性。这其实是一种严重的错误认识，不过，这一想法在一线教师中广泛存在。

第三章　情感目标达成途径与策略概述[①]

> 世界上最珍贵的东西一定是丰富的、有内涵、值得品味的，价值观对学生有那么重要的影响，它一定像宝石一样，只有反复揣摩才能发现它的价值。因此价值观教育一定不能简单化，绝不是粗浅地将某个理论或说法灌输给学生就可以了。[②]

教学策略是教师在教学实践过程中完成任务的工具或办法。在每一节课上课前，教师都迫切地想知道，怎样预设“清晰、可达成”的情感态度与价值观目标？如何创设一个好的问题情境来达成情感目标？小组合作学习中怎样才能既达成知识目标又达成情感目标……这一切的一切都需要解决一个关键问题——何为教学与何为教学策略。

第一节　教学本质属性

理论具有两个基本特征：一个是思辨性；另一个是操作性。教学策略属于具有操作性的教学理论，它的研究是为一线教师的教学设计提供参考的，绝不能让一线教师在所谓的教学策略理论面前“发困”。基于上述理解，所谓的教学策略不能过于思辨性，否则对于教学实践而言，就毫无用处。亚里士多德在论述“实践的逻各斯（logic，规律、原理之意）性质”时，就指出，“既然我们现在的研究与其它研究不同，不是思辨的，而有一种实践的目的，我们就必须研究实践的性质，研究我们应当怎样实践”[③]。

教学是典型的教育实践，该实践的表现形式就是将教学设计付诸实施的过程。教学设计是一个计划的过程。“教学设计这一术语，指的是把学习与教学原理转化成对于教学材料、活动、信息资源和评价的规划这一系统的、反思性的过程。”[④]教学设计追求的无非是教学的效率与教学的美，这恰恰是教学的本质属性。课堂中，教师总是试图追求十全十美的教学过程，这不是明智之举，也

---

① 本章核心内容已发表于《教育科学研究》2013 年第 2 期。随着研究的深入，这里引用时进行了调整与改动，发表时的题目是“课堂教学中实施价值教育的途径与策略”。

② 赵希斌. 2013. 魅力课堂：高效与有趣的教学. 上海：华东师范大学出版社：82.

③ 亚里士多德. 2011. 尼各马可伦理学. 廖申白译. 北京：商务印书馆：37.

④ P. L. 史密斯，T. J. 雷根. 2013. 教学设计. 庞维国，等译. 上海：华东师范大学出版社：4.

不符合教学实际。

一、教学的二重性：科学性与艺术性的统一

教学实践是艺术的行为，科学是其基础。“建立在这种艺术行为上的个性化行为和思想经过实践的检验，进一步深化为教育科学思想，再次渗透到下一步的教学中，如此循环升化。”①教学既是艺术活动，又是科学活动。在教育改革的历史上，曾发生过教学科学性与艺术性之争。争论的结果使学者们认识到，“人们想到要澄清教学到底是艺术还是科学，其深刻和高明之处已远远超出了直接描述教学事实本身。因为这是人们对自己理论的怀疑和初步反思，工具理性与人文理性开始显露融合势头”②。因此，教学是否具有科学性与艺术性已成为定论，争论的本身不代表否定教学的科学性或艺术性，而是教学本身的更深刻理解，使我们的教学研究更接近“科学”。

关于教学的艺术性与科学性，国内外有许多经典的论述③。

孟子说：教亦多术矣。这里的术，指的应是方法，多则指的是方法的多种多样，教学策略的多种多样，是因人因时而变化的。卢梭在《爱弥儿》中指出：教育的艺术是使学生喜欢你教的东西。第斯多惠认为：教学的艺术不在于传授的本身，而在于关于激励、唤醒、鼓舞。苏霍姆林斯基认为：教学和教育过程有三个源泉：科学、技巧和艺术。

关于教学的艺术性与科学性的关系，现代学者的论述也同样精彩。熊华生认为：“教学既是一门科学，也是一门艺术。……首先应该肯定教学是一门科学，因为教学是有客观规律可循的，教学必须以科学的理论为指导。同时教学是一种创造性劳动，教学理论的好坏，还与教师的语言、机智、热情等素质有关，要做到‘无意于法则’，‘而合于法’，‘从心所欲不逾矩’，这的确也是一种艺术。”④成尚荣认为：“科学性、艺术性都应是教学的特性，两者都有存在的理由、不可偏废。但是，只强调科学性，教学就会陷入工具理性的泥淖，而无教学的个性，也无教师的教学风格；只强调艺术性，教学就无科学规律遵循，而偏向价值理性，甚或是随意性。科学性与艺术性的融合，工具理性与价值理性的统一，才是完整的教学规定性。”②

何为教学的科学性？它强调教学的规律性，教学中有一般的规律、原则和方法，它们构成了教学论的理论基础。有这么一种说法，在英语国家，当学者们在描述教学的科学性时，用的词是 instruction，这个词的基本含义是“指令、命令、

① 张雅君. 2011. 论教学的科学性与艺术性. 河南教育，(8)：49.
② 成尚荣. 2015. 回到教学的基本问题上去. 课程・教材・教法，(1)：26.
③ 段昌平. 2012. 语文课堂教学操作艺术. 北京：中央编译出版社：2-3.
④ 熊华生. 1991. 论教育是一门艺术. 教育研究与实验，(2)：20-24.

指示、教导、用法说明等”。用该词作为教学的英文表达，显然突出了教学的规律性。而何为教学的艺术性呢？它强调的是教学的形象创造性。同样在英语国家，当谈到教学的艺术性时，用的词是teaching，该词的含义是“教学、教义、教导”。用该词作为教学的英文表达，凸显的是教学过程中的“导”字，教学的艺术性蕴含着高度的创新性、情境性与美感。教学的艺术性本质如下：①教学的审美性，是指遵循美的规律，贯彻美的原则而进行的创造性教学；②教学的表演性，是指教学是一种独具特色的表演艺术；③教学的技巧性，教学策略要体现出技能、技巧与风格，不是生硬的教授。

有的教师，教学只讲技术，强调教学的科学性，认为“花样”翻新，就会提高教学效果，这其实是误解，教学还必须要注重艺术性，什么样的内容、什么样的学情运用什么样的方法，这需要智慧的思考、选择，这便是教学二重性的典型要求。教学的科学性与艺术性是教学的本质属性，二者密不可分、辩证统一，互为前提与基础。正如有学者这样论述二者的关系：“我们教学生，如果没有科学的根据，好比盲人骑瞎马，实在危险。但只知道科学的根据而没有艺术的手腕处理一切，却又不能对付千态万状、千变万化的学生，所以，教学生一方面要把科学做基础，一方面又不能不用艺术做方法。”[①]

二、教学是具有普遍法则的可变事物

“实践”一词是亚里士多德伦理学中的一个关键词。亚里士多德也是最早论述何为实践的哲学家之一。在《尼各马可伦理学》中，亚里士多德的实践指的是活动或行为，这类活动或行为有特殊要求，它是可因我们人的努力而改变的事物，是基于某种善的目的所进行的活动。从亚里士多德对实践的界定来类比教学活动，发现教学是典型的亚里士多德的“实践”，教学就是有目的改变受教育者的活动，它的最高指向显然是“善”。

从实践发生的规律或逻辑出发，亚里士多德指出，世间存在着三类事物。

第一类是不变的事物，它是科学与智慧的对象。为何这类事物是不变的呢？因为科学的对象由于必然性而存在。“我们都认为，我们以科学方式知道的事物不会变化，变化的事物不再处于观察的范围之外，我们无法知道它们是存在还是不存在。”[②]事物科学的部分，有关知识是可以传授的，是可以掌握的。

第二类是可以有某种普遍法则的可变事物，如文法与演竖琴，它们的不变法则是科学的对象，其可变的方面是技艺与明智的对象。

第三类是具体的、个别的可变事物，它们是不确定的，不存在普遍的技艺法则，是具体的制作活动的对象，如医疗与航海。这是具体的实践行为，不存在所

① 罗明基. 1987. 教学论教程. 哈尔滨：黑龙江人民出版社：306.

② 亚里士多德. 2011. 尼各马可伦理学. 廖申白译. 北京：商务印书馆：170.

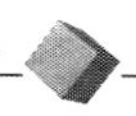

谓的技艺与原则，只能因时因地制宜。[①]

依据亚里士多德对事物的分类，教学显然属于第二类事物：具有普遍法则的可变事物。因为存在着不变的部分与可变的部分，所以关于此类事物的逻各斯只能是粗略的，不能很精确。亚里士多德进一步解释道，如果总的逻各斯是这样，具体行为中的逻各斯就更不确定了。因此，“教学有法，而教无定法”这句俗语道出了教学的本质属性，教学就是具有普遍法则的可变事物。“教学有法”指的是教学有规律可循，有着一定的法则和模式，这是教学属性中稳定不变的地方；“教无定法”是指教学实践中，教学场景多种多样、教师的教学个性各不相同，因此，教学是“无定法”的，基本上是一师一个性，一节一个性。在加涅的学习条件的论述中，他强调教师要根据不同的教学目标正确选择教学方法。“教师可以很有把握地根据教学目标所确定的学习结果的类型以及某类学习当时所处的学习阶段，选择最适当的教学方法。”[②]从上述分析可以看出，教学是具有普遍法则的可变事物，教学策略显然属于教学科学性的一方面。

第二节　教学策略

在希腊语中，伦理的德性要通过教导而发生和发展，需要时间和经验。对于受教育者——学生而言，大部分时间是在学校中度过的，而课堂又是学生在学校时最为主要的场所，课堂教学中情感目标的达成，具有“最普遍”“最基础”“最丰富”的特征。我们必须要抓住课堂教学这一学校教育的主渠道，充分发挥各科教学在学生价值观教育中的作用，每一位教育工作者对此都应有清醒的认识。

教学系统由哪些基本要素构成？对此，学界有三要素说、四要素说等。本书认为，教学的基本要素是教育者、受教育者、教学内容、教育环境与教学策略。教学策略是教师采取的完成教学任务，达成预设教学目标的方法。教学策略可以作为教学活动的载体或代表。

课堂教学作为一个有目的、有预设的活动具有无穷的魅力。课堂教学既简单又神秘：说其简单是从基本要素、结构与流程来看，各地中小学校的课堂教学基本相似；说其神秘，是因为各地、各位教师的教学活动的内涵、对象与个性、意义又是千变万化的，几乎每一节课都是独立的、不能复制的。人们公认的是，教学既是一门科学，又是一门艺术。说其科学，是因为其要遵循、应遵循一定的规律；说其艺术，是因为每节课都是施教者个性张扬的课堂，应体现出“美”而不是教学设计策略的简单拼凑。

教学策略无非是教学设计的代表或具体化。设计与规划有关，它们的区别在

① 亚里士多德. 2011. 尼各马可伦理学. 廖申白译. 北京：商务印书馆：38.

② 加涅. 1999. 学习的条件和教学论. 皮连生，等译. 上海：华东师范大学出版社：14.

于："当伴随着规划的专门性知识和关注达到一定程度时，我们就开始把这些活动称为'设计'；当方案变得复杂起来，'规划'这一术语不再适用时，'设计'就成为更好的描述词。"[①]教学策略也可以称为教学方法，策略更强调预设、规划与智慧。它包括教材呈现的方式、师生相互作用的方式、教学媒体的选择与运用等。教学策略也是学生学习的策略。加涅在1992年对教学及教学设计进行了定义，教学是以促进学习的方式影响学习者的一系列事件，而教学设计是一个系统化规划教学系统的过程。[②]从上述对教学及教学设计的界定来看，教学策略其实是规划教学事件的措施与办法。教学策略在教学设计领域内是有一些经典的界定与分类的，在权威的《教学设计》这一名著中，作者P.L.史密斯与T.J.雷根把教学设计策略分为三个部分：组织策略、传输策略与管理策略。

组织策略是指一个教学将如何组织，要呈现什么特定的内容，以及这些内容该如何呈现。[③]在我国传统的课堂教学流程中，这应属于备课环节中的教学内容组织与选择。

传输策略是指要使用什么样的教学媒体，以及学习者该如何分组。[③]这一策略强调教学媒体的使用及小组合作学习。这在我国传统的教学中并不现实，因为使用多媒体及小组合作学习并非每节课必备教学策略，许多农村中小学校根本没有多媒体设备。

管理策略包括安排进度和分配资源，实施按照先前的组织策略和传输策略来加以规划的教学。[③]这一定义，从内涵上看，与组织策略、传输策略有交叉。

总之，西方学者对教学策略的界定与分类，与我们传统的课堂教学场域里所谈的教学策略有区别，或者并非本书所指的教学策略。传输策略与管理策略等，是对教学策略的定性与分类，其中每一策略又应包括若干具体的策略，具体在不同的课堂中，究竟会采用何种传输策略、管理策略，这是上述策略研究所不能回答的。本书所述的情感目标达成策略应是传输策略、管理策略等此类策略的下位概念，具体来讲，就是研究教师在教学活动中，常常采用什么办法来达成情感目标，这些办法有何特征等。

所谓策略就是"办法"，主要是指微观的办法。比如，《义务教育英语课程标准（2011年版）》一书中，这样描述英语学习策略："指学生为了有效地学习和使用英语而采取的各种行动和步骤以及指导这些行动和步骤的信念。它包括认知策略、调控策略、交际策略和资源策略等。"[④]本书所述的教学策略是指教师为达成预设教学目标而采取的教学"办法"。它无非要回答三个问题："要呈现什

---

① P.L. 史密斯，T.J. 雷根. 2013. 教学设计. 庞维国，等译. 上海：华东师范大学出版社：8.

② 何克抗，郑永柏，谢幼如. 2010. 教学系统设计. 北京：北京师范大学出版社：2.

③ P.L. 史密斯，T.J. 雷根. 2013. 教学设计. 庞维国，等译. 上海：华东师范大学出版社：186.

④ 中华人民共和国教育部. 2011. 义务教育英语课程标准(2011年版). 北京：北京师范大学出版社：21.

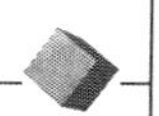

么样的学习内容？用什么样的方式呈现？教学该采用什么样的次序？”[①]教学策略有宏观与微观之分，宏观层次的教学策略类似于课程规划，是对一个单元或更多教学内容实施的规划。微观层次的教学策略是在单节课的水平上对教学内容的规划。本书中所述的教学策略指的是微观层次的教学策略，特指单节课层次上的具体教学设计策略。这些教学设计策略，在教学活动中就表现为教师的教学行为或教学活动，它们能有效地达成情感目标，是典型的能达成情感目标的教学设计活动或环节。

第三节　教学中情感目标达成的途径与策略

就课堂教学中情感目标达成而言，我们一直最关心的问题是：通过何种途径或策略可以让正确的情感态度与价值为个体所有？课堂教学中是否存在某些有效的策略和手段来达成情感目标？这是情感目标达成的核心问题，也是本书重点探讨的问题。在探究教学中具体的情感目标达成策略之前，先对达成策略与达成途径有一个概括性的认识，在内容性质上属于具体策略研究的理论假设。

一、教学中情感目标达成的途径

根据我国课堂教学的基本流程与基本形式，以及笔者长期的课堂观察与研究，本书认为，课堂教学中情感目标的达成途径可分为两大类：直接途径与间接途径。课堂教学中情感目标达成的途径可用图 3-1 表示。

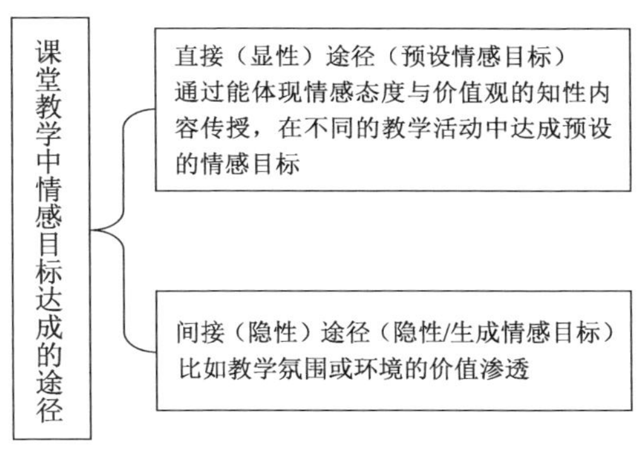

图 3-1　课堂教学中情感目标达成途径分类

对于课堂教学中情感目标的达成而言，所谓直接途径，也称为显性途径。新课程改革以来，课程标准中新增加了一维教学目标——情感态度与价值观目标，

① P. L. 史密斯，T. J. 雷根. 2013. 教学设计. 庞维国，等译. 上海：华东师范大学出版社：187.

这一目标就是我们这里所说的情感目标，通过能体现情感、态度与价值观目标的教学内容的传授，达成这一目标的过程就是直接实施情感（价值）教育的过程。所谓直接途径，就是通过各学科包含价值因素的内容的教学，有目的、有意识达成的途径。美国当代德育学家托马斯·里考纳认为，各科教学对道德教育（价值教育）来说是一个“沉睡的巨人”，潜力极大。

在直接途径中，教师的教学活动有明确、预设的情感目标与价值指向，活动的目的就是要达成相应的情感目标。新课程改革以来，各学科新增设的情感目标使课堂教学中的情感（价值）教育由不具体变成具体，由不明确变为明确。

直接途径的存在是由教学预设的本质所决定的，“‘教学’一词的运用暗示了教育者希望运用一种更加系统化、可分类的和可测量的互动和干预手段来实施课程”①。通过教学内容的传授有目的地达成情感目标是课堂教学中最重要也是最直接的情感教育途径。教学内容是教学目的达成的主要媒介，几乎所有的课堂教学活动都是以教学内容的传授为直接任务，所以，教学内容是教学活动中最具有实质性的要素。通过直接途径达成情感目标的前提是教师要挖掘出教学内容中的价值因素，形成相应的情感态度与价值观目标。

教学内容蕴含的情感目标并非全是显性的，也可能是内蕴的。教学内容按照蕴含情感目标的程度可分为三大类：①含有显性情感目标的教学内容，即教材通过文字材料直接体现出情感目标。比如，高中语文《包身工》一课，该内容直接体现出的是反抗压迫，维护与热爱正义的价值观。②内蕴情感目标的教学内容，这类内容主要反映客观事实和规律，看似不含价值因素，但在反映客观现实，揭示客观规律的过程中同样蕴含着情感目标。这就要求教师善于发现教学内容背后的价值因素，把教学内容内蕴的价值因素挖掘出来，形成情感目标。比如，开展生物学中“遗传病”一节课的教学时，教师可以给学生描述患者的痛苦，即有时还要遭受心灵上的折磨，引发学生的同情心，并培养他们的爱心。③教学内容，其本身并未隐含情感目标，教授这一类内容时，如果教师具有价值教育的意识与能力，可以通过师生交往、教学组织形式等方式，在行动中达成情感目标。

20世纪60年代，美国学者杰克逊提出隐性课程（hidden curriculum），引起了国内外学者的关注，对该领域的研究范围、深度与广度都在扩展。间接的情感目标达成途径是指课堂教学中情感目标达成的隐性教学活动，国外也称其为价值教育“隐性课程”。隐性课程是指教师在教学中，通过隐性课程的方式对学生进行价值渗透，以间接的方式让学习者体验价值的内涵，对学生的情感、意志、态度、动机、价值观、信仰等产生影响，促使学生生成价值观念、达成情感目标的过程。隐性课程在教学中具有重要的教学功能，或者说具有重要的达成教学目标的功能。

1）智育功能。隐性课程具有重要的智育功能，那就是对体验性知识具有独特

① 马克斯·范梅南. 2008. 教学机智——教育智慧的意蕴. 李树英译. 北京：教育科学出版社：40.

的传递功能。知识可以分为学问性知识和体验性知识。其中学问性知识通过教师的讲授可以传递，体验性知识是指通过学生亲身活动体验才能充分理解、掌握的知识。教学中的隐性课程能提供给学生与知识相关的教育情境，使学生产生主观性的感情和意识，这对于体验性知识的掌握具有重要的意义。

2）德育功能。德育功能正是本书所关注的，也可以称为价值教育的功能。人的价值观的形成过程中，情感体验起着决定性的作用。教学中的隐性课程可以让学生产生充分的情感体验，达到“风以化人”“潜移默化”的价值教育效果。

教学氛围是典型的教学中的隐性课程。教学氛围以隐性课程的方式实施价值教育，指的是教师通过创设各种包含某种价值因素的教学氛围，激发某种情感，促使学生形成某种价值观念。从本质上看，教学氛围是由教学环境产生的，教学环境主要包括课堂心理环境和课堂物理环境，其中课堂心理环境最主要的营造者就是师生关系与生生关系。

教学氛围对学生的影响是通过信息渗透的方式“润物细无声”地进行，学生对其的接受方式受非认知心理影响。氛围最终影响的是学生“文化心理”的某些层面，包括价值观念、信仰信念、道德情操、审美情趣、思维方式与态度风格等。

二、情感目标达成的直接与间接途径的比较

课堂教学中，通过间接途径实施价值教育影响学生的教育方式不同于学科知识传授中的价值教育，它的情感目标是随机的，不是预设的；它发生在细节中，可以称为“灵魂在细节”；它的影响方式是间接的、内蕴的。价值教育通过间接途径达成情感目标的策略是比较微观的，它的部分要求等同于一般意义上的教学要求，如通过教学氛围达成情感目标，积极教学氛围的要求与一般意义上的教学氛围营造要求没有明显区别，唯一不同的是要求教师具有目标意识，在教学氛围营造中融入价值因素。其他间接途径有教学冲突的化解、教育性交往行为等，通过这些途径实施价值教育同样要求教师具有较强的价值教育意识与丰富的教学机智，由于篇幅所限不再赘述其具体的构建策略。对于学生的学习方式而言，间接途径是无意学习的结果，它对学生的影响是内蕴、潜移默化的。无意学习是人没有意识获得的经验引起的比较持久的行为变化。

直接途径与间接途径的最大区别在于，是达成预设的情感目标还是生成的预设之外的情感目标。如果是达成预设的情感目标，就是直接途径；如果是达成预设之外的情感目标，就是间接途径。以小组合作学习为例，如果该小组合作学习，是为了达成教师预设的某情感目标，那就是直接途径；如果是达成了预设之外的情感目标，那就是间接途径。从这一角度来看，教学中的直接途径和间接途径并没有绝对的区分，有的途径在教学中既起到直接途径的作用，又发挥着间接途径的作用。

直接途径与间接途径的比较如表 3-1 所示。

表 3-1　价值教育直接途径与间接途径的比较

角度	直接途径	间接途径
情感目标	预设	生成
实施载体	学科知识	教学氛围、教学冲突、教育性行为
影响学生的方式	外显、直接	内蕴、潜移默化

情感目标达成途径的分类以达成何种性质的情感目标为依据，同时这也是为了研究的方便，便于分类论述。其实在现实的课堂教学活动中，直接途径与间接途径是相互交叉、相互补充的。在一节课中，直接途径与间接途径互相转换，有的途径既是直接途径，又是间接途径。下面以一节政治课的教学设计为例，来说明直接途径与间接途径的关系。表 3-2 是教师对本节课的教学设计[①]。

表 3-2　政治课教学设计

授课教师：李老师　授课时间：2013 年 10 月

课题：面对经济全球化　课型：高三一轮复习课　课时：一课时

<table>
<tr><td>学习目标</td><td colspan="2">1）通过合作探究一，课前预习，小组讨论，课堂展示，能够说出经济全球化及其主要表现；
2）通过合作探究二，案例引导，自主复习，能够总结归纳出经济全球化的载体跨国公司及其作用；
3）通过合作探究三，结合问题，小组辩论，明确经济全球化对我国是一把双刃剑，树立正确的应对态度</td></tr>
<tr><td>高考考点</td><td colspan="2">1）经济全球化及其表现；
2）跨国公司；
3）经济全球化的影响</td></tr>
<tr><td>学法指导</td><td colspan="2">自主学习法小组合作探究法</td></tr>
<tr><td>课堂导入</td><td colspan="2">图片：以商品全球化引出经济全球化</td></tr>
<tr><td rowspan="2">探究活动一</td><td>探究内容：情景再现，李明美国游
探究问题：经济全球化的表现
探究方式：课前预习，课堂展示</td><td rowspan="2">（2010 年江苏卷 12）为了防止希腊债务危机蔓延对欧元产生负面影响，2010 年 5 月 10 日，欧盟各成员国达成协议拿出 7500 亿欧元救市。受此消息影响，全球汇市和股市立即出现反弹。这表明
A. 欧盟是最具代表性、权威性的国际组织
B. 一国经济发展必然影响他国经济发展
C. 世界各国经济相互依赖、相互联系
D. 跨国公司促进资本在国际间快速流动</td></tr>
<tr><td>探究结果：</td></tr>
</table>

① 案例来自郑州某高中李老师 2013 年 10 月的课堂教学。

续表

<table>
<tr><td rowspan="2">探究活动二</td><td>探究内容：海尔案例
探究问题：跨国公司及其作用
探究方式：自主复习，案例分析</td><td rowspan="2">对“跨国公司”的认识正确的是
A. 是在其他国家和地区拥有主导地位的企业
B. 是不同国家和地区合作经营的大企业
C. 是在本国拥有一个总部，并在其他国家或地区拥有子公司的国际性企业
D. 是以各国的共同经营为主的大企业</td></tr>
<tr><td>探究结果：</td></tr>
<tr><td rowspan="2">探究活动三</td><td>探究内容：经济全球化图片
探究问题：辩论话题：经济全球化是鲜花还是祸水？
探究方式：学生辩论，教师点拨</td><td rowspan="2">（2013年高考·宁夏辽宁文综·13题）2012年下半年以来，中国纺织品等劳动密集型商品出口增速呈明显放缓态势，且在总出口额中比重下降，其主要原因是
①外部市场疲软②人民币升值
③中外贸易摩擦不断④宏观经济政策趋紧
A. ①② B. ②③ C. ①④ D. ③④</td></tr>
<tr><td>探究结果：</td></tr>
<tr><td>学以致用</td><td colspan="2">1. 上题材料反映的问题（　　）
（1）有利于促进生产要素的自由流动和优化配置
（2）有利于国际分工水平的提高
（3）有利于各国经济的同步增长
（4）有利于发挥各国优势，节约社会劳动
A.（1）（2）（4）B.（2）（3）（4）C.（1）（2）（3）D.（1）（3）（4）
2.（2009年高考·广东政治·28题·不定项）某种玩具娃娃，由中国大陆生产棉衣服，（我国）台湾地区生产塑料身体，日本制尼龙头发，马来西亚负责组装，最后在美国贴上标签全球销售。这从一个侧面反映出了（　　）
A. 生产的全球化和贸易的全球化
B. 产品分工向生产环节分工深化
C. 经济全球化的载体是相互竞争与合作的国家或地区
D. 经济全球化的实质是以发达资本主义国家为主导的
3. 下列选项中对经济全球化认识不正确的是（　　）
A. 经济全球化是世界市场经济发展的必然结果
B. 参与经济全球化有利于我国经济发展
C. 经济全球化加剧了全球经济的不稳定性
D. 经济全球化使世界各国普遍受益</td></tr>
<tr><td>课后作业</td><td colspan="2">“创新设计”第十一课：热点面对面</td></tr>
</table>

上述表格体现了教师对本节课预设的教学目标及达成措施。本节课是“面对经济全球化”，该教师预设了三个学习目标，从目标属性上判断，目标1）与目标2）属于知识、技能目标，目标3）属于情感态度与价值观目标。为了达成上述目标，教师预设了情感导入、小组合作探究、小组辩论等。从达成该情感目标的途径来看，“经济全球化内涵与表现”这一知识、技能目标是本节课主要的达成目标，它是通过案例分析、自主学习与小组合作等方式达成，那么在达成这一知识目标的过程中，

学生有可能形成正确对待“全球化”这一现象的态度、价值观。那么这一过程中，小组合作这一学习方式对于知识目标的达成来说属于直接途径，而对于情感目标的达成来说则属于间接途径。本节课所预设的“正确对待全球化”这一情感目标是放在本节课第三个环节来实施的，“通过合作探究三，结合问题，小组辩论，明确经济全球化对我国是一把双刃剑，树立正确的应对态度”。在此目标达成过程中，小组合作学习方式则属于直接途径。

由上述分析可知，直接途径与间接途径是相对的。如果是直接达成某一预设目标，就是直接途径，如果是间接达成某一目标，就是间接途径。

教学中的直接途径与间接途径，对于学生学习方式而言，类似于课堂上的直接学习与间接学习。对于这两类学习方式，我国台湾学者赵一笔是这样解释的。一种知能由“主学习”得来，是直接学习的结果；如由副学习或附学习而得来是间接学习的结果。又如一种学术知能，经由教师讲授而得，是直接学习；如由研究某一问题或作品而偶然得之是间接经验。俗语所谓“以言教者讼，以身教者从”，前者是直接教育，后者是间接教育。品行之教育应重间接教育。①

赵一笔的解释提醒我们，直接学习是主学习，由教师的讲授而得，是有教学预设的；间接学习是副学习，是偶然得之的，并强调对于品行教育应重视间接学习这种方式。本书中的直接途径与间接途径类似于上述“直接学习与间接学习”的解释，并且非常赞同他所强调的，品行教育中，间接途径有时比直接途径还要重要，或者说，不能偏废某一途径，二者同等重要。

三、教学中情感目标达成策略

教学中的策略与教学中的途径，是很难区分的。二者仅有宏观程度之分，没有实质之别，教学途径可以称为宏观的教学策略，教学策略则可以称为微观的教学途径。小组合作可以作为教学中情感目标达成直接途径的教学策略，小组合作的实施则需要更微观的教学策略来完成。因此，情感目标达成的途径与策略，在课堂教学中是融为一体的。从内涵与外延来看，途径是上位概念，应比策略宏观一些，而策略指的是具体办法、方法，应属于途径的下位概念。每一途径都是由若干策略组成，因此途径的组成，还是依靠策略来实现。教学途径与策略的关系可以用图 3-2 来表示。

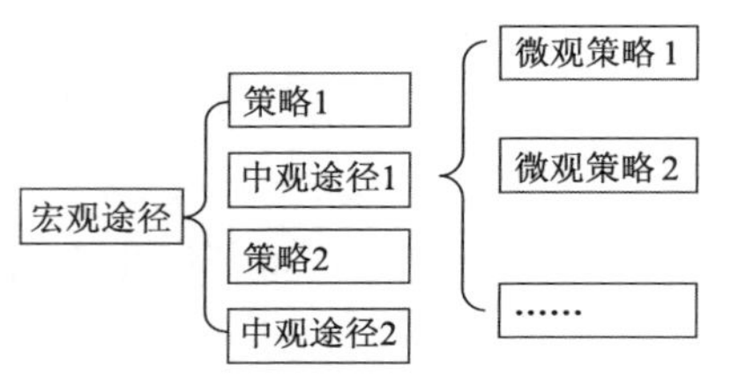

图 3-2　教学途径与策略的关系

根据上述对教学途径与策略的理

① 赵一笔. 1998. 当代教育哲学大纲. 台北：正中书局：155-156.

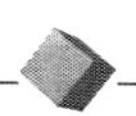

解，课堂教学中情感目标达成策略如图 3-3 所示。

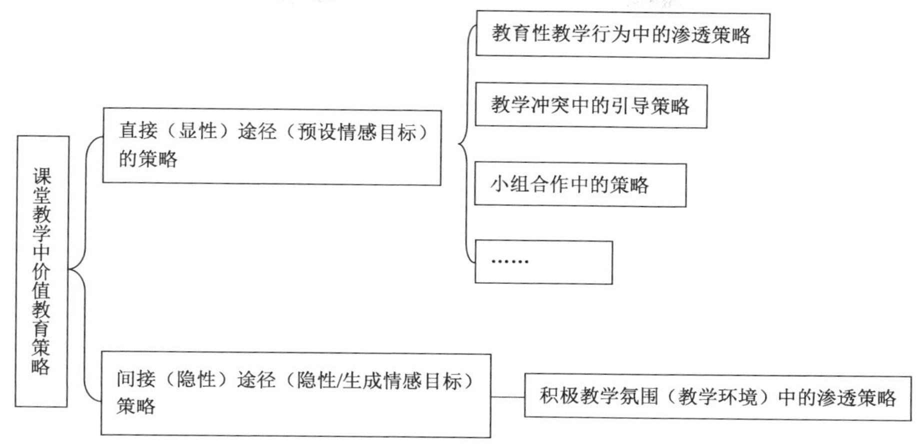

图 3-3 课堂教学中情感目标达成策略

通过图 3-3 我们可以清晰地看出，教学中达成目标的途径是由具体的策略组成的，并且有的途径，其实可以当做教学策略，比如小组合作，小组合作可以作为教学中达成情感目标的一个途径，但也可以作为教学中情感目标达成的一个策略。教学途径与策略或许只有宏观与微观之分，从完成教学任务、达成教学目标来看，二者的教学功能是一致的。对教学中典型的达成情感目标的教学设计策略简要描述如下，在后面的内容中将会详细地解释。

1）教学冲突中的价值教育。[①]它指的是教师借助课堂教学中发生的冲突，依靠自身的教学机智与价值理性，临时所进行的价值观念教育、教学活动，它具有情境性，对教师的教学机智与价值理性水平要求较高。

2）教育性交往行为中的价值教育。教育性交往行为指的是教师在具有“教育学意向”的师生交往活动中，通过交往行为对学生进行的价值教育信念影响活动。所谓教育学意向，指的是向善、为儿童好的动机，是为了加强儿童“生存和成长”的各种偶发可能性。

3）小组合作中的价值教育。合作学习作为一种得到广泛应用和高度关注的教学理论与策略，自 20 世纪 80 年代被引入我国以来，就得到了一线中小学校的欢迎。在新课程要求“主动、探究、合作”学习方式的背景下，合作学习更是作为代替讲授法的最为重要的教学组织方式而广受重视。因此，本书把小组合作学习作为一种特殊的间接途径单独列出。小组合作学习，是学生主体性的体现，在合作过程中，合作、探究等诸多价值品种得到培养与养成，因此小组合作学习是一

---

① 情感目标的达成过程的最终是为了形成学生价值观念，因此，达成过程仅称为情感教育并不准确，称价值教育更准确些，所以本书在论述中，有时称情感目标达成过程为价值教育。

种重要的情感目标达成途径。

下面以一节课堂教学中教师的教学设计为例，来说明教学途径与策略的关系，如表 3-3 所示。

表 3-3　一节课堂教学中教师的教学设计

教师姓名：林老师　班级：初一（13）　授课时间：11 月 4 日星期三

学科：数学　内容：认识一元一次方程

课标关于本节课的教学要求	1）通过实际问题中数量关系的分析，感受方程式刻画现实世界的有效模型； 2）通过观察，归纳一元一次方程的概念，理解方程的概念		
本节课预设目标	知识与技能：通过实际问题中数量关系的分析，感受方程式刻画现实世界的有效模型； 过程与方法：借助类比、归纳的方式概括一元一次方程的概念； 情感态度价值观：使学生在分析实际问题的情境的活动中体会数学与现实的密切联系		
活动	活动内容或主题	活动组织形式简述	试图达成何种预设目标
活动一	让同学们根据以前的知识快速列出代数式及方程	教师引导，学生活动	感受方程是刻画现实世界的有效模型
活动二	根据对方程的认识列出方程，并能进行类比，得到一元一次方程	学生自主讨论，类比、归纳，形成概念	能够通过类比、归纳概括一元一次方程的概念
活动三	巩固一元一次方程的定义，深入训练	学生探究，小组讨论，加强理解掌握	能快速准确判断一元一次方程，并解决相关问题
活动四	能根据题意列出简单方程	学生活动，趣味游戏	使学生在分析实际问题的情境的活动中体会数学与现实的密切联系

该课例出自初一数学，教学内容是讲授一元一次方程，教师预设了三个目标，教师欲通过四个活动来达成，这四个活动可以称为教学中的直接途径，分别如下。

活动一：让同学们根据以前的知识快速列出代数式及方程。

活动二：根据对方程的认识列出方程，并能进行类比，得到一元一次方程。

活动三：巩固一元一次方程的定义，深入训练。

活动四：能根据题意列出简单方程。

这些途径的具体实施方法，即策略，分别如下。

策略一：教师引导，学生活动；策略二：学生自主讨论，类比、归纳形成概念；策略三：学生探究，小组讨论，加强理解掌握；策略四：学生活动，趣味游戏。

在本节课中，情感目标是“使学生在分析实际问题的情境活动中体会数学与生活的联系”。该目标的达成途径是做“游戏”，具体的策略是让学生在分析实际问题的情境中达成预设的情境目标。由上述案例可知，教学中，情感目标达成途径是教学中相对宏观的达成情感目标的路径，而教学策略则是达成情感目标的微观办法、路径。俗话说，“教学有法，而教无定法”，达成情感目标的策略是无穷的，策略选择的自变量有教学内容、学生及教师的教学个性。

四、关于教学中情感目标达成途径与策略的说明

本书所论述的情感目标达成途径、策略均来自一线教师的智慧与教学设计。这些教学设计大家并不陌生，但问题是：由于不经意，太日常化，匆匆的教师常常忘记或小看他们一直拥有的财富。笔者认为策略的选择需要的其实就是认真的凝视，仔细的发掘。这里之所以重提这些策略，目的就是让情感目标的达成，从自发到自觉，从偶然到普遍。本书的意义或许在于能帮助已使用上述途径、策略的教师，使其教学活动概念化、系统化，使其更加目的化；对于没有运用过上述途径的教师来说，这些途径与策略可给其未来的教学活动提供参考与启发。这里引用“价值澄清理论”流派拉思斯在介绍他的理论时所表达的观点来表达本书的思考，他指出：“我们应该坦率地指出，本书的方法（价值澄清方法）对所有教师来说并非全是前所未有的。许多敏感的教师早就沿着这些方面开展工作——即使他们冠之以别的名称——已有多年。本书也许只能帮助他们组织并使那些实践概念化，使他们得以更加系统并且敏锐地利用它们。”①

（一）教学中价值教育途径与策略对传统德育途径、策略的继承

价值教育对学科德育途径、德育教学策略的继承存在两个方面的原因。

1）价值教育的主题与德育的主题有很大的重叠部分。有学者把价值分为三个方面：①人道价值，包括人的生命存在的意义及人的尊严、自由、权利等，它是主体自身的内在价值；②规范价值，包括社会的民主、平等、正义等，它是主体与主体之间的结构性价值；③效用价值，包括人的效用价值与物的效用价值，它是客体对于主体的功能性价值。②从上述三个方面来看，道德教育的内容包含于人道价值与规范价值之中，与价值教育的主题是相互交叉的。

2）从价值教育影响学生的机制来看，价值教育与德育几乎没有什么差别，皆是一种信念或价值观教育。正是如此，石中英教授指出：“中小学价值教育的途径与方法在很大程度上与传统德育的途径与方法很类似，因此，开展中小学价值

① 拉思斯. 2003. 价值与教学. 谭松贤译. 杭州：浙江教育出版社：10.

② 刘晓明. 2008. 视觉融合：心理教育中的价值问题研究. 长春：东北师范大学出版社：107.

教育无需开辟什么新的途径，发明什么新的方法。”[①]从研究的角度来看，本书提供这些方法的目的在于帮助大家使那些方法概念化、系统化，有目的且高效地运用它们，并知其所以然。

（二）价值教育的途径、策略与知识教育融为一体

价值教育的途径与策略是与知识教学融为一体的，或者说教学中实施价值教育必须依托教学内容的传授而进行，实施“无痕”的价值教育。所谓“无痕”，就是课堂教学中的价值教育必须融入到日常的教学活动中，特别是以知识传授为主线的教学活动中。课堂教学中不必也不可能凭空增加一个活动单独实施价值教育，否则习惯于常规教学活动的教师无法接受，目的性过强的价值教育反而会引起学生情感上的阻碍，价值教育更无法开展。为此，它必须在日常教学活动中，随着教学内容的传授“自然”进行。就基础教育阶段而言，班级教学活动程序或主要的教学行为，无论年级与地域，基本上是一致的，不可能创设一个新的途径单独实施课堂教学中的价值教育活动，而只能在已有的教学活动中，有目的地挖掘或设置价值教育因素，渗透价值教育思想，实施价值教育活动。

情感目标作为三维目标的一维。我们常常说的一句话是：“三维目标是相互交融的，不是割裂的。”“不割裂”这一要求在现实的教学实践中常常被误解，有的教师及部分研究者认为，既然三维目标是一体的，教学目标就不应分开叙写。比如，反对如下的叙写格式。

1）知识与技能目标……

2）过程与方法目标……

3）情感态度与价值观目标……

目标叙写的基本要求是清楚、具体、可操作。对照此要求，上述叙写格式应是比较理想的“清楚、具体、可操作”的体现，因此，反对上述目标叙写方式可能是对三维目标“三维”的误解。“三维”的重要内涵之一是教学目标的达成可能是立体的，即具体的某一教学活动，可能不是针对某一目标而进行的活动，有可能是同一活动同时达成三维目标。反对三维目标“割裂”反对的应是教学活动不割裂，而非反对目标的分开叙写。在具体的教学活动中，有的活动虽然指向某一目标的达成，但在实施的过程中，同样可以实现其他预设的教学目标，如表 3-4 所示。

① 石中英. 2010. 关于当前我国中小学价值教育几个问题的思考. 人民教育，(8)：10.

表 3-4　情感目标与知识目标同时达成的教学案例

教师姓名：李老师　班级：初一（11）班　授课时间：12 月 21 日星期一

学科：初中英语　内容：Unit 8 It must belong to Carla

课标关于本节课的教学要求	本节课为阅读课，阅读材料是关于巨石阵的说明文，阅读语篇涉及英国文化，还涉及一些连接词的运用，理解文章中句子间的逻辑关系。找出巨石阵的神秘之处，以及文中对巨石阵用处的各项推测，并要求学生发挥联想，思考并讨论在中国或世界上还有哪些类似巨石阵这样神秘的地方，它们为什么神秘及对于这些地方了解多少等问题
本节课预设目标	1）To learn the purposes of linking words and phrases. 掌握连词与表推测的句型，It must/can't be… 2）To improve students' reading skills such as fast and careful reading thus to help students understand some other reading materials on the same topics. 通过快速阅读，帮助学生尽快抓住文章主题 3）To arouse students' interest in and love for historical and mysterious places. 提升、培养学生对中西方神秘历史古迹、文化的热爱及探索大自然的精神

这是一节初一英语阅读课，内容是关于巨石阵的说明文，教师根据教学内容，预设了本节课的知识目标与情感目标，知识目标有两个：①掌握连词与表推测的句型；②让学生掌握阅读技巧。情感目标有一个，即提升、培养学生对中西方神秘历史古迹、文化的热爱及探索大自然的精神。在这节课最后一个教学时间段，教师设计了一个表演活动（提前让学生做了准备，在课下已布置任务），把全班学生分成三个小组，每组有一个学生作为导游，其余学生扮演游客，让扮演游客的学生用英语介绍三个旅游胜地，这三个旅游胜地如图 3-4 所示。

（a）楼兰古城

（b）金字塔

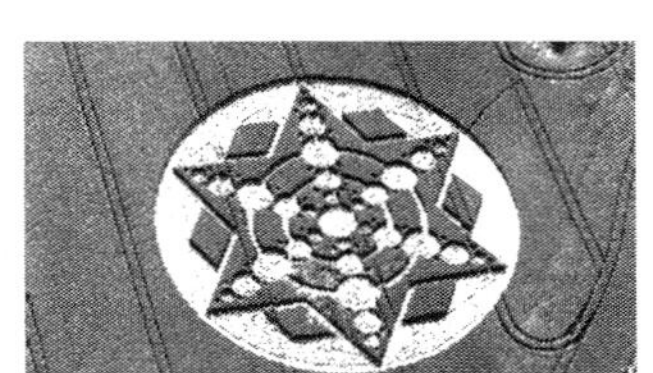

（c）麦田怪圈

图 3-4　三个旅游胜地

在介绍前，教师这样要求扮演导游的学生："当你用英语介绍这些历史古迹的时候，要用本节课所学的推测句型及连词表达。"这一要求显然是为了达成预设的知识与技能目标，当学生们听取导游介绍古迹时，也在达成预设的情感目标。

通过这个案例，我们可以清楚地发现，在这同一个教学设计活动即游戏表演中，知识目标与情感目标可以同时达成，它们是相互交融在一起的，且不割裂的。三维目标的整体性与不可分割，其中之一便是在教学活动达成的不可分割，这是三维目标"三维"的重要表现之一。

第四章　课堂教学中情感目标达成的典型教学设计

尽管态度目标不像认知或者动作技能目标那样，常常以明确的形式加以陈述，但很多时候我们却想要形成或改变一种态度。

——P. L.史密斯，T. J.雷根[①]

教学策略有多种分类，比如，瑞格鲁斯认为教学策略包括三个不同的部分，分别是组织策略、传输策略和管理策略，这样的分类是从策略的目的或功能进行的划分。[②]课堂教学中教学策略是多种多样的，俗话说“教学有法，而教无定法”，“教无定法”指的就是教学策略的多样性。教学策略具有不同的层次，可以从一个单元或者课程（宏观）的水平加以规划，也可以从单节课（微观）的水平加以规划。本书中的策略是从微观层面即单节课层面进行的划分。这些策略考虑的是要呈现什么样的学习内容，该用什么样的形式呈现，教学该采用什么样的程序。

第一节　教学目标科学预设策略

积极的情感体验是推动学生主动、有效学习的重要催化剂。著名教育家布卢姆曾经说过：“以积极的情感体验和深层次的认知参与为核心的学习方式，能促进学生包括高层次思维在内的全面素质的提高。高峰的学习体验，是学生学习产生新的兴趣的源泉，是重大的态度与价值变化的刺激物。”[③]

情感目标在教学中如何达成，这是本书的核心。根据传统的教学设计流程、环节，以及新课程改革所倡导的教学设计活动，提出六个核心的达成策略，分别为：教学目标预设策略；情境创设中达成情感目标策略；小组合作中达成情感目标策略；师生冲突事件中达成情感目标策略；教学氛围中达成情感目标策略；师生互动中达成情感目标策略。

所有这些所谓的“策略”，在达成情感目标的过程中，都要强调“渗透”。何为渗透？《辞海》中是这样解释的[④]：①两种气体或两种可以互相混合的液体，

---

① P. L. 史密斯，T. J. 雷根. 2008. 教学设计. 庞维国，等译. 上海：华东师范大学出版社：402.

② P. L. 史密斯，T. J. 雷根. 2008. 教学设计. 庞维国，等译. 上海：华东师范大学出版社：186.

③ 张圣华. 2006. 在怎样的尺度下诊断课堂. 中国教育报，2006-02-23，第 005 版.

④ 刘然. 2003. 辞海. 沈阳：辽海出版社：926.

彼此通过多孔性的薄膜而混合；②液体从物体的细小空隙中透过；③比喻一种事物或势力逐渐进入到其他方面，与渗入近义。

“渗透”强调了情感目标达成策略实施过程的总体特征，那就是凡是“渗透”，两种事物就要真正地融合、无孔隙。对于情感目标达成而言，那就是要实施无痕、真正融合的教育活动，以不易察觉、润物细无声的方式把社会认可的情感态度与价值观生成或转变为学生的价值情感、价值信念，进而形成素质以指导学生的行为。

教学目标（或学习目标）是对学习者参与教学活动后应该表现出来的可见行为的具体的、明确的表述。教学目标的有效达成是所有教学活动的最终追求，是教学有效与否的关键指标。因此，教学目标的制定应可观察、可达成与可测量，切忌太笼统、太模糊与太抽象。在实际的教学中，我们常常能够发现很多同学在学习中不知该如何记笔记，在课堂学习活动中不知把重心放在何处。这些其实都是学生不清楚学习目标所致的，即教师没有对学习目标做出清楚、具体的陈述。综上所述，教学目标预设策略是所有其他教学设计活动的前提与基础。教学目标预设策略指的是所有性质的教学目标预设策略，当然包括情感目标在内，它们在预设要求方面没有太大的差异。

一、教学目标预设策略——教学目标预设与达成活动中的两类意识

教学目标是对学习者在参与课堂教学活动后应该达到的教学效果的具体明确表述，从这一角度来看，教学目标是教学的归宿，是评判一节课的教学有效性的重要依据。但是，在现实的教学中教学目标的预设与叙写很多时候却成了摆设，没有起到应有的作用。有学者指出：“在您无数次地翻教材、写教案时，它都是第一个被写下的。不过，也许正是在这无数次地重复当中，它慢慢地变成了一个不需要思考的‘条件反射’，成了可以跳过的摆设。”[①]总之，重要的教学目标却成了被遗忘的“角落”。

（一）作为一节课起点与终点的教学目标

关于教学目标的重要作用，有一个非常经典的比喻，那就是“教学目标是一节课的起点与终点”。这个比喻非常恰当地形容了教学目标对一节好课的意义。

1. 教学目标是一节课的起点

“起点”指的是教学目标是建构一节课的开始与依据，它对整个教学设计活动起导向与指引作用。这一点在泰勒的课程原理中也可以看出，泰勒的课程原理对于课堂教学过程曾经有一个非常形象的旅行比喻：我们要到哪里去（教学目标），

① 崔允漷. 2004. 教学目标——不该被遗忘的教学起点. 人民教育，(Z2)：13-14.

我们如何到那里去（教学设计活动），我们如何让学生在恰当、理想的环境中到那里（教学氛围），我们如何知道已经到了那里（教学评价）。

那么从这个比喻出发，要想上好一节课，其中最为核心的要素，首先要考虑如何预设科学的教学目标，因为它是整个教学活动的“向导”。可以这样说，教学目标引领或者说教学目标（任务）统筹是当代教学设计的精髓，教学目标在教学设计中占有举足轻重的地位。教学目标一经确定，就成为教师选择教学策略、安排和组织教学活动，以及实施教学评价的重要依据。在泰勒的教学比喻中，试想，如果我们连要到哪里去都不清楚（教学目标预设不清楚，宏观与不具体），我们何以决定怎样去那里？何以判断是否真的到了那里？所以，教学目标对一节“好课”的意义不言而喻。

2. 教学目标是一节课的终点

“终点”是指教学目标，为教与学的结果与价值追求。它的达成与否是衡量一节课“好”与“不好”的重要依据。

如果从三维教学目标达成效果来评判一节课是否高效，我们可以构建如下的课堂教学有效性评价坐标图，如图 4-1 所示。

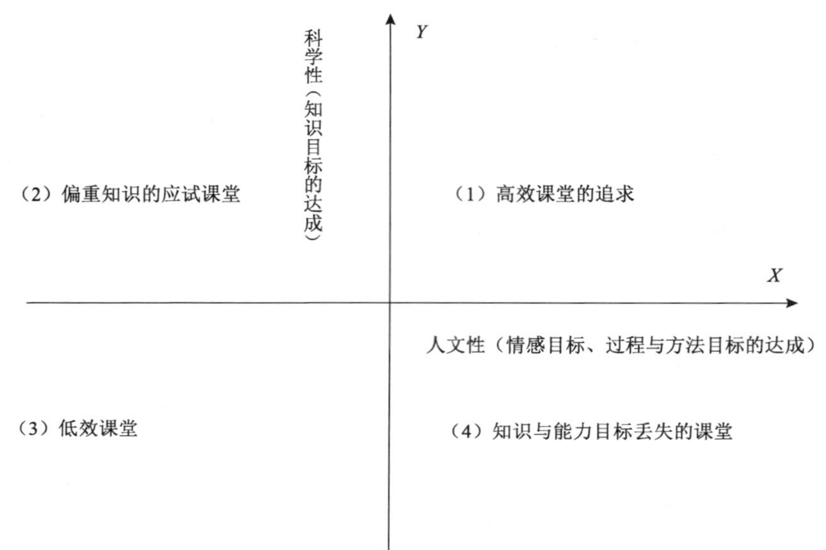

图 4-1　课堂教学的有效性坐标图

图 4-1 为课堂教学的有效性坐标图，如果以情感态度与价值观目标、过程与方法目标的达成代表教学的人文性，以知识目标的达成代表教学的科学性，那么真正的有效课堂应是三维目标都得到重视的课堂，是在人文性与科学性交集的第一象限，但是这样的课堂在现实的课堂教学中的占比并不高，调查的结果显示，

“这样的课堂在现实的课堂教学中仅占28%，远远低于我们期待的优秀比率”[①]。第二象限是过于重视知识目标而轻视情感目标及过程与方法目标的课堂，也就是常见的应试课堂。第三象限可以称为低效甚至是无效的课堂，因为在这样的课堂中，三维目标几乎都不被重视，也没有有效达成。第四象限是教师过于重视人文性而知识目标却被忽略的课堂，这样的课堂在语文课堂教学中常有体现，这样的课堂也不是我们追求的。如何实现课堂教学的有效性？如何让我们的课堂教学既体现科学性，又体现出人文性？仅从有利于教师教学目标达成的角度，按照传统的教学流程顺序，本书提出有利于目标达成的两类意识的培养：教学目标预设与达成意识。

（二）教学目标预设与达成两类意识的内涵

何为意识？我们可以从现象学的角度寻找意识的本质特征，因为现象学代表人物胡塞尔指出“纯粹现象学是关于纯粹意识的科学”。或许从现象学中，可以找到培养意识的真谛。

意识与将要发生的行动是密不可分的，意识总是先于行动之前的一种认识。现象学认为“意向性与行为几乎是不可区分的……在实施行动之前的意向也已经是体现的行为。由于每一个意识行动都是意向的，因而它在内容上是相关的”[②]。正是因为如此，在某一有目的的行动发生之前，行动主体一定是有明确行动意识的，这样的行动才是有效的甚至是高效的，否则将是无意识的行动，进而严重影响、制约行动的效果。教学活动作为一种有明确目的的行动，行动主体在教学活动实施之前一定有明确的意识，特别是有利于达成目标的意识，这样行动主体才能实施有效的（教学）行动。从传统的教学流程来看，以教学目标为线索，教学行动的发生至少包括两个重要的行动环节——教学准备活动与教学实施活动，关涉目标达成的活动意识有两类：一类是教学预设时的达成意识；另一类是教学活动时的目标意识。

教学目标最终还是需要教师在教学活动中去实现，因此，教学目标达成的两种意识，是针对教师的“教”而提出的，是指教师在教学预设也就是备课阶段及上课过程中的两种意识。意识总是具有预期的指向性与积极的能动性，有关教学目标预设与达成的两类意识，关涉教师是否积极地达成教学目标，进一步关涉课堂教学效果。

1. 教学目标预设时的达成意识

该意识是指教师在预设教学目标时，不仅要预设具体的任务，而且要统筹考

① 魏宏聚. 2014. 情感态度与价值观目标预设与达成的实证研究. 课程・教材・教法，(5)：95.

② 胡塞尔. 2002. 哲学作为严格的科学. 倪梁康译. 北京：商务印书馆：99.

虑实现任务的具体的教学活动，即既要预设出具体的教学任务，又要预设出实现这些任务的具体的教学活动。这一意识是针对日常教学中，教师教学目标预设空洞、走形式的现象而提出。在日常教学中，教师预设目标最常见的问题是预设得空洞、形式化而不具有操作性，如高二生物的“转基因生物的安全性”一课的教学目标，教师的预设如下。

1）通过阅读教材87～88页及所搜集的资料，能举例说出目前的转基因成果，能归纳总结出转基因生物安全性争论的源头和焦点；

2）通过小组合作学习，会用所学知识对转基因食物的安全性问题发表自己的观点并说出理由；

3）通过本节课的学习，认同对生物技术安全性问题讨论的必要性，初步形成对待转基因生物安全性问题的理性、求实的态度。

目标1）、目标2）与目标3）分别有达成任务的活动，目标1）的达成活动是“阅读教材87～88页”，目标2）的达成活动是“小组合作学习”，而目标3）的达成活动是“本节课的学习”，显然目标1）与目标2）的达成活动是具体、可操作的，而目标3）的达成活动则显得笼统，不具有操作性。

教学目标制定时的达成意识的培养牵涉教学目标的叙写问题，下面举例说明何为该意识及如何养成。下面分析两种教学目标叙写方式的异同，并分析它们对课堂教学过程中可能产生的不同教学功能。

叙写方式一：

1）通过单词游戏，能记住新单词。

2）通过听说练习，能够掌握对人物提问和回答的基本句型。

3）通过巩固训练，能够综合运用所学知识介绍他人。

叙写方式二：

1）记住新单词。

2）掌握对人物提问和回答的基本句型。

3）能够综合运用所学知识介绍他人。

叙写方式一的目标叙写结构是“过程与方法+任务”，这样的叙写方式能表明一节课的任务及实现任务的过程与方法，它的优势在于，通过这种叙写，我们就可以知道，在课堂教学过程中，是通过单词游戏、听说练习与巩固训练这三大活动来完成本节课的具体任务。叙写方式二仅表明了具体的教学任务，而没有表明如何去实现这一任务。叙写方式二是教师最常用的教学目标叙写方式，但这种方式的不足在于，教师有可能不去思考任务如何去实现，甚至是以应付心理去预设教学目标，这最有可能使预设的教学目标落空。而叙写方式一则可以督促教师去思考如何去实现预设的教学目标，可以培养教师的“目标达成意识”。

这种有利于教师培养目标达成意识的教学目标叙写结构，其核心内涵在于：一个目标的科学表述，不仅要表述出具体的任务，还要表述出实现该任务的教学设计活动。这种描述方式类似于国外学者格伦兰（N. E. Cronlund）所倡导的“内部过程与外显行为相结合”的表述策略。格伦兰在《课堂教学目标表述》中，提出了内部过程与外显行为相结合的表述方式。①这一表述方式要求在叙写教学目标时，要把内部过程与外显行为都描述出来。内部过程针对学生的学习结果而言，其实就是要实现的任务，当然，这个任务要具体，不能太空泛；外显行为就是教师要实现这一任务外显的过程与方法，当然这个过程与方法也要具体、清晰、可操作。这一目标表述方式可以有效地培养教师的目标达成意识，提高课堂教学的有效性，目标叙写规律提示我们：提高课堂教学效率可以从叙写教学目标开始。

笔者随机抽取了河南省的周口、郑州、濮阳三地共六节课的中小学教师的教学目标叙写，教师们目标叙写现状究竟如何呢？下面是具体的教学目标叙写内容与结构。

（1）周口

2015 年 12 月 16 日，在周口某校开展了课堂教学研究活动，听、评两节课，一节是初中二年级语文“生物入侵者”，教师预设的教学目标如下。

1）理解文题的含义，了解生物入侵者的危害。

2）学习本文所使用的说明顺序和说明方法。

3）增强生物入侵的防范意识，深刻认识保持生态平衡的重要性。

另一节是高中一年级地理“河流地貌的发育”，教师预设的教学目标如下。

1）理解河流的三种侵蚀作用及其对河流地貌的影响。

2）掌握河流地貌的主要类型及其分布。

3）理解河流地貌对聚落的影响。

分析：教师预设目标的达成意识中最基本的要求是在叙写教学目标时，要对实现任务的过程与方法目标进行叙写，形成基本的叙写结构：过程、方法+任务。对照这一基本要求，上述两节课的教学目标都只叙写了教师要完成的任务，而缺乏对实现任务的过程与方法的描述。其运用的基本句式是“理解……；掌握……；增强……”。这是最为典型的教师日常教学目标叙写格式，缺乏教学目标叙写时的达成意识，进而会影响教学效果。

（2）郑州

2015 年 12 月 21 日，笔者在郑州某完全中学开展课堂研究活动，分别听评两节英语课，分别是初中的 *It Must Belong to Carla*、高中的 *Participle*。

It Must Belong to Carla 的教学目标叙写如下。

1）To learn the purposes of linking words and phrases.

2）To improve students' reading skills, such as fast and careful reading, thus to help students understand some other reading materials on the same topics.

① 王艳喜，杨志平. 2006. 浅谈教学目标的陈述. 黑龙江教育学院学报，(6)：72.

3）To arouse students' interest in and love for historical and mysterious places.

Participle 的教学目标叙写如下。

1）To learn to identify （辨别） the functions of participle in sentences.

2）To learn to distinguish （区分） the differences between the present and past participle.

3）To learn how to use participles.

上述两节英语教学目标的叙写，格式比较一致，皆是“To...”，用汉语来表示就是“掌握……”，完全是教学任务的表述，而缺乏对达成任务的过程与方法的叙写。

（3）濮阳

2016 年 1 月 15 日，在濮阳开展课堂研究活动，分别听评两节小学课，一节是小学数学“平均数”，一节是小学语文《索溪峪的“野”》。“平均数”的教学目标叙写如下。

1）了解平均数产生的必要性，理解平均数的含义，体会平均数的作用。能解决生活中有关平均数的问题。

2）初步学会简单的数据分析。体会平均数在统计学的意义。

3）理解数学与现实生活的联系。

《索溪峪的“野”》的教学目标叙写如下。

1）知识目标：我能有感情地朗读课文，掌握课文主要内容，体会文章蕴涵的思想感情，通过小组合作交流，感悟索溪峪风景区天然野性的自然风光，产生对大自然的热爱之情。

2）能力目标：我会全力以赴，激情参与，领悟作者抓住景物特点，先概括表述再具体描写的表达方法。

3）情感目标：激发学生的环保意识，产生对祖国大好河山的热爱之情。

从上述目标叙写内容与结构来看，同样只是描述了教学任务或学习任务，而没有对完成任务的过程与方法进行叙写。

通过三地六节课的随机抽查，我们可以得出教师们在日常教学中教学目标预设与叙写的基本现状，那就是缺乏三维目标中“过程与方法”目标的叙写，即本书所述的，教师们的目标叙写达成意识严重缺乏，合理、科学地叙写教学目标成为当前最为急迫的教学管理任务。

2. 教学活动中的目标意识

有效的教学始于教师准确地知道要达到的目标是什么。教学活动中的目标意识是指教师对教学任务的敏感性和自觉程度，表现在具体的教学活动中，是指教师心中应时刻铭记每一活动的目标是什么，所有的行为都应指向这一目标，这样才能使教学活动聚焦于有效达成目标，避免低效甚至无效教学行为的发生。教学

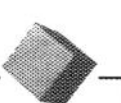

目标是教学活动的灵魂，更是教学行为的方向，是判断教学活动是否有效的直接依据。“在刚刚结束的第七届全国阅读教学观摩活动中，崔峦老师尖锐地指出，因为目标意识不强，目标的阶段性不明，在实际教学过程中，越位和不到位的问题便同时存在。”[①]教师在教学活动中目标意识缺失的案例在现实的教学中比比皆是，下面略举两例。

案例一：该案例来自漆洵. 浅谈课堂教学的目标意识. 中国教育学刊，2011，（8）：74-75。

有这样一堂美术公开课，内容是“大人国与小人国”，教师费尽周折，用了一两周时间制作道具，在课堂上，教师和几个学生分别在讲台上扮演“两国”的人，表演得手舞足蹈、满头大汗、口干舌燥，花费了不少时间，而台下学生却无事可做、只看热闹。

这样的课堂表面上气氛活跃，但实际上是教师的教学行为偏离了应有的教学目标，实际上是低效的教学行为。因为本课的目标主要是学生“能够用对比的方法，绘画或制作‘大人国’或‘小人国’，且在此过程中激发学生的创造力……”[②]教师在教学活动中，把关注的重心放在了扮演上，而没有放在“对比的方法”这一知识目标上，也没有把重心放在“激发学生的创造力”方面。

案例二：该案例是笔者于2014年6月12日在中部某高中的课堂观察中获取的。

这是高中“超重与失重”的物理课，两位教师上同课异构课，他们所用的教学设计及PPT都一样，并预设了如下教学目标。

1）通过实验认识超重现象与失重现象。

2）经历探究产生超重和失重现象原因的过程，学习科学探究的方法，体会探究的成就感。

3）会用牛顿第二定律解决生活中的超重失重现象。

4）通过观看有关杨利伟在太空的视频片段，激发学生爱国、爱科学的热情。

在达成目标4）时，两位教师都播放了杨利伟在太空失重状态下吃太空食品的录像片段，教师甲强调了杨利伟在太空中写下的一句话：为了人类的和平与进步，中国人来到了太空。这突出了民族自豪感与爱国情怀。但教师乙在视频播放完后这样总结道：在失重状态下人真的很难受，睡觉、吃东西都很不方便。然后开始了新内容的讲授。通过对甲、乙两位教师的课堂教学行为的比较，我们明显地感觉到，教师甲的行为是围绕着预设的目标4）而展开的，具有达成目标的意识，并且教学活动效果不错；教师乙缺失目标意识，教学行为没有围绕着预设的“自豪感、爱国”的目标展开，而是把重心放在了“失重吃东西不方便”上，致使预设的目标4）落空。

---

① 汪燕. 2008. 强化目标意识 避免“教学过度”. 江苏教育，（12）：5.

② 漆洵. 2011. 浅谈课堂教学的目标意识. 中国教育学刊，（8）：75.

总之，教师在课堂教学中，目标意识缺失是课堂教学行为低效或无效的最直接的原因。

（三）教学目标两类意识的养成措施

目标达成的两类意识的养成有利于教师专业素质的提升，更有利于高效课堂的构建。在日常的教育教学生活中，我们从教师的职业追求及学校管理两方面进行意识的培养。

1. 培养教师对自己职业的热爱

何为意识？意识首先是一种“意向性”。关于目标达成的两类意识，教师对于目标达成、教学有效性的积极期待和主动追求的背后体现的是教师对职业的责任与热爱。换言之，只有积极追求、有教学责任心的教师，才有可能养成这两类意识。具体来说，从课堂教学的角度，“两类意识”是教师对上好一节课的积极期待与追求；从工作职责来说，这是教师对自己职业的热爱与完美的追求。正是教师先拥有这样的职业追求，才使得教师有科学预设教学目标的意识，并且在课堂教学中时时刻刻思考如何达成预设的目标。因此，教师对自己职业的热爱，积极上进并对上好一节课的强烈渴求才是形成教师关于目标达成两类意识的最为根本的前提与基础。

2. 采取措施清晰化教师的教学设计过程

教学活动中，教师目标达成意识不佳就在于教师对于一节课每一活动的具体任务不清楚，最终结果就是教学活动中目标意识不强或被淡化，导致教学活动低效。在长期的课堂研究中，笔者设计了清晰化的教师教学过程的表格（表 4-1），该表格将使一节课的整体设计及教学过程中每一环节的组织形式与任务清晰化。具体而言，该表格让任课教师清楚、明了一节课有哪些环节，每一环节的目标与组织形式如何，实践表明，该表格的填写有利于教学目标两类意识的形成。

表 4-1 清晰化的教师教学设计意图表格

课标要求			
本节课预设目标			
活动	活动主题	活动组织形式	试图达成何目标
活动一			
活动二			
活动三			
……			

3. 需要长期的、针对性的督促与实践

意识与行动是紧密相连的。就意识本身而言，它的产生过程是一个心理过程，是内蕴的。但就教师外在行为来看，教学目标预设与达成中的意识，又属于教师教学活动中的一个技能，是可以通过教师外在的行为变化观察其是否具有某种意识或意识是否形成。意识的形成是一个长期的过程，与意识紧密相连的教学技能，绝不是上一两节课就可以形成的，它需要长期的、有针对性的实践训练才能形成，比如，表 4-1 中的清晰化表格的坚持填写，教学目标叙写结构“过程与方法+任务”的坚持等。

综上所述，在日常教学研究活动中，长期坚持开展针对两类意识的训练、反思活动将是养成两类目标意识的有效途径。教学目标对一节课具有重要意义，有人说教学目标是一节课的灵魂，也有人说教学目标是一节课的起点与终点，本书倡导两种意识的培养，其根本目的指向教学目标的有效达成。

二、挖掘教材内容中的显、隐性价值因素，生成情感目标

课堂教学中实施价值教育，最为重要的途径就是通过包含价值因素的内容的传授，进而达成情感目标。某一内容能否作为教材内容，除了知识的因素外，该内容本身的思想性和价值取向肯定是重要的考量因素。因此，教材内容的价值因素正是预设、生成情感目标的重要内容。以数学学科为例，新课程标准是这样描述数学课程实施的目的：“数学课程能使学生掌握必备的基础知识和基本技能，培养学生的抽象思维和推理能力，培养学生的创新意识和实践能力，促进学生在情感、态度与价值观等方面的发展。”①从这段对课程实施目的的描述中可知，数学课程的实施不仅要让学生学习数学知识，形成数学能力，更要发展学生的情感、态度与价值观。化学学科这样描述：“化学科学的发展为人类创造了巨大的物质财富……引导学生初步认识化学与环境、化学与资源、化学与人类健康的关系，领悟科学探究的方法，逐步树立科学发展观，领悟科学探究的方法，增强对自然和社会的责任感……”这些描述强调的就是情感目标的达成追求，情感目标在学科课程标准上的具体化、清晰化，是本次课改最大的亮点与特色之一。

教学目标具有层次性，可以分为三个层级。

一级目标属于课程总目标，它描述在某一教学阶段课程设置所要实现的总目标，并为安排各种类型的课程和领域提供依据，在我国往往体现在课程纲要和培养方案中。该目标的制定者是专家。比如《基础教育课程改革纲要（试行）》中，就对课程总目标做了明确的规定与描述：“改革课程过于注重知识传授的倾向，

① 中华人民共和国教育部. 2011. 义务教育数学课程标准(2011 年版). 北京：北京师范大学出版社：2.

强调形成积极主动的学习态度，使获得基础知识与基本技能的过程同时成为学会学习和形成正确价值观的过程。”[①]作为课程总目标，它没有具体内容，只指出了目标的属性分类，比如新课程的总目标是三维目标，它并没有明确每一维的具体内容，只有结合到具体的学科、内容后才会生成具体的目标。

二级目标是学科目标，是指根据某一具体学习领域或学科和学生发展阶段与状况，描述一门课程所要达到的目标，具体体现在学科课程标准中。该目标的制定者也是专家。

三级目标是课时目标，即每节课的目标，俗称教学目标。它是具体的、情境化的、可操作的教学目标，是对上一级目标进行具体的分解和层层落实的目标，称为课堂教学目标，具体体现在教师的课堂教学设计中。它的制定者是教师。 教学目标的具体结构可参考前文中图 1-4。

作为教学目标之一的情感目标同样具有层次性。第一层级就是三维目标中对情感目标这一维的明确强调，但它没有具体的内容。第二层级的情感目标，各科课程标准中都对它做了明确的规定与描述，这里分别列举思想品德、数学、物理、化学、地理四科关于情感目标的内容规定。

思想品德[②]

感受生命的可贵，养成自尊自信、乐观向上、意志坚强的人生态度。

体会生态环境与人类生存的关系，爱护环境，形成勤俭节约、珍惜资源的意识。

养成孝敬父母、尊重他人、诚实守信、乐于助人、有责任心、追求公正的品质。

形成热劳动、注重实践、崇尚科学、自主自立、敢于竞争、善于合作、勇于创新的个性品质。

树立规则意识、法制观念，有公共精神，增强公民意识。

热爱集体、热爱祖国、热爱人民、热爱社会主义，认同中华文化，继承革命传统，弘扬民族精神，有全球意识和国际视野，热爱和平。

数学[③]

积极参与数学活动，对数学有好奇心和求知欲。

在数学学习过程中，体验获得成功的乐趣，锻炼克服困难的意志，建立自信心。

体会数学的特点，了解数学的价值。

养成认真勤奋、独立思考、合作交流、反思质疑等学习习惯，形成坚持真理、修正错误、严谨求实的科学态度。

① 中华人民共和国教育部. 2001. 基础教育课程改革纲要(试行). 北京：北京师范大学出版社：1.

② 中华人民共和国教育部. 2011. 义务教育思想品德课程标准(2011 年版). 北京：北京师范大学出版社：5.

③ 中华人民共和国教育部. 2011. 义务教育数学课程标准. 北京：北京师范大学出版社：9.

化学①

保持和增强对生活和自然界中化学现象的好奇心和探究欲望，发展学习化学的兴趣。

初步建立科学的物质观，增进对“世界是物质的”“物质是变化的”等辩证唯物主义观点的认识，逐步树立崇尚科学、反对迷信的观念。

感受并赞赏化学对改善人类生活和促进社会发展的积极作用，关注与化学有关的社会热点问题，初步形成主动参与社会决策的意识。

增强安全意识，逐步树立珍惜资源、爱护环境、合理使用化学物质的可持续发展观念。

初步养成勤于思考、敢于质疑、严谨求实、乐于实践、善于合作、勇于创新等科学品质。

增强热爱祖国的情感，树立为中华民族复兴和社会进步学习化学的志向。

地理②

增强对地理事物和现象的好奇心，提高学习地理的兴趣以及对地理环境的审美情趣。

关心家乡的环境与发展，关心我国的基本地理国情，增强热爱家乡、热爱祖国的情感。

尊重世界不同国家的文化和传统，增强民族自尊心、自信心和自豪感，理解国际合作的意义，初步形成全球意识。

初步形成尊重自然、与自然和谐相处、因地制宜的意识及可持续发展的观念，增强防范自然灾害、保护环境与资源和遵守相关法律法规的意识，养成关心和爱护地理环境的行为习惯。

那么教师在备课，规划一节课具体的教学目标即课时目标时，应根据二级目标及具体的教学内容，挖掘出教学内容中包含或内蕴的价值内容、因素，预设出课时情感目标。这里需要指出，因为二级情感目标比较宽泛，并不能对每节课的情感目标进行规定，需要教师进行预设。例如，八年级英语（上册）*What's Your Hobbies*，课程标准上关于本节课的要求如下：①学习有关兴趣、爱好的单词和短语。如 hobby、poem、collect 等；②用不同的方式表达爱好：like/love/prefer/be fond of/be interested in + doing；③询问兴趣爱好的句型：—what's your hobby? —I like/love/enjoy/prefer/be fond of/be interested in...

上述关于教学目标的描述，并没有有关情感目标的规定，但这并不表示本节课不可以预设情感目标。教师在设计本节课教学活动时，一个重要的教学活动是

① 中华人民共和国教育部. 2011. 义务教育化学课程标准(2011 年版). 北京：北京师范大学出版社：7.

② 中华人民共和国教育部. 2011. 义务教育地理课程标准(2011 年版). 北京：北京师范大学出版社：6.

“分小组讲述各自的爱好”，具体的教学活动设计如表 4-2 所示。

表 4-2　“分小组讲述各自的爱好”的教学活动设计

活动	活动内容或主题	活动组织形式简述	试图达成何种预设目标
活动一	探讨各自爱好	小组讨论，教师询问组员回答	学会用不同的方式表达自己的兴趣爱好
活动二	描述他人的爱好	小组讨论，小组代表展示	会介绍自己及他人的爱好
活动三	学会用不同的方式表达兴趣爱好	游戏竞猜，小组抢答	能熟练地用不同的方式表达他人的兴趣爱好
活动四	学习 la	分角色朗读 la，小组展示	掌握 la，完成 1b 1c

根据“探讨各自爱好”这一核心教学活动，教师预设了本节课的情感目标：培养学生广泛的兴趣与爱好及热爱生活的情感。本节课的教学目标预设如下：①能够熟练地掌握本节课的单词和短语；②学会用不同的方式表达兴趣、爱好；③能够运用表达个人兴趣爱好的句型与人交流，会介绍自己，朋友及家人的爱好。

目标③属于情感目标，这一目标的预设是教师根据学科目标及本节课的教学内容、教学活动而预设的，这需要教师具有较强的价值教育意识。又如高中数学“直线与圆的位置关系”，课程标准中也没有明确规定本节课的情感目标，但教师根据数学课程标准中关于情感目标的规定及本节课的内容，预设了教学目标：①能准确描述出直线与圆的位置关系，并会判断直线与圆的位置关系；②通过直线与圆的位置关系的判断及应用，领会用数形结合及方程思想解决问题的优越性；③通过探究直线与圆的位置关系，体验知识生成的过程，增强学习兴趣，并培养良好的学习习惯。

综上所述，课堂教学中的价值教育，归根结底要在教学中实施，其中教师对情感目标的预设及达成是核心。教学中情感目标的预设则是前提与基础。课程目标、学科目标要落实到课堂教学中，最终形成课时目标，就需要教师根据具体的教学内容，预设每节课的课时情感目标，因此，教师的情感目标预设意识、预设能力对于教学中的价值教育的落实极其重要。

第二节　隐性课程中的情感目标达成——以教学氛围为例[①]

隐性课程是一个源于教育社会学的术语，是一个经历过争议又不断走向整合

① 本节部分内容来自魏宏聚博士后出站报告《课堂教学与价值教育》第四章第一节，本节进行改动并与最新研究成果进行了整合。

的概念。隐性课程又称潜在课程、隐蔽课程、潜课程，是与显性课程相对的一个概念，在教学中作用于受教育者而发生重要的教育效应。对于情感态度与价值观目标的达成，隐性课程具有独特的作用。最早提出隐性课程概念的美国学者杰克逊在他的《班级生活》一书中，强调了隐性课程在价值教育中的重要作用，他认为，在学校里学生不仅接受了读、写、算等文化知识，而且获得了态度、动机、价值观和其他心理的成长，而后者是由非学术途径潜移默化地间接地传递给学生的。①杜威也做出了类似的论述："学生学习的不只是显性课程，还学到了与显性课程不同的东西，这是有关情感、态度、价值观等情意方面的学习，即他所谓的间接学习或附带学习。杜威认为这种学习可能更为重要，因为它对学生的未来生活具有根本性价值。"①

一、教学中隐性课程的构成要素

课堂教学活动中，学生在课堂中除了接受一些明确的、事先预设的教育要素外，还体验着一种非正式的、没有或较少事先策划的教育要素，如师生关系、同学关系、学习氛围，以及教师的价值观、思想作风、言行举止等的影响。那些不公开的、非预期的、隐含的或未被认识的教育因素，发挥着教育的作用，被认为是隐性课程。近代思想家康有为在《大同书》中论述教育环境对学生的影响时，体现出了隐性课程的思想："学地当择山水佳处，爽垲广原之地，以资卫生，以发明悟……儿童当知识甫开之时，尤易感染学习，故孟孔之圣，而近学宫则陈俎豆，近墓地则效葬埋，近市则为买卖，故所邻染不可不慎也。"②除此之外，我国古人关于教学环境对处于环境之中人的影响的经典论述有：近朱者赤，近墨者黑；染于苍则苍，染于黄则黄；蓬生麻中，不扶自直；久入鲍鱼之肆，不闻其臭，久入芝兰之室，不闻其香……这些论述，无不强调隐性课程对受教育者的影响。

《国际教育百科全书》从隐性课程的组成要素着手分析隐性课程的内涵，把隐性课程定义为"形成学生的非正式学习的各个要素，如师生关系、能力分组、课堂规则与程序、隐喻的教科书内容、学生的性别差异及课程奖励方式等"③。最早提出隐性课程的杰克逊在他的论述里，认为构成潜在课程的要素是规则（rule）、法规（regulation）和常规（routine），这是从一般意义上对隐性课程的构成要素进行的分析。其实，关于隐性课程的构成要素，下面这一描述可以清晰地表明何为隐性课程的要素：教学中的隐性课程是指在教学中潜移默化地影响学生成长的各个要素的总称。隐性课程在学生的情意领域具有独特的影响优势，比如叶澜先生关于隐性课程的定义，就强调隐性课程的德育功能这一方面："隐性课程虽然

① 兰杏芳，郑曼华. 2007. 论课堂教学中的隐性课程. 浙江交通职业技术学院学报，(1)：45-48.

② 齐标. 2007. 论隐性课程及其在英语教学中的辅助作用. 上海师范大学硕士学位论文：16.

③ 齐标. 2007. 论隐性课程及其在英语教学中的辅助作用. 上海师范大学硕士学位论文：6.

是相对于显性课程而言的，但实际上是借用‘课程’一词，来说明学校中还存在着对学生产生影响，但又无法控制的教育因素……它们是以潜移默化的形式，对学生的知识、价值、行为规范、情感等发生影响的全部信息的总和及其动态传递方式，它在学校情境中以内蕴的方式存在的。”①

（一）教师人格对学生情感态度与价值观的影响

教学的过程是传道、授业、解惑的过程。教师是学生的直接引导者。学生处于成长时期，模仿性极强，而且易受暗示，教师的人格、言行、处事态度等人格特点无不时时刻刻地影响着学生。孔子曾经说过教师品行对学生的影响：其身正，不令而行；其身不正，虽令不从。可见，教师人格对学生情感态度与价值观的影响早已被人们认识，并且真实存在。“教师不仅是知识的权威，同时也是人格的权威，以自己‘无声’的教育力量对学生进行感化，在师生相互交流和探讨的过程中，达到共同促进，共同提高。”②

（二）师生关系对学生情感态度与价值观的影响

师生关系是维系教学活动正常进行的基本关系，这种关系中所蕴含的民主、和谐、平等等价值观，将以“缄默知识”的形式影响、感染学生。“在教师同学生相处的过程中，教师传递给学生的往往是一种‘缄默知识’，这种‘缄默知识’的力量远远胜于显性知识的力量。”③师生交往中所体现出的情感、态度与价值观，将会对交往对象产生持续、深刻的影响力。

总之，教学中的师生关系本质上是一种人与人之间的精神交流关系。“师生情感关系是指教师和学生在相互交往的过程中自然形成的态度和感受以及在此基础上产生的心理联系……如敬畏、亲近、疏远等态度。”④师生交往中的情感关系正是影响学生情感、态度与价值观产生的本质所在。

（三）教学氛围对学生情感态度与价值观的影响

教学氛围中的价值教育属于环境中的价值教育——环境育人。环境是指在生活中与人发生关联的一切人、事、物等构成的综合体，教学中的环境指的是教学环境中的“软”环境——教学氛围。杜威指出：“环境包括促成或阻碍、刺激或抑制生物的特有的活动的各种条件。”⑤

---

① 齐标. 2007. 论隐性课程及其在英语教学中的辅助作用. 上海师范大学硕士学位论文：7.

② 许军. 2003. 中小学校本课程中隐性课程的开发. 内蒙古师范大学硕士学位论文：30.

③ 许军. 2003. 中小学校本课程中隐性课程的开发. 内蒙古师范大学硕士学位论文：32.

④ 许军. 2003. 中小学校本课程中隐性课程的开发. 内蒙古师范大学硕士学位论文：33.

⑤ 杜威. 2001. 民主主义与教育. 王承绪译. 北京：人民教育出版社：17.

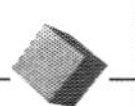

综上所述，教学中的隐性课程不仅具有智育功能，还具有独特的价值教育功能或德育功能。在实施教学中的价值教育的时候，“必须开拓另外一条途径，就是要让学生在优雅美观、整洁文明的校园环境里，通过积极向上的班风、校风，和谐友好的人际关系以及各种有益的活动等隐性课程的教育性经验，陶冶学生的思想情感，培育美的人格”[①]。靳玉乐绘制了隐性课程影响学生的流程或过程，如图 4-2 所示。

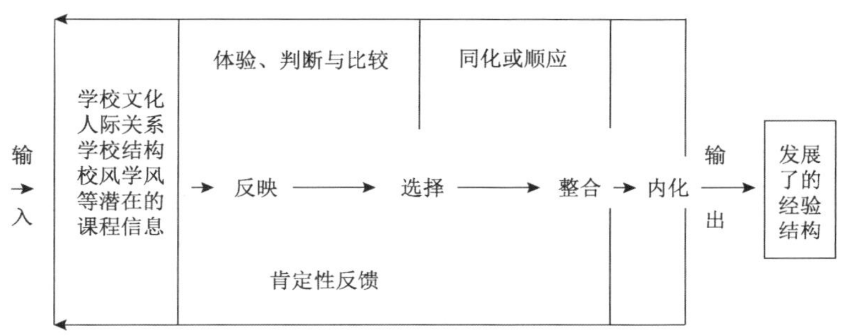

图 4-2　靳玉乐绘制的“隐性课程影响学生的流程”

下面以教学中教学氛围这一重要的隐性课程要素，来说明教学氛围何以及如何对学生的情感态度与价值观产生影响。

二、教学氛围对学生情感态度与价值观影响的理论依据：场理论

场（field）理论最初是物理学中的概念，它是受哲学界的影响由虚空来表达的。场的思想被称为是“牛顿时代以来物理学的基础所经历的最深刻的变化”[②]。

（一）各领域中的“场”

1. 心理学中的场

心理学中的场理论最早来自格式塔心理学或完形心理学。这一学派的代表人物之一考夫卡提出了心理场（pshychological field）的概念。他认为，世界是心理的，观察者知觉的观念或感觉是心理场，被知觉的现实称作物理场。心理场与物理场交互作用。他曾举过一个经典的例子，说明心理场与物理场并不是一一对应关系。[③]

一把破旧的老式座椅，年迈的祖母会将它视作珍品，是因为它蕴含着一段历史、一个催人泪下或令人心旷神怡的故事。而在时髦的孙子眼中，它却如同一堆

① 齐标. 2007. 论隐性课程及其在英语教学中的辅助作用. 上海师范大学硕士学位论文：25.

② 易法建. 2001. 道德场论. 长沙：湖南教育出版社：36.

③ 易法建. 2001. 道德场论. 长沙：湖南教育出版社：44.

破烂，因为它蕴含着在女友面前陷入难堪处境的危机。

“在考夫卡看来，场域理论是关于人类行为的一种概念模式，指人的每一个行动均被行动所发生的场域所影响，而场域并非单指物理环境而言，也包括他人的行为以及相连的许多因素。”①

心理学中的场强调将“场”视为一种心理与行为的生成空间，把环境从一开始就视为一个整体，而非把它作为孤立的成分。人的心理行为是人与环境的函数，是一种场现象。

2. 社会学中的场

社会学中，有两位社会学家成功运用了“场”概念诠释了他们的社会学理论，一个是迪尔凯姆，另一个是布迪厄。迪尔凯姆是在社会科学领域最早使用“场”概念的社会学家。

迪尔凯姆认为，社会现象不能用主观去理解，也不能用常识去理解，一定要放在社会场中去理解。因为任何事物都必须在一定的“场”中才能存在和表现出来。他指出：“要考察社会现象的原因，或者社会现象的产生，不能在那些组成集体的各个份子中去寻找，而必须对这个已经组成的集体进行研究。”②迪尔凯姆并没有对“场”做进一步的分析，另一社会学家布迪厄是场理论的集大成者。

布迪厄将“场”视作基本的社会学分析单位，也是其理论的核心。何为场域？布迪厄说过：“从分析的角度看，一个场域可以被定义为在各种位置之间存在的客观关系的一个网络或一个架构。”③一个场域就是一个社会学小世界，社会世界存在着许多小世界，如经济场域、政治场域、教育场域等。场域具有影响人的作用，布迪厄指出：行动者一旦进入某个场域，必须表现出与该场域相符合的行为，以及使用该场域中特有的表达代码，这便是场域影响处于该场域中个体行为的机制。

3. 德育领域中的场

在本书所搜集的研究文献中发现，道德场的最先提出者为曾钊新先生。他在1993年出版的著作《心灵的碰撞——伦理社会学的虚与实》一书中，首次提出了“道德场”概念。国内最早专门介绍道德场的研究者为丁元、赵光敏，他们在1998年发表了《社会道德场初探》一文，是国内最早的专门研究该领域的学者。专门研究道德场的专著是易法建所著，他于2001年出版专著《道德场论》，应是教育领域内最先进行道德场研究的学者。他认为，道德场是研究一定道德情境中客观

---

① 顾颖. 2014. 场域理论视域下解读两个舆论场之间的博弈. 苏州大学硕士学位论文：8.

② 易法建. 2001. 道德场论. 长沙：湖南教育出版社：48.

③ 布迪厄，华康德. 1998. 实践与反思：反思社会学导论. 李猛，李康译. 北京：中央编译出版社.

存在的道德诸因子相互作用及其信息、能量、物质的传递、交换对个体道德行为选择、发生及其变化的一种理论和方法。[①]

（二）场的本质属性

场是什么？物理学、心理学、社会学、哲学与教育学领域内都强调场的存在及影响，足以表明场的真实存在及其重要性。场的本质属性可以总结如下。

1）场并非仅是一个物理世界，同时也是一个心理世界、关系世界。考夫卡认为，世界是心物的，经验世界与物理世界是不一样的，观察知觉现实的观念称作心理场，被知觉的现实称作物理场。[②]心理场与物理场相互作用、相互影响，共同作用于个体的身心、行为。总之，场是一个相互作用的空间，在这个场中，心理因素、情境因素与社会因素交互作用，共同作用处于其中的个体。

2）场的影响体现为场舆论。场舆论是指场中大多数人的意见或引导者的倾向，场舆论形成以后就会产生引导力与号召力。其作用表现为三个方面：一是制约与监督作用；二是鼓动作用；三是指导作用。[③]场舆论的影响是强大的、无形的。

3）场的影响特点体现为感染性。所谓感染，指的是群体的模仿，是指某一情绪或行为从人群中的一个蔓延到另一人。其表现与形成机制类似于羊群效应。“羊群效应”也叫“从众效应”，是个人的观念或行为由于真实的或想象的群体的影响或压力，而向与多数人相一致的方向变化的现象。处于场中的个体由于受到场所形成的氛围的影响，会在情绪、行为与价值观方面进行模仿，个人的自我身份乃至自我控制在这一感染过程中大部分都丧失了，这就是场感染的结果。

三、教学氛围中“场”的本质特点

课堂可以是一个令人兴奋和充满惊奇的场所。但是，这种充满能量和有影响力的课堂并不是自然而然发展的，它需要营造氛围。这里的氛围指的是教学氛围，是在教学过程中产生、发展起来的，是我们的教学活动顺利进行的心理基础，也是进行创造性教学的必要条件。心理学家罗杰斯认为：“成功的教育依赖于一种真诚的理解和信任的师生关系，依赖于一种和谐的、安全的课堂氛围。”[④] 营造教学氛围的目的在于把学生的认知过程置于特定的环境中，促使学生积极主动地理解教学内容，深入体会包括情感目标在内的所有教学目标的内涵与意蕴。

---

① 易法建. 2001. 道德场论. 长沙：湖南教育出版社：3.

② 转引自：顾颖. 2014. 场域理论视域下解读两个舆论场之间的博弈. 苏州大学硕士学位论文：8.

③ 易法建. 2001. 道德场论. 长沙：湖南教育出版社：81.

④ 钟华. 2006. 营造良好体育教学氛围的研究. 北京体育大学学报，（8）：121.

（一）教学中积极教学氛围的内涵与举例

积极有效的教学氛围是任何一节课获得成功的先决条件，对于价值教育的课堂同样如此，让我们欣赏魏书生的一个教学片断并体会教学氛围的内涵[①]。

1991年暑假，魏书生从西藏拉萨赶到四川成都开会，又连夜赶到大连市参加全国中语会举办的首次“中青年语文教师观摩课”，而且他上的课已经是最后一节课了。天气热，学生累，观众也很疲倦。一般而言，这时候上课，很容易失败。

他走上讲台，不待学生口令，就先问学生：“大家愿意学习一种消除紧张，使自己充满信心的办法吗？”

“愿意学。”

“那好，”魏书生说，“现在，请同学们站直，目视前方黑板中缝，面带笑容。好了，请同学们深呼吸，挺胸，气憋足了吗？”

“憋足了！”学生觉得奇怪，异口同声地回答。

“现在，请大家喊三遍‘我能成功’，要求一遍比一遍声音大。”

学生们喊了，但是喊得不齐，而且三遍基本一样，没有层次。魏书生说：“请同学们想一想，把三次力量分配一下，不要平均用力，最后一遍要用全身力气高呼，好，再来一次！”

“我能成功！我能成功！！我能成功！！！”

学生的声音一次比一次大。喊过之后，会场充满了活力，学生的紧张、疲倦情绪一扫而光，连听课的老师也被这种气氛所感染。

教学氛围不仅影响着教学过程，还影响着教学结果。无论是成功的教学，还是失败的教学，其中都有课堂教学氛围的功与过。在魏书生的这节课中，课堂犹如一个情绪激发磁场，在教师的引导下，同学们的表情、站姿、喊声的内容及方式，将学习的热情、激情与信心，以一种有形与无形的力量，以喊声“我能成功”，充满在教室这个空间场之中，使身处在此空间场的所有人员感受着空间场所发出的价值信息。重要的价值原则如热爱学习等以情感的形式表现出来，并重复开展，从而达到寓教于行、寓教于境的良好效果，是一种潜移默化的价值教育影响。所以，魏书生这节课的课堂是一个实施价值教育的良好价值场，它为教学内容的情感目标、知识与技能目标的达成提供了良好的学习氛围与环境。

何为教学氛围？一般而言，氛围指的是周围的气氛和情调，那么，教学氛围实际上是决定教学效果的气氛和情调。从心理学的角度来看，教学氛围也是一种精神环境，它影响着师生交流的心理状态。判断教学氛围是否“积极”有一定的指标依据，它们是师生双方的情绪状态、交流状态与教学秩序状况。积极的教学

① 李琴. 2008. 教师如何让课堂更加生动有趣. 长春：吉林大学出版社：138.

氛围是一种理想状态的教学氛围，依据上述标准，它应有以下明显特征：师生双方有饱满的热情；教师教的态度端正、目标明确；学生求知欲强烈、注意力集中、思维活跃；师生情感交流充分，学生参与面广，互动良好；课堂教学秩序井然。

总而言之，积极的教学氛围应是一个宽松、愉快、平等、民主的教与学的氛围，只有在这种氛围中，学生才会体会到学习的乐趣和成功的喜悦。

（二）教学氛围育人的场效应:氛围感染、氛围暗示

教学氛围实际上就是一个场。随着19世纪中叶电磁场论的建立，“场”的概念开始受到哲学家及社会学家的注意。迪尔凯姆是在社会科学领域最早使用“场”概念的社会学家。社会学的场指的是社会环境。学术界认为，场是相互作用的空间。从学理上分析，教学氛围是通过教师、学生及其他参与物以知识、情感、方法等为中介而形成的物理空间与心理空间，它形成的是教学场，对教学的有效性进行着“场”效应的影响。说它是物理空间，因为它可以实实在在地感受到，说它是心理空间，因为它主要依赖于非认知心理因素的作用与认知心理成分的激发和反馈，它潜在地影响着处于场中的人，是一种看不见、摸不着的“软环境”。场理论认为，场会体现一种总体的力，称为“场力”，它对与之相关的一切物质产生影响。教学氛围的场力产生的场效应具体体现在两个方面：感染与暗示。

1. 教学氛围的感染

感染是个体在无压力的情况下，通过语言、表情、动作等其他方式引起的与别人相同的情绪和行为。教学氛围对学生的感染主要是情绪感染。它感染的结果是把一群人的情绪统一起来，使个人放弃平常抑制自己行为的各种约束，最终使所有参与者都有相同的态度、信念和价值观。尽管感染是在个体无意识的情况下发生的，但是我们可以有意地通过如根据教学目标创设具体的活动和情境来影响学生的情绪和行为。从这一角度来说，教学氛围可以根据教学内容性质的不同而具有不同的特征与主题，但有一点是可以做到的，那就是教师可依据教学目的营造不同主题的教学氛围，控制感染的方向与主题，最后有效达成预期的教学目标。在魏书生授课的案例中，学生高喊“我能成功”所营造的激励氛围，激励着身处其中的每一位学生，使他们无法抗拒这一积极的感染，就连坐在后面听课的教师也深受感染。

2. 教学氛围的暗示

暗示是在受暗示者无对抗、无批判、无抵制的基础上，通过议论、表情、手势、服饰、环境等因素，从侧面间接地刺激受暗示者的潜意识，从而对受暗示者的情绪、心理和行为产生影响的一种心理现象。感染与暗示均是教学氛围与处于氛围之中学生交流的具体形式。如果说感染是教学氛围场效应直接影响学生的话，那么暗示则是场效应间接地影响学生。营造教学氛围的诸多元素，如教师的有声语

言、体态语与服饰等，均可给学生产生积极与消极的暗示。教师的语言往往包含丰富的信息，音调的高低、语气的轻重和节奏的急缓，均可给予学生某种暗示。

传统道德教育的最大弊端是“灌输式”“直接传递”道德信息，其德育效果并不理想。根据价值教育的目标而创设的价值场，将积极的价值信息、教学内容的信息镶嵌在特定的情境中。受教育者一进入这样的情境，很快将被激起强烈的情绪，形成下意识的心理倾向，进而情不自禁地投入学习活动中，按照预设的目标如情感目标一步步地达成，这就是心理暗示的导引作用。以上述魏书生上课的价值场为例，反复高声喊出“我能成功”的行为，就是在一遍遍地暗示每一位学生能够成为一名学习的成功者；作为一种信念，引导在场的每位学习者的学习行为。

从教学氛围影响学生的心理过程与内容来看，教学氛围在情感目标达成的过程中具有独特的优势。教学氛围对学生的影响是通过信息渗透的方式进行，学生对其的接受方式是一种非认知心理作用。氛围最终影响的是学生的“文化心理”的某些层面，包括价值观念、信仰信念、道德情操、审美情趣、思维方式与态度风格等。这正是价值教育所需要的，是情感目标达成的必由之路。课堂氛围既是在教学活动中产生、发展起来的，又是教学活动存在的心理背景，更是一节高效课堂教学成功实施的必要条件。

（三）教学氛围与情感目标达成的关系

在新课程改革中，三维目标中的情感目标——情感、态度与价值观目标也被称为体验性目标。为何称其为体验性目标？因为要想有效达成这一目标，必须要创设一定的条件，比如，通过活动、探究等，使学生亲身体验情感目标的内涵，才能形成学生的价值观，进而指引他未来的行为与实践。例如，要让学生形成诚实这一情感目标，如果仅告诉学生什么是诚实，怎样做才算是诚实，恐怕学生在日后的生活中，还不一定能做出诚实的行为，因为没有亲身体验诚实后的意义及不诚实后的危害。如果能创设情境或氛围，让学生亲自体验何为诚实，诚实带给他的结果是什么，不诚实又会给他带来什么样的危害，这一体验过程很有可能使学生建立诚实这一价值观。所以，情感目标被称为体验性目标，这一称谓表明了情感目标达成的一个重要特点就在于需要生成“体验”。

在价值观形成的过程中，学生体验到的情感是什么呢？那就是价值情感。对于学生个体而言，只有在体验发生进而形成价值情感后，才有可能进一步转化为我们所期待的价值观。那么，教学氛围对于学生学习的有效促进就在于它依据教学内容创设了相应的教学情境，进而形成了相应的教学氛围，它对学生的感染、暗示，均是通过体验发生的。这再一次表明教学氛围在达成情感目标方面的有效性与独特性。教学氛围对达成情感目标的独特作用具体表现为两个方面：①培养学生的学习兴趣与积极性，为包括情感目标在内的三维目标的有效达成创设了有效的条件与环境。②直接达成情感目标，教师完全可以结合某一节课情感目标的要求，创设体现这一情感目标信息的教学氛围，在内涵明确的价值信息教学氛围的感染与暗示下，直接达成情感目标。比如，要达成爱国主义的情感目标，教师完全可以设置具有爱国主义情境的教学氛围，直接让学生体验这一目标，并进而达成这一目标。教学氛围与情感目标的达成关系可用图 4-3 表示。

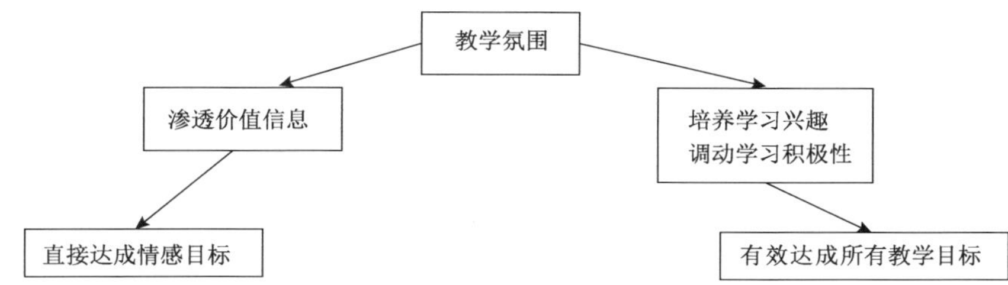

图 4-3 教学氛围与情感目标达成关系

由图 4-3 可知，借助教学氛围可以达成情感目标，积极、恰当的教学氛围是包括情感目标在内的所有课堂教学目标有效达成的必要条件。

四、积极教学氛围营造途径、策略

课堂教学活动中，教学氛围的营造可以从诸多方面入手。从教师的角度，教师是课堂教学的主角，教师的仪容、言行是营造教学氛围的重要元素；从教学设计的角度，教学环节，如课堂导入是营造教学氛围的起始环节，也是最重要的环节；从教学手段的运用来讲，多媒体的运用、播放背景音乐同样是烘托、营造氛围的有效手段。

（一）从教师的角度营造教学氛围

作为教学活动的主体之一，教师是教学的组织者和领导者，所以，教师始终是教学氛围营造的核心与关键。教师的自我角色认知，教师的仪容、语言方式等，皆是营造教学氛围的重要因素。

1. 教师角色的自我认知

教师的角色形象认知是一种自我认知意识，也是一种态度，它主导着教师在课堂教学中的一言一行，也主导着师生关系，它不直接参与教学氛围的营造，但却是营造和谐氛围的关键。因为它牵引着教师的教学行为，什么样的角色认知就会有什么样的行为方式，进而直接影响包括情感目标在内的所有教学目标的达成效果。

在情感目标达成的课堂教学中，教师应是学生的朋友、伙伴，而不是权威。这是教师最重要的角色认知。课堂上教师不应以一个权威的角色出现在学生面前，摆出一副吓人的架子，不应有“震住”学生的心理，相反，应该以一个伙伴、朋友的身份和学生交流。这样才会在情感上和心理上拉近师生的距离，为学生提供一个安全的学习空间与氛围，让学生以饱满的激情、放松的心态接受包括情感目标在内的所有课堂教学中的信息。

2. 教师的形象塑造

形象是教师的身材、容貌、仪表、服饰等。这虽然是外在的因素，但作为教师，在教学中我们不能忽视教师形象在教学氛围中的重要作用。教师的形象可以引起或消退学生对其的尊重、喜爱，并激发或降低学生的求知欲望与听课情绪。仪表与服饰在某种程度上也反映着一个人的内在的精神气质，体现着他的文化素养和审美观念。漂亮、得体的仪表与服饰一方面可以给讲课者一种良好的“自我感觉”，为一次成功的教学活动打下良好的基础，另一方面可以使学生耳目一新，更易引起学生的尊重和喜爱，并激发自己的情绪和灵感。

3. 教师语言的运用

教师的语言特点在很大程度上影响着教学氛围的营造效果。有学者这样形容：言辞激昂时，犹如“金戈铁马，气吞万里如虎”；言辞委婉时，犹如“慈母泪、情人眼”，直教人肝肠寸断；因教授内容所需，甚至舞之蹈之，毫不顾及“为师之尊”。台下学生或随声附和，或击节相庆；听到振奋处，甚至大呼小叫；而听到伤感处，亦是泪眼婆娑。[①]这就是教师语言在营造教学氛围中的力量与作用。

教师语言是营造教学氛围的中坚力量，从建立良好师生关系、调控课堂气氛的角度来看，课堂教学中，教师的语言在营造教学氛围方面至少可以做两件事。

1）运用体态语与学生进行情感交流。语言是情感交流的最佳媒介，语言又可以分为有声语言与体态语言。在有声语言不足以表达思想感情时，配以恰当、必要的体态语，往往能将思想感情表达得更充分、更直观，使听者的视觉和听觉神经共同活动，可以与学生进行充分的思想情感交流，并调动学生的学习积极性与兴趣。比如在上课伊始，教师一个肯定的眼神、一个会意的微笑、一句暖心的话语、一个关爱的动作，都会在学生的心田荡起阵阵涟漪，使他们感到教师的关心和赏识，心理上产生说不出的愉悦与满足，这无疑将促进他们积极上进、自信求知、快乐成长。[②]以体态语与学生进行情感交流，营造积极的教学氛围，下面几点提醒非常重要：时刻保持微笑；用眼神来表达；让手学会说话；让表情“表情达意”；靠身姿提高表达力。

总之，对于教学氛围的营造，体态语有时会起到“此时无声胜有声”的效果。

2）用魅力性的教学语言激发学生学习的兴趣，营造氛围。生动、形象，幽默风趣、充满魅力的教学语言，不仅有助于学生理解，吸引学生的注意力，而且还容易活跃课堂气氛，使紧张的教学变得轻松愉快，为一节课的有效教学奠定基础。

---

① 李琴. 2008. 教师如何让课堂更加生动有趣. 长春：吉林大学出版社：1.

② 郭红霞. 2010. 良好教学氛围营造的思路. 当代教育科学，(6)：45.

很难下一个完整的定义对魅力性的教学语言进行描述，在课堂教学中，下述语言特点或语言风格应是有魅力的，它们是：简约严谨，质朴平实，清丽鲜活，庄重典雅，委婉诙谐，雄浑刚健。

语言魅力的形成有天生的成分，如音质；也有后天的成分，如节奏。运用魅力性的语言营造教学氛围，提出操作性的策略也是异常困难的，它完全需要教师结合自己的实际情况，在实践中长期磨炼、探索才能形成。

综上所述，语言运用在氛围的营造中非常重要，教师在课堂教学中不仅要重视多种语言形式的运用，不仅要规范、科学、形象、生动，更要体现出尊重、体谅、温暖和坦诚等价值原则。在发问中，教师应采用开放、试探性的语言，在引导的时候，应多用鼓励或协商的语言，不妨使用如下语言："你讲得很好，但答案不是固定一种，请大家各抒己见，说错了没关系！""你的回答很好，能不能说说你的理由？""请坐，我们再听一听其他同学的意见，好吗？"这样的语言与语气，传递给学生的是浓浓的价值关怀，能有效地给学生营造一个乐学、宜学的氛围。

（二）从教学设计的角度营造教学氛围

教学设计在教学氛围的营造中占有举足轻重的地位。教学氛围的营造贯穿于整个教学过程，并非是某一环节独有的任务。按照教学流程开始、中间与收尾的划分，营造积极的教学氛围的基本要求是：开始，引人入胜；中间，波澜起伏；收尾，余音不绝。针对不同的学科内容、不同的年级要求及不同的授课教师特点，具体的策略也应是多种多样的。下面仅就课堂导入来论证教学环节在营造教学氛围方面的作用与要求。

在教学氛围营造的要求方面，导入是一堂课的第一个环节，处于教学氛围营造的关键时期。所以，我们不能将它视为一个简单的教学步骤。导入在营造教学氛围方面的重要作用表现在两个方面：①导入在教学氛围营造方面处于教学的开端，最先奠定教学氛围的整体基调，决定了整节课教学氛围的质量。好的开头是成功的一半，导入在营造教学氛围中起到的作用是"未成曲调先有情"，它是课堂积极教学氛围营造的重要保证。②导入在营造教学氛围的具体作用方面最大的功能是激发学习兴趣、调动情绪。设计巧妙的导入能够使学生产生浓厚的兴趣，从而将认识、情感和意志全部投入到学习过程中，引起学生强烈的求知欲。精彩的导入在激发学生学习兴趣的同时，自然也能够促使学生做出恰当的情绪反应，从而形成一定的课堂氛围，或欢快，或悲伤，或愤怒，或同情，深化学生的情感认识，为教学目标的达成奠定良好的氛围基础。导入的重要作用毋庸置疑，如果我们分析全国所有的优质课堂教学或示范课，你会发现一个重要的现象，那就是无论任何学科、任何年级，所有的示范课均有导入。这足以表明导入在有效教学方面的重要作用。但让人遗憾的是，如果观察现实的课堂教学，你又会发现一个奇怪的现象，常态课堂中，较少有教师运用导入这一教学设计。通过现场多次调研笔者发现，出现这样的现象原因只有一个，那就是教师嫌“费事”。

示范课必有导入与常态课不设导入，这种鲜明的对比提醒我们，要想提高教学质量，实现有效教学，必须重视导入的设计，必须克服“懒惰”的心态。导入设计必须注意两个原则：①不能为激趣而趣，不能脱离教学内容。这是导入设计中最常见的不足之处。教师为了激趣，所选择的导入内容与教学主题毫不相干或关系不够紧密，导致导入与教学内容“牛头不对马嘴”或狗尾续貂，够趣亦够闹，但无法实现知识迁移。②导入形式应短小精悍、多样化。导入毕竟不是教学的主体，它在课堂教学中所占的时间不应太长，否则会喧宾夺主，导致课堂教学的失败。此外，导入的形式应丰富多彩，不拘一格，教师可根据不同文本、不同学生的需要，采用灵活多变的形式实施导入环节。如果采用一种形式，久而久之，学生就会感到厌倦，无法达到激趣与营造教学氛围的作用。

总之，通过导入营造教学氛围，是指教师依据教学内容，有目的地引入或创设具有一定情绪色彩的、以教学内容为主体的生动具体的场景，以引起学生一定的态度体验的教学开端的设计。精彩、高质的课堂导入是一节成功、高效课堂教学的必要条件之一，它的重要作用在于营造适合于教学内容的教学情境与教学氛围，在对学生产生积极的价值影响的同时，也使学生对新授课产生浓厚的兴趣和高度的注意力。

（三）从教学手段的运用来营造教学氛围

就以教学手段的运用来营造教学氛围而言，一线教师最常用、有效的教学手段是运用多媒体技术等。

教学中多媒体的运用多体现在计算机集成处理的课件的运用方面，它有文、图、形、声等多种形式，能为教学提供动态的、模拟真实的视频信息，或设置虚拟现实的情境，给学生创设生动、具体的教学情境。形象、逼真与方便使多媒体在教学手段的运用中独具特色与优势，成为教学中必备的教学手段。由于其逼真与形象，情境交融与情理统一，它可以迅速地调动学生的学习兴趣与情绪，营造教师所需要的教学氛围，增加知识的容量与教学的有效性。但多媒体的运用不应是为了运用而运用，而应结合教学内容，选取适当的素材内容运用多媒体。一位教师这样描述他运用多媒体营造教学氛围的心得体会：讲授《枣核》这篇情深意长的散文，为了营造情感，我使用了投影仪、VCD、录音机，在屏幕上放映了“乡土乡情”的大型组片，播放了《中国心》的录音带……最后师生共唱“我的中国心”“中国人”以结束全文，这样的气氛让学生情绪高涨，余韵无穷。总之，多媒体课件的形象演示作用使抽象的文字转化为鲜活的情境，有效、恰当、理想的教学氛围为有效的课堂教学奠定了良好的基础。

播放音乐营造氛围也是应用多媒体技术手段的重要形式之一，特别是在一些人文学科，如语文、政治等教学中应用得更为频繁。

音乐是渲染、营造气氛的良好媒介。在语文课堂的教学中，播放音乐是一种有效与常用的营造教学氛围的手段。音乐的节奏与旋律诉诸人的听觉而直达人的心灵，有着极强的抒情功能。在现实的教学活动中，如果能切合教学内容选取、播放恰当的音乐，不仅能烘托气氛，渲染情境，而且其中蕴涵的灵动的语言、缥缈的形象和广远的意境，最能唤起学生的情感，是情感、态度与价值观培养的良好载体与环境。音乐，或委婉或雄壮，或柔和或浑厚，或轻盈或激昂，或悲愤或喜悦，将教师、学生、作者及教学内容的情感糅合在一起。比如，在人教版小学四年级语文古诗文《游园不值》的教学中，教师选取了古筝名曲《高山流水》作为背景音乐，背景音乐营造了优美的氛围与意境，学生听着古筝名曲，很容易把握古人“游园”的心情与当时的意境，在这样的意境中，感受到一种热爱春天、热爱生活的态度，语文形象和情感色彩借助音乐一起融入学生的心灵，教学情感目标，如陶冶爱美情操，激发对春天的热爱之情可以完美地达成。①

综上所述，教学氛围是达成情感目标的重要载体与媒介，课堂导入是营造教学氛围的重要手段与环节，也是一节高效课堂的必备条件。

第三节　教学冲突中的情感目标达成

科尔伯格的道德认知发展理论是道德教育的重要理论依据，对世界上许多国家的道德教育方法产生了重要的影响。他发明的德育方法可分为两大类：道德讨论法与公正团体法。其中道德讨论法对师生交往中的情感目标达成策略具有重要的启发与参考价值。该方法的核心内涵是：教师通过向学生呈现某个道德两难问题，引发学生讨论，诱发其认知冲突，在学生进行道德判断的过程中去理解和内化道德品质的内涵。在日常的课堂教学中，师生之间的冲突是经常发生的，作为教师，完全可以借助师生交往中的教学冲突，参照科尔伯格道德认知发展理论中的道德讨论法，实施情感目标的达成活动。

师生交往中借助教学冲突实施情感目标的达成，其可行性与必要性体现在以下三个方面：①教学冲突在日常课堂教学中频繁发生，频繁的发生为价值教育的实施提供了频繁的契机；②教学冲突是在自然状态下发生的，具有“日常性”，对学生的价值教育更自然，符合情感目标的达成规律，更易起到“润物细无声”的作用；③由于冲突的存在，从冲突到价值澄清这一过程中学生产生的价值体验比较深刻。总之，通过这一途径实施的价值教育的效果应是可行的、理想的。老子在《道德经》中说：大音希声，大象无形。教学中的价值教育，应进入无人为

① 2010年3月28日笔者在天津某学校调研的课堂案例。

痕迹的本真境界，通过教学冲突来实施价值教育，可以做到无声、无形，它是一种智慧、一种境界，也是一种追求。从长期的课堂观察来看，教学冲突与其说造成了教师教学的困扰和压力，不如说是促使教学发生变革和转型的契机，具备教学机智与价值理性的教师完全可以利用此契机，进行价值引导，实施价值教育。总之，“教学活动犹如人的一生，随时都存在危机和转机，而危机与转机不是绝对的，而是一体两面，唯看人类如何化解危机”①。

一、教学冲突的内涵与分类

何为冲突？《辞海》中简单地将冲突定义为：抵触、争执、争斗。西方社会学者特纳对冲突是这样定义的：“冲突是指各派之间直接的和公开的旨在扼制各自对手并实现自己目的的互动。”②显然，这样的定义是对社会冲突的解释，并不适合对教学中冲突进行解释。冲突虽然是一种普遍的社会现象，但它也是一种普遍的教学现象。要给它下一个精确而又唯一的定义，实属不易。就连社会冲突论学者也认为，社会冲突理论中最大的一个争议就是“冲突”的定义。在已有的关于师生冲突的研究中，对冲突的理解较为复杂，其分类较多，比如，从引发冲突的主体来分，可把冲突分为来源于学生的偶发事件、来源于教师的偶发事件和来源于其他方面的偶发事件三大类；教师与学生之间的冲突又可分为教师与学生个体间的冲突和教师与学生群体间的冲突。

本书试图从价值是否是引发冲突的原因角度，基于价值因素对教学冲突进行定义与分类。教学冲突是指教学矛盾的外在表现，是指师生在教学互动过程中，由于教师的期望与学生回答内容或价值选择的差异而导致的对立事件。这里所说的冲突既有价值观的不一致，也有预设与生成内容的不一致所产生的冲突。从价值是否是引发冲突的直接原因来分，教学冲突可分为两大类。

（一）价值冲突

这类冲突事件是由师生价值观不一致而导致的，冲突本身由不同价值观的选择引起。教师所持有的价值观往往是文本所倡导的价值观，代表了传统社会的主流价值观；而学生所持有的价值观可能是当下社会的价值观，也可能是自己的一种认识，虽非社会所倡导的传统价值观，但可能是当下比较流行的价值观。学校即社会。在多元价值充斥的社会中，课堂教学同样是多元价值聚集与博弈的场所，在课堂教学中，极易发生师生价值观不一致而引发冲突的场景。让我们通过下面这两个真实的案例来理解中小学课堂教学中价值冲突事件的内涵，并感受当前学

---

① 温明丽. 2008. 教育哲学——本土教育哲学的建构. 台北：三民书局：132.

② 特纳. 1988. 现代西方社会学理论. 范伟达译. 天津：天津人民出版社：245.

校教育所面临的价值冲突的挑战与存在的困惑。

1. 教学中价值冲突举例

案例一：2010年3月30日天津某学校小学三年级音乐课堂。①

教学内容：小学三年级音乐课，寓言歌曲《花喜鹊和小乌鸦》。

花喜鹊，叫喳喳，生来一张巧嘴巴，明明是一个丑小鸭呀，它能说成一朵花呀哈哈。光报喜来不报忧，还真有人夸赞它，还真有人夸赞它，呀哈哈。

小乌鸦，叫呱呱，嘴巴不乖说真话，一是那一来二是二呀，叶是叶来花是花呀哈哈。从来不掺半点假，可也有人讨厌它，可也有人讨厌它，呀哈哈。

从这首歌词的价值导向来看，原本想向学生传递的价值观是：应向小乌鸦学习，做他那样的实在人——说真话，不掺假，这也是我们的传统主导的价值观。教学过程中教师也应用了图片，按照文本的价值取向，制作了展示小乌鸦与花喜鹊的不同处事方式及不同结果的幻灯片，以引导学生接受文本所倡导的价值观，这同时也是我们认可的传统价值观，那就是：做人应像小乌鸦一样。但在教师教学过程中，却出现了如下的一幕：

师：你喜欢小乌鸦还是花喜鹊？

生1：喜欢小乌鸦（多数学生的答案）。

生2：喜欢花喜鹊。

师：为什么喜欢花喜鹊？

生2：像花喜鹊这样的人在社会上能混！

这是一种价值冲突，显然生2所持有的价值观与教师所试图引导的价值观不一致，甚至完全相反。但从时下流行的价值观来看，生2所持有的价值观并没有什么不当的地方，当前社会上的确有很多人认可这种价值观。

课后笔者就该事件对上课教师进行了回访。

研究者：你怎么看待课堂上出现的另类（生2）答案？

师：这是始料不及的，因为凭我的感觉肯定孩子们都会说喜欢小乌鸦，但是就有一个小男孩说他喜欢花喜鹊，那怎么办？我只能说这是个个例，小朋友也需要鼓励，有时说白了，咱们大人也需要善意的谎言，这也是一种美德！此外，（花喜鹊这种人）也是客观的存在，我们应该正视它。

这个案例折射出来的问题绝不是教师的课堂教学艺术或驾驭能力问题，也不是“另类”学生课堂事件的管理问题，而是由价值冲突引起的在当前课堂教学中比较普遍的现象。学生在社会生活、家庭生活中已接受了各种各样的价值观，比如，类似“花喜鹊”这样的人的成功案例让小学生看在眼里，记在心里，“花喜鹊”这类人的处事方式已内化为学生的价值观，当这些价值观在课堂中与教师引

① 本案例是2010年在天津某学校调研时所采集的案例。

导的传统价值观相遇时，价值难题与价值冲突的产生就成为必然。上述案例并非个案，类似这样的案例在当前各科课堂教学中是普遍存在的，又如以下案例。

案例二：《船长》这篇课文描述了一艘客船遭到撞击后沉没时，船长指挥乘客和船员安全脱险，而自己却在船长岗位上随着客轮一起沉入深渊的情形。作品显然是在歌颂船长忠于职守、舍己救人的崇高精神，这是我们一直推崇的价值观，但不想有些学生却不这样看待①。

生 1：我觉得船长的这种做法不值得，因为船沉没了可以再造，但人的生命只有一次，是无价的。

生 2：我觉得船长的这种做法不值得，培养一名优秀的船长是很不容易的，他这样做对于他们国家来说是巨大损失，也会因此而少了一名优秀船长。

这些学生的发言明显违背了教材编写者正面歌颂船长的意图。从而引发了价值冲突。教师，究竟是赞同还是支持这些“叛逆”的学生呢？对于任课教师而言，这是一个棘手的价值难题。

2. 教学中价值冲突的内涵与发生过程

我们首先来看这类价值选择分歧事件发生的过程。课堂教学中，价值冲突是指发生在正常的教学流程中，针对涉及价值认识的某一问题的师生互动如提问过程中，由于学生所持有的价值观与教师所引导的主流价值观不一致甚至截然相反而发生的教学事件。价值冲突事件是如何发生的呢？教师作为主导价值观的代言人，他们对某一问题的认识一般与教科书相一致，代表了主导价值观；学生的价值观体现在学生回答的内容上，反映了学生现有的价值认知水平。因为不同于主导价值观，所以学生的回答内容或判断往往偏离了教师所期望的价值观。师生二者所持有的价值观不一致，从而导致了不同的选择与价值冲突的出现。就《花喜鹊与小乌鸦》教学中的价值冲突事件而言，教师的价值观或文本所指示的价值观是让学生接受小乌鸦为人处世的方式；个别学生的价值观却是欣赏花喜鹊的为人处世方式，从而出现了由价值冲突引起的教学危机事件。课堂教学中价值冲突事件的发生过程，可以用图 4-4 表示。

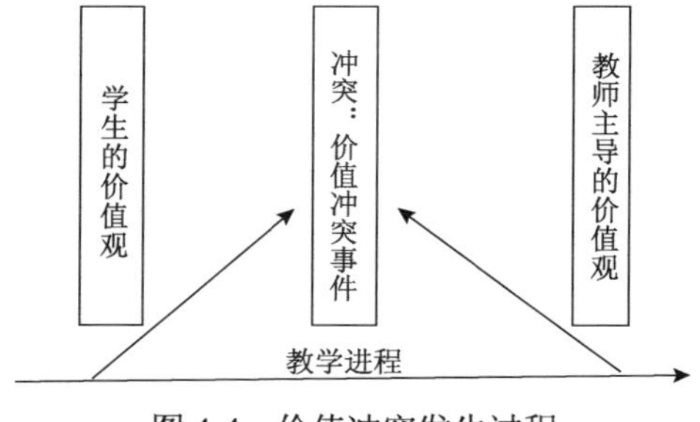

图 4-4　价值冲突发生过程

① 王凯. 2008. 教学作为德性实践. 华东师范大学博士学位论文：3.

从图 4-4 可知，教学中的价值冲突事件是在正常的教学进程中，由价值冲突引起的，冲突的双方分别代表了不同的价值认识与价值判断。一方是以教师为代表的教科书所指示的价值观，它可能是社会主流价值；另一方是学生的价值认识与价值观，它可能是社会主导的另一种价值观，也可能是不入流的错误的价值观。总而言之，价值冲突就是师生价值观不一致而引发的。

3. 课堂教学中价值冲突事件的性质

在一个多元价值并存的时代里，形形色色的价值冲突问题已成为广泛社会生活领域中一个不可忽视和回避的问题。比如，改革开放时期引发社会大讨论的大学生张华该不该救老农事件，汶川大地震中的范跑跑事件等，这些是典型的曾引发社会舆论震动的社会价值冲突事件。学校教育是广泛社会生活的重要组成部分，在学校教育领域内发生价值冲突事件也就成为必然与普遍的现象。然而，学校教学中发生的价值冲突事件与社会生活中发生的价值冲突事件具有不同的性质，它显示出其特殊性，当然它们也存在着一定的联系。下面对教学中的价值冲突事件与社会生活中的价值冲突事件做简要的比较，如表 4-3 所示。

表 4-3 教学中的价值冲突事件与社会生活中的价值冲突事件比较

角度	教学中的价值冲突事件	社会生活中的价值冲突事件
发生的领域	教育场域（课堂教学中）	社会场域
冲突主体	教师与学生	社会民众之间
方式	师生交往中的“矛盾”	民众之间的“矛盾”
特殊性	学生成长中的正常现象，是价值教育的契机	社会不和谐的音符，必须处理
处理不力的后果	影响教育的正常进行与有效性，影响受教育者价值观的形成，可能引发将来的社会价值冲突	引发社会冲突、不稳定（社会危机）

通过上述对比，我们可以清楚地看到课堂教学中的价值冲突与社会生活中价值冲突的区别与联系。因为学生是未成年人，经验不足、涉世不深，他们的价值品质还未成熟，所以，在教学中出现的师生价值冲突是学生在成长过程中，在价值品质形成过程中的一种正常现象。教师如果把握得好，完全可以利用价值冲突事件实现高效、完美的价值教育。社会中的价值冲突则是社会运行过程中的不和谐音符，它是引发社会冲突与社会不稳定的重要因素，所以它的危害较大，必须加以合理的引导与化解。就二者的联系来看，如果学校教育中的价值冲突得不到合理的解决与化解，随着学生成长并进入社会，这些教学中的价值冲突则可能演变为社会冲突，这就凸显了化解学校教学中价值冲突的必要性。

（二）内容冲突：预设与生成的冲突

教学预设是指教师根据教学内容，预先设定的教学流程及要达成的教学目标；

教学生成是指在教学过程中，教师根据师生交往的实际情况，及时调整预设的教学程序，变换教学行为，最终达成预设之外的教学目标或意义。教学是根据教师事先做好的教学设计，有计划、有步骤地进行的，但教学活动又是动态的过程，不只是单向、封闭、动态的知识传授过程，不可能按照教师预设的程序或答案准确地进行，并不意味着教师怎么教，学生就怎么学，或者教师教什么，学生就学什么。预设与生成的冲突由学生回答的内容或行为非教师的预设而引发，并且教师预设的内容与学生回答的内容并不直接涉及价值问题。下面是霍懋征老师的一个著名的“举左手举右手”案例，描述的便是此类冲突。

某班有个学习不太好的学生，上课听讲的时候特别爱举手。可老师叫他起来回答问题时，他又回答不上来。课后，老师找他谈话，问他“你不会，为什么还要举手呢？”这个男孩坦白地说：“同学们都笑我，说我成绩不好，说我笨。我不服气，所以老师提问我就举手，想表现表现。可是，我真的不会。”

学生的坦诚让老师很感动。于是，他和这位学生订了个“君子协议”：“以后老师再提问的时候，遇到你真的会回答的问题，就举左手；如果不会，就举右手。记住了吗？别举错了。”学生点点头回答：“记住了。”老师心里有了底，再上课提问的时候，任凭男孩子右手举得再高，老师也视而不见；但他一举左手，就马上叫他回答。果然他回答得不错。老师便表扬这位学生很“棒”，同学们也对他刮目相看。从此，这位学生的学习大有起色。①

上述案例是教师预设的学生行为（会的举手）与学生生成的行为（举手却回答不上来）而引发的冲突。虽然举手而不知道答案似乎涉及诚信价值问题，但这并非引发冲突的直接原因。直接原因是教师预设举手者应知道答案而学生的生成却是“举手却不知答案”，也就是说这种冲突由教师预设与学生生成行为不一致而引起，与由价值问题引发的价值冲突有根本的区别。这个案例在教师的爱心与价值智慧的促使下，转化为价值教育资源，成功地对学生进行了价值教育。教学预设与学生生成的冲突中，下述案例则更为典型②。

2010 年 10 月，某小学六年级数学课“圆的认识”。教学目标之一是“学会几种画圆的方法，重点是学会用圆规画圆”。教学活动开始的时候，教师问学生“有几种画圆的方法”，试图通过该问题的提问，期望学生的回答中出现“用圆规画圆”的回答，便于展开预设的教学内容——“重点介绍圆规画圆的方法”。但在提问的时候，本想让学生回答出期望的答案的情况并没有出现，被提问的学生回答说：可以用量角器画圆。这让教师很失望，就听该教师说一句：“这太麻烦

① 案例来自霍懋征老师《没有爱就没有教育》报告. http://jhyx. fxedu. cn/html/dangjianyuandi/zhuantihuodong/200906/02-1656. html[2011-1-16].

② 案例来自笔者 2010 年 10 月在安徽某小学的调研课。

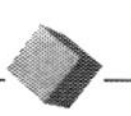

了。”接着提问这位学生旁边的同学回答这个问题，旁边的同学如教师的预期回答了教师想要的答案，教学正常进行下去。而被否定的小女孩，一脸茫然地坐在那里，她可能永远也不明白她错在什么地方了！本质上，她没有任何错误，她的回答内容也是正确的，用量角器可以画圆，并且这还是一个不错的创意。她错在了没有按照教师预设的答案回答。预设与生成冲突机制如图 4-5 所示。

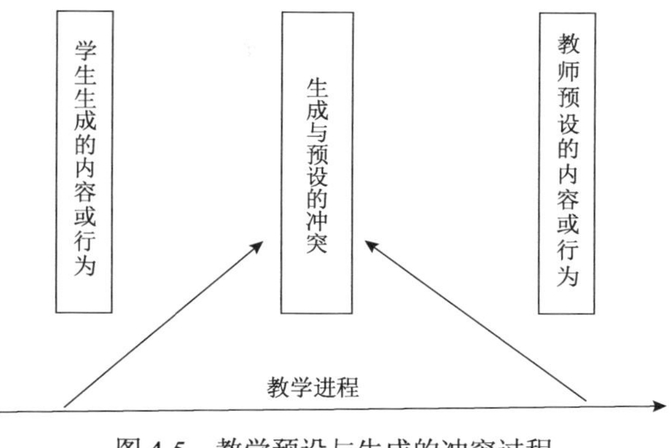

图 4-5　教学预设与生成的冲突过程

教学冲突在教学过程中是不可避免的。教学冲突对教学的功能应该说是双向的，既有积极的功能，又有负面的影响。从价值教育的角度考虑，如果教师有足够的价值教育机智与价值理性的话，那么教学冲突对学生、教师来说，都是一种有效的价值教育资源，是一种恰当的价值教育契机。其负面影响完全可以转化为积极的功能，甚至没有负面的影响。

（三）课堂教学冲突对教学的负面功能

无论是价值冲突还是非价值冲突，课堂教学中的教学冲突对于有效的课堂教学来说都是一个“事故”，如果不恰当地处理它，它对教学的有效性就会起到负面的制约作用。之所以说它是事故，是因为课堂教学中的教学冲突事件具有的最大特征是突发性。“不管老师如何精心地准备一堂课或一个情境，似乎任何一个教学情境都总是会出现某种不确定性。”[①]对教学冲突而言，教师无法估计它什么时候发生，发生时场面又往往出乎教师的预料。当它发生时，教师必须以最快的速度予以处理，容不得慢慢思考与琢磨。如果迟疑片刻，课堂教学秩序就可能混乱，这将严重影响着正常的教学流程与效果。

据笔者的观察，教师在面对这样的事件时往往很尴尬，要么不理会，要么搪塞过去。只有个别专业素养较高的教师，能恰当、完美地处理这些教学冲突。总而言之，对于课堂教学中的教学冲突事件，如果能恰当地处理，变冲突为资源，它便是对学生实施价值教育的良好契机，因为化解冲突的过程正是对学生进行价值教育的过程；如果处理不恰当，它可能影响学生价值观的形成，严重影响正常的教学流程，使教学的有效性大打折扣。所以，无论是从课堂管理与有效教学的

① 马克斯·范梅南. 2008. 教学机智——教育智慧的意蕴. 李树英译. 北京：教育科学出版社：207.

角度，还是价值教育的角度出发，课堂教学中的教学冲突事件都值得大家关注。“冲突论”学派的代表人物——德国社会学家拉尔夫·达伦多夫认为，冲突现象虽然可以暂时被压制、被管制，但任何人也不可能把它消灭掉。既然不能消灭掉，我们为何不利用这种无法回避的教学现象，让它转换为价值教育资源呢？

二、教学冲突化解技术性策略

教育活动是一种充满智慧的实践活动，教师在活动中表现出来的教育机智也是“生成性”因素。它是教师瞬间的智慧性行动，是教师的一种特殊的才能，它是一种来自灵魂深处的与教师的为人处世息息相关的知识。教师化解教学冲突实施价值教育的策略分为两类：技术性策略与本体性策略。

技术性策略相对具体、操作性较强，它来自一线教师成功化解冲突后的经验总结，不足的地方在于比较固定，迁移困难，具体如图4-6所示。

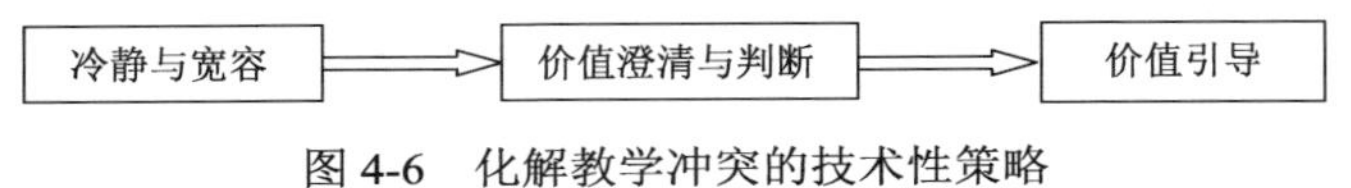

图4-6　化解教学冲突的技术性策略

1. 冷静与宽容——给学生留下成长的空间

应对教学冲突时，教师最常用的最简单方法是压制与控制学生，因为突发的事件往往打乱了教师的教学节奏，扰乱了教师的预设，引发教师的不理智行为，讽刺、挖苦学生的教学行为常常发生。上述的压制举动似乎是情有可原的。但是那样的处理办法只能把教学冲突定性为“教学事故”。长期的教学实践告诉我们，就事论事、穷追猛打、生气、发火、训斥都往往会使师生陷入尴尬境地，对教学、对大家都是有害无益的。对于当事学生来说，教师的压制与控制不会对学生生成有价值的体验，甚至是令人失望的体验。我们可成功地将此类事件转化为价值教育资源，这样做的前提是冷静与宽容。

如何冷静与宽容呢？换位思考，从学生的体验出发：学生绝不会无缘无故地和自己闹对立，没有找到答案会不会是因为教得不到位，教师提的问题也许太难了，使同学难以回答。换位思考，让冲突的化解就走出了成功的第一步。因为是从学生的角度，从学生做出这一行为的主观体验本身出发，而不是从教师自身的感受出发，教师冷静的同时，体现的是宽容的价值观。冷静与宽容，就可算是实施价值关怀，并且可化解一些教学冲突事件。下面的例子就是如此。

有个顽皮的小学生被从这个班踢到那个班，总是受老师批评，总被认为是后进生。后来，从外地调入一名长得不算漂亮的女教师，当这位女教师给这名学生所在的班上第一节课时，这名学生在干净的黑板上画了一只很逼真的癞蛤蟆，这位有教学经验的教师刚登上讲台一转身就发现了，但她既没有发慌，更没有发火，而是很诚恳地说：这位同学画的动物很逼真，将来有可能成为画家。日后她引导这位学生参加了学校绘画兴趣小组，结果这个学生不仅画技有长进，而且对其他各个学科的学习兴趣也浓了……最后这个学生考入了美术学院。①

以癞蛤蟆的形象来影射教师的形象，这本身就是对教师人身的攻击，但这种攻击是来自一个小学生的无知、误解与顽皮。这是一个有经验的教师，“经验与宽容”促使她没有发慌，也没有发火，一句“这位同学画的动物很逼真，将来可能成为画家”化解了这次冲突，并且发现与培养了这位学生的特长，成就了一位大学生。这里需要说明的是，冷静与宽容是应对生成与预设教学冲突的良好策略。比如就上面所述的“画圆”的故事，在“圆的认识”这节课中，如果教师能从学生的角度冷静地思考：学生虽然没有回答出教师期望的答案，但她的回答也很精彩！教师如果这样思考，或许冲突事件瞬间就会发生逆转，也会给这位学生一个积极的评价。

总之，无论面对何种教学冲突，教师的第一反应应是冷静，对引发冲突事件的学生持有宽容的态度，这是成功化解冲突的前提与基础。

2. 价值澄清

价值澄清本质上是教师寻找引发冲突的原因。这一步骤在化解教学冲突时具有如下意义：对学生而言，澄清学生引发冲突的价值观；对教师而言，可以了解学生的价值观，并给教师做出进一步反应赢得判断的时间。价值澄清的策略有两种形式：反问与追问。

（1）反问：以反问的形式，把问题暂时还给该学生

反问策略举例②：

教学冲突：

杭州清河中学教师金宏在讲解我国台湾诗人余光中的《乡愁》时，为了让学生们进一步体会诗歌意象的特点，培养学生的想象力，要求他们仿写课文中的句子“小时候，乡愁是一枚小小的邮票……”同学们踊跃发言，其中一位同学做出了这样的发言：“……长大后，乡愁是一张张人民币，我只能眼巴巴地站着看。”全班哄堂大笑。

价值澄清：

师：听起来很新颖，请解释一下所表达的意思。

生：长大后知道了钱很重要，怀里揣着钱，心里想着家人。

价值引导，金老师顺着学生的这一思路启发大家：

① 罗兴才. 2002. 不能小看教师对学生的评价. 人民教育，(9)：34.

② 刘晓伟. 2007. 情感教育：塑造更完整的人生. 上海：华东师范大学出版社：237.

师：这位同学想到的并不简单（没有打击、批评）。同学们一定在报纸上看到过，一些企业拖欠民工工资，过年了，这些辛苦建设城市的民工，带上一年的血汗钱，想着去报答老人的养育之恩，去抚育自己的孩子，这是多么浓厚的乡情啊！

（学生们受到感染，几位同学表达了类似的感受。）

师：我们是不是也可以站在民工的角度，为他们写一首乡愁呢？

生：（学生们现场创作的《乡愁》）

民工们劳务市场摩肩接踵（zhǒng ），
在建筑工地挥汗如雨，
在高楼大厦前踯躅（zhí zhú）前行，
在车站码头席地而卧……
这一切，都是为了一份绵长的牵挂，一份热切的期盼。
这一头，是不眠的夜
那一头，是不熄的灯。
这一头，是喜滋滋的汇单
那一头，是甜蜜蜜的笑容。

上述案例是典型的成功化解教学冲突个案，从当时教学现场的情况而言，该教学冲突的发生比较“棘手”，但值得称道的是，金老师并不是消极地批评或一味地顺应，而是善于把握教育契机，采用“把问题还给学生”的方法，积极地进行价值引导，对话题进行扩展和延伸，与现实生活相结合，成功地进行了价值教育，教会学生应关心社会，了解民情，尊重农民工。上述案例中，教师用反问的形式进行了价值澄清，有些时候，追问同样可以实施价值澄清。

（2）追问：以追问的形式，把问题还给全体学生

追问也是价值澄清策略之一，是指教师以追问的形式，“把问题还给全体学生”，引导全体学生对该“非主导价值问题”进行讨论。追问与反问的区别在于，反问是教师让学生把自己的价值观表述清楚，教师是由不清楚到清楚。而追问时，教师已迅速对该问题做出了价值判断，明白了引发冲突的价值观，追问是价值引导的前奏。

追问策略举例一[①]：

教学冲突：

一位教师在教授《穷人》一课时，设计了一个旨在揭示沙俄统治罪恶的问题：桑娜夫妇那么勤劳，为什么生活却还是那样穷苦？学生的回答使教师大吃一惊。他们认为桑娜夫妇之所以受穷，是因为没有搞好计划生育（有 5 个孩子）。

① 马东贤. 2005. 直面课堂“意外”. 北京教育(普教版)，(10)：58.

价值澄清：

面对这样的问题，教师追问："不错，孩子多是他们受穷的一方面原因，但是不是他们只有一个或两个孩子就能够摆脱贫困了呢？是不是还有其他更为重要的原因呢？"

价值引导：

建议大家再默读课文，同时思考：既然孩子多，家里揭不开锅，可桑娜又抱回邻居西蒙家的两个孩子，生活不就更困难了吗？这又说明了什么呢？

经过这样的问题引导，话题又回到了教学主题。

追问策略举例二[①]：

教学冲突：

一节语文课上，学生一起学习《卖火柴的小女孩》。大家都沉浸在对小女孩悲惨命运的无限同情之中，整个教室里气氛沉郁。就在这时，一个女生指着她的同桌说："老师，他正在给插图上的小女孩涂口红呢。"此话一出，教室里一片哗然，同学们都转头向那位同学看去。

价值澄清：

教师追问："这又冷又黑的大年夜的晚上，光着脚卖火柴的小女孩，会涂口红吗？虽然，她有着一头金黄的长头发，那头发打成卷儿披在肩上，看上去很美丽，但此时此刻，小女孩最盼望的是口红吗？她最需要的是什么呢？"

价值引导：

没想到一石激起千层浪，大家激烈地讨论着我们该如何看待这个"口红事件"，如何看待小女孩的问题。教师趁机引导大家接受文本所倡导的价值。

3. 价值引导

从步骤上说，价值澄清之后才是价值引导，但在实际的教学中，价值澄清与价值引导几乎是同时发生的。上述"追问"的两个案例中，教师巧妙地以追问的形式化解了冲突，使问题及大家的注意力重新回到了教学内容上来。教师在进行价值引导时，一般采用的价值标准来自文本所倡导的价值，而这类价值一般可分为三大类或者说来源于三类价值[①]：①人类基本价值（basic values）；②民族优秀传统价值（traditional values）；③社会主流价值（mainstream values）。

从来源上来看，上述三类价值有时是互相交叉的，但这并不影响教师以它们为价值引导的标准或目标让学生接受、学习。

---

① 石中英. 2010. 关于当前我国中小学价值教育几个问题的思考. 人民教育，(8)：9. 三类价值的具体内涵在前文已有论述，这里不再展开。

综上所述，教师在课堂教学中通过教学冲突实施价值教育的技术性策略可用图 4-7 表示。

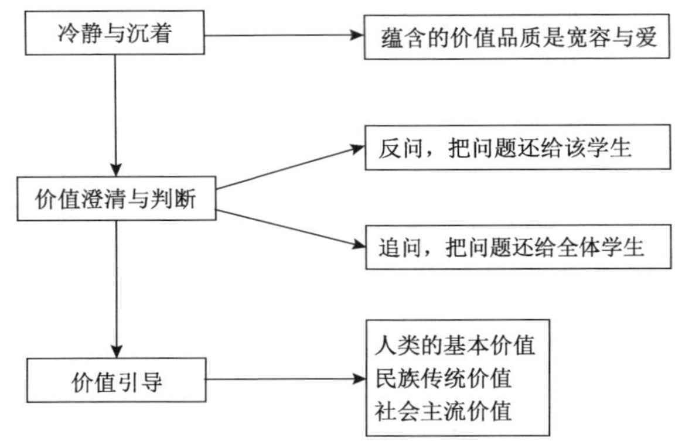

图 4-7　化解教学冲突的技术性策略

在课堂教学中，教师以教学冲突为载体，成功地实施价值教育，这实际上是教师充满自信地在教学活动中展现自己主体地位，既是教学自主性的要求，也是价值教育的要求。正如有的学者所言："事实上，教师应当期待着教学中产生各种各样的'突发事件'，准确地把握其价值所在，以此调整自己的教学思路，引领学生进入'自由王国'的探索之中。"[①]但传统的课堂教学中，许多教师将这些宝贵的"教学资源"一一浪费掉了，其根本原因是教师的价值教育意识与能力缺失，而这里的能力很大程度上可称为教师的价值教育素质。成功化解教学冲突，有效实施价值教育，光有"技术"层面的策略，还不足以有效化解冲突，可能是"治标不治本"的办法。成功借助教学冲突，实施价值教育，还涉及"本体"层面的策略。这些本体层面的策略对教师提出了更高的素质要求，如果形成并具备了本体性策略后，教师就完全可以从当时的情境、自身的感受、自身的一些想法灵活、恰当地采取措施，变冲突为价值教育资源。这些本体性策略将在第五章展开论述。

三、以教学冲突实施价值教育的适切性

课堂教学中发生的教学冲突事件为我们提供了一个实施价值教育的良好契机与载体。著名的道德认知发展理论的创立者科尔伯格的研究表明：个体的道德判断力处于不断发展之中，矛盾冲突的情境最适合于促进个体道德判断力的发展。为此他创设了独特的道德两难问题并利用它们进行道德教育。最著名的道德两难故事为科尔伯格虚构的海因兹与药的故事。贫穷丈夫海因兹为了救其患癌症妻子

① 李秀伟. 2007. 唤醒情感——情境体验教学研究. 济南：山东教育出版社：10.

的病，在没钱买一种特效药的情况下，他采取偷的办法得到了救命的良药。这个故事想说明的是：一方面是违背道德去偷；另一方面是救治妻子的生命。“不许偷盗”与“救爱妻性命”两条道德原则狭路相逢，发生不可避免的冲突。该故事让学生在困惑、焦虑、犹豫的心态中寻求理性内核，确立合乎规范和社会基准的判断准则，从而提高道德判断水平。从价值教育的角度出发，受教育者的价值判断力与选择能力又何尝不是在冲突中发展的？教学冲突中的价值观冲突引起的教学事件多么类似于科尔伯格的道德两难问题，这是在自然教学中出现的价值难题，借助教学中产生的价值难题进行价值教育有着传统价值教育方法无可比拟的优势。

1）价值冲突中可清楚地了解学生的价值认知水平。就价值冲突实施价值教育而言，了解受教育者的道德判断水平是应用科尔伯格“道德两难故事法”的前提条件。设置两难故事的目的是，让被试在自己的反应中“投射”自己内心的观念，反映出个体的道德发展水平。价值冲突事件中，学生的回答完全是在自然状态下发生的，学生的回答实际上就是学生对现有价值认知水平、程度的反映。教师完全可以在学生的回答内容与方式中清楚地了解学生的价值认知水平，为下一步的价值判断与价值引导做准备。

2）教学冲突现场的真实性促进价值认知的有效形成。有效的价值认知包括领会价值知识、进行价值判断与评价及形成价值信念，它的有效实现在真实或相对真实的情境中才可以完美达成。借助教学冲突实施价值教育的最大优势在于，它为受教育者呈现了一个真实的生活情境，真实性在于此时的教学冲突是由学生亲自参与并由其回答造成的。在真实的场景下，学生能够更加积极地思考和探究，更加急于知道答案。这些就激起了学生们的求知欲，学生们更易建立起价值认知。这比教师单纯的说教更加真实有效，更易引起学生的关切。此时学生急于知道答案，如果教师能够顺势引导，价值观念将会得到学生透彻的理解与掌握，其效果要好于单纯的说教。实践证明，科尔伯格“道德两难”德育方法具有较高的实效性，其不足之一为道德两难故事有可能是编造的，缺乏真实性。而教学中的价值冲突引起的事件却可以避免这一不足，这一点是科尔伯格的“道德两难”德育方法所不具备的，也是借助价值冲突事件实施价值教育的独特优势之所在。

3）冲突是学生价值学习的内在动力。诱发认知冲突和积极思维是科尔伯格道德两难问题法的最高明之处。有冲突就有发展，发展是在冲突得到解决之后。科尔柏格的道德发展理论认为，儿童道德发展的最高阶段并不是自发达到的，它有前提条件，那就是道德认知的内在冲突。也就是说，儿童道德认知的冲突与不确定性是儿童道德达到新的阶段的内在动力。“只有当儿童在面临冲突的情境时，意识到他人有不同的想法，感到自己原先的观点、推理与别人不同，似乎自己的观点不怎么适当……从而在心理上失去原有的平衡时，才会产生道德认知上的冲突。”[①]价值冲突引起的价值难题恰是由学生的个体价值与主导价值（文本指引的价值）冲突引起的教学事件。这是对学生进行价值教育，提升其价值理性认识与选择能力的最佳时机。

第四节　交往行为中情感目标达成的本体性要求：教育性行为

价值论指出，价值一直与赋有价值的事物相结合，价值本身并不独立存在。以美为例，美的自身无法独存，它就好比飘浮在空中，令人捉摸不定，然而美却在某些物质中显现出来：如一块布、一块大理石、一座铜像都可表现出美。[②]教学行为往往是以一定的价值观念为指导，或者可以说教学行为可分解为两部分：行为与价值。“教育问题不是发展的单纯生物的与社会的事实，而是指依据一定的价值观而作出取舍选择的有目的的行为。”[③]那么依据价值论对价值的理解，教学中的教育性行为就可分为两个部分：事实（行为）与价值，那么教师行为就是事实，教育性是价值。教育性行为即教师以蕴含着价值品质的行为在课堂中与学生交往，学生看到的是教师外在的行为，感知的是行为内在的教育性，这就是教师教育性交往行为中的价值教育。课堂教学中，在我们与孩子们的相互交往中，无论是语言还是其他行为，不管愿不愿意，总是存在着“适合与不适合”，那么，“适合的”行为，符合教学伦理的行为即教育性行为。下面将详细论述其内涵。

一、教育性行为的内涵

从严格意义上讲，教育并不是一个中性的表达，它代表的不是价值中立的活动，而是内含着道德要求的一系列标准。教学作为教育的基本途径，它怎能无视这种道德上的要求呢？教育性行为正是内蕴道德原则或价值原则的行为，它是教育本质的基本要求。彼特斯认为，教育是指“人们有意地以某种以道德上可以接受的方式，传递着或传递了某种有价值的东西”[④]。这一对教育的描述对教学的倾向做了规定，那就是教学方式应采取“道德上可以接受的方式”。我们先通过一个教育性行为的案例，来准确把握何为教育性行为。教育性行为举例如下[⑤]。

---

① 欧阳文珍. 2005. 品德心理学. 合肥：安徽大学出版社：147.

② 方迪启. 1986. 价值是什么——价值学导论. 黄藿译. 台北：台湾联经出版事业公司：4.

③ 筑波大学教育学研究会. 1986. 现代教育学基础. 钟启泉译. 上海：上海教育出版社：71.

④ 秦艳. 2007. 教学程序伦理原则探析. 华东师范大学硕士学位论文：13.

⑤ 案例来自2010年天津召开的价值教育联盟学校会议上，武汉马房山中学提交的会议材料，该案例作者为张学萍老师。

用心去爱——一个都不放弃（一）

记得这届学生在初一年级时有八个学生，“八大怪”是小学的学生给这几个顽皮学生封的外号，是几个令教师头痛的学生。他们在小学不认真学习，好惹是生非，因而得名。他们其中之一被分进了我班，我心里在想，若能把他转变过来，那就好了！

如何转变呢？必须从小事开始。每天上课关注他，只要观察到他听懂一点就点名让他回答问题，回答对一点时马上鼓励他继续努力。但是由于他底子太薄、习惯较差，做不到上课认真听讲，下课认真做作业。我仍然没有放弃他，总是督促他完成作业，哪怕作业是抄来的，我也鼓励他，记得从一件事后他有了突飞猛进的转变。

那是一天中午放学后，由于我教两个班的数学，为了方便管理，我把两个班的学生中做作业打折扣的几个学生留在一个班里补课，当时他走进教室气冲冲地问：“老师叫我干什么？”我说：“你过来，看看你的作业还差一题，把它补上。”我边说边关爱地拍了一下他的肩膀，由于他急着要吃饭，而且我又是当着其他班的学生的面说了他，丢了他的面子，他就冲着我说了句：“老子这多年谁都不敢打，今天被挨打，你等老子的。”就扬长而去了。当时我就想，可能我今天不该当着其他人的面说他，因为他很爱面子，下午抽空找他谈谈。也就没理会他。到了下午我还有一节他们班的课，我仍然像以往一样上课，课上就像没有发生中午的事一样，照常让他回答了一个简单的问题。后来由于忙改作业、备课，一直忙到放学才想起要找他谈谈，正准备去教室时，他进了办公室。一进办公室就说：“老师我中午错了，我不该那样做的，我现在把作业补上，好吗？”

当时我很惊讶，以为他来找我算账的，而他是来找我承认错误的，我非常感动，对他说：“今天中午是张老师的不对，本来你已经饿了想去吃饭，结果我又留下你，让你补作业，还在其他班的同学面前丢了你的面子，我首先向你道歉。”他听了以后我看出他也很惊讶而且不好意思地说：“老师，你怎么知道我是这样想的？”我接着开玩笑地说：“我是你肚子里的蛔虫，怎么能不知道呢。”他又接着说：“老师，你还向学生道歉，今天不是我亲身经历我是不会相信的！”我告诉他：老师也是人，是人就会犯错，犯错只要改了就是好的。他听了之后很亲近地对我说：“老师我佩服你！”

案例很长，这里不再赘述。但该事件中价值教育的效果是明显的，师生关系融洽，学生对待学习的态度、对待教师的态度明显发生了转变。从上面的描述可以看出，教师在与该学生的交往中，充满了如下的教育性行为。

1）每天上课关注他，只要观察到他听懂一点就点名让他回答问题，回答对时马上鼓励他继续努力。

2）但是由于他底子太薄、习惯较差，做不到上课认真听讲，下课认真做作业。

我仍然没有放弃他，总是督促他完成作业，哪怕是抄来的作业也在鼓励他。

3）冲突中与冲突后的处理方式：冷静，宽容，从学生的角度思考自身的行为。“当时我就想，可能我今天不该当着其他人的面说他，因为他很爱面子，下午抽空找他谈谈。也就没理会他。”

从上述教育性行为的具体表现，我们应认识到，教师的行为从根本上是一种道德行为，它总是指向“好的”或“善的”，是一种规范性活动，而不是技术性活动。教育性行为是具有教育学意向（pedagogical intent）符合价值原则的行为。这里有两个关键词：教育学意向与价值原则。

“教育学意向”是教育性行为的关键词，这一术语是由加拿大学者范梅南在其著作《教学机智——教育智慧的意蕴》中重点论述的概念。他认为教育学意向指的是向善、为儿童好的动机，是为了加强儿童“生存和成长”的各种偶发的可能性。所以，教育性行为应是对教师“好”行为的概括性定义，一切为了学生，这是教育性教学行为的基本出发点。

教育性行为中的价值原则又是指什么样的原则呢？实际上，这些价值原则已被教学伦理学研究者所倡导，也被长期的各国教学实践检验为合理的、合适的。它们是尊重、平等对待、心智自由与惩罚的正当性。“‘公正’、‘真诚’、与学生‘平等交流’等，在教师培训类著作中，已经作为教学程序所应当遵循的伦理原则而被放到重要位置。”[①]

上述案例中，教师的行为具有明显的教育学意向，比如，虽然这个学生基础差，学习成绩不好，但教师仍每天上课关注他，只要观察到他听懂一点点就马上让他回答问题，回答对一点时马上鼓励他继续努力。这样的行为是“向善”的，是出于对学生“好”的动机。只要教师心目中存在“好的价值”“善的目的”，教育性行为就会发生。正如杜威所说：“道德原则是真实的，正如其他力量的真实存在一样。道德原则内在于共同体生活之中，也内在于每一个人的工作结构之中……持有这种信念的教师会发现，每一门学科、每一种教学方法、学校生活中的每一件事，都蕴含着道德上的可能性。”[②]

二、教育性行为具有价值教育作用的本质

“身为教师，每一件做的事都有道德寓意。”[③]面对学生的成长需求，教师就是关怀者，出于“善”“教育”目的的教育行为，对学生的影响，特别是价值的影响有哪些呢？

① 秦艳. 2007. 教学程序伦理原则探析. 华东师范大学硕士学位论文：4.

② 转引自：秦艳. 2007. 教学程序伦理原则探析. 华东师范大学硕士学位论文：1.

③ 方志华. 2004. 关怀伦理学与教育. 台北：洪叶文化事业有限公司：173.

（一）何为价值教育中的身教

教育性行为是以教师的“身教”影响学生的价值。俗话说“身教重于言教”，教育性行为就是教师的身教影响、教育学生。在教育生活中，价值无法进行强制灌输，也不可能完全在巧妙的设计中实现，教师是“以身体布道”者，“对于培养性格来说，你无须道德上的天才，但是着实需要一个生机勃勃能够直接向伙伴传达自己思想的人。他的活力流溢到伙伴身上，有力而纯洁地影响着他们——在他无意影响他们时”①。

1. 关怀伦理学对身教的理解

身教是关怀伦理学进行道德教育的首要方法。关怀伦理学由美国的教育哲学家 Nel Noddings 在 1984 年正式提出，她认为关怀是道德的基础，并提出身教、对话、练习关怀与肯定四种道德教育方法。她特别重视教师身教的道德作用。何为身教？身教是教师在教育专业中的表现对学生有示范作用的一种承诺。重要的是，教师如何调整自己的态度、增进自己的能力，成为一位将关怀内化至其行事态度与风格之中，显示关怀的气度与风范的好老师。①诺丁斯提出两点对于身教本真意义的理解较为深刻的要求：①教育不是要告诉学生要关怀，而是创造与学生的关怀关系，让学生从中学习关怀；②要学生成为有关怀能力的人，要先让学生有受关怀的经验。这两点要求表达如下了事实。价值教育首先要让被教育者感受、体验到相关的价值。如果走出“就关怀说关怀”的圈子，就价值教育中教师的身教而言，教师的身教前提同样是要创造一种良好的师生关系，这种师生关系也应以关怀为主题。其次，要身教给学生某种价值，必须要让学生有种价值体验。

2. 做出教育性行为的是人师而非经师

教育性行为要求教师以身作则、示范为主，这是人师而非经师。袁宏在《后汉记》中写道：经师易遇，人师难遭。“经师”指专家学者而教授有方的人，应理解为专业水平较高的人；“人师”指操行可以为人师表的人。②显然，“人师”对教师的价值品质要求较高。教育性行为强调的正是教师行为所蕴含的价值品质。教育性行为之所以具有教育性，正是因为行为中内蕴着价值。教师无疑是其他无数教育力量中的一种，然而与其他力量不同，教师“有在学生性格上留下他的印记的意志，有在成长的学生眼中代表着一个特定的关于什么是正确的，应该是什么选择的意识”③。教师行为中所蕴含的价值可对学生起到教育的作用。在“用心去爱——一个都不放弃”的案例中，教师在意识到自己的行为存在不足时，主动向全班同学道歉，并向该同学道歉。正是教师这种知错改错的行为，使学生发生

---

① 转引自：王葎. 2009. 价值观教育的合法性. 北京：北京师范大学出版社：156.

② 赵一笔. 1998. 当代教育哲学大纲. 台北：正中书局：144.

③ 转引自：王菲. 2009. 价值观教育的合法性. 北京：北京师范大学出版社：155.

了转变，并改变了对教师的看法及对待学生的看法，表达了“老师我很佩服您”的心声，出现这样的教育效果与转机完全是由于教师的教育性行为。

（二）教育性行为对学生的价值影响特点

教师的教育性行为对学生的价值影响具有潜移默化的作用，它产生的教育作用不同于单纯的说教，具有以下特点。

1）学生对教师教育性行为的感觉是敏感的。“由于上帝已在儿童天性中播下模仿的种子，故示范十分重要。”[①]“有时即便在人不经意地通过体态、姿势或语调表达信息的时候，孩子也能意识到大人的意向。”[②] “孩子们几十双眼睛盯着他，须知天地间再没有什么东西，能比孩子的眼睛更加精细、更加敏捷，对于人生心理上各种微末变化更富于敏感的了，再没有任何人像孩子的眼睛那样能捉摸一切最细微的事物。”[③]学生对教师教育性的感觉最敏感的特点决定了教师教育性行为对学生影响的效果是显著的。如上述案例“用心去爱——一个都不放弃”中，教师用自己的教育性行为感化了学生，什么样的言语也不用多说，教师的教育性行为本身就是价值教育的最好工具。

2）教育性行为对学生的价值影响是频繁、持续的。教学过程是教师与学生交往的重要、主要的途径与载体，学生学校生活的90%是在课堂学习中度过的，教师的一个眼神、一个微笑与一个手势无不在刺激、感化着学生。教师与学生的交往是频繁的、持续的，教师与学生每天都在进行着行为与信息的交流，如果教师的行为绝大多数为教育性行为，那么学生接受的价值影响将是持续的。

3）教师的教育性行为对学生的价值影响又是综合的。实际上，教师的每一个教育性行为并不是单一价值的标本式展示，而是教师整个人的价值品质的综合展现。从这个意义上说，教师的每一行为所体现的并不是单一的价值，而是复合性价值。因此，在价值学习中，榜样教学一直被作为一种综合性方法而应用。作为学生眼中榜样的教师，其每一教育性行为也是教师综合价值的展现，对学生进行着综合价值的教育。

（三）具备教育性行为对教师的要求

教育性行为在日常教学生活中是少见的行为，同时也是“常见”的行为。说它“少见”，是因为有一批数量众多的教师，在与学生的交往中不会或不能够做出教育性行为；说它“常见”，因为对于称职的教师而言，这是一种很正常的行为。做出教育性行为是一个教师所应具备的基本素质，当然也是成为一个优秀的

---

① 转引自：单中惠，杨汉麟. 2007. 西方教育学名著提要. 南昌：江西人民出版社：111.

② 马克斯·范梅南. 2008. 教学机智——教育智慧的意蕴. 李树英译. 北京：教育科学出版社：32.

③ 卢家楣. 2001. 情感教学心理学. 上海：上海教育出版社：269.

教师的基本要求。

1. 教师应具有对职业的责任感与使命感

下面是加拿大学者范梅南认为的良好教师的基本素质，许多内容是对教师教育性行为的要求，教师教育性行为是如何发生的呢？他认为：从根源上说，它来自教师的责任感对教育的责任感的召唤。“一种使命的召唤。我们说到了‘职业的召唤’。但是这种召唤存在于何处呢？我们说，‘责任在召唤’。‘责任用良心的声音在召唤。’‘责任召唤我去做我知道自己承担的任务。’”[①]职业使命感，包括对儿童的喜爱和关心，高度的责任感，道义上的直觉能力，自我批评的开放性，智慧的成熟性，对儿童主体性的机智的敏感，阐释的智力，对儿童需求的教育学的理解力，与儿童相处时处理突发事件的果断性，探求世界奥秘的激情，坚定的道德观，对世界的某种洞察力，面对危机时刻乐观向上，最后，他认为幽默和朝气蓬勃也很重要。[②]

此外，教师要接受学生，这是教师做出教育性行为的重要前提，也是教师责任感与使命感的重要体现。如何接受学生？究竟该如何做？我国台湾学者方志华引用诺丁斯的观点做出回答[③]。

①从学生的处境出发。教师接受学生，并不是要放弃自己教师的身份位置去委就学生，而是必须觉知地从学生的处境开始下手，诺丁斯强调这是存在主义式的相遇，而不是客观科学式的处理。②接受学生不是自然主义式的放任。接受学生不是放任学生的学习，而教师袖手旁观。接受学生是指教师要积极地接受学生、了解学生、进而引导学生，在互动之中引发学生主动的回应，这并不会减少教师的力量或责任，相反会增加教师影响的力量与责任。③接受学生并不只是接受学生的答案，而是学生整个人。诺丁斯用了一句话对此概括：那就是“学生永远比教材重要”。师生的互动中，充满着教育性行为，蕴涵着价值教育。

当老师在上课问问题，而学生回答了，他所接受的不只是这个回应，也是这个学生。学生所说的话是有意义的，不论对或错，教师会温和地澄清之、诠释之，归纳其贡献。教师不是在寻求答案，而是寻求对受关怀者的包容。因在这由问题而生的短暂的对话中，受关怀者“充满了天空”。学生永远比教材重要。[④]

接受学生并非只是接受学生的答案，也并非只是形式上的接受，而是对学生整体的接受，这是心灵的接受，是人性层面的接受。

2. 教师要具有对自己行为的专业警觉

要创造一个良好的交往氛围，要做出教育性交往行为，教师还要保持对自己

① 马克斯·范梅南. 2008. 教学机智——教育智慧的意蕴. 李树英译. 北京：教育科学出版社：36.
② 马克斯·范梅南. 2008. 教学机智——教育智慧的意蕴. 李树英译. 北京：教育科学出版社：12.
③ 方志华. 2004. 关怀伦理学与教育. 台北：洪叶文化事业有限公司：176-178.
④ 方志华. 2004. 关怀伦理学与教育. 台北：洪叶文化事业有限公司：178.

行为的专业警觉，切忌做出指责的行为与发出威胁的语气。教师对自己行为的专业警觉，指的是对自己非教育性行为的警觉，特别是最常发生的非教育性行为，如带有指责、威胁的语气和态度的行为。关怀理论的倡导者诺丁斯认为：我们（教师）常用“不要……否则……”的语句，这可能使小孩变残忍，因大人正在使用指责的启发教学法——将因果关系放在不该放的地方。这种规则的危险有二：小孩子不只将观察的结果和所犯的错误联结，而且他的道德理想也会变得像在构造一些精致游戏的“规则书”一样呆滞。[①]

经常使用这种指责威胁的语气和态度，绝不是教育性交往行为。这样做的结果使小孩的思维做错误的联结，小孩的心理一直停留在害怕权威的心态下去做行为判断，失去了阳光的心态，把道德行为与惩罚相联结。“因为老师并没有心平气和地给他合理的解释和指导，导引小孩的道德自我形象朝正向发展。”[②]

3. 教师要具有做出教育性行为的价值要求

前面已论述过，教育性行为可分解为行为与价值，这里的价值有何内容要求呢？实际上，教师教育性行为的价值要求在教师的伦理要求中强调得比较充分。下面提供我国台湾地区及美国教师教学伦理要求，如果你是一名教师，就可以下面不同地区对教师行为的伦理要求作为日常教育性行为发生的价值参照。

1）我国台湾学者赵一笔在其著作《当代教育哲学大纲》中指出，伟大的好老师是这样的[②]：那些叙述课文明明白白的平庸的好老师；补充材料、讲解发挥的是勤奋的好老师；以身示范、带领学习的是优秀的好老师，而注重启发、激发好奇的，才是伟大的好老师。并指出，要成为一个伟大的老师，在人品方面应：①人格高尚品行端正，能为学生表率；②性情温和、热情，庶能接近学生、感动学生；③富有教育爱之精神，如此而能耐心发掘学生之潜能；④具有人类爱之胸怀，如此而渐能实现教育的远大目的；⑤要有接受挑战的雅量。如是学校便于进步，真理得以昌明。

2）美国学者斯特赖克与索尔蒂斯在其名著《教学伦理》的开篇便展现了对美国教师的教学行为的要求，这些要求被1975年全美教育协会代表大会所采纳，具有权威性与代表性。[③]优秀的教师应该做到：①不应毫无理由地限制学生的独立学习和探索；②不能毫无理由地阻止学生获得不同的观点；③不能蓄意歪曲或压制学科知识，影响学生的进步；④保护学生的学习、健康和安全，免受不利因素的影响；⑤不应故意羞辱或贬低学生；⑥不应歧视学生，包括种族、肤色、宗教、性别、民族、婚姻、政治或宗教信仰、家庭、社会和文化背景等（不得阻止任何

---

① 方志华. 2004. 关怀伦理学与教育. 台北：洪叶文化事业有限公司：175.

② 赵一笔. 1998. 当代教育哲学大纲. 台北：正中书局：144.

③ 肯尼思·A. 斯特赖克，乔纳斯·F. 索尔蒂斯. 2007. 教学伦理. 洪成文，张娜，黄欣译. 北京：教育科学出版社：1-2.

学生上课；不得剥夺任何学生的权益；为学生提供任何便利条件）；⑦不应利用专业关系之便，谋取私利；⑧不应泄露学生的任何信息，除非这种公开，有充分的专业理由，或者为法律所许可。

总之，教育性行为是课堂交往中重要的价值教育途径，也是情感目标达成的策略，由于教师身份的特殊性及课堂场域的特殊性，它甚至要求教师的所有行为都具有教育性。经验知识和价值原则在教育性行为中都非常重要，但仅具备这两条还远远不能达到教育性行为发生的要求，还需要在长期的实践中逐步形成，所以，真正的教育性行为“该如何做”需要在实践中寻求答案。

第五节　小组合作中的情感目标达成

随着新课程改革所提倡的自主、探索与合作学习理念的深入推进，小组合作学习已是当前中小学校广泛采纳的教学、学习方式。其实，小组合作学习产生较早，并且受到了极大的赞誉。美国当代教育评论家福茨在《教育改革研究》一书中断言：“合作学习如果不是当代最大的教育改革的话，那么它至少也是其中最大之一。”[①]

一、小组合作学习的内涵

合作学习是一种学习理念，它相对于讲授法中的个体学习而言，是充当传统讲授型教学方法的一种补充和调剂。[②]“这样看来，虽然看上去有点被‘贱卖’了的意思，但是即使是以这样一个附属的形式存在着，小组教学也依然能够使得课程更加贴近于学生的需要和利益。”[③]何为小组合作学习呢？从教师教的角度，国外学者是这样定义的[④]：小组教学是一种授课的社会形态，将班级集体临时划分为若干个具有工作能力的小团队，共同完成由教师布置的，或者是自行设计的学习任务，并且其学习成果可在后面的课程阶段中使用。小组合作学习具有明显区别于传统讲授法的特征，这些不同点恰恰是可以培养学生不同情感态度与价值观的着眼点，下面是德国学者迈尔总结的小组合作学习或教学的特征[②]。

1）和讲授法相比，小组教学可以让更多学生参与到课程中来。

2）只要没有外界社会因素的干扰，学生可以无所顾忌地畅所欲言，还可以在发言前有所准备。

---

① 魏宏聚，杨润勇. 2013. 中小学教师教学技能研训. 北京：教育科学出版社：77.

② 合作学习作为一种学习理念与形式，在教学活动中可以有多种组织形式，其中小组合作学习是目前国内课堂教学中最为常见的组织形式之一，本文中的合作学习指的就是小组合作学习。

③ 希尔伯特·迈尔. 2012. 课堂教学方法. 冯晓春，金立成译. 上海：华东师范大学出版社：191.

④ 希尔伯特·迈尔. 2012. 课堂教学方法. 冯晓春，金立成译. 上海：华东师范大学出版社：192.

3）他们可以在小组里发展并增强集体归属感。

4）如果与学习任务匹配，而且学习条件允许的话，他们可以相对独立自主地学习。

5）针对主题，他们可以充分发挥好奇心，发现和提出教师事先也没有发现的方面。

6）在小组教学中，教师可以允许学生更仔细，更从容，并且采用不同于讲授型教育的角色定位来观察问题。

7）短期来看，小组教学比讲授教学耗时更多。学生们需要更长时间去自主研究问题表象，实质以及联系。但长期以来看，这些多花费的时间却能使学生更好地掌握研究问题的方法，提高其能力。

从迈尔的分析来看，第三条培养学生的集体归属感、第四条培养独立自主学习，指的就是通过小组教学可以培养学生相应的情感态度与价值观。

合作学习是相对于个体学习而言的一种学习策略，是以小组为单位，为完成共同的学习任务而进行的互助性学习。但合作，同样也是社会的需要，是个性健全必备的基本素质之一。在合作学习中，教师承担着重要的角色，教师以引导者的身份在幕后出现，担负着合作任务顺利完成的重要角色。“在教学中，尊重学生主体性，不断营造民主、合作、互助的教学关系与和谐、愉快、轻松的教学环境，是培养学生认知能力和良好个性品质的有效途径。”①

二、合作学习中养成的价值品质

未来社会是开放的社会，更是一个合作的社会。在合作学习中，有三个关键词贯穿于其中，那就是合作、竞争与探究。因此，在小组合作学习中，教师能达成的情感目标分为三类。

（一）合作品质

合作学习是一项群体共同完成的任务，需要成员间的相互尊重和信赖。因此，合作学习，首要的是要学生树立合作意识和团队精神。要培养学生积极互赖的精神与意识，“使合作小组的成员确信他们是同舟共济的，这可以通过学习目标、学习任务、学习材料或奖励的相互依赖性来保证”②。这是合作成功的前提与基础，也是需要培养的学生情感态度与价值观之一。在小组合作中，合作品质是如何培养的呢？

1）组内异质是确保小组合作正常进行、培养合作品质的前提条件。组内异质

① 陈虑. 2003. 合作学习对认知能力和良好品质的培养. 雅安职业技术学院学报，(4)：19.

② 魏宏聚，杨润勇. 2013. 中小学教师教学技能研训. 北京：教育科学出版社：78.

是小组合作分小组学习的基本原则之一，它要求每一小组成员之间，在性别、兴趣、能力甚至家庭背景等方面存在差异或不同，这一分组原则的目的在于小组成员之间具有互补性，便于开展合作，当然为小组成员合作品质的培养创造了条件。

2）营造良好的合作学习氛围。学习氛围是软环境，在良好的合作氛围中，易于养成成员的合作习惯。教师与学生应建立良好的师生关系，在教学活动中，教师要有意识地引导学生参与合作，共同思考、共同讨论、共同分享知识，形成积极的合作氛围，从而更易于培养学生的小组合作品质。

3）激发学生合作的兴趣。兴趣是最好的老师。如果一个学生失去了合作的兴趣，那么该学生将会对合作学习缺乏积极性和主动性，自主学习的能力也不会强。因此，“为了培养学生的合作品质，教师应充分准备教学方案，根据学生的知识水平和学习情绪，优化教学设计，积极引导学生开展小组合作讨论……鼓励学生通过小组合作形式进行大胆发言和讨论，从而激发学生的合作学习兴趣，进而提高教学质量，构建高效课堂”①。

合作品质不仅是小组合作学习有效开展的基本动力，还是学生成长中的必备素养，也是社会发展的需要。这种品质的养成不是一朝一夕的事情。需要教师长期有意识的培养，需要在合作学习中养成。

（二）竞争的品质

合作与竞争是相对的品质，是确保小组合作高质量开展的基本价值品质。事实证明，中小学生极易调动竞争的积极性，当学生被分成正方和反方两个辩论小组后，学生们的学习热情空前高涨。在竞争中，既要精心准备，还有观点的碰撞、思维的互动，这些培养了学生的合作精神，提高了他们的思辨能力。

1）组间同质是确保竞争品质培养的基础条件。所谓组间同质，是指小组与小组之间，每一小组的成员水平、能力基本相同，这样才能在小组之间开展学习竞争，有利于培养小组成员间的竞争品质。

2）对小组成员的评分是确保竞争有效开展，培养竞争品质的外部手段。对小组合作效果及每位成员的表现进行即时评价，有助于调动成员学习的积极性，调动参与小组活动的积极性。

3）教师的有意识引导、培养。小组合作开展过程中，教师的引导、参与作用不容忽视。对于竞争活动的开展及过程中的引导、评价，学生能否积极参与并形成竞争品质，主要依靠教师是否进行有意识引导。

总之，小组合作学习过程中，教师的引导意识及引导作用极其重要，教师应及时抓住话题，有目的地启发学生对自己的学习品质进行思考，比如对学生合作态度、合作方法、参与程度进行恰当的评价，将会极大的促进学生合作品质的养成。

---

① 梁黎丽. 2014. 小学语文教学中培养学生小组合作品质的研究. 小学时代(教育研究)，(4)：11.

（三）探究的品质

就学习品质而言，探究品质是小组合作学习的核心品质。新课程改革所倡导的小组合作学习，其首要目的是要改变传统教学中教师一言堂的局面，为学生提供自主探究、合作学习、独立获取新知的机会。这一要求在各科课程标准中都有强调，比如《义务教育数学课程标准（2011年版）》中指出："教师应激发学生的学习积极性，向学生提供充分从事教学活动的机会，帮助他们在自主探索和合作交流的过程中真正理解和掌握基本的数学知识与技能，数学思想和方法，获得广泛的数学活动经验。"[①]

1）探究与合作是相辅相成的两个品质。在小组合作学习中，探究与合作是两个相互补充、相互促进的优秀品质，在教学中不可孤立看待，要有机地融合在学习过程中。独立思考与探究是合作学习的重要前提，也是提高合作学习有效性的必要条件，而合作也是促进学生独立思考能力的关键。

2）合作问题的设计要有探究的价值。探究品质的养成依赖于合作问题的价值，比如合作问题难易度的把握，如果太简单，就没有合作的价值，学生不需探究就能找到答案；如果难度过高，同样失去了合作的意义。在现实的教学活动中，由于对合作学习的内涵理解不深，许多教师为了合作而合作，本来没有必要进行合作的知识，而当做合作的任务，这样的合作是低效的，并且无法形成探究品质。

综上所述，上组合作学习是指学生以小组为基本形式，通过合作、探究而进行的交流学习。当前，小组合作学习已成为当前新课程改革理念下最为重要的学习模式，其不仅能提高学习的效率，更能养成学生的诸多价值品质。当然，这些品质的养成不是一朝一夕的事情，需要教师坚持采用合作学习的形式，并且要有意识、有目的地引导才可能真正达成。

三、小组合作达成情感目标案例分析

小组合作学习作为新课程改革倡导的学习方式，作为一种补充传统讲授法的教学理念，在实践中广受欢迎。但由于理解及实践的偏差，小组合作学习中存在交流障碍、参与程度不理想、学生合作学习中合作意识与合作品质参差不齐的现象。那么现实的小组合作学习是一种什么样的现状？小组成员是否具有合作、互帮意识，是否愿意提出问题并愿意倾听他人的意见，并将此视为快乐？教师是否有意识地引导、培养学生的合作品质，在教学中是否有明确的合作规则，并有意识地培养学生的规则意识呢？带着这些疑问，我们走进了真实的课堂。

下面选择两个小组合作教学实录，分析其中有利于合作品质培养的做法与措施。

---

① 中华人民共和国教育部. 2011. 义务教育数学课程标准（2011年版）. 北京：北京师范大学出版社：13.

案例一　高中课堂中的小组合作①

（一）教学内容：人教版高中物理必修一第四章第七节——“超重与失重”

（二）执教教师：刘老师

（三）时间地点：2012 年 8 月 1 日，郑州某高中高一四班

（四）学习目标

1）通过活动一，感受超重和失重并总结出超重和失重的运动学特征和动力学特征，培养学生的合作意识。

2）通过活动二，运用牛顿运动定律解释超重和失重的力学本质，并能应用超重与失重的规律解释实际问题。

3）通过活动三，知道物体在完全失重状态下，一切由重力而产生的现象均会消失。

（五）教学设计活动

本节课共有三个核心活动。①深度观察超重和失重，活动方式为小组合作；②超重与失重本质，活动方式为小组合作；③完全失重的神奇，活动方式为小组合作。

（六）教学活动中达成情感目标的措施与做法

措施一：课堂导入环节，以体现“合作、竞争”的口号鼓动学生

上课伊始，教师说有两句话和大家分享，“智慧火花照亮真我本色”“火花碰撞增强团队力量”，这两口号在屏幕上打出，教师读出后引起全班同学大笑，也吸引了学生的注意力，同时激发、提醒大家“敢于、勇于表达自己的想法”，唤醒同学们的合作、竞争意识，以图培养合作、竞争品质。

分小组后，又提出另一个口号“为自己而战，为小组而战”。这一口号，显然仍是想唤醒大家的合作、竞争品质。

措施二：设置评分台，培养合作、竞争意识、品质

在黑板的右边，教师设置了评分台，如图 4-8 所示（所谓评分台，即在黑板上列出一个表格，每组成员在教学中参与教学表现优秀如回答问题正确者可以表格上得一分，通过评分表格可以清楚地了解每个小组参与合作学习的情况）。

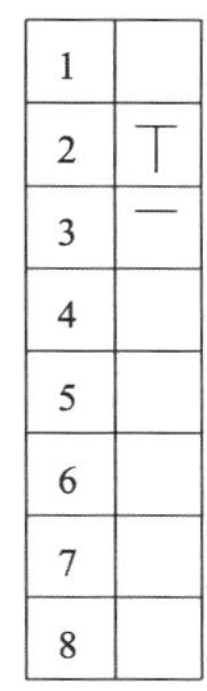

1	
2	丅
3	一
4	
5	
6	
7	
8	

图 4-8　评分台

评分台显示，全班分为八组，在小组合作评价中，每答对一次的小组成员，将为本小组赢得一分，这一评分台，其作用显然是为了调动大家参与合作的积极性，培养团队意识与竞争品质。

措施三：探究品质的培养

有效的教学学习活动，不能单纯地依赖模仿与记忆，动手实践、自主探索与合作交流是学生学习的重要方式。自主、合作与探究是新课程改革重点提出的教学理念，三者在教学活动中是不可分割的三个品质，自主的学习，同时也就是合

① 本案例来自 2012 年 8 月 1 日郑州某高中课堂。

作的学习，也是探究的学习。探究，其实就是发现，借助一定的问题，创设问题情境，让学生在探索中发现的学习方法。探究意味着把课堂还给学生，探究也意味着发挥学生的主体性。

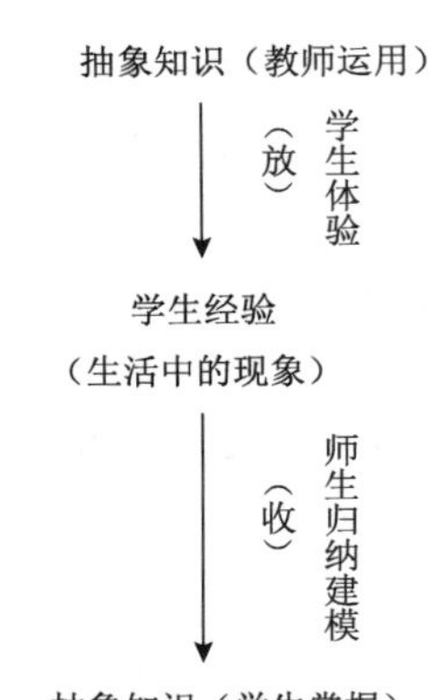

图 4-9 “超重与失重”学习活动思路

本节课学习活动，基本上按照如下思路展开（图 4-9）。

1）把要传授给学生的抽象知识与实际生活经验、现象相结合，对教师而言，就是寻找与本节课相应知识紧密结合的生活现象。

超重与失重，上升或下降加速度大于或小于重力加速度，通过弹簧秤挂砝码加速上升或自由下降可以实现。

2）在教学中呈现蕴含该抽象知识的现象，让学生发现、分析、探究蕴含其中的原理。这一步对教学组织管理而言，是“放”的过程。

为了说明在失重状态下，物体下落加速度小于重力加速度，教师给每位学生发放一个弹簧秤，下挂一个砝码，由学生自己观察物体加速下降过程。

3）引导学生归纳蕴含于生活现象中的抽象知识，即教师预设的教学目标，让学生的思维由个案上升到一般。对于教学组织管理而言，这一步是“收”的过程。

4）学生活动结束，在教师引导下，学生发言并归纳出物体超重、失重时加速度的变化，总结归纳出其中的基本规律。

上述活动思路，从理科教学活动来看，属于教学建模，教学建模本质上是一种理论与实践相结合的教学模式，其体现出来的就是探究理念，让学生从实践中发现抽象的理论知识。本节课预设的三个教学目标与达成活动，全部以教学建模的方式展开，在这个过程中，学生有目的地探究，最终达成预设的教学目标。

通过上述案例，我们可以发现，小组合作学习在一线中小学教师的课堂教学中被广泛采用，如果科学、合理地开展小组合作学习，则可在教学中培养学生的自主、合作、竞争与探究意识与品质。

案例二　初中课堂中的小组合作①

（一）教学内容：人教版初一地理——“热带雨林的开发与保护”

（二）执教教师：李老师

（三）时间地点：2012 年 6 月 2 日，郑州某初中一四班

① 本案例来自 2012 年 6 月 2 日郑州某初中课堂。

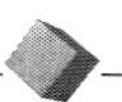

（四）学习目标

1）识图了解热带雨林在全球的分布状况及带给人类的积极作用。

2）通过小组合作，理解保护热带雨林的必要性及应采取的相关措施。

（五）教学设计活动

本节课的教学设计如图 4-10 所示。

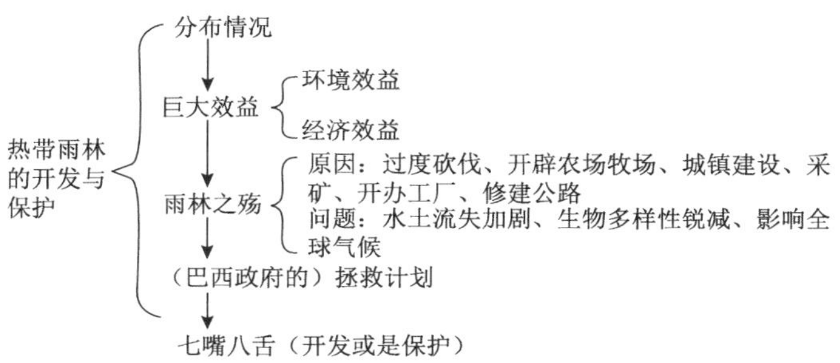

图 4-10　“热带雨林的开发与保护”的教学设计

从上述教学设计可以得知，“七嘴八舌”环节是通过小组合作完成的，这一过程将培养学生的合作、竞争的意识、品质。在讲授完巴西政府的拯救计划后，教师把全班分成正反两个大组，每一个大组又分为若干个小组，拟开展小组合作学习。但笔者在现场观课时发现，当教师提出问题“对待热带雨林应是开发或是保护”，并打算引导学生开展小组合作学习时，全班同学几乎异口同声地说出了答案：“保护。”从学生回答的情况来看，这一环节似没有必要进行小组合作，因为预设的小组合作问题过于简单，不需要合作。教师没有意识到问题不值得探究，而是继续按照预设开展小组合作活动。这样的合作就是为了合作而进行的合作。预设的合作问题过于简单，不具有探究性，当然合作的过程不可能培养学生的合作、竞争意识与品质，于是就出现了这样的一种形式化合作。这类没有合作必要而为合作而合作的现象，在一线中小学教学实践中普遍存在，合作中的品质培养也就无从谈起。

第五章　情感目标达成策略要求

教学设计有两方面的意义：一方面，教学遵行的蓝图；另一方面，像教学处方，针对特定对象与目标，选择应用特定的方法、内容及策略。教学若缺乏良好的设计，除造成时间与资源的浪费，更会带来学习无效的后果。

——黄政杰[①]

情感目标达成的途径可以理解为情感目标达成的载体，教师可以借助这个载体，在课堂上采取不同的策略来达成情感目标。途径是宏观的，在不同的课堂上具有相对的稳定性，但相对于情感目标达成途径来说，策略是微观的教学设计。“教学策略包括对教学过程、内容的安排和对教学方法、步骤、组织形式的选择。由于这些因素的组合方式多种多样，也随之带来教学策略的复杂多样性。”[②]正是因为有这么多可变因素，所以课堂教学中的策略多种多样、难以计数。或许正是由此，人们才常说一句俗语“教学有法，而教无定法”。“有法”指的是基本的教学规律：“无定法”指的就是微观教学设计，或策略。教学内容不同、教师教学个性不同、学生不同，微观教学设计就会有很大差异。

第一节　情感目标达成策略实证研究

关于教学中情感目标的达成策略，无法进行全面的概括与归纳，只能根据情感目标的特殊性，对达成策略的特征进行归纳。

一、情感目标达成策略特征的课堂观察

什么样的教学策略有利于情感目标的达成呢？在现实的教学实践中，一线教师都在采用何种教学策略来达成情感目标呢？下面对 25 节课中有达成情感目标教学活动的课堂教学策略或教学设计进行统计，并试图用归纳法找出这些教学设计、策略所具有的共同特征（表 5-1），以期对一线教师的情感目标达成策略的设计提供

---

① 黄政杰. 1997. 教学原理. 台北：师大书苑有限公司：69.

② 周军. 2007. 教学策略. 北京：教育科学出版社：15.

参照。[①]这些课堂包括预设了情感目标并且达成活动效果良好的课堂，还包括没有预设情感目标但在课堂教学中有达成情感目标活动，并且效果不错的课堂。

根据上述课堂中达成情感目标的策略，可以归纳出八种常用的达成策略，分别如下：合作、竞争中养成价值品质；鼓励性评价，引导；角色扮演情景剧；探究性试验；利用科学史创设情境激趣；创设情境、辩论、讨论引导；提要求，正面引导；师生互动中教师引导。

表 5-1　课堂教学中情感目标达成策略统计

<table>
<tr><th>学科</th><th>节数</th><th>达成情感目标策略描述</th><th>策略归纳</th></tr>
<tr><td rowspan="3">化学</td><td rowspan="3">3</td><td>通过合作与竞争的教学方法，让学生感受同伴互助的快乐
通过角色扮演与情景剧，演示酒驾的不合法</td><td rowspan="9">1）合作、竞争中养成价值品质
2）鼓励性评价，引导
3）角色扮演情景剧
4）探究性试验
5）利用科学史创设情境激趣
6）创设情境、辩论、讨论引导
7）提要求，正面引导
8）师生互动中教师引导</td></tr>
<tr><td>在探究性试验中达成</td></tr>
<tr><td>交互式课件的播放，对老师和学生来说这并不常用，一时间吸引了全班同学的目光，通过学生演示，老师答疑解惑，学生自主学习，进而完成这个教学过程</td></tr>
<tr><td>数学</td><td>1</td><td>通过合作与竞争的教学方法，培养学生的合作、竞争、互助的意识与价值观</td></tr>
<tr><td>物理</td><td>3</td><td>利用科学史；创设情境；鼓励性评价
展示图片；教师引导
特色是将航天技术与军事同物理知识紧密结合，让学生在其中了解科学技术对军事的巨大影响，体会物理的价值，从而激发学习物理的兴趣，和为我国航天军事技术发展而努力学习的责任和使命感</td></tr>
<tr><td>生物</td><td>1</td><td>创设情境；辩论</td></tr>
<tr><td>语文</td><td>1</td><td>正面引导、提出要求（说教）；鼓励性评价与引导</td></tr>
<tr><td>地理</td><td>1</td><td>师生互动中引导</td></tr>
<tr><td>政治</td><td>3</td><td>播放视频；创设情境
学生体验分享；在师生对话交流中，教师引导
通过创设情境，由学生讨论达成</td></tr>
</table>

情感目标的达成不同于知识目标，它们的属性不同决定了达成策略的差异。基于上述调查对果，我们提出如下假设：情感目标的有效达成策略是什么呢？上述八种情感目标达成策略为何是教师们常用的教学策略呢，有何共同的特点，是否符合价值品质形成的心理特点呢？上述八个情感目标达成策略，是区别于传统

① 样本选取情况见第二章第一节“情感目标达成现状的定量分析”。

价值观达成模式的，这些策略之所以经常被教师采用，是因为这是优秀教学实践经验的总结，它符合价值品质形成的基本规律，具有以下特点。

1. 活动内化、生成情感态度与价值观

这里的活动，指的是教师为达成情感目标而专门设计的部分学生参与的教学活动[①]，如小游戏、角色扮演等。在观察高一化学“饮食中的有机化合物——乙醇”这节课时，笔者发现这样一个情感目标达成的比较典型的教学活动[②]。教师预设的教学目标如下。

1）通过自学教材，能复述乙醇的物理性质，能写出乙醇的分子式、结构式，结构简式，能写出乙醇相关的化学反应方程式。

2）通过实施实验，小组合作进一步确认乙醇的分子结构，探究乙醇与钠的反应和乙醇的氧化反应。

3）在汇报展示的过程中，提高语言的组织和表达能力；在小组合作的过程中，感受同伴互助的快乐，在角色扮演中，体会酒驾的危险与不合理。

从目标属性上判断，目标 1）与目标 2）属于知识、技能目标，目标 3）属于情感目标，其中情感目标从内容属性上又分为两类：一类是合作意识与情感的培养；另一类是认识酒驾的违法与危险，养成“喝酒不开车，开车不喝酒”的价值观。教师在讲到酒精在生活中的应用的时候，很自然地引入酒精的快速检测这一问题，其中两个同学分别扮演了酒驾司机与警察，角色扮演活动引发同学们哄堂大笑，学生对于酒驾要接受处罚的这一法律要求，有了深刻的体会，如图 5-1、图 5-2 所示。

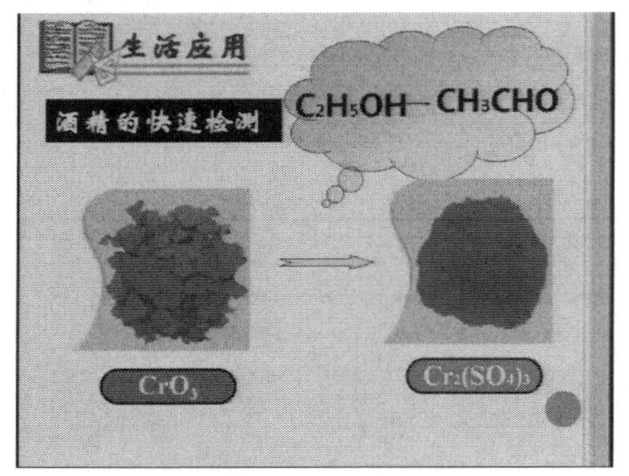

图 5-1　酒精的快速检测

图 5-2　角色扮演活动

① 这里的活动指的是小范围的教学活动，并非全班共同参与的活动，以区别于下面的策略“主动参与，生成体验”。

② 本案例来自 2013 年 5 月 20 日郑州某高中课堂。

2. 活动中达成情感目标的原理

皮亚杰认为，人对客体的认识是从人对客体的活动开始的，通过活动，主体的认知结构不断通过同化、顺应的机制取得与客体之间的适应与平衡。[①]皮亚杰提出的品德形成的两个重要机制——同化与顺应都是在活动中完成。活动是价值知识获取、价值情感生成、价值品质形成的不可或缺的要素之一。表 5-1 中八个常用的有效达成策略除了 2）、5）、7）三个策略外，其余皆为教学中以活动的形式教授价值知识，并试图达成相应的价值品质。

3. 主动参与，生成体验

“要通过亲身感受和体验发展情感品质。人的情感不可能通过服从命令而产生，它必须经过亲自经历，自己产生感受直至深刻的体验。”[②]新课程标准专门规定了达成情感目标的行为动词，这些行为动词，体现在教学设计行为中，就是体验性教学活动。例如，《义务教育物理课程标准（2011 年版）》中规定，在描述教学目标时，体验性动词如下（表 5-2）[③]。

表 5-2　描述教学目标的体验性动词

体验性目标行为动词	其他体验性目标行为动词
经历	尝试、观察、经历、探究、能
认同	关心、关注、有……意识
内化	养成

学生主观参与与教师的客观传授是相对的两个过程，学生主观参与在个体价值品质形成中有三个突出优势：①在价值知识的接受、价值品质形成过程中发挥了个体的主体性，避免了强制性的传授；②给学生产生体验的机会，避免强制性记忆与说教；③主观参与还为学生提供了选择的机会，学生可以根据自身的需要，能动、积极地参与到影响自己的教学活动中，有利于价值信念的形成。无论是活动还是情感介入，都是为了调动学生学习的主观性，加深理解、接受价值知识的心理体验，最终养成相应的价值品质。

4. 互动中引导，定向达成

教育过程中，教师教的角色、引导的作用永远不可或缺，价值教育活动中，教师在互动中的引导对学生价值知识的接受、价值品质的形成具有重要的定向作用。因此，无论在何种情感目标达成策略、达成活动中，教师的引导都是必不可

① 邝丽湛. 2010. 中学德育学科教学论. 北京：北京大学出版社：82.
② 朱小蔓. 2008. 情感教育论纲. 北京：人民出版社：6.
③ 中华人民共和国教育部. 2011. 义务教育物理课程标准（2011 年版）. 北京：北京师范大学出版社：52.

少的。当然，所谓引导，强调的就是“引”而不是“强制”的导，突出的是自然、无痕的过程，避免强硬与刻板，这就要求教师应具有较强的价值教育引导意识与教学智慧。

5. 创设情境，唤醒情感

无论对于知识的学习还是情感的激发，创设积极的情境都具有重要的意义。知识与情感只有在它们产生及被应用的活动中，才能产生意义。并且，知识与情感也绝不能从它本身所处的情境中孤立出来。知识的传授与情感的激发的最好方法就是在相应的情境中进行。

总之，情感目标达成过程不能忽略教育过程中的情意因素，价值观的形成不能仅靠逻辑与理性。科尔伯格的道德认知发展理论，就是过于强调道德的理性观，疏忽了道德行动背后的情感、激情、情绪等因素，所以实践效果不佳。而情感目标是情感、态度与价值观目标的简称，情感、态度与价值观作为情感目标的三个关键词，足以表明情感目标的达成牵涉情感、态度与价值观三个层次，需要情感激发、态度转化与价值观形成三个阶段。情感激发是情感目标达成的首要阶段与条件，也就是说，教学中有效达成情感目标的教学设计必须能激发学生的相应情感，唤醒学生的情感。上述观察到的教师常用达成策略，如创设情境进行辩论、播放视频营造情境等策略皆如此。

情感因素在价值品质形成过程中起到重要的中介作用。它的作用可以分为两个方面。①情感可以促进一个人积极地接受外部影响，“情通而理自达”；也可以阻碍人接受外部的影响，“情不通而理难达”。②情感是价值品质内化的重要条件。情感是促使一个人的价值规范知识转变为价值信念的必要条件和动力因素，只有要传授的价值品质知识、营造的情境氛围与学生产生共鸣、体验的时候，才能使学生对这些知识坚信不疑、记忆深刻，进而才能生成相应的信念、动机，形成品质。课堂教学中教师常用的鼓励性评价、情境创设、讲故事激趣等皆是利用了情感生成、情感激发的原理来达成情感目标，培养价值品质。

二、研究总结与讨论

情感目标的达成是新课程改革的重要目标。设立这一目标就是要改变教学过程中过于注重知识传授的倾向，强调形成积极主动的学习态度，让学生在获得基础知识与技能的过程中，学会和形成正确的价值观。但调查的结果表明，许多教师仍只重视知识与技能的传授，忽视情感目标与方法目标的达成，表现出的是“满堂灌”的教学，这在当前广大中小学课堂教学中还是一种“通病”；还有一些教师虽有情感目标达成的意识，但缺乏对学生的合理引导，常套用知识目标的达成方法来达成情感目标，其效果难以达到理想状态。虽然作为新课程改革的重大举措，情感目标出现在人们的视野中的时间已不短了，但从上述调查结果来看，情感目标的预设、达成效果并不理想，这应引起我们的高度重视。下面是研究者针对教师在教学中，如何有效达成情感目标的调查结果，教师们希望得到以下帮助，这是一线教师真实的心声[①]。

1）理论上的指导。希望有关专家能够对情感态度与价值观目标详细地解释阐述，使教师对情感态度与价值观目标有一个更深刻的认识。

2）多种形式的观摩研讨。希望得到理论转化为实践的具体方法和经验，并且结合课程实例进行分析、讲解，现场观摩和互动研讨。

3）必要的辅导材料，这些辅导材料是有关情感目标在教学中的预设与达成策略的文献。学习这些材料可以利于情感目标的有效达成。

4）具体的评价体系。教师们希望有一套评价情感目标的操作体系，以判断教学效果。

通过上述调查结果，我们可以听到一线教师真实的心声，教师们对情感目标的内涵、达成策略与评价的认识还不够清晰，应为教师搭建实践锻炼的平台。我们可以从宏观与微观两方面入手进行改变。

1）持续、针对性地进行评价制度变革。课堂教学中“重知轻情”是多种因素造成的，但改革教学评价制度，改变课堂教学工具化思想与意识，是根本性问题，也是一个“老大难”问题，但却是一个必须面对且要持续解决的问题。

2）减少宏观理念培训，增加实践性、操作性的教学培训。大部分教师对于情感目标的重要性有一定的认识，但对该目标的理解不够深刻，不知该如何预设与达成该目标，缺少相关的指导性引导与培训。因此，情感目标落实效果不理想，除与宏观的制度有关外，还与教师缺乏情感教学目标达成的操作指导密切有关。新课程改革之初，中小学教师培训侧重的是理念培训，在新课程改革实行十余年之后，我们的培训就应逐渐减少宏观理念的介绍，而应走进实践，进行实践性、操作性的培训，如价值观目标达成专题培训、教学设计规范性培训等。

3）强化常规化教学管理。教学的常规管理是规范教学设计、提高课堂教学有效性的重要管理工作，情感目标的达成可以通过强化常规管理、规范教学设计等措施来督促、引导教师关注该目标的科学预设与达成。

第二节　情感目标达成过程的复杂性与条件

一、心理学视角下的情感目标内涵

关于教学中情感态度与价值观目标的达成要求，国外有两本专著对其进行了

① 毛豪明，吴娟. 2010. “情感态度与价值观”课程目标的理解与践行. 安庆师范学院学报（社会科学版），(3)：106.

介绍，一本是 P. L. 史密斯和 T. J. 雷根著的《教学设计》一书； 另一本是 R. M. 加涅著的《学习的条件和教学论》一书。两本专著都专门辟出一个章节介绍“态度”的教学与学习的过程和条件。

这些国外学者所指的“态度”究竟是什么？加涅在其著作《学习的条件和教学论》一书中，是这样描述“态度”的。“除了作为基础的性能之外，学习还导致影响个体行为选择的内部状态的建立。学习的这些结果叫做态度。”[①]从这一对态度内涵的描述中，我们可以明白，这里的态度指的是学习结果，也可以称为教学目标，它是影响个体行为选择的内部状态。这里的“态度”包括三个方面的内容[②]。

1）认知方面：与表达情景和态度对象之间关系的观念和命题有关（如“汽车耗油太多”）；这一表述，类似于个体的情感、态度，甚或就是一个人对某事的价值观。

2）情感方面：与伴随观念的情绪或感情有关。这一内涵，直接指的就是人的情感成分。

3）行为方面：与行为的倾向或准备有关（如购买耗油率高的汽车的行为）。行为倾向，类似于个体的价值观。

由上可知，在国外学者的视野里，态度的内涵其实很广泛，包括了认知成分、情感成分与行为成分，但其核心内涵即本书所述的情感、态度与价值观。

加涅进一步描述到，“态度并不决定特定的行为，相反，它们在或大或小的程度上决定个人的一定类别的行为……由于这一原因，人们往往把态度描绘成‘反应倾向’或以‘反应准备’为特征的状态”[①]。这一描述进一步表明，这里的“态度”几乎就是本书所述的情感态度与价值观，情感态度与价值观属于典型的反应倾向或以“反应准备”状态的特征。

史密斯与雷根的著作也同样对态度的内涵进行了描述。该书是这样介绍“态度”目标的：“本章将关注情感领域，这个多年来相对来说被教育实践所忽视的领域。通过本章对情感领域目标教学策略以及认知、动作领域课程情感成分的教学策略的专门论述，我们希望能够重新调整目标领域的平衡。”[③]从这一论述可以看出，史密斯、雷根著作中所述的态度目标指的是情感目标，与本书所述的情感态度与价值观目标等同或极度类似。在教育学领域内，价值观和态度常常被放在一起讨论，对两个词语是不作特殊的区别的。

综上所述，情感态度与价值观目标是国内学者在本次新课程改革中提出的一个新的概念，在国外，研究者称之为态度目标，它的达成被称为态度教学。心理

① R. M. 加涅. 1999. 学习的条件和教学论. 皮连生，等译. 上海：华东师范大学出版社：220.

② R. M. 加涅. 1999. 学习的条件和教学论. 皮连生，等译. 上海：华东师范大学出版社：222.

③ P. L. 史密斯，T. J. 雷根. 2014. 教学设计. 庞维国，等译. 上海：华东师范大学出版社：402.

学有一个经受过时间考验的态度定义，那就是：态度是心理的和神经中枢的准备状态，它们通过经验来组织，并施加直接的或间接的与对象或情景有关的个体反应。情感、态度与价值观都是人在特定情景下的心理反应，只不过三者反应的强度、时间长短与对人的行为支配度不一样。

二、情感目标学习的多维本质

情感目标与认知目标、动作技能目标是紧密相关甚至是密不可分的。这种密不可分可以从以下两个方面进行理解。

第一，在教学过程，情感目标与认知目标、动作技能目标的达成几乎是不可分离的。在教学研究中，教学目标往往是以三维的方式被分离与分别陈述，在教师的教学目标叙写中，不同类型的目标也是分开陈述的。这是必需的，是为了清晰，但在教学过程中，在培养学生的综合素质时，三维目标是紧密相连甚至是无法分开的。基本上任何动作技能目标、认知目标都含有情感因素。“在设计教学时，实践者与其把三个领域看做是完全独立的，不如尽力去整合它们。但是为了清晰，从一开始就致力于所谓的情感领域学习与教学工作，这是合适的。但我们清楚地知道教学实践中将学习目标做严格的分离与划分，本身不是目的。”①下面以一节小学数学课为例，来说明上述观点。教师预设的教学目标如下。

1）了解平均数产生的必要性，理解平均数的含义，体会平均数的作用。能解决生活中有关平均数的问题。

2）初步学会简单的数据分析。体会平均数在统计学的意义。

3）理解数学与现实生活的联系。

上述教学目标是小学教师根据本节课教学内容“平均数”而制定的三个学习目标，从目标属性判断，目标 1）、目标 2）属于数学的知识与技能目标，目标 3）属于情感态度与价值观目标。目标 1）从内容主体上看，主要是知识与技能目标，其内涵是让学生理解平均数的含义，并掌握平均数的算法。但是在这一过程中，让学生“了解平均数的必要性，能解决生活中有关平均数的问题”，显然又与目标 3）让学生理解、体会“数学与现实生活的联系”紧密相关、甚至密不可分。在达成目标 2）“初步学会简单的数据分析”，同样会使学生达成目标 3）“理解数学与现实生活的联系”。

第二，情感目标的达成需要以认知目标、技能目标的达成为前提。仍以上述小学数学“平均数”预设的教学目标为例来分析。

本节课的情感目标是“理解数学与现实生活的联系”，但是，该目标的实现必须以学生能够理解平均数的含义并且会运算平均数问题为前提，如果学生不理

---

① P. L. 史密斯，T. J. 雷根. 2014. 教学设计. 庞维国，等译. 上海：华东师范大学出版社：402.

解平均数的含义，也不会运用平均数进行计算，那么也将无法理解数学与现实生活的联系。总之，情感目标在达成过程中，是以知识、技能目标为前提，或者说情感目标与其他教学目标的达成是融合在一起，而不是分割开的。关于这一方面，国外学者这样指出："在态度学习中，谨记认知成分的存在很重要。态度学习的失败与困境大部分在于错误地把态度学习仅仅归咎于情感成分；而态度学习通常需要首先修正认知成分的不足。"①

第三，情感态度与价值观目标由三种成分构成：认知、行为和情感。任何一个情感目标的教学，都包含三种成分：认知成分（知道怎样）、情感成分（知道为什么）和行为成分（提供机会实践）。关于这一问题，史密斯与雷根在其著作中以让学生形成学习安全驾驶的情感态度与价值观为例，从三个方面论述了情感目标中包含认知成分、行为（技能）成分，而不只是习得安全驾驶的情感。②

1）认知成分是情感目标自身的组成部分。在学生实践任何关于安全驾驶的态度之前，他必须知道怎样去驾驶。尽管有理由认为认知成分属于前提性学习，但是在我们呈现的所有态度学习例子中，认知成分都是前提。

2）培养某种情感，可能往往需要先掌握某种行为的技巧，这时情感才会真正的内化。"例如当一个学生表现出不良的学习习惯时，我们通常责备学生缺少学习的欲望，但常常是因为学生不知道如何学习。一种态度既包括知道怎样做某件事，又包括选择做某件事。"①因此，要想真正地内化安全驾驶的态度，学生有必要去从事这种行为并接受相应的反馈。也就是说学生要想真正生成安全驾驶的情感，必须要在驾驶实践中真正体验安全的情感。

3）达成情感目标的必要条件是让学习者产生"为什么"迫切的需要或希望安全驾驶。其中提供榜样是最基本的措施之一。"榜样是那些呈现出优秀行为并受人敬重的人。因此如果学习安全驾驶，那么受学生尊敬的人必须表现出安全驾驶。"②

第四，情感目标达成过程是一个复杂的心理过程。情感目标从外在的知识到内化为学习者的价值观，其中间过程是极其复杂的心理过程。在这方面的研究中，最著名的是布卢姆与克拉斯沃尔的目标分类理论（表 5-3），也称为目标分类学，其本质是指出了价值观形成的过程。③

这一情感目标分类是按照情感生成，直至性格化、价值观生成的过程进行描述的，从该达成过程的五阶段 13 层级可以看出情感目标达成的复杂性。以反应阶段为例，让受教育者从默认反应到自发性反应，最后到满意性反应，其过程是极其复杂的。布卢姆与克拉斯沃尔以培养乔治从不喜欢古典音乐至对古典音乐持积

① P. L. 史密斯，T. J. 雷根. 2014. 教学设计. 庞维国，等译. 上海：华东师范大学出版社：407.

② P. L. 史密斯，T. J. 雷根. 2014. 教学设计. 庞维国，等译. 上海：华东师范大学出版社：406-407.

③ P. L. 史密斯，T. J. 雷根. 2014. 教学设计. 庞维国，等译. 上海：华东师范大学出版社：408.

极态度，再到喜欢古典音乐为例，分析了乔治在“反应”阶段的表现[①]。

表 5-3 布卢姆与克拉斯沃尔的情感目标分类

1.0 接受（或关注）	2.0 反应	3.0 价值化	4.0 组织	5.0 价值复合体的性格化
1.1 觉察	2.1 默认性反应	3.1 价值接受	4.1 价值的概念化	5.1 泛化心向
1.2 自发性接受	2.2 自发性反应	3.2 价值偏好	4.2 价值体系的组织	5.2 性格化
1.3 有控制或有选择的注意	2.3 满意性反应	3.3 信奉		

对于乔治来说，愿意倾听古典音乐是一回事，而真正从中获得满足是另一回事。尽管有时候很难区分乔治对音乐的纯粹关注和对音乐的反应，但是我们还是能够观察到这其中的差别：乔治从默认反应到自发性回应，再到从音乐的反应中获得满足感。对于古典音乐，当乔治达到了情感学习的这一水平时，借助乔治的面部表情和肢体动作，我们可能观察到他的反应迹象。

就本案例中乔治从不喜欢古典音乐到喜欢古典音乐来说，“反应”阶段即日常生活中的“欣赏”一词的核心含义。虽然“反应”一词是行为表现目标中更为准确的描述，但其过程又是如此的复杂。

综上所述，国内外的研究均表明，情感目标的达成是复杂的、分层的。一个广为接受的观点就是，情感态度与价值观的达成是一个连续体，这个连续体代表着情感目标内化的不同程度，最低层次为“接受”，最高层次为“价值化”，内化为个体的价值观。

第三节 教学中情感目标达成策略要求

情感目标的达成本质上是人的情绪、情感的培养问题。情感目标的达成策略，从教师的角度来看，是教学设计的问题；从研究的角度来看，是要探讨课堂教学中情感目标达成的机制，或情感教育的特殊机制。情感目标达成策略的探究必须要考虑情感目标不同于知识目标的特殊性，也就是要区别知性教学与情感教学的异同。

“在 20 世纪 60 年代后相当长时间里，世界上流行的道德教育方法是重视认知发展的道德教育模式。虽然采用提升道德认知的方式在某种程度上也能达到

① P. L. 史密斯，T. J. 雷根. 2014. 教学设计. 庞维国，等译. 上海：华东师范大学出版社：408.

德育的目的，但对于发展人的道德教育而言还不够完善。”[①]重视道德认知的德育策略易采用灌输方式，从而忽视学生的情感体验，导致德育的实效大打折扣。我们先来看传统的情感目标达成策略有何特点。传统的情感目标达成的基本思路如图 5-3 所示。

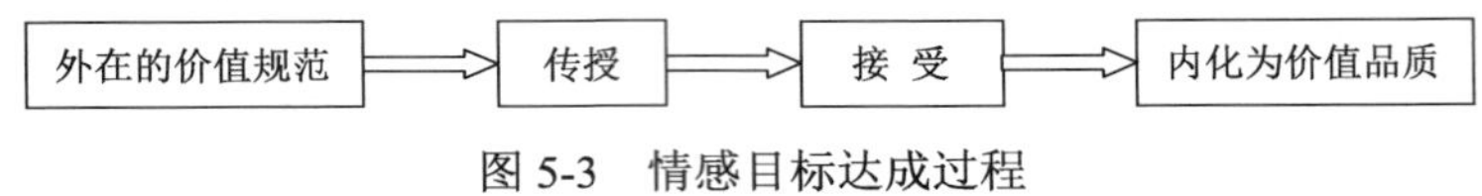

图 5-3 情感目标达成过程

这种过程是对价值品质形成过程应然状态的描述，过于外在形式化，它并非对价值目标达成过程内在实然状态的揭示。这种过程观的核心在于“转化”，从教师传授，到学生“接受”，强调外在思想的灌输、道德价值学习的客观性，而相应地忽视了作为中小学生的学习主体根据自己思想观念、道德品质发展的水平对外在思想、道德价值的选择性。[②]这样的情感目标达成过程过于强调教学的客观性，学生是被动接受者，教师是价值知识的传授者，致使价值传授过程成为价值“灌输”的过程。这种教学过程简单、单一，忽视了学生主体的生命意义和自主能动性。根据笔者大量的课堂观察及文献分析可以得出，达成情感目标的教学设计策略，应具有以下特征。

一、教学策略中的体验性

情感与体验是一对紧密相连的概念，情感的发生，最适宜的方式是产生体验。因为“情感是人对客观事物是否符合自己的需要而产生的主观体验，是人对客观世界的一种特殊反映形式。这种特殊反映又是通过主体对客体的体验表现出来的，所以我们往往把情感和体验两个概念合并在一起使用，称为情感体验”[③]。从这一角度来看，情感目标达成教学策略的首要特征是体验性。

体验是一种图景思维活动。其中，“图景”是一种跨越时空的整体性存在，它同时包含着个体过去的生活阅历、当下生活场景和未来人生希冀的蓝图，其显著特征是整体性、现场性和超越性。[④]朱小蔓教授认为，体验作为情感教育理论中的一个重要范畴，既有认识论的意义（用体验的方式达到认知理解），又有本体论和价值论的意义（体验是人的生存方式），也是人追求生命意义的方式。[⑤]“体验”是人类生存的基本方式，具有重要的道德价值。长期的道德实践表明，缺乏体验的德育会使受教育者丧失兴趣和信心，使德育或价值教育缺乏实际效果。“体

① 郑满利. 2010. 道德情感体验：德育实效性的促力. 华北水利水电学院学报（社会科学版），(3)：133.

② 邝丽湛. 2010. 中学德育学科教学论. 北京：北京大学出版社：83.

③ 郑满利. 2010. 道德情感体验：德育实效性的促力. 华北水利水电学院学报（社会科学版），(3)：133.

④ 刘惊铎. 2002. 道德体验论. 南京师范大学博士学位论文：11.

⑤ 朱小蔓. 2007. 情感教育论纲. 北京：人民出版社：152.

验是道德教育的本体，没有体验，道德教育存在的有效性、合理性和合法性就会遭到怀疑。"[①]在课堂教学中通过一定的教学策略实施价值教育，关键是要让学生发生道德体验或价值体验。

关于"体验"，目前的研究主要是从三个领域进行的[②]：一是文化和哲学领域对体验之价值的研究，主要集中在证明体验是人类生存的基本方式，同时与理性主义抗争，代表人物有胡塞尔、海德格尔等；二是心理学领域关于心理体验的价值与体验状态的研究，如马斯洛的"高峰体验"理论；三是教育学领域，表现为对认知主义的消解，强调经验、活动、情感体验的教育价值。本书所强调的体验指的是教育学领域内的体验，是价值体验。何为价值体验[③]？"价值体验是一种含有价值判断的关系融通性体验。……只要一个人对其周围的关系世界发生了含有价值判断的融通性领悟，这时的体验就是价值体验。"[④]它强调教学策略应能引发学生产生相应的价值体验。体验按其存在形态可分为亲验和想验。因此，能引发学生产生价值体验的教学策略应能使学生产生亲验或想验。

（一）教学策略能使学生产生"亲验"

"情感体验是个体主动积极地亲历与验证某种真实的或虚拟的情境或事件，获得满足自身的需要而产生快乐美好的积极向上的情感觉察和认知。"[⑤]从情感体验的定义来看，有效的情感目标达成策略就是让学生产生"亲历"经历。"所谓亲验，是指受教育者亲自置身于一定的关系世界和生活情境之中，经历或受过感动，对自身及其它存在的生存状态及其意义有所体验。"[⑥]教师所采用的教学策略，能使受教育者"置身其中"，而不是"置身其外"，能使受教育者客观地领悟对象之间或对象情境中的价值关系。在教学中，能使学生产生亲验的教学策略比较多，如小组合作学习、分组试验、角色扮演等，这些策略能让全班大多数学生参与教学活动，亲验活动中所蕴含的情感信息对于价值体验的产生将更会有帮助。

"亲验"是产生体验的重要途径，最直白的表达就是亲身经历。只有经历了旱灾的人，才会懂得节约用水；只有经历过饥饿的人，才懂得珍惜粮食。特别在道德认知这一阶段，"亲验"是最为重要的途径与手段。下面是一则人生价值观生

---

① 刘惊铎. 2002. 道德体验论. 南京师范大学博士学位论文：3.

② 杨元璋. 2008. 中学生物教学中生态德育体验式教学研究. 华中师范大学硕士学位论文：26.

③ 本书认为，价值教育与道德教育有内涵上的区别，在实施策略及效果评价方面，并无本质的区别。本处引用的原文是道德体验，为了论述的一致，此处改为价值体验。

④ 刘惊铎. 2002. 道德体验论. 南京师范大学博士学位论文：18.

⑤ 郑满利. 2010. 道德情感体验：德育实效性的促力. 华北水利水电学院学报(社会科学版)，(3)：133.

⑥ 刘惊铎. 2002. 道德体验论. 南京师范大学博士学位论文：21.

成的故事，它说明了“亲验”对情感态度与价值观养成的重要作用。[①]

人生价值观的情感体验生成

2001年国庆节，我和几位好友相约游览广水三潭，离开大学校园，置身于青山绿水之间，心旷神怡，旅途的劳累已然消逝得无影无踪……

一路欢声笑语，我们朝着三潭景区的最高峰——金顶进发，几个刚二十出头的男儿，正是挥洒豪情壮志的年代，不将山顶踩在脚下，是决不会罢休的。攀登金顶的途中，虽然有些疲惫，但我们心中有一个共同的目标，我们互相激励，在太阳偏西的时候，终于到达了金顶的山门……

征服山顶带来的满足感让我们在小庙四周享受了一番，随后，我们就顺着山道返回了。在下山的途中，我们突变得沉默起来，似乎少了刚才的那一份豪情，心中顿觉几分空荡，这时，朋友的一句话让我们恍然有所悟：要是面前还有一座更高的山峰，我们是不是就不会这样失落了？原来，我们之所以心中有失落之感，是因为我们突然找不到下一个征服的目标！人生又何尝不是如此？当我们历经艰辛，实现了心中的夙愿时，我们会因为成功而感到充实和满足，但如果不在成功之后马上为自己定下一个更远大的目标，便会为光阴虚度而感到失落。其实，真正的充实和满足不是在成功之后，而是在奋斗的过程之中！返校后，我在日记中写下了这样一句话：“追求是我的人生哲学，我信奉生命的价值不仅体现于追求的结果更体现于追求的过程之中的人生观。”

作者最后点明：

在我接受教育的十多年，老师不知有多少回给我们讲人生的道理，但总觉得那是虚幻和不可捉摸的，可就是在这一次登山的途中，我忽然悟出了其中的真谛。从进山开始心灵为之所动，到登上山顶后的感受，都是情动，而在下山的途中，已有所感悟——由登山感悟到了人生，经过自己的思索，这种感悟进一步上升成为我的人生价值观。这正是道德情感在亲身体验中的自觉生成，是教师在教室里无法教给学生。

（二）教学策略能使学生产生“想验”

所谓“想验”，则是指受教育者通过自己的亲历、感受和观察，在积淀了一定的生活阅历的基础上，借助别人的表达和自己的想象去领悟表达者的生活阅历、生存状态及其人生意义。[②]“想验”从本质上说，是从情感上激发学生，使其产生如“亲临其境”的体验，类似于“亲验”。这主要在于教师所营造的氛围及教师的引导。以初中语文课《秋天的怀念》的教学为例，具体分析如下。

---

① 杨元璋. 2008. 中学生物教学中生态德育体验式教学研究. 武汉：华中师范大学硕士学位论文：30-31.

② 刘惊铎. 2002. 道德体验论. 南京师范大学博士学位论文：21-22.

这篇课文主要是写自从作者的腿瘫痪以后，他的脾气变得暴怒无常，母亲却默默地忍受，不但不责骂他，反而以一颗慈善、宽容的心来关爱他、照顾他。每当作者摔东西时，母亲了解儿子心中的痛苦，尽量让儿子发泄心中的痛苦。后来，母亲重病缠身，为了让儿子恢复对生活的希望和勇气，想要推着他去看花，结果花没看，母亲就永远地离开他了。

这篇课文的教授，要传达给学生的情感目标是：让学生体会史铁生对母亲深切的怀念，对母亲无尽的爱，对母爱的赞美，以及史铁生对"子欲养而亲不待"的悔恨之情，对先前对母亲不解的懊悔。

在教学中，教师以如下四个主问题贯穿整个教学过程，使学生产生强烈的"想验"。

1）文中的"我"状况如何？请用两个词语概括。

2）母亲对"我"的关爱体现在哪里呢？

3）课文为什么详写各种颜色的菊花在"秋风中开得烂漫"？

4）假如你就是史铁生，又是一年菊花开，你去祭奠母亲，面对着母亲的墓碑，你会对母亲说些什么呢？

针对这一情感，这一故事，对学生来讲，"亲验"是很难产生的，只有通过"想验"才能产生真正的价值体验。比如，上述四个问题全是假设，"我"是假设的，"祭奠母亲"也是假设的。

从"亲验"与"想验"相互关系上来说，"亲验"是"想验"的生活基础，只有经过"亲验"之后，"想验"才会有现实体验支持。但经过"想验"之后，"亲验"才会更加深入、丰富、深刻。

二、教学策略中的渗透性

学界早已认识到情感目标达成的渗透性这一点。有的学者称该特征为"有意无痕"。有意是从主观意识上说的，强调教师在教学中必须具有很强的价值教育意识，但在价值教育过程中，"教师却要在'无痕'上下工夫，淡化学生'受教育者'的角色意识，在学生充分的自主意识支配下，自觉自愿地接受教育"[①]。在"有意无痕"的状态下，情感目标达成过程会更轻松，效果会更明显。苏霍姆林斯基说过：教育者的教育意图越是隐蔽，就越是能为教育的对象所接受，就越能转化成教育对象自己的内心要求。1990 年版《全日制中学语文教学大纲（修订本）》中就指出：语文训练和思想政治教育是统一的、相辅相成的。语文训练必须重视思想政治教育；思想政治教育必须根据语文学科的特点，渗透在教学过程中，起到潜移默化的作用。[②]这里的思想政治教育，是价值教育的重要内涵。

① 张鲁川. 2006. 关于新课程背景下学科德育的若干思考. 思想理论教育，(20)：45-48.

② 国家教育委员会. 1990. 全日制中学语文教学大纲(修订本). 北京：人民教育出版社：2.

教学策略的渗透性主要考虑到以下几个方面的原因。

第一，中小学阶段的课堂教学，知识学习的任务量较重，从数量的角度来说，知识目标的量远大于情感目标的量，因为课堂教学强调知识教学与价值教育的融合，在学习知识的同时，实现情感目标的达成与渗透强调二者的统一。从这个角度上说，价值教育与智育是不能分割的，要在各学科知识学习的同时，实现情感与价值品质的培养。有学者就强调“在各学科教学中进行德育渗透，是世界各国教育制度的普遍特征；而在各学科教学中加强德育渗透，又是世界各国基础教育课程改革的基本趋势”①。从下面教学目标的预设来分析，情感目标在课堂教学中是通过知识目标的达成而达成，这体现出了渗透性的第一层含义②。

“烃　烷烃”的教学目标预设如下。

1）通过自学教材，能复述烃的通性及苯的物理性质，能说出甲烷的主要化学性质；

2）通过小组合作探究，能用系统命名法对简单的烯烃、炔烃及苯的同系物进行命名，并能类比甲烷的性质预测其他烷烃的性质；

3）在汇报展示的过程中，提高语言的组织和表达能力；在小组合作的过程中，感受同伴互助的快乐；在类比学习的过程中，体会科学研究的方法和程序。

这是一节高中化学常态课，教师预设了三个教学目标，从目标属性上判断，前两个目标是知识目标，第三个目标有能力目标，也有情感目标，比如“在小组合作的过程中，感受同伴互助的快乐”。让学生在合作中感受同伴互助的快乐，进而培养学生小组合作中的互助品质，养成合作文化。这一目标是在探究烃的性质时，在小组合作探究知识目标的过程中达成的，渗透的特点体现得比较明显。

第二，情感目标的达成策略强调渗透性。众所周知的知性德育受到了强烈的批判，是因为单纯的说教不利于情的生成，更不能改变、培育一个人的价值观。情感目标的渗透性强调的就是避免简单的说教，要在渗透中、润物细无声中达成情感目标，实现高效的价值教育。

渗透性也有称为无痕性，感染熏陶、潜移默化是它最大的特点，教学策略关键是要“渗”而“透”至学生心灵，这是对传统说教式价值教育的批判与改进。渗透性与无痕的价值教育要求教师不失时机地选取价值教育渗透点和恰当的引导方法，不留痕迹地实施价值教育。情感目标达成的渗透性可以从以下三个层面来理解③。

1）从宏观上讲，情感目标达成的渗透性是一种教学理念。它是指导课堂教学情感目标达成的一种教育思想或理念，这样的教育理念可以作为课堂教学中设计

① 乔建中，熊文琴，王云强. 2003. 从新课程标准看未来初中各学科德育渗透. 思想·理论·教育，(11)：64.

② 本案例来自2012年郑州某高中课堂。

③ 杨四耕. 1998. 语文教学德育渗透艺术简论. 江西教育科研，(5)：26.

情感目标达成策略的指导思想，目的在于增强教师的情感目标达成有效性的意识。

2）从中观上讲，情感目标达成的渗透性是一种教学方法论，是利用无意识心理的暗示教学思想之体现，是课堂教学中情感目标达成的基本原则。

3）从微观上讲，情感目标达成的渗透是一种教学设计的具体策略与具体方法，是一种技术与技巧，如讲解、谈话、提问等。

渗透是不露痕迹的，整合是水乳交融的、浑然一体的，是两相融通、相得益彰的。优秀的教师，往往善于不露痕迹地、巧妙地把情感目标的达成融合于知识的传播和能力的培养之中，从而达到“润物细无声”的艺术境界。能达到这种境界的教师，必须从上述三个层面来理解情感目标的“渗透性”。但是这一要求说起来容易，做起来难，而真正做到了，教师的教学智慧也就体现出来了。

三、“说服性”教学策略的基本特征

情感教学，在教学中，大多数时候是说服性的。这些说服性的微观策略有何特征要求呢？国外学者弗莱明和莱微所著的《教学设计信息》中，专门列出一系列改变一个人态度的基本策略要求，分为说服性、榜样性和失调性三大类，这里仅列举说服性和榜样性两大类策略的特征要求，如表 5-4 所示[①]。

表 5-4　弗莱明和莱微“说服性和榜样性两大类策略的特征”

1. 说服性信息	2. 榜样示范
1.1 可信性高的的资源比可信性低的资源更有说服性	2.1 可信度高的榜样比可信度低的榜样更具说服力
1.2 接受者感知的资源越有吸引力影响就越大	2.2 要使榜样示范有效，学习者必须把这种呈现理解为对某种特殊行为的示范
1.3 与吸引性资源相比，说服性信息中论证的质量和结构对于可信性资源更为关键	2.3 学习者除了观察榜样表现的行为，同时还应该观察到榜样因为这种行为而受到强化
1.4 确保接受者理解可信性高的交流者所具有的专门知识	2.4 角色扮演具有很强的说服作用
1.5 增强交流者的吸引力	2.5 主动参与比被动的接受信息能产生更多的态度上的改变
1.6 如果论据与信息接受者的需求相关，那么论据将更为有效	
1.7 通常来说，两方面论证比单方面信息更为有效	
1.8 明确地陈述理论而不允许接受者自己下结论通常都比较明智	
1.9 重复的帮助，但只仅仅一两次重复就可能具有一些叠加的效应	

① P. L. 史密斯，T. J. 雷根. 2013. 教学设计. 庞维国，等译. 上海：华东师范大学出版社：405.

续表

1. 说服性信息	2. 榜样示范
1.10 到现在为止，还没能明确地显示出一种媒体比其他媒体的说服作用更大，但是与媒体相比，面对面的交流在促进接受方面更为有效，特别是在特殊的个案中	
1.11 要想改变那些在某一问题上固执己见的接受者的态度，非常困难	

综上所述，情感的学习和改变无疑对课堂教学及学生的学习都是极其重要的，人们常常希望学生在学习过程中获得预设的、积极的情感、态度与价值观。但由于人的许多情感、态度与价值观是在复杂的社会环境、自然环境和学习环境中体验的结果，比如，家庭的影响特别重要；“个人效忠的教会、工会、社交俱乐部、同伴团体及其他一些社会组织和团体，在决定态度方面同样具有强大的影响。然而，个人寻求信息和娱乐的各种媒体通常也是影响态度改变的重要根源。”[①]在如此复杂的影响因素下，在课堂教学中达成预设的情感目标，无疑对教学设计策略提出较高的要求，作为教育计划的实施者，必须要依据情感目标的达成、内化规律来完成教学计划。

① R. M. 加涅. 1999. 学习的条件和教学论. 皮连生，等译. 上海：华东师范大学出版社：241.

第六章 理科课堂中的情感目标达成[①]

儿童眼中的数学是什么样的呢？著名小学数学教师吴正宪曾采访过儿童："数学是什么？"不少儿童回答："数学就是做习题，没完没了地做题，然后考高分。""数学就是一组组数字和符号的堆集。""数学就是成人拿来考学生的工具。"……[②]上述儿童对数学知识、数学教学的看法，应是我国理科教学现状的真实写照，它反映出了我们理科教学观的严重错位及对受教育者影响的严峻后果。这种现象已成为世界各国理科教学共有的"通病"。美国的"2061 计划"报告曾指出了美国理科（科学）教育中的不足，该报告指出："在许多学校，把讲授科学知识变成了教词汇，而且词汇成了考试的主要内容。这种方法是灾难性的。"[③]不幸的是，这种灾难性的教学也正在我国成千上万所中小学校的理科课堂中发生着。在这些课堂中，科学知识"以固定在概念框架中的绝对正确的体系形式表现出来，而允许讨论，问题——情景的背景永不再现，甚至有时已经难以追踪了。科学教育——按照分割技术而被原始化了——已经退化成了科学的训练，难怪它使得那些有批判的头脑感到沮丧"[④]。实际上，理科教学不只在于科学知识的积累、认知能力的发展，还在于有关科学的情感、态度与价值观培养、内化。总之，重视理科教学中情感、态度与价值观的培养已成为世界理科教学改革的重要走向，理科课堂中的情感教育（价值教育）正是在这种背景下提出来的。[⑤]

第一节 文理科情感目标属性比较

价值教育的范围很广，在文科课堂中谈价值教育很容易被人理解，但在理科课堂中谈价值教育的实施却是一个易让人觉得费解的话题。"费解"可能来自对关键词"价值""理科"的不解。[⑥]

---

① 本章核心内容发表于《教育研究》2012 年第 5 期。

② 鱼霞，夏仕武. 2009. 吴正宪人文数学教育思想探究. 北京：教育科学出版社：65.

③ 美国科学促进协会. 2001. 面向全体美国人的科学. 中国科学技术协会译. 北京：科学普及出版社：10.

④ 刘德华. 2009. 小学科学课程与教学. 北京：中国人民大学出版社：56.

⑤ 情感态度与价值观目标又称为情感目标、体验目标与价值观目标，关于它达成的教育被称为情感教育或价值教育，该章的核心内容已发表于《教育研究》2012 年第 5 期，将理科课堂中情感目标达成称为价值教育更为贴切，本节中的情感教育称为价值教育。

⑥ 为了表述自然及更易解释与被理解，本章中情感态度与价值观目标亦称为价值目标。

一、价值教育与“价值”

就“价值”概念本身而言，人们并不陌生。其内涵简要地说是指“客体满足主体需要的程度”。一种物品或社会服务，其满足人们需要的程度越高，它的价值就越大；反之，它的价值就小。这一解释经常出现在经济学领域，同时也是很多哲学家对价值内涵的一种界定，比如，李德顺教授就认为，价值学就是研究“有用没用”的学问。[①]但是，在教育学与伦理学领域，“价值”概念的内涵出现了重要变化。比如，“当伦理学家批评一些公众人物缺乏正确的‘价值信念’的时候，或者当教育学家提出‘应该从小培养青少年学生良好价值品质’的时候，他们所说的‘价值’概念根本不可能在‘有用性’意义上得到理解，而只能被理解为‘主体满足需要的正当性原则’”[②]。例如，尊重、关爱、平等与公平等大家最为熟识的“正当性原则”，就是价值教育中的“价值”。价值教育就是通过教学活动把这些“满足主体需要的正当性原则”，以直接或间接的方式，内化为受教育者的价值观念、价值态度，最终使受教育者建立起基于正确价值原则的生活方式。所以，价值教育是一种完整教育活动的一个组成部分，它所关注的不是学生的事实性知识、程序性知识的获得，而是学生价值观念和价值态度的形成、价值理性的提升、价值信念的建立及基于正确价值原则的生活方式的建立。[③]毫无疑问，理科课堂中的价值教育应从属于价值教育，但其价值教育中的“价值”具有一定的特殊性，它的特殊性是由“理科”的知识属性所决定。

理科学科的价值目标主要是指从事科学工作的相关的情感态度与价值观，“理科各学科的价值目标内容较为一致，主要是科学的情感态度与价值观，强调的是科学精神、严谨求实、敢于质疑的科学态度和理性辩证的科学价值观，提升的是学生的科学素养”[④]。文科的价值目标主要指与人文相关的情感态度与价值观，侧重于思想品德素养。“文科课程的价值目标内容涉及范围广泛而且多元，主要是为提升人文素养，强调的是对学生审美、生活情趣、尊重和理解多元文化、继承民族优秀文化遗产、弘扬民族精神等等的培养。”[④]

二、理科课堂中价值教育的“价值”内涵及其特殊性

理科（science departments）是一个大家比较熟识的概念。在学术界，大家一般把中小学阶段的理科教育等同于科学教育，有学者在论述到“什么是科学教育”这一问题时指出：“科学教育，这里指的是自然科学教育或理科教育。”[⑤]如果从

① 李德顺. 1987. 价值论. 北京：人民大学出版社：1.
② 石中英. 2010. 关于当前我国中小学价值教育几个问题的思考. 人民教育，(8)：6-7.
③ 石中英. 2010. 关于当前我国中小学价值教育几个问题的思考. 人民教育，(8)：18.
④ 刘晶晶. 2014. 中学理科课堂情感态度与价值观目标达成研究. 河南大学硕士学位论文：28.
⑤ 阎金铎. 2004. 科学教育研究. 合肥：安徽教育出版社：1.

知识属性判断，理科的教学内容是以自然科学知识体系为主要内容，属于自然科学的范畴。所以，中学理科教学内容是中学科学教育的重要内容，理科教学作为中学科学教育的代名词是恰当的。理科课堂中的价值教育的“价值”一词又该做何理解呢？既然价值教育中的价值是指主体在实践行动中应当遵循的正当性原则，是个体行为的指南与依据，那么从定义出发，理科课堂中价值教育的价值，应当是指从事理科学习或理科研究活动应当遵循的正当性原则。这些价值原则显然是任何一个个体进行科学研究或理科学习活动时应当遵循的重要行为指南，它们侧重于科学思维方式、科学态度及相应的科学价值观。比如，下面这些原则应是一个优秀的数学学习者或研究者应具有的价值品质。

1）独立思考、认真分析、解决问题的好习惯。

2）逆向思维与质疑精神、能力。

3）养成有序思考问题、认真细致解题的好习惯。

上述原则应是数学学习者及研究者从事数学活动应具有并遵循的价值观或原则，任何一个热爱数学学习或期望在数学领域做出成就的个体都应当具备这些原则。当这些原则内化为个体的信念后，就会成为指引个体成功地进行数学学习或从事相关研究活动的价值观。新课程改革以来，新的课程目标明确提出了情感态度与价值观目标，这一目标恰是价值教育所关注的情感目标，它是课堂教学中实施价值教育的重要目标载体。所以，理科课堂中的价值教育是指在理科教学活动中，通过直接或间接的方式，达成理科相应的情感态度与价值观目标的过程，情感态度与价值观目标在价值教育中被称为情感目标。

三、文理科价值目标的区别

学科性质的区别造成了理科与文科价值目标内容的差异。下面以义务教育阶段语文与数学为例，来说明文理科价值目标的区别。

语文是典型的文科，该课程的性质在课程标准里面有明确的表述：“语文课程是一门学习语言文字运用的综合性、实践性课程……应使学生初步学会运用祖国语言文字进行交流沟通，吸收古今中外优秀文化，提高思想文化修养，促进自身精神成长。”①语文学科的教学或学习，是在掌握语言工具的同时，吸收中外优秀文化，提高思想文化修养。

数学是典型的理科，数学是研究数量关系和空间形式的科学。“数学课程能使学生掌握必备的基础知识和基本技能，培养学生的抽象思维和推理能力，培养学生的创新意识和实践能力，促进学生在情感、态度与价值观等方面的发展。”②

通过上述对语文、数学学科性质及总体学习要求的描述，对于二者的情感态

---

① 中华人民共和国教育部. 2011. 义务教育语文课程标准(2011 年版). 北京：北京师范大学出版社：2.

② 中华人民共和国教育部. 2011. 义务教育数学课程标准(2011 年版). 北京：北京师范大学出版社：1-2.

度与价值观目标的内涵，可以分别做如下的概括。

语文的情感态度与价值观目标是促进学生掌握中外优秀思想文化，侧重于思想性，特别是“为人处世”“修身、治国、齐家、平天下”的情感态度与价值观，比如，要培养学生的“爱国主义、集体主义、社会主义思想道德和健康的审美情趣等”。数学的情感态度与价值观目标是培养学生抽象思维、推理能力和创新意识，侧重于从事科学研究时应具有的情感态度与价值观，比如，“养成认真勤奋、独立思考、合作交流、反思质疑的学习习惯”“形成坚持真理、修正错误、严谨求实的科学态度”。

可以说，文理科由于学科性质的差异，对学生的要求不同，因此，情感态度与价值观目标内涵虽有交叉，但本质上的确有着质的差异。

情感目标是各科都有的目标，但文理科情感目标属性不同。本次新课程改革，各学科都明确规定了自己的情感目标。

下面以文理学科的情感目标在课程标准中的规定为例，将四门学科（语文、英语、数学、物理）的情感目标内容进行比较分析，以说明二者的异同。

（一）物理

物理是自然科学的重要分支，在义务教育阶段，在课堂教学中，物理课程“不仅应注重科学知识的传授和技能的训练，注重将物理科学的新成就及其对人类文明的影响等纳入课程，而且还应重视对学生终身学习愿望、科学探究能力、创新意识以及科学精神的培养”[①]。《全日制义务教育物理课程标准（实验稿）》规定的义务教育阶段物理学科的情感目标如下[②]。

1）能保持对自然界的好奇，初步领略自然现象中的美妙与和谐，对大自然有亲近、热爱、和谐相处的情感。

2）具有对科学的求知欲，乐于探索自然现象和日常生活中的物理学道理，勇于探究日常用品或新器件中的物理学原理，有将科学技术应用于日常生活、社会实践的意识。乐于参与观察、实验、制作、调查等科学实践活动。

3）在解决问题的过程中，有克服困难的信心和决心，能体验战胜困难、解决物理问题时的喜悦。

4）养成实事求是、尊重自然规律的科学态度，不迷信权威，具有判断大众传媒是否符合科学规律的初步意识。

5）有将自己的见解公开并与他人交流的愿望，认识交流与合作的重要性，有主动与他人合作的精神，敢于提出与别人不同的见解，也勇于放弃或修正自己的错误观点。

---

① 中华人民共和国教育部. 2008. 全日制义务教育物理课程标准(实验稿). 北京：北京师范大学出版社：1.

② 中华人民共和国教育部. 2008. 全日制义务教育物理课程标准(实验稿). 北京：北京师范大学出版社：7-8.

6）初步认识科学及其相关技术对于社会发展、自然环境及人类生活的影响。有可持续发展的意识，能在个人力所能及的范围内对社会的可持续发展有所贡献。

7）有将科学服务于人类的意识，有理想，有抱负，热爱祖国，有振兴中华的使命感与责任感。

（二）数学

数学应为理科的代表，它是人们对客观世界定性把握和定量刻画、逐渐抽象概括、形成方法和理论，并进行广泛应用的过程。数学的教学，在于学生掌握必要的数学知识形成初步的数学思维方式，最后就形成数学品质。关于数学中的情感目标，《全日制义务教育数学课程标准》规定的其内涵如下①。

1）能积极参与数学学习活动，对数学有好奇心与求知欲。

2）在数学学习活动中获得成功的体验，锻炼克服困难的意志，建立自信心。

3）初步认识数学与人类生活的密切联系及对人类历史发展的作用，体验数学活动充满探索与创造，感受数学的严谨性以及数学结论的确定性。

4）形成实事求是的态度以及进行质疑和独立思考的习惯。

数学、物理统被称为理科（science departments），理科一般是指自然科学，包括数学、物理、化学与生物学，是与文科相对立的一类学科，它是人类智慧发展的结果，是对自然现象思考的智慧结晶，是人类真正思考自然、利用自然、改造自然的结果。

数学是研究数量、结构、变化，以及空间模型等概念的一门学科；物理学是研究自然界的物质结构、相互作用和运动规律的自然科学。化学是研究物质的组成、结构、性质，以及变化规律的科学……二者有区别，但从上述目标内涵上来看，它们有共同的要求，共同性体现在以下几个方面：①培养学生对本学科知识学习、探究的兴趣；②从事本学科学习、探究活动时的态度；③应用本学科知识为人类服务的意识、态度与价值观。这应是中学理科情感、态度与价值观目标的核心内涵。

总之，理科内容体现的是人类思考自然的结果，在思考、利用、改造自然的过程中，要遵循一些基本的原则，如严谨、实事求是、合作等。这便是理科课堂中的情感目标，对于中小学生而言，还包括保持对探索大自然的兴趣，正确、科学、合理地应用人与自然的成果等。总之，可以把理科中的情感目标看作处理人与自然关系的基本原则，比如，数学中的“在数学学习活动中获得成功的体验，锻炼克服困难的意志，建立自信心”是学生或人们学习数学、研究数学应具备的基本数学品质；又如，物理中的“养成实事求是、尊重自然规律的科学态度，不迷信权威，具有判断大众传媒是否符合科学规律的初步意识”亦是如此。

---

① 中华人民共和国教育部. 2008. 全日制义务教育数学课程标准. 北京：北京师范大学出版社：7.

（三）语文

语文是语言学科，培养学生的听、说、读、写能力是其重要目标，这是语文学习的工具性目标。但语文内容又内蕴丰富的情感态度与价值观因素，语文课程丰富的人文内涵对学生精神领域的影响是深广的。语文内容的人文性，在教学中，恰恰是以情感目标为代表或载体。“中学语文教学中的情感因素是本学科有别于其他学科的一个重要的因素，也是历来教学中的重点和难点。说重点，是因为，如果撤去情感因素，语文课就成了政治课、语法课或文学史课。”[①]

所以，我们又必须要重视语文学习的人文性。语文课程标准强调教师要“正确把握语文教育的特点”时，首先强调了语文教学中情感目标的达成与学生语文价值品质的养成：“应该重视语文的熏陶感染作用，注意教学内容的价值取向，同时也应尊重学生在学习过程中的独特体验。”[②]

《全日制义务教育语文课程标准（2011 年版）》规定义务教育阶段，课程总目标共有十条，其中涉及情感目标的有五条[③]。

1）在语文学习过程中，培养爱国主义感情、社会主义道德品质，逐步形成积极的人生态度和正确的价值观，提高文化品位和审美情趣。

2）认识中华文化的丰厚博大，吸收民族文化智慧。关心当代文化生活，尊重多样文化，吸取人类优秀文化的营养。

3）逐步养成实事求是、崇尚真知的科学态度，初步掌握科学的思想方法。（本条略去了非情感目标的内容）。

4）具有独立阅读的能力，注重情感体验。能初步理解、鉴赏文学作品，受到高尚情操与趣味的熏陶，发展个性，丰富自己的精神世界。（本条略去了非情感目标的内容）

5）具有日常口语交际的基本能力……发展合作精神。

（四）英语

随着社会生活的信息化和经济的全球化，英语的重要性日益突出，成为最为重要的全球性语言之一。与语文学科一样，英语同样是一门语言学科。在让学生掌握一定的英语基础知识和听、说、读、写技能的同时，同样要重视情感、态度与价值观的培养，帮助学生了解世界和中西方文化的差异，拓展视野，培养爱国主义精神，形成健康的人生观，为他们的终身学习和发展打下良好的基础。《全日制义务教育高中英语课程标准》中，关于英语情感目标（情感态度）的内容是

① 贺从蕾. 2003. 对中学语文教学情感目标评价体系建构的探索. 华东师范大学硕士学位论文：1.

② 中华人民共和国教育部. 2011. 全日制义务教育语文课程标准(2011 年版). 北京：北京师范大学出版社：2.

③ 中华人民共和国教育部. 2011. 全日制义务教育语文课程标准(2011 年版). 北京：北京师范大学出版社：4.

这样描述的："情感态度指兴趣、动机、自信、意志和合作精神等影响学生学习过程和学习效果的相关因素以及在学习过程中逐渐形成的祖国意识和国际视野。"①

英语课程总目标规定了五个方面，分别为情感态度、学习策略、语言技能、语言知识、文化意识。其中关于情感目标——情感态度的内容包括五个方面：国际视野、祖国意识、合作精神、自信意志与动机兴趣。②

与理科相对的是文科，文科的英文称呼是 human culture，直译是关于人的文化。《辞海》中这样写道："人文指人类社会的各种文化现象。"常见的对文化的解释是这样的：文化是人类或一个民族、一个人群共同具有的符号、价值观及其规范，符号是文化的基础，价值观是文化的核心，而规范包括的习惯规范、道德规范和法律规范则是文化的主要内容。所以，文科可以概括地理解为是关于人类文化的学科。语文与英语是典型的文科，二者都是人类语言交流的工具，听说读写是其基本功能，也是学生学习的重要任务，人文性同样也是学生学习的重要内容，如语文中关于中国文化的基本思想、英语中关于西方文化的思想。其中人与人的行为规范包括风俗习惯等同样是语文、英语学科学习的重要对象，这就是人文学科的情感目标。比如，语文学科中的情感目标"在语文学习过程中，培养爱国主义感情、社会主义道德品质，逐步形成积极的人生态度和正确的价值观，提高文化品位和审美情趣"体现的是人与国家、人与社会、人与自我的价值观。英语学科中情感目标的"国际视野、合作精神"体现的是"我"与"外国"关系的基本原则。总之，一句话，人文学科中的情感目标是关于人与人、人与社会、人与国家和谐相处的基本原则。

第二节　理科课堂中实施价值教育的必要性

理科教学不仅要使学生掌握理科的基础知识、基本技能，还应使学生吸取科学的思想，养成表达清晰、思考有条理的理性思维方式，使学生具有求真求实的态度、锲而不舍的精神。

一、为了培养个体完整的科学素养

科学素养是一个动态的、历史的、开放的概念，有众多学者对科学素养进行过定义。在众多对科学素养概念的分类和定义中，影响最为深远的为米勒的定义。米勒是国际公众科学素养促进中心的主任，他于 1983 年提出了科学素养的三维模式，它认为科学素养应有三个维度：①认识和理解一定的科学术语和概念的能力；

---

① 中华人民共和国教育部. 2009. 全日制义务教育普通高级中学英语课程标准. 北京：北京师范大学出版社：22.

② 中华人民共和国教育部. 2009. 全日制义务教育普通高级中学英语课程标准. 北京：北京师范大学出版社：6.

②对科学研究的一般过程和方法有所了解，具备科学思维的习惯，在日常生活中能够判断某种说法在什么条件下才有可能成立；③全面正确理解科学技术对社会的广泛影响，能够对个人生活及社会生活中出现的科学技术问题做出合理的反应。[①]

基于上述模式，米勒用一定的实证数据做基础，简洁明确地反映出科学素养的核心要素，得到了学术界的广泛认同。如果对米勒提出的科学素养的三个维度再做进一步的归类，依据内涵、性质来判断，上述三个维度实际上可以归为两个领域：一个是认知领域，即知识学习目标，通常是指科学的事实、概念、原理、规律等学习目标，如米勒维度①与维度②的部分内容；另一个是情意领域，即指向科学的情感、态度与价值观的学习，如维度②中的部分内容与维度③。认知领域是传统的知识教学关注的对象。情意领域则是价值教育关注的对象，也就是说，价值教育的目的在于达成科学教育的情感素养，最终目的在于培养学生的科学精神。仅重视知识教学，离开科学精神培养的科学教育是不完整的科学教育，科学精神是理科教学实施价值教育的最终目标与追求。科学素养与科学精神的关系如图 6-1 所示。

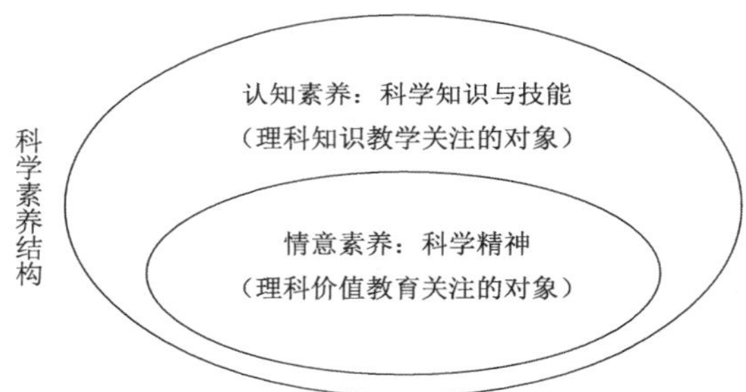

图 6-1　科学素养与科学精神的关系

从图 6-1 可以清楚地看到，科学素养包括两个领域：一个是认知领域，即科学知识；另一个是情感领域，即科学精神。要培养一个人的科学素养，认知素养与情意素养二者缺一不可，既相互依附，又相互独立。何为科学精神？科学精神是指存在于科学共同体中从事科学研究者应具有的精神气质，它是约束与指导科学家工作的价值观和规范的综合，这恰恰是本书所提出的理科价值教育中的价值的内涵。

但是，我国传统的理科教育只注重事实性知识与程序性知识，关注知识的形式化的演绎。所以，绝大多数的理科教学中，教师把科学知识当做教条传授给学生，忽视了科学知识发现的过程，传授的只是应付考试的解题能力和解题技巧，这样培养出的理科学生具有的是残缺不全的科学素养，以至于传统“科学（理科）教育所培养出来的人，染上了明显的趋利性、工具性色彩。他们虽然熟练地掌握

① 蔡铁权. 2005. 物理教学丛论. 北京：科学出版社：2.

了科学的知识和技能，但他们却未必真正‘理解’了科学，他们对科学以外的东西，如社会、人，以及科学与社会及人的关系等等，甚至是一无所知。这种人是片面发展的人，是单方面的‘工具人’、‘物理人’、‘经济人’”[①]。理科课堂中的价值教育正是为改变这种现状而提出的崭新教学理念，它致力于：①理科价值教育要有助于学生实现完美的科学生涯，为终身学习、工作奠定良好的基础；②理科价值教育要服务于社会和生活的需要，要协助学生解决有关科学的社会问题；③理科价值教育的最终追求在于培养受教育者完整的科学素养。

2001 年，中国科学技术协会公布的《中国公民科学素质调查研究报告》（2000—2001）显示，每千人中只有 14 人具有基本的科学素养，不及美国 16 年前的 1/6。[②]现实表明，我们多数人具备的是片面的“科学素养”，这一结果足以表明重视理科课堂中价值教育的必要性与紧迫性。

二、为了实施完整的科学教育

理科知识，如数学，大多都由一些“公理”“定理”“法则”“公式”等“硬”知识组成，这些内容本身并不蕴含情感、态度与价值观因素，但它们都是人类探索自然、追求真理的知识结晶，其中不仅凝聚着前人的智慧和创造才华，也凝聚着前人对科学的执著追求和百折不挠、献身事业的高尚精神。比如，无理数的背后是古希腊的希伯索斯为此而献身的故事；解析几何的背后是笛卡儿为此努力奋斗的故事与精神。所以，科学知识不仅表现为一定的理论体系，而且还内含着方法论规则、世界观的价值与伦理学规范。或者说科学不仅有具体的科学事实、定律和理论，还有深层的哲学和文化内涵。

我们倡导理科课堂中的价值教育，就是试图改变人们“学化学就是掌握化学知识，学物理就是掌握物理知识”的观念，唤醒理科教师在关注科学知识传授的同时，还要关注探寻科学知识的过程与方法，更应关注科学的价值观与科学精神的形成与培养。总之，理科课堂教学不应仅仅局限于公式、定理等单纯的科学知识讲解，还要向学生揭示蕴含于科学知识中的科学思想和科学思维方式，实现科学知识与科学文化的双重传递。这一认识已受到有识之士的重视并在一些国家的教育政策中得到体现，比如，在 1989 年，美国在“2061 计划”的第一份研究报告《面向所有美国人的科学》中提出要把培养学生对科学历史的了解和科学的历史认识观作为科学教学的重要基础。我国的新课程理科课程标准也明确提出了理科各学科教学中的情感、态度与价值观目标，所以，只有关注情感目标的理科教学，才是完整的科学教学。

---

① 阎金铎. 2004. 科学教育研究. 合肥：安徽教育出版社：10.

② 吕宏宇. 2006. 中学化学实验教学中培养学生科学品质的理论与实践. 化学教学，(4)：41.

三、情感目标的达成是实现有效性教学的必要条件

孔子说，“知之者不如好之者，好之者不如乐之者”，这正说明了兴趣在学习中的重要作用。有研究者指出，影响学生学习兴趣发挥的因素一般有四个方面，其中宏观教育中情感因素容易被忽视。在教学实践中，一线教师早已发现，通过调动学生的情感，激发学习兴趣，可以提高教学的有效性，下面是一物理教师在教学实践中，通过情感因素的调动，提高了学生学习的兴趣，实现有效性教学①：

在失重现象教学中，很多学生死记硬背“失重”的概念，对“失重”现象感到茫然，这是因为缺乏“感性认识”和“学习热情”，为了解决这个问题，教学中，他采用了以下步骤，提高学习的积极性，实现了教学的有效性。

第一步：实验。叠放几块砖，中间压有纸带，当它们静止时，拉动纸带，这时纸带不能从砖块中间拉出，甚至纸带被拉断；当这些砖块从空中释放为自由落体时，纸带很容易被完整地从砖块间拉出。首先让学生观察实验，再集体讨论，何时砖与纸带都处于完全失重状态。

第二步：播放视频。宇航员在飞船内的真实画面：书本等物体在空中悬浮。当学生们看到浩瀚太空中的情境，看到中国飞船太空遨游的壮观景象，个个都充满了好奇，这时给学生介绍我国航空、航天的发展历史及关键人物，大大提升了学生学习物理的兴趣和民族自豪感。

第三步：讨论。飞船中那些悬浮的物体还会对弹簧秤有拉力吗？天平、温度计可以在飞船中使用吗？宇航员的工作有哪些？做一个合格宇航员的条件是什么……

第四步：体验与延伸。让学生通过乘坐电梯，体验电梯向下启动时失重的感觉，并列举讨论生活中的失重现象，搜集有关“失重”的相关资料。

经过这几步的情感调动，证明了学生对这类问题的理解比较透彻，记忆深刻，提高了解决相关问题的能力，同时，学生的学习热情特别是对航空问题的关注度也有所提升。

综上所述，理科课堂实施价值教育的价值追求或必要性可以用一句话进行概括：恢复科学教育的本来面目，实施完整的科学教育，培养受教育者全面的科学素养。

第三节　理科课堂实施价值教育的内容框架与路径

中学理科实施价值教育应有最基本的内容框架，这个框架是理科各学科价值教育的“纲”，即教学中情感目标设定的“纲”。新课程各理科课程标准中有关

---

① 李晓芬，王春征，张亚茹. 2010. 高中物理教学中情感态度与价值观的培养. 河北师范大学学报(教育科学版)，(8)：93.

情感、态度与价值观目标的内容结构为寻找理科价值教育的内容框架提供了参考与依据。

一、理科课堂实施价值教育的内容框架

新课程理科课程标准是广泛吸收了国外理科教育的先进经验而制定的。它进一步明确了自己的课程理念，那就是“全面提高每一个学生的科学素养”。其中理科课程标准明确提出理科情感目标，也就是情感、态度与价值观目标，并结合具体的学科制定出了具体的内容，各理科课程内容不同，情感目标的表述也不尽相同，但其基本结构相似。下面通过物理、化学学科有关“情感、态度与价值观目标”的内容来归纳中学理科教学实施价值教育的基本结构。

物理学科的情感态度与价值观目标如下。

1）能保持对自然界的好奇，初步领略自然现象中的美妙与和谐，对大自然有亲近、热爱、和谐相处的情感。

2）具有对科学的求知欲，乐于探索自然现象和日常生活中的物理学道理，勇于探究日常用品或新器件中的物理学原理，有将科学技术应用于日常生活、社会实践的意识。乐于参与观察、实验、制作、调查等科学实践活动。

3）在解决问题的过程中，有克服困难的信心和决心，能体验战胜困难、解决物理问题时的喜悦。

4）养成实事求是、尊重自然规律的科学态度，不迷信权威，具有判断大众传媒是否符合科学规律的初步意识。

5）有将科学服务于人类的喜悦，有理想，有抱负，热爱祖国，有振兴中华的使命感与责任感。

化学学科的情感态度与价值观目标如下。

1）保持和增强对生活和自然界中化学现象的好奇心和探究欲望，发展学习化学的兴趣。

2）初步建立科学的物质观，增进对“世界是物质的”“物质是变化的”等辩证唯物主义观点的认识，逐步树立崇尚科学、反对迷信的观念。

3）感受并赞赏化学对改善个人生活和促进社会发展的积极作用，关注与化学有关的社会问题，初步形成主动参与社会决策的意识。

4）逐步树立珍惜资源、爱护环境、合理使用化学物质的观念。

5）发展善于合作、勤于思考、严谨求实、勇于创新和实践的科学精神。

6）增强热爱祖国的情感，树立为民族振兴、为社会的进步学习化学的志向。

新课程关于情感目标的明确规定是以往理科教学大纲中所不具备的，极大地拓展了科学素养培养的内涵。但各理科标准在情感目标的描述中略显散乱，个别内容交叉、重复及层次不够清楚，一线教师操作起来有难度，下面从新课程标准

物理、化学学科关于情感目标层次的表述出发，再结合学术界关于科学精神要素及价值教育内涵的界定，寻找理科课堂中价值教育的内容框架。本书认为，中学理科教学实施价值教育的基本内容框架如下。

1. 具有对科学知识、科学研究的兴趣

对科学知识、科学研究的兴趣是科学精神的首要成分。美国的《国家科学教育标准》中明确规定，“科学素养”的首要表现是：有科学素养就意味着一个人对日常所见所经历的各种事物能够提出、能够发现、能够回答因好奇心而引发的一些问题，如科学兴趣、探索科学的冲突。[①]显然兴趣也是美国对科学素养的首要要求。兴趣是学习积极性中最活跃的成分，是渴望获得理科知识而积极参与学习活动的意向。新课程各理科课程标准关于理科情感目标的第一个内容均是关于兴趣培养的要求，如“能保持对自然界的好奇，初步领略自然现象中的美妙与和谐，对大自然有亲近、热爱、和谐相处的情感”“保持和增强对生活和自然界中化学现象的好奇心和探究欲，发展学习化学的兴趣”。这些足以看出，兴趣对理科学习的重要性，对科学精神培养的重要性，对科学知识的兴趣同样也是科学精神的首要内涵。

2. 理性的质疑意识与能力

理性的质疑是指对已有的科学认识成果不盲目崇信，而是依据理性的逻辑思维和科学事实加以审视，这是理科教学中重要的情感目标。“科学认识是求知、求是、求真的过程，它要求认识主体不唯上，不唯书，不屈从外来压力，不迷信权威和既有理论，以既有的科学事实为出发点，在理性中生疑、存疑，在实践、实验中质疑、解疑。”[②]科学的基本态度之一是疑问，科学的基本精神之一是批判。理性的质疑还意味着应具有批判意识，它是理性的怀疑的深层内涵。没有批判意识会使理性的怀疑逐渐消失，就易于轻信甚至“迷信”。在科学的认识过程中，一个人如果没有批判意识，就会导致他在观念上、思维方式上逐渐陷入僵化、简单化、趋同化，他也不可能在科学研究过程中做出什么成就。物理课程标准中、化学课程标准中均有对“理性质疑意识与能力”培养的要求。

3. 实事求是的态度

实事求是的态度与价值观是科学精神存在的基本依据，体现了科学“求真”的价值。这一要求也被称为科学共同体成员应遵守的“普遍性原则”。它是指任何科学研究都应以客观的实践活动为基础，凭科学事实立论并以科学实验和实践作为检验理论正确与否的唯一标准。这一态度也体现在要求从事科学研究或学习

① 国家研究理事会. 1999. 美国国家科学教育标准. 金庆和，戢守志，梁静敏，等译. 北京：科学技术文献出版社：28.

② 刘建国. 2003. 论科学精神的层次. 江汉论坛，(3)：89.

的人具有脚踏实地、勤勤恳恳的务实态度上，从点滴做起，扎扎实实地学习，而不是梦想一步登天、投机取巧。实事求是的态度还要求科学工作者必须有顽强的、坚韧不拔的攻关精神，即应具有迎难而上的精神，才能最终获得成功。

4. 超越自我的精神

超越自我的精神包括以下内涵：第一，心态上要有超越自我的精神，不能因为有了名气、取得了成就就自傲、自大，容不得别人的批评意见，要把自己置于普通科学工作者的位置上；第二，要敢于、勇于让别人赶上，以心悦诚服的态度关心他人，看待他人超越自己的成就。这一要素是几乎所有理科学习者、研究者都应具备的重要科学精神，虽然课程标准中没有明确规定，但上述科学精神之要素，即科学教育的目标，也是学生进行科学学习的动力因素，影响着学生对科学学习的投入、学习的过程与效果。

5. 运用科学知识和方法为社会服务的意识与责任感

这一要素体现了科学"向善"的价值，应包括两方面的内容：一是运用科学知识为社会服务的意识与责任感；二是科学的伦理问题。以色列学者霍夫斯坦和雅格在他们的论文中明确将理科教育学科定义为"致力于科学与社会互动研究的学科，即研究科学对社会的影响及社会对科学的影响"[①]。比如，生物学科的学习中，新课程标准非常强调"理解人与自然和谐发展的意义"，突出"主动参与社会决策意识"的培养；初中物理课程标准中与初中化学课程标准中均有关于"运用科学知识、方法分析解决问题意识和能力"培养的要求，新课程这一目标内涵的规定蕴含了为社会服务的意识与责任感的培养。

上述五项内容，既是理科价值教育的内容，又是理科价值教育的情感态度与价值观教学目标。理科教师可以结合学科具体的教学内容，在传授相应的科学知识的同时，有目的、有选择地达成上述情感目标。

二、理科课堂实施价值教育的路径

理科课堂中的情感目标是一个非常特殊的教学目标，特殊性在于它是一个情意目标，或者说一种观念与态度。作为一种心理过程，它的达成具有极大的复杂性，我们很难判断受教育者是在什么时候、借助什么事件或什么活动形成了某种情感目标。所以，探索实施价值教育的路径是一项非常困难的工作。借助达成情感目标的载体来看，情感目标作为一种观念或态度，可以在学习内蕴某种观念或态度的知识的过程中形成，比如，通过学习献身科学的科学家的故事培养学生献身科学的责任感；也可以在内蕴某种观念或态度的教学活动中体验而形成，比如，通过师生互动中教师对学生的评价培养学生质疑精神；还可通过实验活动过程培

① 倪娟. 2010. 理科课程标准之适切性. 南京：南京师范大学出版社：8-9.

养严谨求实的价值观。后一路径的特殊性在于它对教师的价值理性要求较高，情感目标达成与否完全依赖于教师对教学活动的组织与引导。所以，理科课堂中的价值教育实施路径可以分为两大类：通过蕴含情感目标内容的教学实施价值教育与通过蕴含情感目标的教学活动实施价值教育。

（一）通过蕴含丰富情感目标内容的教学实施价值教育

教学内容按其蕴含情感目标的程度可分为三类：①含显性情感目标的教学内容；②含隐性情感目标的教学内容；③不含情感目标的教学内容。通过蕴含丰富情感目标的教学内容实施价值教育这一路径显然针对的是前两类内容。对于理科而言，在新课程改革后，理科教材内容的设置已把情感目标作为教学内容选择、设置的重要依据，所以，新课程理科教学内容中有大量蕴含丰富情感目标的教学内容。可以通过如下途径实施价值教育。

1. 通过教授理科教材中的科学史实施价值教育

科学史是激发学生学习动力、培养学习兴趣、献身精神与养成科学态度的生动材料。美国于1996年颁布的《国家科学教育标准》极为重视科学史教育，将“科学史与科学本质”作为培养科学素养的核心内容之一。我国的新课程教材也大量增加了理科课程中有关的科学史及其相关的科学哲学内容，这些内容在教材中一般以阅读材料的形式出现在每一节、每一章的后面。例如，人教版高中数学必修一与必修二有以下关于科学史（数学史）的教学内容（表6-1）。

表6-1　人教版高中数学必修一与必修二关于科学史（数学史）的教学内容

教材类别	章节	“与社会生活紧密相关”内容名称
必修一	第一章　集合与函数 第二章　基本初等函数 第三章　函数的应用	集合中元素的个数 函数概念的发展历程 对数的发明 中外历史上的方程求解
必修二	第一章　空间几何 第二章　点、直线、平面之间关系 第三章　直线与方程 第四章　圆与方程	画法几何与蒙日 欧几里得《原本》与公理化方法 笛卡儿与解析几何 坐标法与机器证明

人教版初中生物教材中，也有许多有关生物学、生物史相关的教学内容，比如，八年级上册生物教材中设置了“生物技术与蓝色革命”“珍妮·古多尔和黑猩猩交朋友”等众多内容。这些内容虽然在教材设计中被放在“正规”教学内容之后，作为课后学习、阅读的材料，从价值教育的角度，这些内容完全可以融入正常的教学过程中，也可以在课堂上进行专题学习。

从理科情感目标的培养来看，通过科学史及与之相关的理科知识的教学，可以达成以下情感目标。

1）激发兴趣，培养学习动机。科学史往往选取的是有意义的轶闻趣事，学生非常乐意学习，它们能够有效地激发学生学习理科的积极性。

2）有利于培养学生的质疑精神。科学史的实例可以激发学生进行科学探索的热情、勇气与欲望，也有益于培养学生的批判、质疑精神。美国学者萨顿曾说："英雄们一砖一瓦地建造了科学大厦，他们经受多少痛苦和斗争，表现出多大的坚忍不拔。这些事情，如果青年们知道得更多一些，不是将以更大的勇气和热忱工作么？不是将对科学怀有更深的尊敬么？"①

3）有利于形成严谨的科学态度及为社会服务的责任感。科学史的发展往往是不平坦的，焦耳 40 年测定热功当量，法拉第 10 年探究电磁感应。通过上述内容的学习，学生真正体会到"在科学上从来就没有平坦的大道，只有不畏艰难、勇于攀登的人才有希望达到光辉的顶点"。通过与社会生活相关的理科知识的学习，学生可体会到科学知识的巨大力量，形成为社会服务的责任感与意识。

2. 通过与社会生活紧密结合的内容的教学，实施价值教育

理科教学有一个重要的情感目标，那就是为社会服务的意识与责任感。新课程标准初中数学课程标准是这样描述这一目标的：初步认识数学与人类生活的密切联系及对人类历史发展的重要作用。初中物理课程标准规定：有将科学服务于人类的意识。在理科课堂上，教师通过教授与社会生活紧密结合的教学内容，恰当地与社会生活相结合，可以有效达成上述情感目标。比如，人教版七年级上册生物教材中专门设置了与社会生活紧密结合的生物知识教学模块，下面举例说明（表 6-2）。

表 6-2　人教版七年级生物上册知识教学模块

教材类别	章节	"与社会生活紧密相关"内容名称
人教版生物七年级上册	细胞通过分裂产生新细胞	"脱缰之马"癌细胞
	种子的萌发	农业技术员和绿色证书
	植株的生长	无土栽培
	开花和结果	大地美容师：园艺师
	绿色植物参与生物圈的水循环	节水农业

表 6-2 涉及一些理科知识与社会生活的联系，它们需要教师去挖掘、发现。这要求教师具有一定的价值教育意识与价值挖掘能力。例如，笔者最近听过一节高中物理"焦耳定律"习题课，在课堂教学的最后环节，教师让学生尝试运用"焦

---

① 乔治·萨顿. 1987. 科学的生命——文明史论集. 刘君君译. 北京：商务印书馆：44.

耳定律”知识解答以下问题：空调、电视机等电器关闭后，未拔掉插头，还会耗电吗？为什么厨房、走廊开关频繁的场所，不宜使用节能灯？……教师把这些问题恰当地融入课堂教学当中，既培养了学生学习理科知识的兴趣，也培养了学生用学到的理科知识解决社会生活中问题的责任与意识。

3. 通过挖掘理科教学内容中内蕴的情感目标，实施价值教育

理科课程中还存在着大量表面上不含价值因素的教学内容，比如一些“公理”“定理”“法则”与“公式”等，但它们都是人类探索自然、追求真理的知识结晶，凝聚着前人对科学的执著追求和百折不挠、献身事业的高尚精神，教师可以在讲授这些内容时，插进这些知识背后的故事与价值观，“知识无情人有情”，通过这种赋予情感目标的办法，同样可以实施价值教育。以人教版七年级下册生物为例，下面这些教学内容内蕴的情感目标可以通过挖掘而使情感目标显性化（表 6-3）。

表 6-3　人教版七年级下册生物教学内容内蕴的情感目标显性化

教学内容（情感目标内蕴）	情感目标显性化
垂体和生长激素	联系地方甲状腺肿，认识“加碘盐”对国民身体健康的重要意义。认同贩卖私盐是违法与不道德的行为
胰岛和胰岛素	结合我国人工合成牛胰岛素，进行爱国主义教育
肺的结构	认同吸烟为不良嗜好，在公共场所吸烟是不道德行为
神经系统的组成	了解人类精神活动的物质基础、生理基础，树立唯物主义观点

理科课程中存在大量上述内蕴情感目标的教学内容，挖掘这些内容背后的情感目标就成为实施价值教育的关键。细化解读教学内容中的三维目标，已成为高效课堂的条件与保障，这一工作已在我国部分地区的学校开始实施，比如郑州市一些学校开展的三维目标细化解读工作，其本质就是挖掘教学内容中的三维目标，使其显性化，当然包括挖掘情感目标。就理科课堂实施价值教育的难易程度而言，通过挖掘教学内容内蕴的价值信息实施价值教育是一个比较困难的路径，因为情感目标比较隐蔽，需要教师主动、积极地挖掘，它对教师价值品质要求较高。

（二）通过蕴含情感目标的教学活动实施价值教育

这一路径来自理科情感目标的特殊性。理科情感目标，如质疑精神、实事求是和严谨的态度等，皆是在一个人活动过程中或科学研究过程中才体现出来的。所以，通过蕴含情感目标的教学活动实施价值教育是理科课堂价值教育的重要路径。这些蕴含情感目标的教学活动可分为三大类。

1. 借助实验教学实施理科课堂中的价值教育

实验教学是所有理科教学的重要内容，也是价值教育的重要载体。中小学理

科教学实验可分为探究性实验、验证性实验与模仿性实验。无论什么实验，实验教学的本质都是通过模拟情景，再现、还原某一科学探究的过程，让学生积极主动地来获取科学知识，领悟科学研究方法的活动，在还原这一过程中，可以让学生体会科学探究的全部价值观。

2. 借助探究式教学活动实施理科价值教育

探究式教学是新课程倡导的重要教学方式，在理科教学活动中，从价值教育的角度来看，探究式教学本质上与实验教学相类似，它也是通过模拟科学活动来获得科学知识，同时体验科学精神，形成科学的价值观。初中物理课程标准中是这样描述探究式教学的："科学探究既是学生学习的目标，又是重要的教学方式。旨在将学习重心从过分强调知识的传承和积累向知识的探究转化……从而培养学生的科学探究能力、实事求是的科学态度和敢于创新的探索精神。"[①]需要说明的是，有一些实验，如探究性教学实验，本身就是探究味较浓的教学活动。无论是实验教学还是探究式教学，理科课堂都可以达成以下情感目标。

1）严肃认真的科学态度。科学探究和科学实验需要认真观察、细心操作，任何疏忽都有可能导致结果的失误甚至整个实验的失败，因此，可以通过科学探究或实验的过程，让学生体验严肃认真的科学态度对科学的意义与价值，尝试形成严肃认真的科学态度。

2）实事求是的科学价值观。科学是容不得半点虚假的活动。准备得再好的实验、探究活动，也可能由于出现误差而不能达到实验的预期结果，在这种情况下，要教育学生如实地填写实验报告，并认真分析出现误差的原因，养成实事求是的科学价值观。

3）创新的精神与意识。实验可分为验证性实验与探究性实验，这些实验方法和步骤并不是唯一的，因此从提出问题到做出假设、制订计划、实施计划，每一步都需要学生开动脑筋，提出自己的见解和思路，鼓励学生进行创新，有意识地进行创新精神与意识的培养。

4）合作的意识与能力。历史上许多科学成就来自团队的力量，是集体的力量和智慧的结晶，理科教材中的探究、实验内容，是需要合作才能完成的，我们可以通过这种合作的探究、实验过程，培养学生的合作意识与能力。

3. 师生互动中达成情感目标实施价值教育

如果师生互动中蕴含着情感目标，同样可以通过成功的师生互动培养学生相应的价值原则，达成情感目标。比如，学生在课堂学习活动中，做出了具有创新意蕴的行为，教师可以即时地鼓励与评价这种行为，教师的即时评价，可以让学生明确自己行为的意义与价值，强化与坚定学生做出这种行为的意识，进而内化

① 中华人民共和国教育部. 2008. 全日制义务教育物理课程标准（实验稿）. 北京：北京师范大学出版社：9.

为相应的价值观。这种达成情感目标的师生互动往往是随机发生的，偶然性较强，通过这种形式实施价值教育至少需要有两个条件：一是教师有足够的教学智慧；二是教师有较强的价值教育意识、价值理性与能力。

需要强调的是，通过内容实施价值教育与通过活动实施价值教育，并不是截然分开的，在通过内容实施价值教育活动时，同样可以设计教学活动实施价值教育；在通过活动实施价值教育时，同样也可以选择恰当的富有情感目标的教学内容。

第四节　理科课堂情感目标达成课堂观察片断实录

课堂观察是本书采用的重要研究方法，它是中小学校经常采用的一种以教育教学研究和指导为基本目的的研究活动。本书认为，以形而上学的推理方法是无法获得教学中情感目标如何达成的，必须深入课堂才能获得。因此，基于人种志的课堂观察将是重要的研究手段。它能为教育教学研究提供翔实的第一手资料，其采用的记录手段是传统的手段与现代手段相结合。传统的观课手段是“观察者通过深入课堂，凭耳听（教学内容、教学语言等）、眼观（课堂状况、教师体态、学生的参与程度等）、心感、脑思、手记等方法，观察、了解、体验课堂教学活动”[①]；现代的手段是借助教学录像设备，对整节课进行录像。本书并用两种手段，以求真实、自然地认识、解释课堂文化共同体中教师行为方式的意义，特别是在达成情感目标中的意义。

一、化学

案例：本案例来自2014年10月29日郑州某高中高二化学（山东科技出版社版本）“化学反应条件的优化——工业合成氨”。

（一）教学目标

1）能应用化学反应速率和化学平衡原理分析合成氨的适宜条件。

2）通过阅读教材，小组讨论、交流，体验实际生产条件的选择与理论分析的差异。

3）通过认识化学反应原理在合成氨等工业生产中的重要作用，提升对化学反应价值的认识，从而赞赏化学科学对个人生活和社会发展的贡献。

（二）情感目标达成过程描述

在这一节课中，教师预设了三个教学目标，从属性上判断，目标3）为情

---

① 桑国元，于开莲. 2007. 基于人种志视角的课堂观察理论与实践. 中国教育学刊，(5)：48.

感目标，教师试图“通过认识化学反应原理在合成氨等工业生产中的重要作用，提升对化学反应价值的认识，从而赞赏化学科学对个人生活和社会发展的贡献”。

根据化学新课程标准上关于情感目标内容的规定，“赞成化学科学对个人生活和社会发展的贡献”这一目标属于“感受并赞赏化学对改善个人生活和促进社会发展的积极作用，关注与化学有关的社会问题，初步形成主动参与社会决策的意识”。因此，该目标属于典型的化学情感目标。

在教学过程中，教师在两个地方引导学生试图达成情感目标。

1）在情境导入环节，引导达成情感目标。任课教师通过呈现对比图片向学生展示了德国化学家哈伯发明的合成氨技术，它能生产化肥，帮助人们解决吃饭问题，同时也被用来制造炸弹并延长了第一次世界大战，并趁机对学生进行了“科学技术具有两面性，应掌握在善良人手中”的教育。这一目标的达成与预设的情感目标略有差别，但达成过程自然、合理。

2）在完成合成氨条件学习，分析合成氨的前景时，又一次引导成达情感目标。教师通过对比中华人民共和国成立初期和2013年我国氨的产量，让学生体味合成氨对社会发展的重要影响。接着，该教师分析了合成氨的工业前景，并指出历史上因改进制氨工艺已有三人获得诺贝尔奖，期待学生在催化剂选择、化学模拟生物固氮、超声波固氮等问题上积极思考，争取成为第四个在该领域获诺贝尔奖的人。这一引导，在于激发学生立志学好化学的积极性，争取成为著名的化学家。

在这节课的听评课过程中，给人印象最为深刻的是：情感目标的达成是本节课最为精彩的片段，教师结合合成氨的科学史，结合本节课的教学内容，恰当地引入、引导，娓娓道来，引人入胜。反观预设的情感目标，可以发现，预设的情感目标可以再斟酌一下，再精准一点。

二、物理

案例：本案例来自2014年11月25日郑州某高中人教版高中二年级物理“楞次定律”。

（一）学习目标①

1）通过实验及实验分析得到楞次定律，培养实验操作及对实验结果处理的能力。

2）通过思考讨论问题，加深对楞次定律的理解，感知物理学科的理性美、严谨美。

3）通过课堂练习，培养识记和应用楞次定律处理实际问题的能力。

① 关于目标，用导学案的教师标注的是学习目标，没有用导学案的教师标注的是教学目标。

从三维目标的角度，从学习目标的属性去判断，上述三个目标中，目标 2）是感知科学美与严谨美，目标 3）是培养学生学会用物理知识为社会服务的意识与能力，上述两个目标皆可定性为情感目标。

（二）情感目标达成过程描述

本节课是物理概念课，在介绍本节课设计思路的时候，教师强调他这节课的设计思想是“探究”。新课程改革以来，探究不仅作为一种重要的教育理念被提了出来，而且被作为重要的学习方式列入理科各科学习的课程标准中。何为探究教学？课程标准中给予了准确的描述：“通过经历与科学工作者进行科学探究时的相似过程，学习物理知识与技能，体验科学探究的乐趣，学习科学家的科学探究方法，领悟科学的思想和精神。”[①]这一描述告诉我们，在课堂中要想实施探究教学，教师必须要创设发现知识的过程，并进行恰当地引导，在这一过程中，让学生领悟并达成相应的科学精神。

1. 整个教学活动是以探究的理念展开

整节课由五个具体的教学活动组成，呈现出探究的理念、探究的操作，具体如图 6-2 所示。

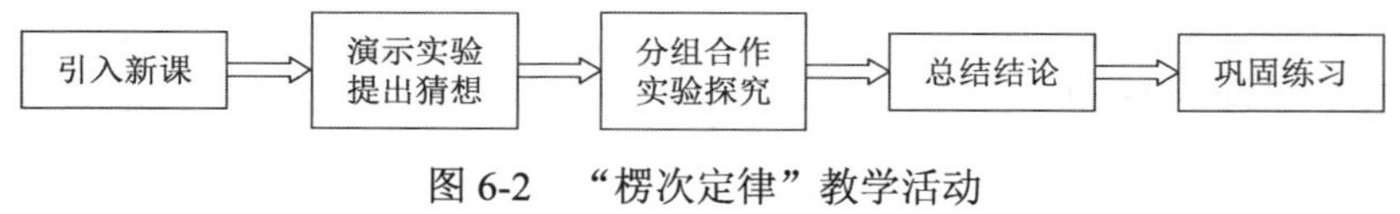

图 6-2 “楞次定律”教学活动

这一教学活动清晰地呈现出探究的理念，核心环节是猜想、合作与得出结论。在这一课堂教学活动中，学生亲自参与，体验了探究过程中的科学思想与科学品质。

2. 教学环节中的核心环节仍是以探究的方式开展

在第五个环节，让“学生根据已学知识，分组讨论导入环节中‘火箭发射’的原理”，利用楞次定律分析火箭升空的原理，教师预设了五个问题，引导学生逐步逼近答案：谁在阻碍；阻碍什么；如何阻碍；能否阻止；为何阻止。

这一环节，再次以探究的方式让学生进行探究性的学习，体会与养成探究理念。

一节课情感目标的达成与否与教师的价值教育意识紧密相关。在预设这节课的时候，教师已预设了以探究的理念设计本节课，因此，教学中的核心教学设计活动均体现了探究，在具体的教学活动中，教师有意识地引导与达成预设的情感目标——探究。但反观教师预设的情感目标，似乎没有把教师在教学中引导达成的情感目标叙述清楚、准确。这样的不足似乎有普遍性，在上一个化学案例中，同样存在这一情况。

---

① 中华人民共和国教育部. 2001. 全日制义务教育物理课程标准. 北京：北京师范大学出版社：9.

三、数学

数学的教学目标的确切含义包括三个方面：其一是学生要学习的数学基础知识和基本技能；其二是数学知识所体现的基本数学思想和基本活动经验；其三是实现上述任务的基本学习过程。这三个方面是未来公民所必需的基本数学素养。“因此教学时要及时抓住时机针对性地点拨引导，让学生也能学会对数学美的赞赏。从某种意义上讲任何一个数学问题的解决过程都可以看成是一个审美、赏美的过程，学生在其中也得到了愉悦，完善了品德。”①数学中的思想、文化是数学素养的重要内涵，它的预设与达成是有效的数学教学的基本要求。

案例：本案例来自 2016 年 5 月 25 日河南周口某小学人教版小学二年级数学“平移与旋转”。

（一）预设教学目标

1）知识与技能：结合学生的生活实践和教材实例，初步感知平移和旋转现象，并能直观地区别平移和旋转现象。

2）过程与方法：运用发现法，研究性学习法、问题教学法，小组合作等方法，让学生体会平移与旋转的特点，培养空间观念。

3）情感态度与价值观：①通过找出日常生活中的平移和旋转现象，感受数学与生活的密切联系，激发学生学习数学的兴趣；②培养学生认真观察，独立思考等良好的学习习惯；③培养学生多角度观察问题、解决问题的态度。

本节课教师预设了丰富的情感目标，包括了“感受数学与生活的密切联系，激发学习兴趣”，认真观察、独立思考，多角度观察、解决问题的态度。这三个方面的数学情感目标具有代表性与典型性，本节课的情感目标预设比较科学、全面。

（二）达成的典型设计

为了让学生对旋转、平移感兴趣，体现生活中处处存在着数学现象，并引起学生认真观察，体会旋转、平移的特点，教师呈现了动画版游乐场（图 6-3）。

图 6-3　动画版游乐场

---

① 梁柏健. 2010. 学科课堂教学德育渗透设计. 珠海：珠海出版社：3.

动画版游乐场呈现在屏幕上，激发了学生极大的参与积极性与兴趣，教师接着提出观察问题：请你说说，游乐场中哪些运动是平移，哪些是旋转？

在师生互动中，学生们经过发言、讨论补充，分别找出的平移与旋转运动方式如下。

平移运动：滑梯、小火车、缆车、观光梯、放风筝

旋转运动：旋转小飞机、兔子钟表、转椅

游乐场是同学们最喜欢去的场所，它贴近学生的生活，易引起他们的兴趣。让学生在仔细观察后，分析哪些运动是旋转，哪些运动是平移。学生们已有关于旋转、平移的生活经验与理解，所以，在挑选过程中，无疑也在达成本节课的核心知识目标，即旋转、平移的基本特点。总之，本节课达成情感目标的特点是，选择学生熟悉的生活场景，即走进生活、结合生活。

四、生物

生物课堂教学中，同样可以预设、达成情感目标。下面是临沂四中生物教师在教学实践中开发的达成情感目标的教学内容。

案例一：本案例来自跨种克隆大熊猫（人教版高中一年级生物第 6 章“细胞的生命历程”第一节“细胞的分化”）。①

2005 年 4 月，陈大元完成了世界上首例异种克隆黄羊项目，他们先从普通山羊体内取出卵细胞，去除细胞核内的遗传物质；然后将亚洲黄羊的体细胞核注入已经去核的山羊卵细胞内；培育出亚洲黄羊胚胎后，再将胚胎植入山羊体内；最终由山羊寄母生出亚洲黄羊。此外，陈大元还利用此技术，正在进行克隆大熊猫的项目攻关，用大熊猫的成熟体细胞核，注入去核的猫卵细胞内，移植到猫子宫内培育，现已成功培育出大熊猫胚胎。

这一案例蕴含着丰富的情感态度与价值观因素。因为山羊和亚洲黄羊、大熊猫和猫属于跨种生物，上述技术属于异体克隆，如果技术成功，该技术可广泛用于濒危动植物的保护繁育。教师在此案例中，可以引导学生了解我国生物科学和技术发展先进状况，并引导同学们努力学习生物先进技术，增强他们振兴中华民族的使命感与责任感。

案例二：本案例来自珠海市某中学生物“生命活动的主要承担者——蛋白质”。②

（一）情感目标

1）形成科学的世界观；

① 高远，张洪彩. 2007. 将情感态度与价值观培养贯穿课堂教学. 新课程，(1)：61.

② 本案例来自珠海市某中学的校本教材，参见梁柏健. 2010. 学科课堂教学德育渗透设计. 珠海：珠海出版社：80.

2）培养学生探究的意识以及合作意识；

3）培养学生民族自豪感和爱国主义。

（二）情感目标达成的典型教学设计活动

典型设计活动一：本节课的教学内容是蛋白质，世界上第一次人工合成结晶胰岛素的是我国科学家，通过介绍这一故事，并展示结晶牛胰岛素图片，培养学生民族自豪感和爱国主义精神。

典型设计活动二：探究活动，让学生进行氨基酸结构拼凑竞赛，看看哪位同学或哪小组能以最快的速度拼出一个氨基酸。同时也鼓励同学们探究并组合出新的氨基酸。通过对活动结果的评价，让表现优秀的小组上台展示他们的成果，以此来赞扬他们的团结、合作品质，培养学生团结协作的学习态度。

综上所述，对于理科学习或教学而言，情感因素既是学生学习的动力因素，也是科学教育的目标，是科学素养最为核心的部分。理科教学中的情感目标，其内容预设不能抛开学科内容，应与学科内容紧密结合。在达成活动中，情感目标是导出来的，不是生硬地“做”出来的，也不是生硬地“演”出来的，“而是通过教师真挚的情感传递和精心的教学设计，在不断落实的各个教学环节中逐步渗透并内化为学生的一种态度的”①。

① 李晓芬，王春征，张亚茹. 2010. 高中物理教学中情感态度与价值观的培养. 河北师范大学学报(教育科学版)，(8)：94.

第七章 情感目标达成对教师的价值品质要求

你是一个拥护者么？答案是一个响亮的“是”！这是因为你，像数千名其他教师一样，认识到在教育体系中存在一个重要的缺口。越来越多的孩子们带着对于诸如尊重、平静、谦逊、合作、关心、责任及诚实等价值的极少认识步入学校。正是你，作为教师，承担起愈来愈多的责任使孩子们能够思考并理解价值，在他们的生活中运用这些价值。

——尼尔·霍克斯[①]

第一节 教师的价值教育意识[②]

我们要认识到教师职业的特殊性，教师的重要任务就是“育人”。“随着价值教育在具体教育实践中的深入开展，人们则越来越强烈地意识到能否拥有自觉的价值教育意识，将成为影响价值教育能否真正在学校教育中得以实现的关键因素。”[③]课堂教学中对情感目标的有效达成起决定作用的不只是教学设计策略与办法。它只给我们提供了可能，最关键的因素还是教师。教师自身是活的价值教育素材，他们在日常教学生活中的一言一行是否“道德”，是否具有价值导向性，直接影响着学生价值品质的形成。课堂教学中，教师的价值意识是最重要的因素。

一、价值教育意识内涵与特性

意识的研究也是目前困扰科学界的一大难题。有学者认为，“意识是一个不完整的、模糊的概念”。意识最初是哲学讨论的问题，德国心理学家冯特使心理学脱离了哲学，成为一个独立的学科。心理学从哲学中分离出来后，意识就成为哲学、心理学共同的研究对象。所以，意识是属于心理学范畴的概念，同时也属于哲学范畴。

作为一个心理学概念，意识是一个纯粹的心理活动。最基本的定义是：意识是人脑的特殊机能和活动，是人所特有的对于客观世界的反映。但在心理学研究

---

① 尼尔·霍克斯. 2010. 如何在课堂中激励并培养积极的价值观. 魏宏聚译. 第5页(内部稿，未发表).

② 学术界，将情感态度与价值观目标称为情感目标、价值目标，所以关于它达成的教学过程，被称为情感教育、价值教育，价值教育是国际上通用的一种称呼，价值教育可以理解为价值观教育，教师在实施过程所应具有的意识被称为价值教育意识。

③ 胡萨. 2013. 现象学视域中的“价值教育意识”. 浙江学刊，(4)：21.

中，意识被认为是一种生理反应或物理现象，被认为是由某种刺激引发的生理反应，这样的解释偏离了教育学角度的理解，这样的解释在教育学实践中不具有操作实践性。比如，心理学这样描述意识："人在思考时或像感受图像一样感受到自己的所思所想亦是意识，亦无法通过语言准确的描述。"[①]这时所描述的意识，等同于觉察。

学者们意识到，单纯从心理学角度揭示的意识的内涵与本质特点，在教育学实践中缺乏操作性，因此，当前学者对意识的解释侧重于哲学，特别是现象学对意识的解释，因为从此角度出发解释意识，更切合教学实践，能给一线教师提供更多的参照。意识同时是现象学研究的中心问题，有学者也认为，在现象学中，意识的同意表述是"意向性体验"。在胡塞尔看来，"意识生活应当作为哲学的必然出发点，它是所有现实的意义构造之基础……纯粹现象学是关于纯粹意识的科学"[②]。何为现象学中的意识呢？

在胡塞尔现象学中，意识是一种积极能动的"意向活动"，不断投射和激活着意向对象的构造性活动。根据意识的现象学解读，研究者胡萨分析了价值教育意识四方面的本质特征，这里采用了她关于现象学视角下有关价值教育意识特征的核心观点[③]。

（一）在先拥有价值教育的意向性

"在先"是现象学术语，指的是事情发生之前，即价值教育发生之前，意向性是指教师所拥有的强烈的价值教育愿望和追求。价值教育的"在先意向性"是指在实施价值教育之前，教师已意识到自己实施价值教育的责任与使命，并拥有坚定的施教信念和强烈的使命感。拥有价值教育的意向性是教师采取价值教育措施的前提与基础，是教师心理上的准备。下面这个成功实施价值教育的案例中，教师在实施价值教育前，已拥有强烈的价值教育意识[④]。

用心去爱——一个都不放弃（二）

记得这届学生在初一年级时有八个学生，"八大怪"是小学的学生给这几个顽皮学生封的外号，是几个令教师头痛的学生。他们在小学不认真学习，好惹是生非，因而得名。他们其中之一分进了我班，我心里在想，若能把他转变过来，那就好了！

---

① 意识. http://baike.haosou.com/doc/5399166-5636652. html[2016-6-22].

② 胡萨. 2013. 现象学视域中的"价值教育意识". 浙江学刊，(4)：21.

③ 胡萨. 2013. 现象学视域中的"价值教育意识". 浙江学刊，(4)：24-25.

④ 该案例来自 2013 年武汉马房山中学提交的会议资料(未发表)，这是一名班主任在会上介绍的一个真实的故事。

从教师的自我陈述中，我们可以明显地感觉到教师具有强烈的价值教育意识，面对其中的“一怪”，该教师并没有嫌弃、放弃与失望，而是期望对他实施转化，甚至是渴望对其实施转化。这一价值教育意识蕴含着教师强烈的教育使命感，这为后续突发事件发生时，教师及时恰当地采取相应的价值教育措施提供了成功的前提与心理基础。

那么，在现实的教学实践活动中，教师在先拥有价值教育的意向性，首先体现在教师在预设教学目标时，要思考这样的问题“本节课教学内容是否可以预设情感目标”。这是教学中有效达成情感目标的前提性意识，否则可能是无意识的、低效的达成。下面是笔者听课时发现的一个常见现象，也是一个典型现象：教师没有情感目标预设意识，而在教学活动中有达成情感目标的活动。

（一）教学内容：七年级英语 This Is My Sister

（二）执教教师：张老师

（三）时间地点：2014 年 9 月 29，郑州某完中初中班

本节课是让学生掌握介绍家人的句型及相关单词，教师预设的教学目标是：①通过单词游戏，能够记住新单词。②通过听说练习，能够掌握对人物提问和回答的基本句型。③通过巩固训练，能够综合运用所学知识介绍他人。

根据三维目标的属性来判断，上述三个目标包括过程与方法目标、知识与技能目标，而缺失情感目标。那么根据本节课教学内容与教学活动，本节课是否应预设一个恰当的情感目标呢？在现场观课的过程中，笔者发现，在知识与技能目标达成活动结束，课堂教学活动进行到 2/3 时，教师进行了情景营造，播放了一则公益广告 *Family*。片中渲染了强烈的亲情感：“孩子从小到大，父母由年轻到老，孩子从不懂事到成长为有责任心的‘大人’。”显然，此处播放该视频，非常恰当，是整节课教学活动的升华，是情感目标“亲情感”的有效达成。

但奇怪的是，教师在教学目标预设中，并没有预设情感目标，那么教师在教学设计时，究竟是如何考虑的，是否有价值教育意识呢？课后，笔者查看了教师对本节课的教学设计活动，本节课共预设了四个教学活动，分别预设了四个目标，如表 7-1 所示。

表 7-1　*Family* 教学活动设计

活动	活动内容或主题	活动组织形式简述	试图达成何目标
活动一	认识新单词 “宾果游戏”	课前预习生词，以及辨认人物认识新单词； 与老师互动，玩 bingo 游戏	能够辨认人物，记住新单词
活动二	结对活动 小组活动	听力练习，并结对练习简单对话 阅读对话，并小组完成对话后的任务	通过听说练习能够掌握住基本句型
活动三	采访活动	拿出自己的全家福照片并给同伴进行介绍； 老师进行随机采访	能够综合运用所学知识介绍他人
活动四	观看视频	观看一则公益广告，强化 family 在心中的概念	通过观看视频使学生进行情感升华

我们发现，表 7-1 中教师的教学设计活动中活动四是为达成情感目标而预设的，但在教学目标预设中，缺少了该目标的叙写。这说明教师未完全具备价值教育意向，影响该目标的达成效果。

（二）建构与觉察“价值教育”意义和机会的“能动性”

从教师预设的教学活动可以看出，活动四是教师对学生进行“情感升华”的活动。这一现象在现实的教学活动中非常普遍、典型。教师并没有意识到，情感目标也是教学中的重要教学目标，而只把情感目标的达成看做是有效教学的重要手段，是对学生情感的升华，严重缺乏价值教育意识的意向性。

“在现象学视域中，‘意识’的根本性质体现为能动的意向构成性，即意向活动总是积极能动地激活、建构起意向对象的意义。”①具体而言，具有价值教育意识的教师，在价值教育的过程中，总是带着主动性、能动性与创造性。他们结合自己的教育经历与智慧，犹如敏锐的雷达一样，随时随地都能敏感地捕捉和把握价值教育的时机。

在“用心去爱，一个都不放弃”的故事中，由于该教师有明确的价值教育意识、转变该生的意识，所以已做好了准备，在日常教学生活中关注该生，随时打算捕捉价值教育的契机。

如何转变呢？必须从小事开始。每天上课关注他，只要观察到他听懂一点就点名让他回答问题，回答对一点时马上鼓励他继续努力，但是由于他底子太薄、习惯较差，做不到上课认真听讲，下课认真做作业。我仍然没有放弃他，总是督促他完成作业，哪怕是抄来的作业也要鼓励他，记得从一件事后他有了突飞猛进的转变。

那是一天中午放学后，由于我教两个班的数学，为了方便管理，我把两个班的学生中做作业打折扣的几个学生留在一个班里补课，当时他走进教室气冲冲地问：“老师叫我干什么？”我说：“你过来，看看你的作业还差一题，把它补上。”我边说边关爱地拍了一下他的肩膀，由于他既急着要吃饭，而且我又是当着其他班的学生的面说了他，丢了他的面子，他就冲着我说了句：“老子这多年谁都不敢打，今天被挨打，你等老子的。”就扬长而去了。

（三）直接觉察自身价值教育意识与行为的“自觉性”

何为“直接觉察自身价值教育意识与行为的‘自觉性’”？“具体而言，即教师进行价值教育的过程中，对于自己的言行对学生产生着怎样的价值教育影响，以及自己所采取的教育方式是否易于学生的理解和接受等方面，都有着自觉、清

① 胡萨. 2013. 现象学视域中的“价值教育意识”. 浙江学刊，(4)：25.

醒的直接觉察。”[①]

当时我就想，可能我今天不该当着其他人的面说他，因为他很爱面子，下午抽空找他谈谈。也就没理会他。到了下午我还有一节他们班的课，我仍然像以往一样照常上课，课上就像没有发生中午的事一样，照常让他回答了一个简单的问题。后来由于忙改作业、备课，一直忙到放学才想起要找他谈谈，正准备去教室时，他进了办公室。一进办公室就说：“老师我中午错了，我不该那样做的，我现在把作业补上，好吗？”

从上面教师的反思可以看出，教师对自己的价值教育行为有深刻的自我认识与反思，对自己行为的清醒反思是价值教育意识在价值教育过程中的重要表现。正是由于教师在行为发生过程中没有做到自我清醒，没有意识到自己的行为的不妥，或者没有从学生的角度出发，才出现了学生强烈逆反的情况。教师在实践过程中应根据具体的情境，以及学生的不同反应和需要及时做出调整，从而实现价值教育的良好效果。

（四）建构价值教育活动的“整体视域性”

“整体视域性”同样是胡塞尔现象学里的一种说法，包含两层含义：①意味着意识并不是孤立的，而是始终置身于整体性、关联性的视域、背景之中，意识总是关于某物、某事的意识，意向对象的意义总是在一定的背景下凸显出来，因此，背景参与了意识；②意识视域又总是活动的、连续的、流动的视域。“这意味着当下发生的意识体验，既有刚刚过去的经验的构成联系，也为将要有的可能的意识准备了意义的联系。”[②]这也就是说每一种发生的意识，既与过去发生联系，又与未来发生关联。

教师在教育活动中，基于意识的“整体视域性”，根据师生交流的现场，及时、机智地调整教学策略，最终成功地转化了该生。

当时我很惊讶，以为他来找我算账的，而他是来找我承认错误的，我非常感动，对他说：“今天中午是张老师的不对，本来你已经饿了想去吃饭，结果我又留下你，让你补作业，还在其他班的同学面前丢了你的面子，我首先向你道歉。”他听了以后我看出他也很惊讶而且不好意思地说：“老师，你怎么知道我是这样想的？”我接着开玩笑地说：“我是你肚子里的蛔虫，怎么能不知道呢。”他又接着说：“老师，你还向学生道歉，今天不是我亲身经历我是不会相信的！”我告诉他：老师也是人，是人就会犯错，只要犯错改了就是好的。他听了之后很亲近地对我说：“老师我佩服你！”

① 胡萨. 2013. 现象学视域中的“价值教育意识”. 浙江学刊，(4)：25.

② 胡萨. 2013. 现象学视域中的“价值教育意识”. 浙江学刊，(4)：24.

总之，价值教育意识的“整体视域性”，指的是意识总是在丰富、鲜活的活动中真实而完整地呈现，它并不是独立于现实生活之外的抽象教条。上述案例中，教师具有强烈、明确的价值教育意识，根据情境与学生的反映，采取了恰当的策略，成功地使这位学生得到了感化与转变。

二、教学中价值教育意识的养成

虽然上一节在分析意识特征时，主要侧重于从现象学对意识进行的分析，但在意识养成的分析中，则需要从心理学的视角出发。意识的养成，基本上是按照以下路线展开的（图 7-1）。

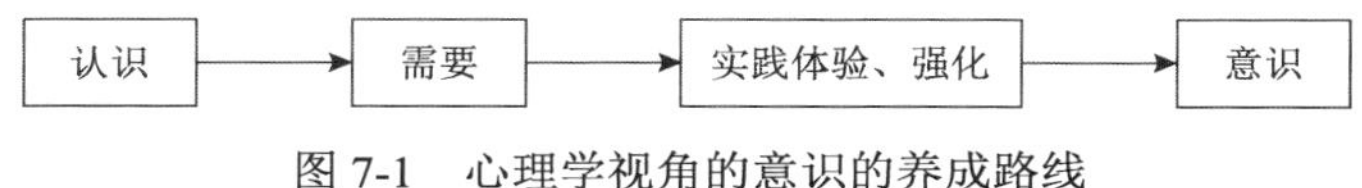

图 7-1　心理学视角的意识的养成路线

（一）教师价值教育意识的现状

教师在教学中的价值教育意识强弱是决定教学中价值教育效果的前提与基础。在长期的教学实践研究过程中，通过与教师的交流与访谈，我们发现，当前教师价值教育意识存在的问题如下。

1）有些教师认为，教学是以知识与技能为主，知识和技能是硬性的、可以量化的，而情感目标是虚的、隐性的，因此教学中不需要掺杂太多的情感态度与价值观因素，最多可以强化“过程与方法”目标。

2）升学压力影响了教师开展价值教育的积极性。我们可以发现，教师对于情感因素的利用，最大的顾虑是“应试教育”的牵制，何为“应试教育的牵制”，其实就是教师认为，在课堂教学中应重视知识目标的达成，在教学中利用情感因素，注重情感目标的达成会影响教学的有效性。这其实是教师真正的“价值教育意识”。这一现象表明，教师的价值教育意识需要进一步强化、引导。

3）还有不少的教师认为，在教学中应用情感因素最大的障碍是“缺乏方法”，因为情感目标是新课改首次明确提出的教学目标，教师在教学中缺乏相应的方法是实情，这提醒我们需要对情感目标在教学中应用的微观教学设计进行培训。从实践情况来看，教师认为教学中利用情感因素的第二大障碍是“缺乏精力”。这一因素其实与他们所理解的最大障碍“应试教育的牵制”相同，之所以缺乏精力，是因为他们认为，在教学中考虑情感因素会影响教学进度与效果，所以不值得为之努力。如果他们认识到情感目标的达成不仅有利于学生的成长，而且对教学有效性有极大的促进作用，是上好一节课“分内之事”，是应尽的责任与义务，则不会认为是“缺乏精力”。

4）教学中利用生成对学生进行价值教育的意识不足。教学生成是教学的本质表现，也是教师实施价值教育的良好时机。教学生成的处理与教师的教学智慧紧密相连，同时也是教师价值教育意识强弱的重要体现。在现实的教学生活中，多数教师不能有效利用生成，转生成为有效教学资源，而导致生成与价值教育无关或无效，这是教师价值教育意识缺失的重要表现。

通过以上在实践中了解的情况来看，教师关于教学中的价值教育意识主要体现在对情感目标的认识方面，而这一方面又是多层次的，包括对情感目标的重视度、情感目标与教学效果关系的认识等。总的看来，教师的价值教育意识不容乐观，需要强化。

（二）充分认识价值教育的重要性，唤醒价值教育意识

“意识”这个词来自拉丁文 consciencia，意即认识，也就是说，要想生成意识，首先要有认识，认识的清晰程度与意识的强度成正比。从这个角度来看，价值教育意识的养成首先需要的是形成责任感。《心理学大辞典》将责任感（responsibility）定义为“个体在道德活动中因对自己完成道德任务的情况持积极主动、认真负责的态度而产生的情感体验”[①]。研究者杨希文认为：责任感是指个体在社会生活中，对自身的社会角色及角色所应承担的责任的认知、产生的情感体验和做出的相应行为。[②]从上述定义我们可以得到如下信息，人的责任感首先是在道德实施过程中所不可或缺的，价值观教育可以理解为典型的道德教育。其次，人的责任感不是先天的、与生俱来的，而是在需求的引导下而产生的主观认识和内心体验，可见对事物的认识在形成责任感时异常重要。最后，责任感是一种情感体验，与它紧密相连的便是行为，因此要想有质有量地完成某种行为，责任感的形成是前提条件。从责任感的定义出发，责任感形成的首要条件是对事物的认知。结合情感目标的达成及教师的角色，教学中情感目标达成的责任感形成需要形成两方面的认知。

1）对教师所承担的情感任务的角色认知。教师的观念支配、影响着教师的教学行为。每位教师都应充分认识到：教师是施教者，自古以来就承担着重要的传道、授业、解惑的重任。对学生实施情感教育是教师的职责中的重要主题，这同时也是教学有效性的重要内容。有学者指出：“价值根植于美好生活，基础教育的目的在于引导学生学会过美好生活，教学有责任把学生培养成理解和拥有人类基本价值、品性优良的人，而教师首先必须是一个价值守护者和价值引领者，守护着人类最基本的价值。”[③]教师在教学中，担负着重要的价值引领责任，教师对此要有清醒的认知。这一认知，比“我要如何”这一心理水平的思考，在理智上更进了一步。

---

① 转引自：杨希文. 2014. 基于布卢姆情感目标分类学理论的幼儿责任感的研究. 首都师范大学硕士学位论文：2.

② 杨希文. 2014. 基于布卢姆情感目标分类学理论的幼儿责任感的研究. 首都师范大学硕士学位论文：1.

③ 黎琼锋. 2008. 导向美好生活——教学过程的价值追寻. 华中师范大学博士学位论文：155.

2）对教学中情感目标的正确认知。就情感目标达成而言，责任感的重要内涵是教师要对情感目标的达成或价值教育有一个正确、科学的认识。在与教师关于价值教育的交流中，笔者听到最多的一个观点是“实施价值教育”是否会影响教学成绩。这是一个普遍的担心，但也是一个普遍的误会。教师们的这一担心存在三种前提性误解：①认为价值教育与知识教学是分开实施的，单独实施价值教育会影响、耽误知识教学；②对情感目标的达成与有效教学的关系理解有误，认为达成情感目标不利于或影响知识目标的达成；③认为教学成绩不应包含价值教育的结果，教学成绩就是知识教学的结果。因此，科学认识价值教育，主要是澄清这三种误解。

1. 教学中的价值教育融合于知识教学中

在课堂教学中，虽然有情感目标单独达成的教学设计活动，但从整节课的教学活动来看，如果情感目标的达成活动安排得自然、流畅的话，这样的教学设计活动是与知识教学有机融合在一起的。在课堂教学中，大部分时候情感目标的达成与知识目标的达成融合在一起或者说是在一个教学设计活动中同时达成的。这样的达成效果最为理想，因为它实现的是潜移默化、无痕的达成，相应的案例及分析如下。

人文学科中的情感目标达成，既是价值教育，也是知识教学。对于人文学科而言，如语文、政治、历史学科，在教学中有一些教学目标，既是知识目标，也是情感（价值）目标，它的达成已不是单纯意义上的价值教育，而是知识教育的一部分。因此，关于教学中达成这些目标的二者分离之说或价值教育影响教学效果之说，都是误解，是因没有真实考察课堂教学现状而产生的误解。

案例一：本案例来自 2014 年郑州某高中历史课堂“戊戌变法”。

学习目标：

1）通过合作学习，能够说出戊戌变法产生的历史背景。

2）通过合作学习，归纳出康梁等维新派人物的政治主张和戊戌变法的主要内容。

3）通过学习，能够说出戊戌变法失败的原因及其历史意义。

从目标属性上判断，目标 1）、目标 2）属于知识与技能目标，目标 3）也属于知识技能目标。但目标 3）也可称为情感目标，因为“能够说出戊戌变法失败的原因及其历史意义”对于学生而言，历史上的经验与教训在于促进他们形成正确的历史观，这应属于情感目标。在教授戊戌变法的意义时，教师引用了余秋雨《山居笔记　流放者的土地》一文中的一个片断，来启发同学们对戊戌变法历史意义的思考：“毫无疑问，最让人心动的是苦难中的高贵，最让人看出高贵之所以高贵的，也是这种高贵。凭着这种高贵，人们可以在死亡线的边缘上吟诗作赋，可以用自己的一点温暖化开别人心头的积雪，继而，可以用屈辱之身去点燃文明的火种。他们为了文化和文明，可以不顾物欲利益，不顾功名得失，义无反顾，一代又一代。”

显然，这一材料中，教师试图让同学们理解戊戌变法的历史意义之一：这些仁人志士是“用屈辱之身去点燃文明的火种”，“他们为了文化和文明，可以不顾物欲利益，不顾功名得失，义无反顾，一代又一代”。这明显属于价值观目标。

理科课堂中，情感目标可以与知识目标在同一活动中达成，即在达成知识目标的同时，伴随着情感目标的达成。它们的达成并非分离，并且情感目标达成的趣味性可以促进知识目标的有效达成，这也是一节课最为精彩的地方。

案例二：本案例来自 2014 年郑州某初中数学八年级下册“平面直角坐标系”。

学习目标：

1）知识目标：通过阅读教材、小组交流，能准确画出平面直角坐标系；在给定的平面直角坐标系中，会由点的位置写出它的坐标，并能根据坐标描出点的位置。

2）能力目标：通过画坐标系、由点找坐标等过程，发展学生的数形结合意识、合作交流意识；通过在方格纸上建立适当的直角坐标系，描述物体的位置，培养学生应用数学的能力。

3）情感目标：由教室平面内任意一点位置的确定，引入平面直角坐标系的有关内容，让学生认识数学来自生活并应用于生活，提高学生参与数学学习活动的积极性和好奇心；由平面直角坐标系的由来，使学生了解法国数学家笛卡儿对人类历史发展的贡献，学习他勤于思考，勇于探索的精神。

本节课属于典型的理科课，教师预设了两个情感目标：一个是引导学生认识“数学来自生活，反过来为生活服务”；另一个是借用科学史笛卡尔发现直角坐标系的故事，启发学生勤于思考，勇于探索。下面以第一个情感目标的达成为例，来说明情感目标达成与知识目标达成的关系。在现场观课时，笔者发现，教师采用如下教学设计来达成第一个情感目标（图 7-2）。

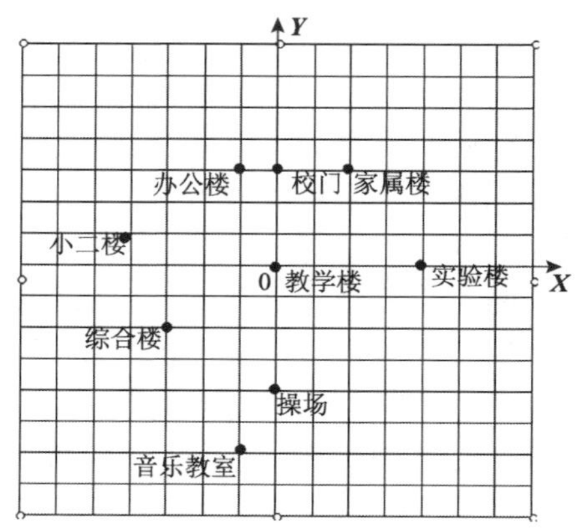

图 7-2 “平面直角坐标系”教学设计

教师展示一所学校的平面示意图，让学生以教学楼为坐标原点，建立合适的平面直角坐标系，并写出图中各建筑的坐标。

这一教学设计中，学生标注各建筑物的位置本身就是坐标系知识的运用。教师在该教学活动中，引导学生得出这样的结论：数学知识是可以为我们生活服务，改善我们的日常生活的，比如，我们可以利用本节课所学知识，把学校的主要建筑物标出来，便于来校办事的家长顺利地找到不同的建筑物。学生如果能标出学校的办公楼，必须要掌握本节课的知识目标，即掌握直角坐标系的基本要素，如原点的确定，*X*、*Y* 轴正方向的确定，坐标轴单位的确定等。所以本环节是巩固、运用本节课知识目标的过程，也是达成情感目标的过程，二者是融为一体的，不能分离。

关于情感目标与知识目标的达成关系，布卢姆曾清楚地指出："我们试图把情感领域同认知领域分离开来加以分析，这一事实并不意味着这两个领域之间存在着一种根本的分离。实际上，这两个领域之间不存在任何分离。"[①]那么在课堂教学中，"这两个领域，一个领域可在另一领域用作控制行为和达到目标的手段"[①]。

总之，一个人的价值教育意识，不会自发产生，需要对教师进行专题培训，使他们产生相应的需要，进而唤醒这种意识。

2. 主体参与、亲身体验

要使教师的价值教育意识最终形成，深刻认识到价值教育的重要性，唯一的也是最有效的途径就是教师在教学实践中体验，最终生成意识。

意识是一种心理现象，它的真正生成、亲自参与与亲身体验是意识生成的决定性环节。"亲自参与"是指通过感官的看（see）、听（hear）、用（use）等手段，充分刺激和调动个体的感官（sense）、情感（feel）、思考（think）、行动（act）、联想（relate）等感性因素和理性因素，重新理解、定义和认识某物的一种过程。所以，不同的感官会生成不同的体验，如知觉体验、思维体验、情感体验等。意识与体验的关系，可以用下面的关系式表达：

意识=体验=实践

实践与体验是一对紧密相连的词，在实践中，人的各种感官才能生成体验，也只有在体验中，主体才能实践。体验就是个体用全部的心智包括行为、认知与情感去感受、关注和理解。作为个体的教师，只有在教学实践中努力预设情感目标及达成活动，在教学中体验情感目标达成后的教学效果，体验学生的欣赏与同事的认同，才能真正体会到情感目标对教学效果及学生发展的重要价值，才能在教学中生成自觉的价值教育意识。

---

① D. R. 克拉斯沃尔，B. S. 布卢姆，等. 1989. 教育目标分类学·第二分册·情感领域. 施良方，张云高译. 上海：华东师范大学出版社：47.

3. 反复实践，强化意识

在对中小学教师的调研中，我们发现，教师在长期的教学实践中，存在一定的惰性心理。所谓教学中的惰性心理，就是学校行政领导要求什么，教师就临时按要求行事，一旦不要求，也就不再执行相关要求。所以，要想让教师在教学中关注情感目标、实施价值教育，必须要反复实践，也就是把价值教育当做教学常规中的重要内容，监督、督促教师，真正让其价值教育意识成为牢固的心理认识，使其自觉性，这样才可以让价值教育在教学中形成自觉性。

“价值教育联盟”学校是致力于价值教育研究的专家北京师范大学石中英教授所倡导，联系全国部分中小学校成立的一个学术组织，其目的是践行学校教育中的价值教育。下面是一位教师参加每年一度的“价值教育联盟学校”年度活动的感想，标题是“价值的觉醒”。这一标题恰当地表明，教师亲自参与价值教育意识的生成。①

价值的觉醒

三天的学习时间虽然很短，但我们的学习内容却是丰富的，有大师的讲座，还有同仁的交流、探讨，使人受益匪浅。

我作为武汉市马房山中学的德育主任，第一次参加这样的学习。在三天的学习中，给我印象最深刻的就是石教授治学严谨、态度和蔼。他不仅是价值教育的引领者，更是价值教育的示范者。黄济老先生虽然九十高龄，但仍然学不厌，教不倦，教学一丝不苟，使我们深刻理解了什么叫“学高为师，身正为范”。

参加这次学习之前，由于学校德育工作和高三教学工作任务较重，原本准备让别的同事来学习。但胡校长叮嘱我一定要来参加学习，不能错过这么好的学习机会，而且还说让我们好好“洗脑”。特别是我们这些德育工作者，一定要学习一些先进的教育理念。通过学习，我确实感觉到“洗了脑”，各位专家把自己的最新研究成果毫无保留地拿出来分享，使我收获巨大。

以前也知道我们的教育目前确实存在“重成绩、轻品德”的现象，但作为一名德育工作者，总是苦恼于没有什么有效的教育手段来实现有效的德育。而现在石教授归纳的以“仁爱”为核心的详细的价值教育体系，使人茅塞顿开。我认识到价值教育的很多内容是我们平时德育工作的一些内容，它可以和平时的常规德育有机结合；同时也认识到我们平时容易忽略不少内容，如平等、自由、责任、公正等。这些对我们学校开展有体系的德育工作，围绕价值教育这条主线进行道德教育指明了方向。

上文作者的价值教育意识是在他亲自参与的价值教育系列活动中觉醒的，通过所见、所闻、所感而“洗了脑”，有茅塞顿开的感觉。他终于认识到“价值教

① 转引自：《中国价值教育通讯》2010，(2)：36(内部刊物，未发表).

育的很多内容是我们平时德育工作的一些内容，它可以和平时的常规德育有机结合；同时认识到我们平时容易忽略不少内容，如平等、自由、责任、公正等”。

第二节　教学中的爱——师爱①

爱是人类永恒的主题。教师的爱是教育成功的重要前提。古代的孔子以“爱之，能勿劳乎”的精神去爱学生，柳宗元也强调要“爱加于生徒”。古人的阐述足以表明师爱在教育中的重要价值与意义。国内有两位以“师爱”而著称的小学教师，她们分别是斯霞、霍懋征。这两位教师以自己一生的实践，向我们昭示了一个重要的道理：成功的教育就是师爱淋漓尽致体现的实践活动。我们赞美伟大的师爱，并且有足够的理由让我们相信应在教育中体现师爱，但师爱究竟是如何发生的？有没有层次、秩序之分？我们该如何在实践中培养教师的师爱美德？这些只有在揭示了师爱发生机制后才能找到答案。下面通过霍懋征、斯霞两位全国知名、优秀小学教师的爱的实践，追溯他们成为“人中之神”的师生关系中核心价值是什么，同时诠释师生关系中爱的结构、层次与秩序，寻找师爱的发生机制。

一、何为价值秩序

价值（value）原本为经济学概念，后泛化为许多学科，如伦理学、哲学、社会学等学科中的专有术语，在伦理学及价值教育中，它指的是一种原则或观念。通过教育活动将有关价值内化为个体的价值品质，最终形成相应的价值观，用以指引个体的行为，这便是价值教育。例如，公平的价值指引下个体就会做出公平的行为；尊重的价值指引下就会做出尊重的行为。那么何为价值秩序呢？价值秩序这一术语来自舍勒的情感现象学。

众所周知，人的一切行为总是在一定的价值指引下发生的。这里的问题在于支配人类行为关系的这些价值是否存在着先后与本源性问题，即支配人类行为的价值是否存在结构与秩序问题，这是包括舍勒在内的诸多哲学家、伦理学家一直努力探究的问题。舍勒认为，人在面对重大事情所做出的重大道德行为选择中，总存在着以一定个体核心价值为基础的价值结构——类似于德性的基本公式，主体正是按照这个基本公式的规定在道德上生活和生存，这就是舍勒所说的价值秩序。价值秩序反映了一个人的价值倾向与价值选取。

舍勒认为：“在整个价值王国中，价值在相互关系中具有一个‘级序’，根据这个级序，一个价值要比另一个价值‘更高’或‘更低’。”②他在《形式主义》

① 本节核心内容发表于《河南大学学报(社会科学版)》2013年第5期。

② 舍勒. 2004. 伦理学中的形式主义与质料的价值伦理学. 倪梁康译. 北京：生活•读书•新知三联书店：104.

一书中系统论述了一个从低到高的给予个体不同感受的价值秩序，该秩序分为四个等级，即感官价值、生命或活力价值、精神价值与神圣或非神圣价值。[①]其中神圣价值高于精神价值，活力价值高于感官价值。总之，价值秩序就是一个支配人行为的价值序列，价值的等级秩序越高，越能够使人产生深层次或内心的满足感。本书认为，师爱是一种复合的价值品质，它的发生同样存在着一种秩序，即师爱的价值秩序。

二、师爱是复合价值品质，具有一定的发生秩序

师爱作为教师的核心价值品质，已得到理论界的认同与实践界的验证，但师爱绝不是教师自然天性的本能表现，也不是出于某种私利的个人好恶，而是具有深刻社会内容的高级情感，是建立在对教育工作的社会意义的深层认识的基础上的。从已有的关于“师爱”研究结果来看，师爱是一名教师的优良素质的综合表现，是一种复合的价值。有众多的行为属于典型“师爱”的范畴，有学者做了如下的归纳：①凡是教师对学生产生的积极情感就是“师爱”；②师爱是指教师在教育学生时的态度，比如‘严父’式的爱或‘慈母’式的爱；③师爱表现为教师的职业道德，比如尊重学生、善待学生、不歧视学生等；④师爱专指教师高尚的道德精神，表现为教师工作废寝忘食，甘于奉献等。[②]从以上四种师爱形式可以看出，师爱在实践中，在不同教师的教育教学活动中，有不同的表现形式。关怀、爱护学生是师爱，尊重、信任学生也是师爱；同情、理解学生是师爱，废寝忘食、甘于奉献同样是师爱。显然师爱是一种复合的价值品质，在不同教师、不同的教育实践中有不同的表现形式。那么，师爱作为一种复合的价值品质，它的发生有没有一定的秩序？或者说，不同的教师具有不同的师爱表现形式，他们的师爱价值品质在形成过程中有没有共同的规律可循？笔者认为，师爱作为一种价值品质，应具有共同的发生机制。这一发生机制可以解释师爱在实践中为何有不同的表现形式，不同的表现形式之间又具有何种逻辑关系。

了解、探究师爱的价值秩序，对于师爱的养成及教师教育中师爱的培养具有极其重要的意义。舍勒指出，爱是人类行为的本源性价值，了解一个人的爱的秩序，对作为道德主体的人具有重要的意义，就好像了解了结晶公式对于晶体的意义一样，“谁把握了一个人的爱的秩序，谁就理解了这个人”[③]。师爱作为支配理想师生关系的核心价值，这也许是人人皆知的事实，但师生交往中的爱是单一维度的吗？如果爱是复合层次的话，不同层次的爱又是什么关系？谁是本源性价值，谁是衍生的价值？总之，作为教育中最重要关系的师生关系，特别是理想的师生

① 阮朝辉. 2011. 现象学直观的教育价值及其评价. 教育学报，(5)：23.

② 转引自：李红博. 2006. 师爱的情感现象学解读. 首都师范大学硕士学位论文：20.

③ 舍勒. 1999. 舍勒选集. 刘小枫选编. 上海：上海三联书店：740.

关系，究竟是靠什么样的爱的价值秩序来维持的呢？

探究师爱的价值结构与秩序，避免单纯的形而上的解释，必须深入师爱的实践中，因为师爱是实践中的师爱。在师爱的实践中，任何理论的说教与解释都是苍白无力的。斯霞老师是我国著名的语文教师，早在20世纪60年代，她的“童心母爱”就伴着她的名字传遍了大江南北，她被誉为“小学教育界的梅兰芳”；霍懋征老师是“爱的教育”的倡导者和实践者，是曾经被周恩来总理称为“国宝”的小学数学教师。回顾两位教师走过的道路，为什么她们那么受人们尊崇，受学生爱戴？是什么成就了她们的成功？在日常的实践中，霍懋征老师与斯霞老师的师爱实践是否存在着共同的爱的结构与秩序问题，我们只有走入这两位教师师爱的实践中，才可能找到相应的答案。

三、师爱发生的价值秩序：案例分析

爱是人类的原行为，这是情感现象学家舍勒的立场与思想的主旨。“人，在他是思之在者或意愿之在者之前，是个爱之在者。”[①]爱作为所有认识和意愿的活力原则这一确信在舍勒著作中到处可以发现。纵览舍勒有关爱的著作，舍勒认为，爱是人之为人的本质，这一原则恒常支配着主体如何看待世界和他的行为活动。作为人类关系的重要组成部分之一的理想师生关系的维系当然也应是爱这一核心价值所营造的，这一点可从我们一直所倡导的师德内涵中看出。但是师爱具有其特殊性，它不同于一般意义的爱，如母爱。母爱可以先天赋予的。师爱是后天生成的，师爱的工作性质决定了师爱是由教师的人生价值取向所产生的，即师爱是教师对职业的爱所衍生的。霍懋征与斯霞老师的师爱实践可以给予此充分的说明。

（一）对教师职业的爱，师爱的重要组成部分与原动力

1943年，霍老师毕业于北京师范大学数理系，那时的北京师范大学的高才生完全可以去一所大学或其他理想单位找一个较好的工作，但毕业后她放弃留母校任教的工作机会，毅然选择去小学当孩子王。她的这一举动在当时引起了很大的轰动。俗话说：“家有三斗粮，不当孩子王。”更何况霍老师是放弃当大学教师的工作，主动去带那些难以管教的小孩子！霍老师并没有理会那些世俗的眼光，硬是去了，风风雨雨一生走过来，她成为周恩来同志夸奖的国宝级的特级教师，获得这样殊荣的教师全国绝无仅有。有学者这样评价霍老师：如果没有发自内心对孩子的爱，她会这样做吗？会做得这样风生水起、这样乐此不疲吗？正是这种深深植根于心灵深处的对教育职业的爱、对学生的爱让年逾八十的霍老师在走路

① 舍勒. 1999. 舍勒选集. 刘小枫选编. 上海：上海三联书店：751.

都成问题的时候，还瞒着自己的儿女去宣传“爱的教育”。

斯霞老师的从教经历同样表明了这样一个道理，对于教师这个职业的热爱是师爱的源发性爱。有人说，1910—2004年，斯霞老师一生就做了一件事，那就是热爱教书育人、投身于教书育人。南京师范大学附属小学的一位教师告诉记者，斯老师从18岁当教师开始，一生只爱教师这一行，爱得痴迷，爱得纯真。她主动放弃担任南京市教育局副局长的职位，不为地位所动；从未有过跳槽谋利的杂念，不为金钱所动。她只喜欢当小学教师，只喜欢学校。对于从事教师职业，她终身无悔。“斯老师的一生，堪称一代师表!”①

爱既是教师的天职，又是师德的灵魂，更是唤醒教师其他爱的行为的催化剂。“爱始终是认识和意愿的催醒女。”②正是由于对教师职业的爱，两位教师才会抛弃世俗观念，毅然决然地选择小学教师这个职业，霍懋征老师做教师做得“风生水起，乐此不疲”；斯霞老师“不为地位所动，不为金钱所动，从未有过跳槽的杂念”。总而言之，对职业的爱是两位老师在一切师生交往中的爱的行为的原动力。舍勒曾言：爱是倾向或随倾向而来的行为，此行为试图将每个事物引入自己特有的价值完美之方向。③霍老师曾说：“在世界上，最有效且没有副作用的教育莫过于感化人的心灵，而最有效的感化莫过于真心地爱学生。因为真爱是人世间的另一轮太阳，催生着新绿，哺育着万物；真爱也是人类心灵的‘杀毒软件’，杀灭了每颗心灵里的病菌。”④在随后的师生交往中，这两位教师的一切行为皆是从职业爱出发，使所有的师生交往行为走向“价值完美之方向”，由职业的爱引发了一系列师生交往中爱的价值完美的行为。

（二）由职业的爱所引发的师爱其他价值品质

“爱是原行为”指的是爱是人之为人的根本品质，是引发人类一切“爱的行为”的奠基性价值。实际上，爱是全人类应有的美德，也是人类的原行为。比如，在柏拉图思想中，“爱欲”远比正义更为根本，在西方思想体系中占有重要地位的基督教思想中，爱则是道德的金律。基督教思想家奥古斯丁认为，对“某物”感兴趣和对“某某”的爱才是我们的其他一切行动包括判断、感受、观念、回忆、具体的意趣和意义意向的基础。⑤无独有偶，我国传统的儒家思想同样认为爱是人类的原行为。比如，儒家思想的仁（仁爱），孔子在《论语·阳货》中指出，何为仁？“能行五者于天下者，为仁矣”，而五者是：恭、宽、信、敏、惠。显然，

---

① 中国教育新闻网. 2009. 斯霞：一生只做一件事. http://china.jyb.cn/zhbd/200909/t20090904_307975_1.html [2009-09-04].

② 舍勒. 1995. 爱的秩序. 林克，等译. 北京：生活·读书·新知三联书店：48.

③ 舍勒. 1999. 舍勒选集. 刘小枫选编. 上海：上海三联书店：750.

④ 孙志毅. 2009. 学学名师那些事. 重庆：西南师范大学出版社：214-215.

⑤ 张志平. 2006. 情感的本质与意义. 上海：上海人民出版社：98.

孔子认为，由爱（仁）可以衍生出一系列为人处世的如与恭、宽、信、敏、惠等五项相应的价值品质。那么霍懋征与斯霞老师在她们的日常生活中，在与学生的交往活动中，又表现出什么样的爱的价值品质呢？

1. 霍懋征老师师生交往中爱的价值秩序

霍老师有句著名的座右铭：没有爱就没有教育。她说“孩子只有内向外向之别，没有先进后进之分”，“小学阶段谁也看不到学生的未来”，“小学 6 年，教师塑造的是成人的雏形，雏形的成败全凭老师的一颗心”。这句看似平常的座右铭，却道出了霍老师师生交往中的核心价值观——爱。那么，在与学生的交往中，霍老师又是如何实现这个价值观的呢？霍老师明确提出了她的师生交往观，那就是“激励、赏识、参与、期待”。霍老师认为，激励、赏识、参与、期待的师生交往才是对学生的爱的体现。而“激励、赏识、参与、期待”这些行为背后体现出的应是尊重、平等与关怀等价值品质，它们是爱的具体表现与下位价值品质。总之，在霍老师的教育实践中，正是由于霍教师“没有爱就没有教育”的假设，才会出现尊重、平等与关怀的师生交往价值品质，进而才会出现激励、赏识、参与、期待的课堂。霍老师课堂中师生交往爱的价值秩序可用图 7-3 表示。

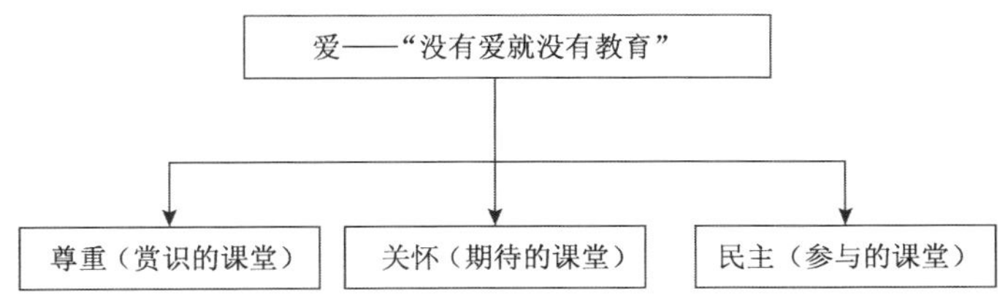

图 7-3　霍懋征课堂中师生交往中爱的价值秩序

2. 斯霞老师师生交往中爱的价值秩序

斯霞老师以“童心母爱”著称于教育界，她在一生的教育实践中，以她的大爱而牵出了一系列的小爱。一位研究者对斯霞师爱的实践的总结与描述是这样的①：

斯霞的爱首先意味着尊重。斯霞是热爱学生的，这种热爱内在地包含了对于儿童的尊重。她站在儿童的立场上看待儿童的问题以及对于问题的解答，站在儿童的立场上看待儿童的错误。

斯霞的爱内蕴着平等。斯霞能够正确看待自己的地位，从不以“真理代言人”和“道德典范”自居。她平等地关怀每一个儿童。

斯霞的爱也包含着宽容。她能准确认知与判断教育情境，判断问题本身是原则性的还是非原则性的，判断过错是偶然性的还是经常性的。

总之，斯霞老师的爱是本体性的爱，实质上是对教育的爱。这种爱贯穿于生

① 杨林国. 2007. 追寻斯霞的教育爱. 江苏教育学院学报(社会科学版)，(6)：1-8.

活，又充满智慧。在什么情况下采取何种爱的实现方式，完全取决于爱发生的条件与实践的需要。通过上述对斯霞老师以大爱引出小爱的描述，我们可用图表示其爱的价值秩序（图 7-4）。

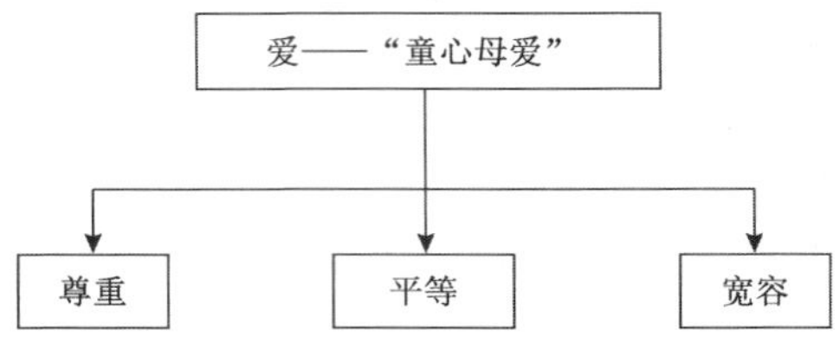

图 7-4 斯霞课堂中师生交往中爱的价值秩序

斯霞对于学生的爱是真挚的爱，这种爱是平凡的、朴实的，渗透在斯霞的日常生活中。正因为渗透在日常生活之中，斯霞之爱已经转换成为“小爱”。由爱衍生的其他交往行为的表现形式可能是多种多样的，有时亲切的关怀和赞许的微笑是爱，有时严厉的批评和严肃的教育也是爱。至于在什么情况下采取何种爱的实现方式，这完全取决于斯霞的实践智慧，取决教师的价值选择、价值判断与价值智慧。这些影射出的价值品质既可以理解为由爱这一核心价值衍生出来的价值品质，也可以理解为爱在具体教学实践中的不同表现方式。

四、师爱发生的价值秩序：归纳与总结

就师生交往中的师爱而言，根据舍勒对人类原行为爱的理解及对霍懋征、斯霞两位老师的师爱实践的分析，本书认为，理想师生交往中的师爱存在着如下爱的价值秩序（图 7-5）。

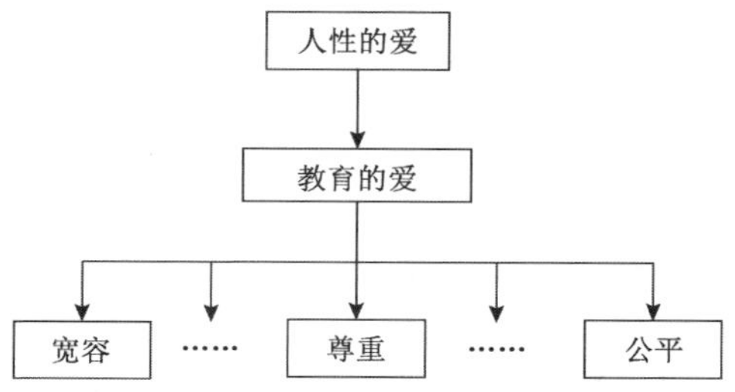

图 7-5 理想师生交往中的师爱的价值秩序

第一层次：人性中的爱。这里的爱类似于舍勒说的“爱”，是人类的原行为。应该说这属于人性层次，凡是“人”，都应有这个“爱”。舍勒认为，爱是人与世界发生关联，认识世界的前提和动力。他说：“我们始终感觉爱同时是原行为，通过它，一个在者离开自己，以便作为意向性之在者分有并参与另一在者之在，使二者不会以任何方式成为彼此分离的实在部分。我们所谓之‘认识’，始终以

爱之原行为为前提。”[①]人首先是通过爱或者说首先是在爱中与世界发生着交往；没有爱，世界就不会向人照面，它也因此不会被别人爱。所以，爱是人的“原行为”，指的是爱处于人类价值体系的中心位置。

第二层次：教育的爱。这是一种对教育本身怀有一种深厚、真挚感情的责任心的爱。它是由人的原行为“爱”引出的下位价值品质，对教育职业或事业的爱作为一个教师的天职和师德的灵魂，是仅次于人类原行为爱的本体性爱。所谓本体性爱，是指这种爱已成为生活中的需要、习惯，会衍生出一系列不同的爱。不同的教师对教育的爱的表现形式或表达方式不尽相同。霍懋征老师的“没有爱就没有教育”、斯霞老师的“童心母爱”皆属于这一层次爱的表达。霍懋征老师如果没有对教育的爱，她不可能在那个时代毅然决然地选择小学教师这个职业；斯霞老师如果没有对教育职业的爱，也不会放弃教育局副局长这个让多少人羡慕的位置。所以，对教育的爱是师爱中最为关键的一个价值层级，它向上继承了人性中爱的成分，向下可以衍生出一系列的爱的价值品质与行为。在职业的爱的指引下，教师的爱具有显著的自然、自发的特性，没有造作之嫌。这种爱的行为是真挚、自然与自发的行为，并且是平凡的、朴实的，渗透在一位教师的日常生活中。从这一角度来看，师爱是教师职业情感的灵魂。

第三层次：不同主题的爱，如尊重、宽容、公正等。这一层次是师爱的价值秩序的最后一个层级，直接体现在教师的日常生活之中。在“职业的爱”这一核心价值品质的指引下，不同的教师在师生交往的实践中会衍生诸多爱的价值品质。其中最核心的价值品质应是关心、尊重、责任心与关爱等。法兰克福学派著名的心理学家弗洛姆在他的《爱的艺术》中也指出，爱有一些基本要素，这些要素是所有的爱共有的，那就是关心、责任心、尊重和认识。[②]师生交往中教师如何践行尊重、关心或责任心等价值品质，这完全依靠教师个人的实践智慧与现实条件。不同的教师，其爱的价值秩序不尽相同，爱的价值秩序显现出的是教师个体不同的价值理解和选择，也反映了教师不同的价值取舍。如果教师认为公正是爱的重要表现，那么在他的师生交往中，公正的行为可以多于尊重的行为，如果认为尊重的行为是重要的爱的体现，那么尊重的行为可能多于其他爱的行为。比如，在霍老师的课堂中，霍老师根据她对爱的价值的理解，并结合自己多年的师生交往实践，形成了尊重、参与与期待的课堂，而在斯霞老师的课堂中，在她的爱的核心价值观指引下，她站在儿童的立场看待儿童的错误，课堂就成了尊重的课堂；她还从不以“真理代言人”和“道德典范”自居，她的课堂就成为了平等的课堂。总之，两位老师在日常生活中爱的形式不尽相同，但指引她们的核心价值品质应是相同的，爱的基本要素如尊重、关爱等价值品质是一致的。

---

① 舍勒. 1999. 舍勒选集. 刘小枫选编. 上海：上海三联书店：750.

② 弗洛姆. 2010. 爱的艺术. 李健鸣译. 上海：上海译文出版社：24.

综上所述，师爱作为教育实践的重要问题，在已有的教育理论研究领域中却没有获得应有的地位，对师爱的系统理论研究较少。已有的爱的研究多数是一线教师出于真切的体会和成功的经验之谈，它们从不同角度反映了这些教师高尚的情操，然而对爱的教育的研究存在很多争议，教师爱生之道的研究也是如此，很少见到稍微系统的理性分析。本书试图揭示师爱的发生机制，以图为师爱的塑造提供参考。比如在我们明白了师爱的价值秩序后，在教师的职前教育与职后教育中，我们就不能把培训的重点放在第三层级，即具体的师爱层级，这一层级的培训易形成虚假的师爱或形式化的师爱。我们应把师爱培训重点放在第二层级，即对职业的爱、对教育的爱。这是具体的师爱产生的核心与关键，也是本书努力揭示师爱的价值秩序的目的之一。

下面为一位中学教师在参与价值教育联盟学校的年度活动后，写的一篇“关于价值教育的思考”。“爱的力量”是笔者根据该文所表达的核心观点添加的标题。

爱的力量

小叶是我所带的高三（2）班的班长，因为很小的时候，父母离异，她从小缺乏爱的温暖。了解了她的家庭状况后，我注重关心她的学习生活状况，多开导她，因此她也比较亲近我，班上有什么情况主动找我商量。可就在高考前一个月，我下晚自习值完班回家，差不多十点半。手机里有两个陌生的未接来电，我也未在意。刚到家准备坐下，收到一条陌生电话的短信：“小叶割腕要自杀了。”我吓了一跳，怎么可能呢？八点钟走读生下晚自习时，小叶还高兴地和我说再见呢！我赶紧打电话给发短信的人，他不接，过了两分钟，我又收到了一条短信：“相信我，老师，我说的是真的。我是外班的小兵，我提出和她分手，她就割腕。我刚陪她去了医院处理伤口，并送她上车了，我怕她会有事。”我赶紧给小叶的爸爸打电话，电话无人接听。我冷静了一下，还是决定给小叶打电话。“小叶你回家了没？”“我正在车上，刚才去买画画的工具，回家晚了。”“世上没有过不去的坎，我知道你心里难受，老师愿意和你一起分担……十二年的寒窗苦读到了最艰难、最重要的时候，你的理想就要实现了，老师还期待你金榜题名呢！别胡思乱想了，赶紧回家吧！免得让你爸担心，回家后给我发条短信。”“老师，我知道了。”大约在晚上十一点半，我收到了小叶发来的短信：“老师，谢谢您的关心，我只是心情不好而已，已经想开了，未来的路还很长，我还想凭自己的实力奋斗，我也想考个好大学，我会努力的，让您费心了。”第二天早上到校时，小叶冲站在教室门口等候她的我不好意思地笑了笑，我给她一个加油的动作，我们都心领神会，一切都过去了。今年高考小叶取得了超出艺术二本线56分的好成绩。她上大学的梦终于如愿了。

“仁义绵绵，爱意切切，如春风化雨，如细雨润物。”在上述案例中，该教师并没有因学生的早恋而批评学生，而是在转化学生的思想、调适学生的心理上下工夫。通过对学生的关爱来感化和激励学生，这种爱的付出是意义长远的人文关怀，是一种负责任的爱。该教师在长期的教学、教育实践中得出一个结论，那就是爱是教育力量的源泉，并认为关爱是教师所追求的核心价值观。文中她引用名言说：教育技巧的全部奥秘在于如何爱学生。对学生的关爱是教师一切教育艺术、方法产生的基础和源泉，也是学生高尚情操和健康心理扎根生长的沃土。

第三节　教学中的民主

教学民主对教育的作用毋庸置疑，很早就有学者对教学民主的教学价值进行了探究，最早的经典研究是美国学者勒温所进行的研究。他在研究社会空间实验时，提出了勒温场论。1938—1939 年，勒温与利皮特和怀特进行了一项关于民主和专制的团体气氛的实验研究。[①]

他们把 11 岁的儿童分为专制式和民主式两组，比较两种管理方式的效果；后来又增加放任式做比较研究。

专制组是由成人独自提出集体的目标，制定工作步骤，给每个成员分配任务，并对儿童严加管理；民主组是成人把有关集体活动的目标、方式等交给儿童去讨论，提出可供选择的工作步骤，最终由集体做出决定；第三种方式是由成人笼统地说明工作的目的，但不直接告诉儿童应当做什么和怎么做，一切由儿童自己决定。[②]

要求每组儿童都经历三种不同的领导方式，整个研究历时 21 周。对每一组变换不同的领导方式并进行自身比较，并研究以领导为中心的（专制）组与以团体为中心的（民主）组在行为上有何不同，在团体的影响上又有何不同。

结果一致表明，民主式的领导方式优于专制式。专制式的领导下，孩子的主动性差。民主式的管理下，无论是整个小组还是组成员的表现都优于其他对比组。

这个经典的实验表明：只有民主的教学产生了较好的效果，学生心情舒畅，关心集体，表现出较高的独立性，工作效率较高；其他两种教学则使学生情绪不稳，易产生较严重的挫折感，工作效率较低。[②]

教学是一个不断发展变化的概念，人们从未停止过对教学真谛的探寻，其中教学中的民主始终是中西方学者探究的重要领域。欧美国家最早明确提出“教育民主化”。“美国实用主义学者的代表人物杜威及英国的科学人文主义学派的代表人物托马斯·莫尔是教育民主化进程中的杰出代表。”[③]民主是社会生活中的一个重要的价值原则。教学民主并不是一个新鲜的话题，但时至今日，民主仍是

---

① 申荷永. 1990. 团体动力学的理论与方法. 南京师大学报(社会科学版)，(1)：101-105.

② 张熙. 1999. 课堂教学民主三题. 中小学管理，(4)：10.

③ 胡白云. 2012. 女性主义视野中的教学民主研究. 西南大学博士学位论文：4.

教学中重要的理念，是教学的理想状态。教学中非民主的现象仍然普遍存在，并严重制约着受教育者的发展。与教学民主相对的是教学控制，教学控制是管理班级教学的前提与基础，但是过于强调控制则使教育失去了民主的意蕴，危害受教育者的发展。“教师仍然坚守师道尊严的传统角色，意识不到学生的真正地位，教学过程中缺乏尊重、理解和信任；教师仍然凭借知识和经验方面的优势，把自身的权力凌驾于学生之上，过多为学生作选择和安排。”①类似的现象在当前的班级教学中是普遍存在的。

一、教学民主的内涵

民主与平等一样，是人类永恒的追求。著名学者杜威应是把民主作为教育的原则、方针、政策的第一人，他把教育与民主联系起来进行讨论、研究，但杜威并没有明确界定何为民主教育。陶行知是我国学者中首先使用并界定民主教育这一概念的学者，并提到了教学民主。“他在《实施民主教育的提纲》一文中，从教育的十二个方面阐述了‘民主教育’的内涵，包括教育机会均等、民主的教法、民主的教材等等。民主的教法和教材就是在阐释教学民主。”②教学中谈论、实施民主，则是教学中一个永恒的话题。

无论是教育民主还是教学民主，皆是民主在实践中的应用。何为民主呢？现代汉语《辞海》对民主的解释是这样的：民主主要指统治阶级中的多数人掌握国家权力的国家形式、政治制度；解决人民内部矛盾的方法，即讨论的方法，批评的方法，说服教育的方法；和集中对称，指领导征求意见，了解下情，群众发表意见，开展讨论，上下通气。③这一解释揭示了民主的本质。

民主原本是一个政治概念，在政治领域里它专指人们的权利，所有人都具有国家或社会赋予的平等、公平的参与政治活动的权利，以及形成相应的民主意识、民主能力和情感。所以，民主首先是一种管理的思想与理念，也是一种行使权力的制度。当然落实到实践中，民主就是一种方法体系，比如征求意见、开展讨论等。教学中的民主，是在教学这一场域中谈论民主，学者们关于教学中民主的界定也是有多种视角、多种解释的。

李镇西认为，在具体的教育过程中，它除了指教育者应该具备的民主思想以及在教育过程中应该体现出的民主精神外，更多的还是指教育者在教育过程中对学生所进行的一系列有关民主精神价值的教育——平等精神的教育、自由精神的教育、法治精神的教育、宽容精神的教育、妥协精神的教育及以权利与义务的教

① 胡白云. 2012. 女性主义视野中的教学民主研究. 西南大学博士学位论文：1.

② 罗闲贤. 2012. 制度视角下教学民主的生成机制. 四川师范大学硕士学位论文：8.

③ 夏征农，陈至立. 2009. 辞海. 上海：上海辞书出版社：1583.

育、纪律与法制的教育等公民意识教育。①

李宇晓认为，“教学民主是通过特定样态的教学过程透露出来的，体现、反映并影响教学本体存在的教学的某种形式化的属性和特点，它外显地表现为教学的制度框架、教学中人的态度、精神面貌、生活方式等”②。

王金国认为，“教学民主，是指在课堂教学中，师生彼此尊重人格和权利，相互开放，平等对话，互教互学，相互理解，相互接纳。教学在面向全体的同时，鼓励冒尖，保护弱者，强调自我教育、自主学习，使学生的个性得到自由主动发展的同时，教师的人格也得到提升”③。

综上所述，虽然学者们关于教学民主的论述不同，但是对其概念的界定有共同的取向，那就是教学民主是民主理念在教学中的运用。李镇西的教学民主，强调教学中各种民主精神的实践，如平等精神、自由精神等。教学中的民主是指教育工作者在教学过程中对民主原则、民主精神的贯彻与体现。李宇晓的教学民主强调民主作为一种教学制度的存在；王金国的教学民主则强调的是民主作为一种教学方法在教学中的实施。教学民主是民主理念在教学中的体现，是教师采用民主的方式对待学生的结果。教学民主的本质仍是民主理念的本质，只不过是因与教学活动的场域、要素的结合而表现形式有所不同。

二、教学民主的本质要素

（一）教学民主是一种教学思想和理念

教学民主首先是一种思想、理念。正如提出民主教育的鼻祖杜威在其论著《民主主义与教育》一书中，论述教育民主时，以“民主的理想”为标题，在某种程度上表明，“民主”其实是一种理念、理想。教育中的民主可能永远在路上，永远是我们追求的理想。因为民主在不同的时间、不同的场域与不同主体的视角里，永远是不一样的。民主的核心本质就是人民当家作主。因此，教学中的民主最为核心的是发挥学生的主体性。围绕着发挥学生的主体性，不同的教师，在不同的教学活动，会有不同的主体性活动与形式，但这都可以称为教学民主。正因为如此，人们对教学民主的理解是各不相同的，采取的教学民主活动也是各不相同的。“有人把教学民主理解为教师的一种‘给予’行为，即教师要无微不至地关怀、爱护和尊重学生；也有人把教学民主理解为教师应使用说服、表扬、鼓励的方法，而非强迫、批评的方法；还有人把教学民主理解为学生可以在课堂上无拘无束地

---

① 李镇西. 2006. 做最好的老师. 桂林：漓江出版社.

② 李宇晓. 2009. 教学民主的哲学分析. 天津师范大学硕士学位论文.

③ 王金国. 2005. 试论中小学课堂教学民主化. 太原师范学院学报，(3)：133-136.

讨论……”[①]因此，教学民主首先是一种民主的思想与理念。

（二）教学实践中教学民主的核心要素

“我们在教学改革中时常能听到教学要民主化、要形成民主的课堂气氛、教师要做民主型的教师等等说法。然而，如果细加分析，我们便不难发现，人们对‘教学民主’这四个字的理解其实是各不相同的。”[①]教学民主是一种理念、理想，当它与教学实践结合时，会呈现出不同的民主实践，但其最基本的教学民主特征如下。

1. 师生平等

实施教育的基本前提是教师与学生之间的平等，在教学民主的大背景下，它主要包括人格上的平等、主导——主体地位的平等、共同参与教学活动并具有平等的话语权。

要学会对学生说声对不起（节选）[②]

有一次，我在讲课中听到讲话声，我抬头一望，看见小王的头迅速转了过来，并且嘴在动，我断定小王在讲话，就停下课狠狠批评了小王几句，小王委屈地望着我，满脸通红，好像一肚子冤屈要向我诉说。下课后小张走到办公室，对我说：“老师，对不起，刚才讲话的不是小王，是我，因为您讲的一个问题我没弄明白，就小声问了下旁边的同学，您看错人了，以为小王在讲话。”听过小张的诉说，我走到教室，对小王说：“小王，对不起，老师刚才误解你了，我是专门到教室来向你赔礼的。”刚才还面带怒容的小王听了我的话，脸色一下子多云转晴，笑着对我说：“老师，我们班这么多人，您看错了我不怪您。”

案例中该教师的教学行为值得称赞，放下身份，努力倾听学生的解释，尊重学生的情感，意识到自己做错了，立即向学生道歉，做到了师生人格上的平等；体现了教学应坚持民主的理念。所谓师生平等，首先是师生人格上的平等。要求教师尊重每一位学生的人格和情感，对于差生和优生给予同等的对待；其次，教师主导与学生主体地位的平等，平等是民主最为核心的理念，如果在课堂教学中，教师不承认学生享有最基本的平等，那么这样的教学便是无用的教学，杜威认为：“要使教育过程成为真正的师生共同参与的过程，成为真正合作的相互作用的过程，师生两方面都是作为平等者和学者来参与的。”[③]

2. 学生自由

追求自由是人的本质，是每一个现代人都应享有的权利之一，毋庸置疑，

---

① 张熙. 1999. 课堂教学民主三题. 中小学管理，(4)：10.

② 董建华. 2011. 要学会对学生说声对不起. 生活教育，(15)：62-63.

③ 约翰·杜威. 2015. 民主主义与教育. 陶志琼译. 北京：中国轻工业出版社：98.

在教学活动中也应赋予师生一定的自由，这也是教学民主的重要体现。从教学民主的视角，自由可以分为两个方面：一方面是教师的自由，它主要是指教师的思想和行为在法律允许，符合道德规范的前提下，顺应时代要求，改变传统的教学方式，选择教学内容、教学结构设计等方面的自由；另一方面则是学生话语权的自由，它主要是指学生具有对师生共同参与的活动进行讨论、交流和提出意见及见解的权利，是授课教师无权改变和剥夺学生发表思想、意见及批评的权利。

教学过程是师生共同建构的一种特殊的教学活动，教师和学生都是这个特殊活动中的关键人物，舍弃任何一方都不可能达到完美的教学效果。

案例一：

几个小学生正趴在树下兴致勃勃地观察着什么。一个教师看着他们满身是灰的样子，生气地走过去问："你们在干什么？""听蚂蚁歌唱呢。"学生头也不抬，随口而答。

"胡说，蚂蚁怎么会唱歌？"老师的声音提高了一个八度。严厉的斥责让学生猛地从"槐安国"里清醒过来。于是，一个个小脑袋耷拉下来，等候老师发落。只有一个倔强的小家伙还不服气，小声嘟囔说："您又不蹲下来，怎么知道蚂蚁不会唱歌？"

案例一中该教师给予学生严厉呵斥，面对学生回答，不加以思索而给予完全的否定，完全忽视甚至漠视学生对情感的自由表达，是传统专制课堂教学中的表现，缺乏教学民主的理念，是不尊重学生话语权的表现。

案例二：

讲《荷花》第二段时，我引导学生背诵"荷花已经开了不少了……有的荷花才展开两三片花瓣，有的全开了，有的打着花骨朵……"背着背着，学生便说道："老师，我想向叶圣陶老爷爷提个意见!""可以，讲吧。""你看这一段后三句，叶爷爷写得多没顺序呀!要不就先写没开的，再写才开的，最后写全开的荷花；要不就先写全开的，再写……像他这样写，我们背诵时，容易背错的呀！"我告诉他们："叶圣陶爷爷怎么看的就怎么写的，他最先看的是才开的，可能是才开的最好看吧！""那可不一定，我就认为全开的最好看！老师，我不按课文顺序背行不行？考试能不能不算错？"尽管孩子讲的理由并不充分，但我还是为他们鼓了掌。

案例二中，从民主的角度来看，该教师的教学方式更注重学生的理智自由，理智自由是指学生发表对问题看法的自由，尊重学生对情感的自由表达，虽对学生的疑惑和意见不敢苟同，但尊重学生的看法，是教学民主的体现。

理智自由是教学民主的核心追求，学生有了理智自由，意味着思想的独立，才能与别人的思想更好地区分，进而才谈得上对别人思想的尊重。自由是教学中民主的灵魂，学生的理智自由理应得到承认与维护。

3. 尊重学生差异

《基础教育课程改革纲要（试行）》中明确指出：教师应尊重学生的人格，关注个体差异，满足不同学生的学习需要。学生之间的差异性是学生全面发展过程的重要特征，课堂教学民主的本质是使每一个学生有自由、有尊严、有自我地生活，是对学生存在的发现与尊重，人的存在是一种个性的存在，是每一个个体之间差异的存在，教学唯有在充分了解和尊重学生差异的前提下，才能更好地展开教学，正如苏霍姆林斯基所说“人的个性是一种由体力、智力、思想、情感、意志、情绪等熔成的复杂合金，不了解这一切就谈不上教育”[①]。教学中的民主主要表现在尊重学生智力与能力的差异，尊重学生的人格和个性发展，认真贯彻“以人为本”的教学理念，尊重学生个性的发展和张扬。如果课堂上一味地强调教师教学的重要性、学生成绩的重要性，忽略学生的独特性和个性，那么这样的教育教学即使学生的学习成绩再好，也是无用的教育。

4. 学生主体参与

杜威认为：“如果有一个社会的全体能够以同样的名义，享有同等的社会利益，能通过各种不同形式的共处生活进行互动，从而保证社会的各种机构得到灵活的重新调整，这样的社会就是民主主义社会。”[②]依据杜威对社会中民主的论述，可以定义教学中的民主，即在课堂教学中，教师和学生能够以同样的教学目标，享有同样的教学活动，并且能通过各种不同形式的教学活动而达到师生之间的互动过程。马克思主义认为，参与活动是人存在和发展的基本方式，人之所以为人的主要依据是人自己的对象化和具体化的活动，由此可见，教学民主一定具有全体学生共同参与各种教学活动的特征，并使学生的主体地位得到体现，教师和学生是教学过程的主体，缺少任何一方都不能构成教学，或者说忽略了学生对教学活动的主体参与性也必将达不到好的教学效果，尊重学生的主动参与性是教学民主最重要的特征，唯有保证学生的教学活动的主体参与性，才能使师生进行沟通、交流和探讨，才能创造和谐的教学氛围。

最后，我们探讨一下教学民主在教学实践中的形式。在民主理念的指引下，教学实践中的民主形式同样是多样的、无法穷尽的。正如有研究者指出：“我们认为，教学民主的形式是多样的，而且各种形式之间可以相互转化。只要体现了‘主导主体’思想，各种形式指导下的教学都能成为民主的教学。”[③]在实际的教

---

① 瓦·阿·苏霍姆林斯基. 1980. 给教师的建议. 杜殿坤译. 北京：教育科学出版社：57.

② 约翰·杜威. 2015. 民主主义与教育. 陶志琼译. 北京：中国轻工业出版社：98.

③ 张熙. 1999. 课堂教学民主三题. 中小学管理，(4)：12.

学中，许多优秀教师很好地把握了教学民主理念，摸索了诸多体现教学民主的教学程序、方法，这是一个值得花大力气进行认真总结的领域。

三、教学民主应注意的问题

学生是处于未完成状态下的人，每一个体背后都有不同的家庭背景、生活环境，每一位学生经历的社会实践和知识储备也不同，再加上教学本身也具有一定的复杂性，使得对教学中的民主特征的表述具有一定的挑战性，由此可见，课堂教学民主的构建，必须注意以下几个方面的问题。

（一）教学民主与学生自由

学生自由是教学民主的重要特征，在社会政治生活中，二者是不可分割的、辩证统一的，民主本身不等于自由，具体表现在：自由是教学民主的前提，教学民主是自由的保障。①自由特别是理智自由赋予学生独立思考问题和形成自己特有思想观念的前提条件，并在此基础上按照自己特有的思想意识使某种支配自己行为的方式成为可能。②与传统教学相比，教学民主虽然赋予学生一定的自由，但这并不意味教师在课堂教学中的特殊地位的消除，也不是对教师传授知识的片面否定，更不意味着学生可以在课堂教学中为所欲为、随意走动，而是将各种教学活动建立在师生平等、相互交往的基础上，增强学生对问题发表看法的理智自由，培养他们思考问题的习惯。

（二）教学民主与民主教学

大多数研究者将教学民主和民主教学的内涵混为一谈，无非是因为二者在教学活动中均强调了要保证学生的自由，赋予学生应有的权利，以及尊重学生的差异和主体地位等等，若仅仅是因为二者的这些共同要素就将二者等同起来，实在是误解。仔细思量，二者是两个不同的概念，其研究的侧重点也有所不同。教学民主专指在课堂教学场域中，通过特定样态的教学过程呈现出来的教学的某种特殊形式的属性、特点，也称为“教学中的民主”，其研究的目标和焦点是以民主的方式推动教学本身的良性发展及教学中人的全面健康发展；而民主教学，通常是从“民主的教学”这个意义上来理解的，这一表述直接对准民主的本身，内涵相对宽泛，如民主的思想、民主的教学、民主的作风等，其研究的目标和焦点在于推动社会民主的提高，教学只是其中的一个手段而已。民主教学的范围比教学民主的运用场域要更加广泛，民主教学是实现教学民主的前提和基础，实现教学民主化是民主教学和教学民主的共同追求和目的。毋庸置疑，应把握好二者的共同点和区别，只有这样才能厘清教学民主的路径，才能更好地在课堂教学中展开民主的思想和观念。

（三）教学民主与教师权威

《中国大百科全书》把“权威”界定为“在社会生活中靠人们所公认的威望和影响而形成的支配力量”。所谓“教师权威”，即教师由威望和影响而形成的对学生的支配力量。教学中坚持民主的思想和观念，并不是不要教师的权威，而是强调教师所具有的权威必须建立在师生人格平等、师生和谐、互动交往的教学活动中，乃至学生的心灵之上，教师权威的最佳来源是教师所拥有的渊博知识、个人魅力、气质俱佳的师表、专业素养等方面，而不是学生的绝对服从，坚持教学民主的思想和维护教师权威二者之间不但不矛盾，而且互为条件，相辅相成。教师的权威不会因为教学民主的提出而被削弱，反而会通过教学民主能更好地维护教师的权威。

教学民主要求教师在教学活动中尊重学生的主体地位和个性差异，以平等的方式对待每一位学生，这样的教学民主的建构怎会削弱教师的权威？相反，教师的权威只有通过教学民主才能更好地获得，也只有采取教学民主的手段才能更好地维护教师的权威。这样的“权威”，不仅仅是教师个人教育艺术与管理水平的体现，更重要的是，使课堂教学真正充满平等意识与民主精神。

教学民主思想和理念的提出，将改变传统教学中教师“独霸天下”的课堂教学形式，保证学生作为教学活动主体的地位。教学民主理念下的课堂应是这样的：教师关注学生的主体地位，保证学生拥有话语表达的自由；因材施教，尊重学生的个性差异及其发展；改变传统“教师主导”的传统教学方式，与学生共同搭建学习共同体。李宇晓认为：“对于教学中师生及教学本身而言，至关重要的不是某些事情具有民主或者是非民主的身份，而是民主的思维化比非民主的思维具有更多的价值。”①

第四节　教学中的平等

无论是在社会生活还是私人生活中，平等都是千百年来人们所赞美和追求的理想目标。平等，也是教学生活中最为重要的价值原则之一，自班级授课制产生以来，它越来越成为教学中的重要理念。平等原则已成为教学中的重要价值观原则，这一原则也是确保教学中的平等的理论基础。教师作为学生成长过程中的重要他人，能否给予学生平等、足够的关注，将对学生成长产生不可磨灭的影响。但是，教学中的不平等似乎在教学中天然存在，程晓樵、吴康宁等的研究发现，教师的课堂交往对象存在着职务差异、地位差异和成绩差异。教师往往喜欢与职

---

① 李宇晓. 2009. 教学民主的哲学分析. 天津师范大学硕士学位论文.

务和地位较高的学生交往，另外，教师对学习成绩好的学生的期望也会更高。①种种现象表明，关注教学中的平等与不平等现象，具有重要的理论与现实意义。

一、平等与教育平等

平等是一个历史的范畴，也是一个阶级的范畴与社会的范畴，它的内涵在不同的历史阶段、不同的阶级与不同的社会领域，会有不同的体现与变化。但平等的本质内涵是不变的，那就是字源学上的理解。

从表面上理解平等的内涵，似乎很简单，汉语中的"平等"一词，是梵文"UPEKSA"的意译，简称"等"。大意是指相同、相等，意味着无差别。平等有"相同"之意，这一内涵在西文里体现得比较明显，比如在英语中，平等用"equality"表达。"在佛教经典中，平等作为一个术语，是指无高下浅深等级之别，即指一切现象在共性或空性、唯识性、心真如性等上没有差别。佛教认为，宇宙本质皆同一体，一切法、一切众生本无差别，故称'平等'。"②关于平等的本质内涵可以明确以下几点。

1）平等是一种资源、利益与价值分配的根本原则。

2）平等是相对的，不是绝对的、无差别的，即"将平等的程度表述为同等，而非无差别的相同"③。

3）平等与不同的主体相结合时，会产生不同的平等内容与形式，如政治上的平等、经济上的平等和文化上的平等。"人类追求平等以及平等实现的过程，也就是平等在社会生活各个领域逐步落实的过程。缺少哪一个方面的平等，都意味着平等是不充分、不完全的。"④

二、教育平等与教学平等

当平等与教育结合后，就生成了一个新的平等领域——教育平等。教育平等是人类的一个理想。在奴隶社会、封建社会，享受教育只是统治阶级的特权，教育不存在平等。资本主义社会，为了适应科技、社会的发展，以形式上的教育机会平等来实现教育平等，但这种形式上的平等无法掩盖实质上的不平等。进入到现代社会，特别是当今社会，人们追求的是实质上的平等。其中教学中的平等是为了教育平等的进一步深入，是为实现真正的教育平等而进行的努力。

从教育的过程来看，教育平等可以分为入学机会平等、受教育过程平等、结果平等。比如，17世纪夸美纽斯对班级授课制的论述是典型的平等思想，他主张

---

① 东长孟，明庆华. 2013. 弱势关怀视野下师生课堂教学互动不平等的审视. 现代教育论丛，(5)：80.

② 郑慧. 2004. 何谓平等. 社会科学战线，(1)：161.

③ 郑慧. 2004. 何谓平等. 社会科学战线，(1)：166.

④ 郑慧. 2004. 何谓平等. 社会科学战线，(1)：165.

把一切知识教给所有的人，尽可能让全体儿童享受受教育的权利，这属于入学机会平等。在赫尔巴特时期，平等思想更加深入，重视教学过程中的平等。“深入到这种教学的内部进行考察，我们可以发现它的平等思想的精髓，是把教学中学生之间的平等地位体现为拥有完全一致的课程，学校维护学生的平等权利的手段是为所有的学生提供统一的教学。”[①]结果平等思想也伴随着班级授课制的产生而显现，学者们认识到，传统的教学仅重视过程的相同性而忽视差异性，最终导致结果的不平等。“为此设定统一的课程，并为实现这些课程目标展开同质的过程的‘有差异教学’，让不同的学生都能从教学中受益……只有让每一个学生都达到这些教学结果才能保证教学的公平性。”[②]这即是结果平等思想。

当把教育概念进一步缩小为教学时，就生成了另一个新的平等领域——教学平等。教学平等应是教育平等的一个具体领域，属于教育平等的过程平等范畴。本书所说的教学中的平等，特别指班级教学过程中的平等。这是几乎所有家长所期望的教育原则与教育结果。我们常常听到家长或教师经常这样抱怨学生：“同在一个教室，同样的内容，同样的时间和同样的教师，你为什么不如别人？这句话实际上隐含着这样的假设：在同等的教育条件（外在物化条件）下应出现等同的教育效果。”[③]这种期望其实是对教学平等的期望，这一期望虽然很难实现，但反映了人们的一种美好理想，在教育外在条件相同的情况下，希望教学结果相同，这本质上属于教学平等的范畴。

教学平等是指处于一定范围内的学生之间的平等及教师与学生地位之间的平等，是学生的平等权利和平等地位在教学中的体现。具体地讲，平等权利是指在教育这个特殊领域内、在教学过程中，每个学生都处在与他人平等的位置，有权利获得适合自己个性特征的发展机会。这种平等应作为教育领域中的学生所具有的权利区别于一般公民权利的特殊权利，这应是学生地位的一种表征。它是建立在人所拥有的基本的平等权利之上的具有相对意义的平等权利，是绝对性和相对性的统一。绝对性是指每个学生在拥有均等的发展机会方面具有完全平等的权利。相对性是指这种平等的实现过程又具有相对的意义，它相对于不同的个体而言，具有相异的表现形式，这便是针对个体学生的特性和发展而言的相对平等。

教学中的平等将促使学生产生一种受到尊重的良好心境，并且将会使学生乐学、好学，为一个完整的人的养成奠定良好的基础。但是，“微观的课堂研究显示，即使学生能够在各种教育均等的措施下进入同一所学校、同一个班级学习，但是由于受到自身条件和状况的影响，他们在班级中仍然受到各种不平等的对待”[④]。因

① 毛景焕. 2001. 论教学中的平等思想的发展及其含义. 教育科学，(4)：18.

② 毛景焕. 2001. 论教学中的平等思想的发展及其含义. 教育科学，(4)：19.

③ 王映学，米加德. 2006. 论课堂教学中学生面临的不平等现象. 当代教育科学，(3)：29.

④ 毛景焕，毛景香. 2006. 教学平等的独特性及其张力. 教育科学，(6)：36.

此，教学中的平等，特别是课堂教学过程中的平等显得尤为重要。从学生的角度来看，教学中的平等是学生享受的一种平等待遇，教学中的平等有以下基本内容或形式。

（一）师生人格、地位上的平等

人格、地位平等是平等的首要内涵，也是无条件的、绝对的。“每个人都是人，都具有人之为人的本质特性，这就是说，他永远不能被当做动物或者无生命的物体、机器、工具看待。”[①]对于课堂教学中的师生关系而言，师生人格、地位同样是平等的。但是，教育在本质上是一种权威性活动，教师是权威的象征，教师权威的存在决定了教学过程中的主宰者是教师而不是学生，教师权威成为师生不平等的根源。此外，在传统的师生关系文化之中，师生人格与地位也不易平等，俗话说“一日为师、终身为父”；我国传统的教师角色定位是“师者，传道、授业、解惑也”。这些一方面体现了对教师的尊重，另一方面却极易扭曲师生之间的平等地位。在传统的师生关系中，教师常常以知识和道德的权威自居，学生成了知识传递与道德灌输的对象。师生之间是授受关系、指导与被指导关系、命令与服从关系，这人为地使教师和学生之间形成一道难以逾越的“鸿沟”。这样的师生关系在教学实践中，极易产生师生不平等现象。平等的师生关系，特别是师生人格、地位上的平等，是打开学生心结的钥匙，是建立师生心灵沟通的桥梁，更是有效教学的前提。师生平等的教学关系与氛围，具有极大的教学价值，请看下面的案例[②]。

周三上午第一节语文课，因为笔者的疏忽，上课铃响后十分钟，才拿起课本快步走向教室，心里像有一种声音在告诉笔者：“你迟到了！”的确，平时上课，笔者都是提前五分钟进入教室，今天却迟到了十分钟。

在楼梯的拐弯处，笔者听到教室里阵阵清朗的读书声，一种愧疚的感觉涌上心头，轻轻的推开门走进教室，书声戛然而止。“对不起，同学们，老师今天迟到了！”话音未落，全班爆出热烈的掌声，五十多双眼睛注视着笔者。那些天真的目光中，流露着对知识的渴求，以及对老师的敬畏。笔者自以为笔者的错误能带给学生们永久的伤害，但学生们的惊人举动震颤了我的心灵，传递给我的是一种感动，甚至是一种感激。

这节语文课，孩子们学得很认真，我讲得也很轻松。课堂气氛一改平时上课的死板，学生参与语文学习的意识热情高涨。

---

① 王江松. 2007. 论自由、平等与正义的关系. 浙江学刊，(1)：41.

② 杨景玉. 2013. 对不起，我迟到了. 读与写杂志，(5)：165.

上述案例呈现给我们的是师生平等的教学细节，作为知识与道德权威的教师，在犯错的时候，同样要给学生道歉，展现的是教师与学生人格、地位的平等。这样的师生平等，带来的是师生心灵距离的拉近、教学氛围的融洽、学习态度的修正。师生人格、地位的平等，其教学价值逐渐被人们认识到，比如新课程改革以来，许多学校降低了讲台的高度，有的把讲台撤了；还有的在小组合作学习中，允许学生在课堂上随便离开座位，随时打断老师或同学的发言来发表自己的观点。这些做法无非是想改变师生之间的有形与无形的隔阂，真正实现教师与学生人格、地位上的平等，精神上的平等。这正如小说《简·爱》上主人公的一句名言："虽然我很穷，长得也不漂亮，但是我们的精神是平等的，我们的灵魂都将经过坟墓站到上帝面前，在上帝面前我们是平等的！"①

（二）教学资源占用机会平等

从学生的角度而言，教学过程中的任何教学资源的占用都应是机会平等的；对于教师而言，教师主导的教学活动要面向全体学生，一视同仁地对待每一个学生，不能有偏爱和歧视，尽量使每一个学生都享有教师同等的关爱与占有教学资源的机会。无论意识到还是没有意识到，教师在教学过程中不能有偏爱，而应平等地对待每一个学生，比如在对学生的语气态度、回答问题的次数、座位的调整与班干部的任命等方面。以一节小学数学课的提问为例，来说明教学中教学资源占用机会平等。

提问，对于学生而言，是一种非常重要的教学资源，学生通过在课堂上发言，可以树立学习的自信心与建立在同学中的个人威信。因此，几乎所有的家长都希望教师在课堂上通过"提问"来关照自己的孩子，每一位孩子都希望在班里通过回答教师的问题而展现自我。因此，教学中平等地占有提问这一教学资源，对于学生而言，是教学中平等的最大体现。

下面是笔者针对人教版小学三年级数学下册"平均数"的一次课堂研究，针对提问这一教学资源分配方式进行了定量分析，分析结果如下。

全班共30名同学，将"教师发问，学生站起回答"算做一次完整的提问。针对整节课的提问次数进行统计，本节课共提问34次。人均提问频率接近1∶1，全班同学人均被提问次数接近一次。但在观课中笔者发现，最前排有位学生，一节课被教师提问了五次，相比没有发言及发言一次的同学而言，他的发言机会明显偏多，这种提问机会是一种不平等的教学资源分配。就提问而言，传统课堂最大的不平等表现是：教师一味地提问和表扬所谓的精英学生，而疏远和淡薄所谓的差生。

① 许连举. 2015. 浅谈师生平等与素质教育. 中国校外教育，(1)：17.

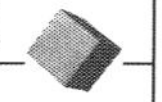

（三）学生个性、才能充分张扬

教师因材施教是最大的教学平等。“以平等的方式对待不平等是最不公正的待人方式。”一个班的几十位学生，其性格、家庭条件、学习程度各不相同，因此每个孩子都是独特的。如果教师在教学中采用“一刀切”的方式开展教学活动，其结果肯定千差万别，这是最大的教学不平等。改变这种现象的最有效办法便是因材施教。何为因材施教呢？有一个比较流行的解释：它是指教师从学生的实际出发，使教学的深度、广度、进度适合学生的知识水平和接受能力，同时考虑学生的个性特点和个性差异，使每个人的才能品行获得最佳的发展。这一内涵其实可以理解为对教学平等的最好诠释。为何要“因材”？这是追求结果平等、个体平等的前提与依据，“因材”后才可以“施教”。如果施教时不“因材”进行，那是最大的不平等。

个性化教学、因材施教是古今中外一项公认的教育、教学原则，其实它更是一种实施教学平等的重要原则。因为它针对不同的学生采取不同的教学策略，其追求的是结果的平等。

（四）平等价值观指引下的各种“平等行为”

教学中的平等无确定、固定的教学行为，因为“教学有法，而教无定法”。在平等价值观指引下，教师根据教学情况、内容而采取的任何合理教学行为，都属于“平等行为”。

平等应该成为指导教师日常教育、教学的一项基本理念，是要在教师心灵深处引起共鸣的自觉遵守的价值观。教学中平等的做法可以多种多样，可因人、因时、因地而异，用一句话概括，那就是教学中的平等应“形式自然，理念在心”。在日常教学中，教学中的平等在操作层面存在一些误区，下面是一位研究者列举的误区之一[①]。

我曾经看到美国数学课堂录像中这样的片段，一节三年级的数学课“认识对称图形”，执教者是一位四十多岁的女教师，其大致教学过程如下：教师首先将一些漂亮的拼图摆放在地上，然后跪在地上变化这些拼图，并一边摆一边引导学生比较变化前后的不同，然后指出具有这样特点的图形就是对称图形。接着教师坐在班级电脑前，让一个学生坐在她的膝盖上，其他学生围在她的身边，教师通过电脑屏幕展示出许多图形，让学生判断是否是对称图形，最后引导学生动手创作对称图形。

这位美国教师在教学中，以没有做作的教学体态语，自然、平等地进行教学

① 李文新. 2012. “教学平等”存在的误区及对微. 教学实践，(9)：24.

活动，其中平等理念最典型的体现便是“让一个学生坐在她的膝盖上，其他学生围坐在她的身边……”这是以平等的教态，拉近了与学生的关系，没有丝毫的做作感。但是，如果教学内容变了，教学对象变了，教学环境变了，教师仍然采用这一教态进行教学，那就是变了味的教学平等。

假如这是一堂“两位数加一位数的进位加法”，教师也依葫芦画瓢地跪在地上进行算式的演练，那样既不合时宜，又将影响教学效果，这样的“教学平等”不要也罢。这不过是讨好和迎合家长，迎合世俗的一种媚态。实现师生间的平等交流并不在于教师站着、坐着、蹲着，抑或跪着，而在于教师的“用心”。①

总之，在平等的价值观指引下，教学中的平等是千变万化的，教学中的平等没有固定的模式，而是在教学细节中平等理念不停地闪烁。

三、实现教学平等的途径

（一）构建“对话”而非“训话”的师生关系

“训话”是居高临下，是控制与压制，传统的师生关系在许多情况下是“训话”关系。与“训话”相对的是“对话”关系。“著名语文特级教师宁鸿彬向学生提出‘三不迷信’、‘三欢迎’和‘三允许’的要求，即不迷信古人、不迷信名家、不迷信教师；欢迎上课质疑、欢迎发表对教材的不同见解、欢迎发表与教师不同的意见；允许说错做错、允许改正错误、允许保留意见。”②这是教学平等原则的典型体现，师生是对话关系，该要求体现的是教师与学生地位的平等、学生作为受教育者与权威知识拥有者的平等。如果不允许学生质疑、发问，那样的师生关系是“训话”关系。

“对话”一直是人们交流和获取信息的重要手段，在教学过程中也无时无刻不进行着对话。这里的“对话”其实是一种哲学理念，是一种广义上的对话。“这种教学对话，既可以是一种言语上的交流，更应该是一种精神上、思想上的沟通与理解。”③因此，哲学上的“对话”是“平等”理念的另一种表达，这种对话不仅要理解为师生言语上的交流，更要理解为双方思想和灵魂的交流与碰撞；不仅要将对话看做是课堂上直接地同时性对话，还要将教学对话理解为师生间的平等交流。“无论什么形式，教师只要能用言语或精神激起学生的主动思维，使学生产生心灵上的震撼，并能影响或批判教师的言语或精神，这

① 李文新. 2012. “教学平等”存在的误区及对微. 教学实践，(9)：24.

② 淡书村. 2001. 略论课堂教学平等性原则. 思想政治课教学，(2)：13.

③ 李申申，李小妮. 2010. 教学中的对话与平等之辨. 河北师范大学学报(教育科学版)，(3)：101.

就是对话。”[①]

综上所述，教学中的对话意味着人人参与，意味着平等合作，它不仅是一种认识活动过程，更是一种师与生之间平等的精神交流。教学中的对话，不仅是教师与学生间的对话，更是生与生的对话。就生与生的对话而言，“孩子们争论不休积极交流的时刻，也正是他们积极参与学习活动的过程”。对话教学中教师的角色是学生学习的伙伴，是“平等者中的首席”，是以促进者的姿态出现在课堂中，这是教学中平等理念实现的重要基础。

（二）构建和谐、平等而非“控制”的教学氛围

教学氛围类似于布迪厄所述的场域，是人生活、活动的社会环境，生活于某场域的个体，其行为方式受场域规则的限制与影响。课堂教学需要预设、需要管理，但不是控制。现实的课堂教学中，授课教师往往认为完全按照预设的教学活动实施才是完美的教学，因此对教学实施严格的控制，过分强调整体性，生怕教学有半点生成而打乱了教学秩序，这样的教学氛围是“控制”的氛围，是“僵化”的氛围。学生是被控制的对象，完全无平等、主动而言。教学过程是一个动态生成的过程，学生是否愿意将自己的所思所想大胆地说出来，主要看教师营造的课堂氛围如何。要实施平等的教学活动，一个平等的、积极的教学氛围无疑是必不可少的。良好的课堂氛围需要教师的智慧教学，教师要学会应对教学中的各种事件，努力为学生营造良好的教学环境，同时积极主动地调动学生的主观能动性和对学习的热情，让他们投入其中，享受课堂。氛围是很重要的，在良好的氛围中，每一位学生不知不觉都参与其中，并且享受其中的乐趣，学在其中，乐在其中，真正地享受到学习的快乐，同时教师在这样的氛围下更能体会到成就感，在这样的师生和谐、生生和谐的氛围下，平等的教学活动才能得以实现。

（三）关注整体平等，实施差异性平等

平等的教学是教学永恒的价值追求，但在教学过程中，如果以同样的态度、方法对待具有不同个性、特点的学生可以称为整体性平等的话，其实对于差异性个体而言，这是真实的不平等。

课堂教学中的差异性平等的内涵是这样的：“是指在课堂教学情境中，在对家庭背景、智力水平、教养程度不同的学生平等考虑的前提下，以不同的方式对待不同的对象，根据学生不同的发展需求，进行课堂时空资源的有效、平等、适切的配置，使每个学生都有相同的机会发挥其特有的潜力。”[②]差异性平等是在承认个体差异的前提下，根据个体差异而进行的多样化教学。它肯定了每一个人都

---

① 李申申，李小妮. 2010. 教学中的对话与平等之辨. 河北师范大学学报（教育科学版），（3）：100-101.

② 汪昌华，王守恒. 2003. 论课堂教学的差异性平等. 天津市教科院学报，（5）：52.

有自身独特的价值及实现这种价值的权利，在教学中实施差异性平等追求的是每一个学生的成长，最终实现的是全体成长，这是教学平等的最终追求。

第五节　教学中的尊重

自古以来，“尊重”一直是一个被普遍倡导的概念。在古语中，尊重是指将对方视为比自己地位高而必须重视的心态及言行，现在已逐渐引申为平等相待的心态及言行。周国平说：“健全的人际关系和社会秩序靠的是尊重。”学校作为一个微小的社会，同时肩负着传播理念、培养人才的使命，更应该将尊重的种子播撒其中，并且发扬光大。教学是学校的主要任务，如果我们注意把尊重的理念贯彻其中，那么就抓住了工作的重心。掌握尊重的概念和了解教学中尊重有哪些具体表现内容能帮助我们在教学工作中更好地认识尊重、弘扬尊重。然而，“过犹不及”，在教学中把握尊重则要求我们更进一步地认清和掌握好尊重的度。

一、尊重的内涵与分类

“尊重”一词对我们来说并不陌生，它不仅是每个人普遍的心理需要，在教育中更是一条必要的教学理念和原则，尊重的实现对于良好师生关系的养成、民主教学氛围的营造、理想教育效果的达成等都具有不容忽视的重要意义。在《现代汉语词典（第 5 版）》中，“尊重”作为动词有两种解释：其一是“尊敬”或“敬重”，如尊重老人、互相尊重；其二是“重视并严肃地对待”，如尊重历史、尊重事实。[①]“尊重是主体和客体之间的一种关系，在这种关系中，主体从某种角度，以某种适当的方式对客体作出回应。”[②]鞠玉翠根据《牛津高阶英汉双解词典（第四版增补本）》中的阐释，将尊重划分为评价性尊重和承认性尊重：评价性尊重突出尊重的评价要素，根源于客体具有某种值得肯定的价值和重要性；承认性尊重则强调尊重所包含的注意、关注要素，尊重的根据在于对象具有某种主体必须予以重视和承认的事实和特征。[②]第一种定义强调主体对客体的态度，第二种定义侧重主体对客体作出回应。鞠玉翠对尊重的内涵作了更细的划分：尊重包括承认性尊重和评价性尊重，既包含对客体某些特征的自然、无条件的尊重，又包含对客体所取得成就的肯定和尊重。这是对尊重概念更为全面的解读，关注到尊重的深刻内涵和本质。因此，笔者相对较认同此种定义，即尊重首先包括承认性尊重，即人们在慎思过程（deliberations）中对有关事物的某个特征给予适当考虑、并采取相应行为的意向；其次包括评价性尊重，它主要涉及对人的一种积极评价的态

① 鞠玉翠. 2012. 教育场景中尊重意涵的审思. 南京社会科学，9(18)：10-15.

② 周治华. 2009. 伦理学视域的尊重. 上海：上海人民出版社：120.

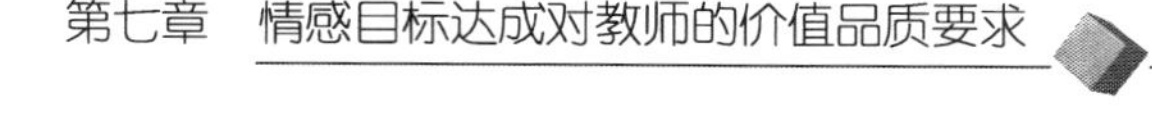

度，即对他作为人的积极评价，或者对他作为某种具体目标之追求者的积极评价。

在教学中，教师对学生的尊重也应该包含对学生的承认性尊重和评价性尊重，既要认同学生身上具有的必须予以重视和承认的事实和特征，如对学生权利、个性、情感、成长规律的尊重；也要看到学生身上具有的某种值得肯定的价值和重要性，如肯定学生的能力，允许学生犯错误与存在不足。

二、教学中尊重的内容

如何将尊重的理念融入教学、在教学中对学生进行尊重，需要我们进一步深思和探讨，而了解在教学中尊重学生什么、明确教学中尊重的内容则是我们当前的首要任务。笔者认为，教学中的尊重应该包括以下四个方面的内容。

（一）教学中的尊重，首先是尊重学生的权利

在我国传统师道尊严的观念下，学生作为弱势群体，其权利主体地位常常被忽视。在教学中不乏教师侵犯学生权利却浑然不知的情况。例如，使用一些不堪的字眼，如“白痴”“弱智”“笨蛋”，讽刺、侮辱、嘲笑学生，侵犯学生的人格尊严；使用体罚或变相体罚，侵犯学生的身体健康权；为了寻找丢失的财物而对全班或某个学生进行搜身，侵犯学生的人身自由权；拖堂、占用学生的课余时间来进行补课，侵犯学生的休息权。[①]

如今，人权问题在国际社会中备受关注。百年大计，教育为本，学生的权利和主体地位近年来在教育界也愈加受到学者们的广泛关注。根据已有的研究，我们可以从近代以来的教育伦理思想、哲学思想、法律思想等中窥见对学生权利的认识，但是其总是从提高教育效果的功利性目的出发的，始终无法上升到理性的高度来认识学生这一特殊群体。[②]学生不是抽象的个体，而是公民特殊身份的体现，是公民和受教育者双重身份的结合体。学生除了享用法律所赋予的公民所享有的权利之外，还享有其特殊身份所拥有的权利，即学生权。例如，学生具有受教育权、生命权、身体自由权、名誉权、隐私权和平等对待权等。尊重学生的受教育权要求教师不得以任何形式剥夺学生上课、参加活动等的权利，譬如，因担心个别学生影响班级成绩而逼迫或建议其转学就是严重侵犯学生受教育权的表现；尊重学生的人格尊严要求教师树立“师生人格地位平等”的意识，在师生交往的过程中自觉把控自己的言语和行为，并且关注学生的主体地位；尊重学生的身体自由权、隐私权则要求教师不得强行限制学生的人身自由和未经学生允许窥探学生的隐私，例如，非法搜身、拘禁学生、私拆或扣留学生的信件

① 于宏伟. 2007. 学生权利受侵现象的原因及对策分析. 首都师范大学硕士学位论文.

② 刘爱东. 2004. 学生权利的回顾与前瞻. 现代教育科学，(6)：102.

等等都是教师侵权的典型表现。对学生各方面权利的尊重这里不再一一展开论述，但需要注意的是尊重学生的权利有一个核心和前提——“无前提”，这听起来似乎矛盾却不矛盾，因为对学生权利的尊重没有任何前提，它是无条件的，但凡有前提的“尊重”行为大多都是出于某种功利性的心理，这种行为丢失了尊重的本真意蕴，它表现出的是一种虚伪、荒诞、异化的尊重，应为我们坚决摒弃。那么，什么才是原初的、值得我们倡导的尊重呢？下面我们来看一个教学中“真尊重”的案例。

某教师应某中学要求去上语文公开课，上课前他便进入教室，发现该学校因为怕讲课效果不好，便把成绩不好的学生“淘汰”出了教室，这名教师当即表示：把另外的学生全部叫齐，一个都不能少，否则他便罢讲。直到所有学生都坐在教室里，才开始上课。他的举动，赢得了所有学生的“青睐”，专心致志地听他讲课。①

上述案例为我们呈现的是教学中尊重学生的具体情景，教师要求把成绩不好的学生叫回来上课，并没有因担心这些学生可能影响公开课的效果就剥夺他们上课的权利，说明该教师重视、尊重每个学生受教育的权利。教师的坚持体现出其对所有学生的一视同仁，更让一开始被挑选为“淘汰”名单中的学生感受到自身的主体价值得到了认可和尊重。教师对学生权利无前提条件地尊重，表现的就是该教师摆脱了功利性等诸多因素，已经能上升到理性的高度来认识学生，从而真正地尊重学生。相信这样的尊重才能也必定会带来学生内心深处的震颤与感动。

（二）教学中的尊重，是对学生个性的尊重

所谓个性就是个别性，是一个人在思想、性格、品质、意志、情感、态度等方面不同于其他人的特质，表现于外就是他的言语方式、行为方式和情感方式等。每个人都具有自己的个性，个性化是人的存在方式。当然学生也不例外，在教学中只有尊重学生的个性，才能提高他们的学习兴趣，发挥他们的最大潜能，增强学生的信心，培养出社会需要的各方面人才。②从心理学角度来看，皮亚杰的认知发展理论也启示我们教育的目的在于发展学生的认知结构、培养学生的创造力和批判力。然而在如今的教育现实中，种种扼杀学生个性、剥夺学生思想的现象比比皆是，这种抹杀学生思想、忽视学生个性的做法既不符合教育的规律，也丢失了其“育人”的真谛。

听一位教师讲授朱自清的《春》，教师上得很有激情，诵读到位，讲解透彻，但一节课下来，总觉得多了点春天的绚丽，少了点春天的温暖。课堂上，教师让

---

① 陈小辉. 2015. 尊重主体，爱心教育. 课程教育研究：新教师教学，(7)：121.

② 王伟. 2011. “尊重教育”在学校教学管理中的实践. 教育管理，(11)：75.

学生说出文章描绘了春天的哪些图景，学生们在阅读后纷纷说“春草图”“春花图”“春雨图”等等。这时，角落里的一位女生站起来说“忙碌图”，老师听后摇了摇头。随即全班同学异口同声地说“迎春图”，老师一脸悦色，亮出了幻灯片，而那位女生却涨红了脸，羞愧地坐下……教师分析完“春草图”和“春花图”，问同学有喜欢“春雨图”的请举手，教室里举起的手臂稀稀落落。教师不置可否，急着说：“好，接下来我们齐读‘春雨图’。”①

上述案例是中小学课堂教学中司空见惯的一个情景，因为学生的回答没有出现在教师的备选答案中，于是学生的答案就被拒绝和否认，其思想遭到了教师的无情扼杀。我们不妨仔细想想，“忙碌图”其实是一个很活泼而且生动的表达，这不正贴合“舒活舒活筋骨，抖擞抖擞精神，各做各的一份事去”这一番春天的景象？可想而知，在该教师营造的学习环境下，学生还能够融入春、感受春的温馨吗？

（三）教学中的尊重，还是对学生情感的尊重

在教学中，我们往往最容易忽视的就是学生的情感。谈到这一点，也许你就会好奇和怀疑：学生能有什么情感？他们整天只知道钻空子玩儿，写作业慢吞吞、从来不想怎么把自己的成绩快点提上去！是的，也许你也感受到了。但问题就在于：学生太“慢”，而我们的教师又太“心急”了。教育是一种等待，这个过程快不得，而教师缺乏的就是“等”的耐心。我们不能忽略一个现实就是：学生快不了，因为他们还是一个孩子，在他们的成长道路中许多新奇的事情在等待他们去发现、探索，而我们教师都已经历过这些并习以为常；我们还不能拒绝的一个事实就是：学生也有喜怒哀乐，但学生情感的表达简单而又明确——可能因教师的一句表扬或一个微笑就兴奋一天，也可能会因教师的一次厉声批评就会在心里留下挥之不去的阴影。

雅斯贝尔斯曾说过，教育意味着一棵树摇动着另一棵树，一朵云推动另一朵云，一个灵魂唤醒另一个灵魂。作为师生灵魂之间交往的事业，教育永远只能以尊重与理解的方式进行。②在教学中，我们不能否认学生追求知识、不断向上的情感冲动，而去人为地拔苗助长，拖着学生往前走。教师最需要做的就是慢下来，等一等，体会学生的情感变化，相信学生有着比自己还强烈的情感愿望——愿意向好的方向发展的愿望。尊重学生的情感，要理解学生的喜悦，体会学生的忧伤，与学生共同成长。下面我们来看一个案例。

① 金晓忠，周芳，陈海光. 2012. 语文教学如何在尊重中凸显实效. 中学语文教学，(3)：73.

② 王超. 2014. 教育爱：师爱中的高贵谎言——兼论尊重与理解应是教育之底线. 大学教育科学，(4)：64-69.

在讲“光的折射规律”这一节课时，我请一位同学指出图中哪条线是法线，他站起来，脸涨得通红，嘴里“嗯嗯呀呀”的说不出来，我想，如果当时就那么让他坐下，他一定感觉很没面子，后面的内容也就听不进去了。凑巧，我图中的法线是用NN1来表示的，于是冲他一笑：“答对了，就是嗯嗯1呀。”学生们笑了，他也笑了，那节课，他听得可认真了。[①]

当学生回答不出问题、在众目睽睽之下显得无比窘迫之时，该教师没有因此而气恼，反而是为学生考虑……教师换位思考、体会学生的思想情感，这体现出人性化的教学理念，而接下来教师用机智的做法巧妙地维护了学生的自尊，则进一步用实际行动践行了对学生情感的呵护和尊重。尊重学生的情感更是对学生能力的一种信任和期许，“权力的威信令人畏，叫人不敢违；能力的威信令人敬，使人不能违；情感的威信令人亲，让人不愿违”[①]。教学的成功之处不就在于树立学生“不愿违”的威信吗？

（四）教学中的尊重，还是对学生错误、不足的尊重

班级里往往会有那么一些“问题大王”“调皮鬼”，他们自控力差，违反纪律、顶撞教师、爱打闹等。这些学生还屡教不改，因此成了教师的“头疼病”“眼中钉”。一些教师就会想出各种招数来对付这些学生，例如，一犯错误就重重责罚或者请家长告知罪状等。但教师的这些举措往往只是平息了一时风波，不久这些问题便又会重演。于是，让广大教师最头疼的问题来了：为什么无论我再如何努力，学生永远都会一遍又一遍地重复错误？

那么，学生是不是就不应当享有犯错误的权利呢？从个体角度而言，“金无足赤、人无完人”，我们每个人都是在不断犯错的过程中逐渐收获成长、完善自我，更何况是发展还不成熟的学生。从教师角度而言，教师为了更好地完善教学，都会在工作之余写反思和总结来对自己教学中出现的错误进行反省。既然身为教师都难免会犯错，又为何去要求一个学生达到完美呢？“作为教师，我们在教书育人时应该用发展的眼光去看待每位学生，应该树立允许学生犯错误的教育观念。”[②]因此，身为教育者，我们不能把犯错的学生当敌人，而是要尊重学生的错误与不足，给予他们犯错误的权利，在尊重、爱与理解中一步步引导学生认识自身不足，不断完善自己。听过这样一句话，“所谓教育，就是一群不完美的人引领另一群不完美的人不断走向完美的过程”。这句话说得再恰当不过了。

十元风波

一天我到班里上课，一名同学反映自己丢了十元钱。我得知消息后，并没有

① 姜明伟. 2010. 教学中的尊重学生. 教育旬刊，(7)：54.

② 徐丽盼. 2013. 让孩子在尊重中成长. 北京：国家行政学院出版社：25.

大肆宣扬，扫视着全班同学，在目光的交流中，我发现了一束躲避的目光。于是，我不慌不忙地说："我已经知道钱是怎么丢的了。""告诉你们，是讲桌拿了这十元钱！"孩子们都惊愕地瞪大了双眼。我又笑眯眯地说："你们不信是吗？那我们来做个试验好不好？"同学们都好奇地看着我。我继续说："我们大家都到楼道排好队，一个个分别进来，每个同学都对讲桌说一句话，提醒它改正错误，好吗？"话音一落，聪明的孩子立刻就明白了老师的意思。"讲桌呀，拿别人的东西是不对的，我们应当从小养成好品质。""我相信你是一时糊涂，你改了就还是我们的好朋友！"听了同学们的话，我马上伸出食指，摇摇头说："嘘，大家说得都很好。讲桌已经知道自己不对了，可你们的声音太大，它会不好意思的，让我们一个一个悄悄告诉它好吗？相信一会儿它一定会把钱放回原处的！"……时间一分一秒地过去了，同学们一个个走进教室又出来。当那束躲避我的目光再次出现在我面前时，我看到了里面的羞愧和后悔。①

上述案例呈现给我们的是教师巧用方法引导学生认识到自己所犯的错误，同时又很好地维护了学生的尊严和面子，展现的是对学生错误的理解和尊重。试想，若教师采取搜身的办法把偷钱的学生公之于众，这样的引导带来的后果很可能会是：犯错误的学生因这一次"耻辱事件"被贴上了偷盗的标签，从此在同学面前抬不起头，而班里的其他学生也会因此排挤、疏远这个学生……案例中教师选择原谅学生的错误并为之"保密"，这不仅使一个犯错的学生走上了迷途知返的道路，更呵护了一个孩子幼小而脆弱的心灵。

三、教学中实施尊重的反思与建议

在教学中，我们一直以来都提及尊重、倡导尊重，这是因为我们的教育工作中确实还存在令人担忧的尊重缺失现象。强化教学中的"尊重"概念确实是刻不容缓而且是任重而道远的任务。但是，在这个改革的过程中要将"尊重"抬到怎样的高度，这条路要进行多久，如何把握好其中的"度"？这些问题都亟待我们每个教育工作者深思。

（一）把握好教学中尊重的"度"

凡事过犹不及，为了把握好教学中的尊重的度，我们要先了解尊重在教学中呈现的两端。①以专治独断的教育观为代表。教师在课堂上搞"一言堂"，不尊重学生的话语权；采用传统的灌输的教学方式，不尊重教学的规律；体罚、在语言上嘲讽学生，伤害学生的自尊等。教学效率低下、师生关系恶化、学生性格异化等都是这种不重视尊重的观念所导致的负面结果。②以纯粹正面的教育观为代表。儿童需要受到尊重，教育就要以肯定的方式来进行。因此，赏识教育、成功教育、愉快教育等也就有了顺势而起的"理论基础"。

专制独断的教育观和纯粹正面的教育观显然都不是尊重的教育，这种现象的出现往往是严格管理和赏识教育的理念遭到异化的结果。那么，如何掌握这两种教育理念的真解、把握其在教学中运用的“度”呢？

1）严格管理要把握好度。教师对学生的严格管理往往由于没有把握好度而会走进辱骂、体罚学生的误区——这时教师就丢失了以学生为本的目的，让教育演变成了对生命的不尊重甚至戕害。笔者认为，若要将尊重与严格管理结合起来，教师应该具备“‘目的’反省意识”与“‘方式’警觉意识”。所谓“‘目的’反省意识”即教育者要时刻反省自己的教育目的是否着眼于学生自身。试想一个将尊重生命奉为圭臬的教育者又如何会轻易违背自己内心的准则呢？所谓“‘方式’警觉意识”就是教师要对自己的教育方式有一个警觉的心理——我对学生的批评是不是过于频繁，有没有考虑他内心的承受程度，会不会对他的心理造成伤害？我做出的一些强制性要求站在学生的角度考虑了吗，是否剥夺了学生的自主权，压抑了学生积极性？这两种意识应该持续不断地发生在整个教育过程，其中教育前的反省是最为必要和首要的——它起着预防和把控的作用；当然，由于教学具有生成性的特征，在教育过程中、后的警觉和反思意识也是必不可少的。总而言之，只要教师的教育目的和方式都秉承着尊重生命的宗旨，那我们就应该承认尊重是实实在在存在于教学之中的。

2）赏识教育不宜过度。我国有一段时间甚是推崇赏识教育，在这种教育理念的引导下，教师们的逻辑是什么问题都可以用赏识、夸奖来解决。当学生犯了错误，教师既不能批评，更不能惩罚。但是，过度的赏识教育把学生完全置入一种温情的场域之中，使得教育软弱无力，给学生的发展带来了种种问题，这一点就说明教育者并没有尊重教育规律，没有尊重学生发展的规律，甚至没有尊重学生成长的需要。[①]在赏识教育运用的过程中，我们要避免出现过度的情况，同时也要有意识地将“尊重”寓于其中。例如，注意赏识的目的与尊重学生生命的结合问题：要发自肺腑，拒绝功利性的赏识；赏识的频率问题，不宜过多也不宜太少，而且要因人、因时而异；等等。[①]

3）正面教育与负面教育的结合才是对学生最大的尊重。上文中我们已经提到，纯粹的正面教育并非是对学生的尊重。那么，负面教育就一定意味着对学生的不尊重吗？

负面教育的手段，诸如约束、批评、惩罚，是否定性的。结合对尊重的理解，人们往往把它们和对学生人格尊严与权利的侵犯联系在一起，即把负面手段作为一种非尊重的方式。马卡连柯在总结自己的教育经验时曾说，“要尽量多地要求一个人，也要尽可能地尊重一个人”[①]。马卡连柯认为，要求就意味着尊重，尊重就暗示着要求，这两者是合二为一的。要求之所以是尊重，就是因为它承认了儿

① 董吉贺. 2013. 论负面教育中尊重的在场. 当代教育科学，(23)：9-11.

童成长和发展的潜能，而不是对儿童的贬低；尊重之所以有要求，是产生于集体教育中对全体成员利益的关照。[①]这对我们全面理解负面教育有着极大帮助。从一般意义上讲，批评、惩罚等手段实际上就是一种要求，只不过这种要求是以“不得做某事”的方式提出的。因此，根据马卡连柯的观点，负面教育和尊重并不矛盾。而且，负面教育具有一种功能，即为犯错的学生恢复名誉——如果一个犯了错误的学生接受了教师所给的惩罚，那么就表明他意识到了自己的错误行为并且愿意为自己的过错负责，其他同学也会愿意重新接纳他。一个能被接受的惩罚其实包含了教师对学生的期望和对学生主体价值的承认。[②]

经过讨论，我们可以获知纯粹的正面教育并非是对学生的尊重，而恰当的负面教育同样也包含着尊重的成分。缺少了负面教育，正面教育容易陷入疲软无力的“虚假尊重”的泥潭。因而，正面教育和负面教育的结合才能更好地体现出教学中尊重的理念，这才是对学生最大的尊重。

（二）师爱是教师学会尊重的核心价值

教育界有一个广泛的共识：教育始于爱，爱是教育的底线。可见，教育是爱的艺术，师爱是教育成功的重要前提。教师只有具备了师爱，才会主动在教学过程中处处为学生着想，做到真正地尊重学生。以我国知名的优秀小学教师斯霞为例，她以实施“师爱”教育而闻名全国——她的“童心母爱”早在20世纪60年代就传遍了大江南北。斯霞对学生的爱无法用语言详细尽述，但可以总结：斯霞的师爱是本体性、给予性和坚定性的爱，她对学生的爱根植于日常生活，“爱学生已经成为斯霞的需要，成为斯霞的习惯，成为斯霞的生活”。斯霞的爱首先意味着尊重，她尊重儿童提出的每一个问题，从不计较问题的“质量”，更不计较问题是谁提出的，每一个学生的每一个问题在斯霞这里都能够得到认真解答。例如，她带着学生的问题去紫金山天文台，求教在月球上看星空是什么颜色的；她带着学生的问题去南京师范学院生物系，求教兔子如何能够踢死老鹰，并带领学生参观标本。[③]因为在斯霞看来，孩子的一些在成人眼中往往被视为幼稚的问题，对于孩子自身来说却是严肃而认真的。试问，如果一位教师不是从心底里真正地爱学生，又怎么能够从学生的角度出发，融入他们的世界，在意、尊重他们提出的每一个问题呢？

弗洛姆指出，爱除了给予的要素外，还有一些其他的基本要素。这些基本要素是所有爱的形式共有的，那就是关心、责任心、尊重和了解是相互依赖的。因此，师爱是教师在教学中学会尊重、实施尊重的核心价值品质（具体论述见本章第二节“教学中的爱——师爱”）。

---

① 蔡永芬. 2014. 尊重生命，善于欣赏. 学术研究，(6)：207.

② 吴式颖. 1985. 马卡连柯教育文集(下卷). 北京：人民教育出版社.

③ 杨林国. 2007. 追寻斯霞的教育爱——兼对师爱工具化作反思. 江苏教育学院学报(社会科学版)，(7)：1-7.

第八章　情感目标达成的评价

> 可以提出这样的问题，在什么意义上才可以说，行为公正便成为公正的人，行为节制便成为节制的人？因为，如果人们在做着公正的事或做事有节制，他们就已经是公正的或节制的人了。这就像一个人如果按文法说话就已经是文法家，按乐谱演奏就已经是乐师了一样。但是技艺方面的情形并不都是这样。
>
> ——亚里士多德

教学和评价是教育活动中紧密联系的两个方面，教育目标设定与实施之后，评价手段应该及时跟上，这样才能促成目标的准确实施和有效达成。布卢姆曾经说过："虽然为学生的情感行为确定一个终结性分数不是一个好办法，然而为了对学生作出适当的诊断和安置，往往也需要评价学生的情感行为……这有助于教师在诊断情感后制定补救措施。"[①]评价具有重要的导向作用，无论对教师的教还是学生的学都是如此。

第一节　教学中情感目标评价的代表性研究

教学目标的评价一直是课程与教学论的一个重要研究领域。从课程与教学论发展的历史来看，最初的教学评价是对认知目标的评价，情感目标在随后的评价中才被列入评价对象。有学者对国外教学目标评价的历程归纳如下[②]。

第一代，测验和测量时期。盛行于 19 世纪末至 20 世纪 30 年代的对教学目标的评价，主要是测定学生对知识的记忆状况或某项特质。在这一时期，人们对情感目标的评价尚没有认识，也没有明确的意识。

第二代，描述时期。在这一时期，布卢姆的教育目标分类学第一次独立地对情感领域进行了划分，并尝试着进行评价。该时期是随着 20 世纪 30 年代的"八年研究"而兴起。这一时期人们对教学评价有了深入的认识，例如，认为评价不等于考试、测验，尽管考试和测验可以成为评价的一部分。泰勒曾指出：通过简单的事实测验不能引发高级心理过程。评价过程是将教育结果与预定教育目标对照的过程，是根据预定教育目标对教育结果进行客观描述的过程，而非简单地陈述学生的成绩。

---

① 转引自：陈佼. 2007. 中学地理情感、态度与价值观的评价. 华中师范大学硕士学位论文：1.

② 贺从蕾. 2003. 对中学语文教学情感目标评价体系建构的探索. 华东师范大学硕士学位论文：3-4.

第三代，判断时期。这一时期确认了价值判断是评价的本质，肯定了评价的过程性，形成性评价、目标游离评价、内在评价都是在这一时期提出的。

第四代，建构时期。这一时期强调评价要以“协商”的方式进行，特别强调过去作为被评价者的学生在评价过程中的参与者的身份，主张用质性研究方法，评价是受“多元主义”价值观所支配的。这种评价模式的实质是在尊重每个独立的个体的前提下，寻求共识的达成，它反映出一种深刻的民主意识，极富有时代精神。这一时期，研究者提出了一个极有价值的评价理念——质性评价。质性评价与量化评价相对应，是在对传统量化评价批判的基础上，结合人文学科的评价，解决了在情感目标评价中难以量化而又必须要有一种评价方法的难题。

纵观国外教学目标评价的发展历史，教学目标的评价具有阶段性，是由简单评价发展到复杂的评价，由知识目标的评价发展到情感目标的评价，由一元评价到多元评价的发展过程。

在上述教学目标评价的历史中，泰勒参与的、布卢姆提出的目标分类学可以说是情感目标评价的分水岭，其相关理论成为教学目标评价特别是情感目标评价的核心理论依据。纵观国内学者关于教学中情感目标的评价，绝大多数仍以美国心理学家布卢姆为首的委员会于 1964 年公布的由克拉斯沃尔具体负责制定的情感领域的教学目标分类为理论依据。

一、国外学者关于教学中情感目标评价的代表性研究

布卢姆等主张，教育目标分为三个主要领域：认知领域、情感领域和动作技能领域。情感目标的评价，属于第二个领域——情感领域的研究。在研究的初期，布卢姆团队提出了对教学目标分类研究的理论假设[①]：①那就是对教学目标进行分类，分别进行评价，弄清楚教育目标的达成过程，将有助于专家小组成员澄清并简化教育目标的语言；②对目标进行明确的分类，也会对期望学生掌握的各种行为得出确切的推论；③在分类系统形成中产生的第二种价值，是为描述和排列各种试题、考试方法和评价手段提供一种方便的体系。

“因此，如果一个目标的制定者和使用者能够把这个目标置于一个特定的类别，那么，相对来说，学习经验的结果和评价就会变得精确和清楚了。”[②]

情感目标的评价，就是注重情调、情绪或接受与拒绝程度的目标。情感目标也是各不相同的：从简单的对所选择的现象的注意，到复杂而又内在一致的

---

① D. R. 克拉斯沃尔，B. S. 布卢姆，等. 1989. 教育目标分类学・第二分册・情感领域. 施良方，张云高译. 上海：华东师范大学出版社：1-2.

② D. R. 克拉斯沃尔，B. S. 布卢姆，等. 1989. 教育目标分类学・第二分册・情感领域. 施良方，张云高译. 上海：华东师范大学出版社：3.

性格和良心。从这一界定，我们可以明白，布卢姆的情感目标评价，是把情感目标接受的程度作为评价对象，最高程度的接受就是形成性格，生成相应的价值观。

布卢姆对情感目标的评价，是按照情感被学生接受的程度，建立一个情感接受程度的“连续体”。这个连续体显示了某种情感接受的程度，最高级便是形成相应的价值观。布卢姆这样介绍他的情感连续体[①]：

情感连续体是从个体仅仅觉察到某种现象并能知觉到它这样一个层次出发。在下一个层次上，他愿意注意某些现象。再下一个层次，他在对这些现象作出反应时具有积极的感情。最后，他的感情可能强烈的以特别努力的方式来作出反应。在这个程度的某一点上，他把自己的行为和感情概括化，并把这些概括化的东西组织成一个结构。这个结构不断增加复杂性，以致成为他的人生观。

学生在教学中的情感发展，与认知发展不同，有一个不同层次、不同程度的较长的隐性演进过程。布卢姆这个情感达成的“连续体”，正是对这个过程的描述，体现了情感从接受到性格化（表 5-3）的变化过程。布卢姆指出，当我们编制这样一个有意义的连续体后，它有助于界说和描述这些目标，或者说它有助于简化和澄清这些目标。

综观国内外关于情感目标的评价，布卢姆等开发的目标分类评价理论，开创了教学中情感目标评价的先河，随后的学者多数借鉴了该理论，该研究成果在学术界影响较大。当然，由于文化的差异、时代的差异，布卢姆的情感目标评价理论在我国中小学实施过程中也存在着明显的不足，有学者这样进行了总结[②]。①缺乏基于上述理论的测量工具，使评价最终无法进行数量化的操作。②分类体系过于烦琐，特别是亚层次之间有时很难区分，如“接受”包括“觉察”“愿意接受”“有控制的注意”三个亚层次，“反应”又包括“默认的反应”“愿意的反应”“满意的反应”三个层次等。在实际的教学活动中很难加以细微测评。③由于存在东西方文化背景上的差异，该体系所使用的概念与我们的思维习惯有较大不同，难为广大一线教师所接受。关于文化的差异对研究结果的普适性影响，布卢姆研究团队也认识到了这一点：“分类学系统应该广泛到足以包括来自任何一种哲学定向，从而来自任何一种文化的目标。然而本分类学体系是否这样广泛，这还不清楚，因为它是用我们自己文化的产物建立起来的，并用这些产物来加以检验的，而且所有例证材料都来自我们的学校。”[③]

---

① D. R. 克拉斯沃尔，B. S. 布卢姆，等. 1989. 教育目标分类学·第二分册·情感领域. 施良方，张云高译. 上海：华东师范大学出版社：26-27.

② 卢家楣. 2007. 教学领域情感目标的形成性评价研究. 教育研究，(12)：86.

③ D. R. 克拉斯沃尔，B. S. 布卢姆，等. 1989. 教育目标分类学·第二分册·情感领域. 施良方，张云高译. 上海：华东师范大学出版社：46.

二、国内学者关于教学中情感目标评价的经典研究

布卢姆目标分类理论的提出，是按照情感因素在个体中接受的程度，依次为接受、反应、组织、性格化。该理论无疑为教学中情感目标的评价提供了强有力的参照，并成为国内学者关于教学中情感目标评价的"指南"。国内关于教学中情感目标的评价研究，几乎全部借鉴了布卢姆的研究成果。比如，国内关于教学中情感目标评价研究比较有建树的学者卢家楣教授曾发表了一系列关于教学中情感目标评价的研究成果，如《教学领域情感目标的形成性评价研究》（《教育研究》2007 年第 12 期）、《课堂教学的情感目标测评》（《心理科学》2007 年第 6 期）、《课堂教学的情感目标分类》（《心理科学》2006 年第 6 期）。

卢教授主要是从心理学角度来研究情感目标的评价，把情感目标的评价分为形成性评价与终结性评价，并认为两种评价相互配合、相辅相成、相得益彰。

情感目标的形成性评价，即测评具体的一堂课的教学对学生情绪体验的影响情况，以鉴定该教学是否具有促进情感目标达成的实效性。情感目标的终结性评价，即测评学生情感通过一个阶段的教学所发生的相对持久变化的情况，以鉴定该教学是否具有促情上的实效性。[①]卢教授借鉴布卢姆的情感目标分类，结合他自己的理解，建立了教学中情感目标达成效果的评价体系，该体系分为乐情度、冶情度和融情度三大维度，每一维度又分别分为四个层次，具体如下[①]。

1. 乐情度

乐情度是指教学能促进学生对其喜欢的程度，这是课堂教学中教师通过教学影响学生情感的首要方面。具体分为以下四个层次（图 8-1）。

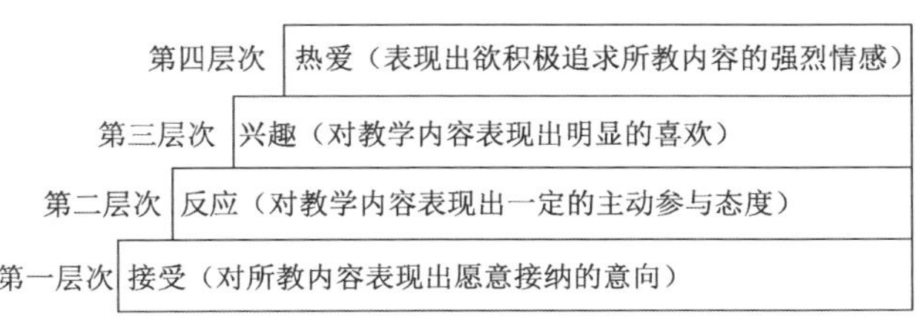

图 8-1　乐情度的四层次

2. 冶情度

冶情度是指教学能使学生获得积极的情感体验的程度，这是课堂教学中教师通过教学影响学生情感的又一个重要方面，如图 8-2 所示。

---

① 卢家楣. 2007. 教学领域情感目标的形成性评价研究. 教育研究，(12)：85-89.

第四层次	感化（成为某种情感形成的一个生发点，给日后留下重要资料）
第三层次	感悟（引起内心深处的情感上的触动）
第二层次	感动（自己也产生相应的情感）
第一层次	感受（体会到教师在教学中所表现出的教材内容中所蕴涵的情感）

图 8-2　冶情度的四层次

3. 融情度

融情度是指教学能使学生与教师和周围学生情感融洽的程度，这是作为特殊的人际交往过程的教学活动对学生情感影响的又一个不可忽视的方面。融情度也可分为由浅入深、逐级递进、逐步内化的四个层次（图 8-3）。

第四层次	互爱（师生间的人际关系达到互敬互爱、亲密无间的程度）
第三层次	互纳（师生间的人际关系达到友好互动的程度）
第二层次	互悦（师生间的人际关系达到积极呼应的程度）
第一层次	互动（师生间发生了人际互动）

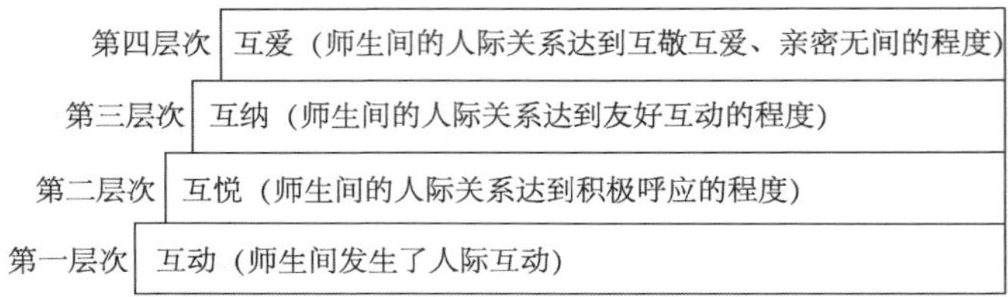

图 8-3　融情度的四层次

卢教授的教学中情感目标达成效果评价体系，应该说是比较系统与深入的，是在借鉴布卢姆目标分类学的基础进行的本土化改造。从心理学的角度出发，这一研究很值得借鉴、推广，也具有操作性。该研究成果已为课堂教学中情感目标的评价提供了基础性的研究，被诸多学者借鉴。例如，国内学者李岫泉的“课堂教学情感目标测评”就借鉴了卢家楣的评价体系，制定了情感目标测评表单。[①]还有学者借鉴了布卢姆的分类学理论与卢家楣教授的情感评价理论，结合数学学科，制定了数学课堂情感目标评价体系（图 8-4）[②]。

乐情维度	第四层次	热爱（表现出欲积极追求所教内容）
	第三层次	兴趣（对教学内容表现出明显的喜欢）
	第二层次	反映（对教学内容表现出一定的主动参与的态度）
	第一层次	接受（对所教内容表现出愿意接纳的意向）

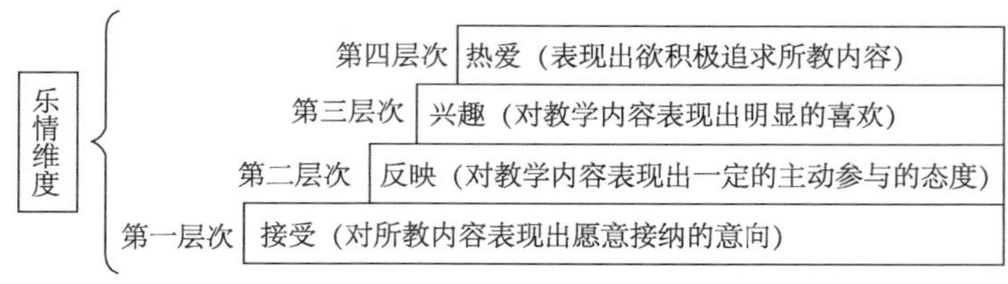

图 8-4　数学课堂情感目标评价体系

总之，布卢姆、卢家楣的研究成果为国内学者评价教学中的情感目标提供了

① 李岫泉. 2013. 课堂教学情感目标测评初探. 辽宁教育，(9)：86.

② 王超. 2012. 中学数学教学情感目标的分类解析. 东北师范大学硕士学位论文：10.

强有力的理论基础与操作借鉴。但卢家楣教授的研究成果同样具有局限性，从对于教学中情感目标达成效果的评价的角度来看，它的不足也是明显的，主要体现在以下几个方面。

1）该研究体系是从心理学的角度展开的，评价还包括问卷的开发等，研究主体应是专业的研究者，心理学术语过多与心理学的专业操作难以让一线广大中小学教师成为研究的主体。该评价体系操作起来较有难度。

2）该研究体系虽具有操作性，但同样过于烦琐、复杂，在实际的中小学课堂教学中，以中小学教师为评价主体。该操作体系基本不具有可行性。

3）新课程改革提出的三维目标中的情感目标，结合了不同的学科不同的教学内容，其内容可以用“多种多样”来形容，并且人的情感也是多种多样的，不同的情感对应不同的价值观，所以，人的价值观更是多种多样的，仅仅从乐情、冶情与融情三个方面去概括、评价人的情感，太过单一。

结合我国中小学教学实际，以及情感目标的特殊性。关于教学中情感目标的评价，应明确以下几点。

1）知识目标是教学评价关注的重点，已形成了一套教学评价体系，该目标的评价具有规范化、标准化和科学化的特征。但情感目标的评价与研究都明显滞后。健全的教学评价体系应包括知识、技能与情感三大教学领域。

2）教学目标是教学达成的效果，新课程改革提出的三维目标都应纳入评价的对象，但三维目标的属性差异较大，应分别采取不同的评价手段对它们进行评价，不应受知识目标固有的定量评价的影响。要求情感目标的评价采用定量的评价手段，是不科学的，也是不可能的。

3）按照评价的流程，教学评价包括诊断性评价、形成性评价和终结性评价。诊断评价是发生在教学活动之前，以了解学生学习的原有水平；形成性评价发生在教学活动之中，以了解学生学习的进展情况；终结性评价发生在教学活动之后，以了解学生学习的最终效果。知识与技能目标一般倾向于终结性评价，而情感目标则比较适合形成性评价。因为形成性评价可以测评一堂课的教学对学生情感的影响情况，“以鉴定该教学是否具有促情性，即当场的促情状况，它对教学过程的评价更有参考价值”[①]。

第二节　情感目标评价的特殊性与评价意义

学生的认知程度或知识目标达成程度是比较易于评价的，与之相联系的情感领域却比较难解决。“态度与人的行为的间接或复杂关系意味着，态度的形成和

① 李岫泉. 2013. 课堂教学情感目标测评初探. 辽宁教育，(9)：86.

改变在评估方面造成了一些困难。换言之，要确定人们测量的是由学习引起的态度的变化，而不是另外某些东西，这不是一件容易的事。”①情感目标的评价为何难以解决或进展缓慢呢？

一、国外学者对教学中情感目标评价困难的认识

数十年前，美国学者布卢姆团队对该现象进行了原因归纳，从当前我国的课堂教学情况来看，这些原因仍然具有现实意义。

1）根据情感目标无法评定学生的成绩，认知成绩被认为是最合适的评价指标。“教师和考试专家根据学生在这些认知知识考试中的表现，给学生评为 A 等或不及格时，几乎不会感到踌躇。”②但是，情感目标或情感的评价，却不被认为是评价维度。“教师和考试专家并不认为根据学生的兴趣、态度或性格发展来评价学生是恰当的。”②因为情感优异的学生可能正受到学校或班级的处罚。

2）评价技术的不完善，使对情感、价值的评价缺乏科学性。布卢姆指出：“以情感尺度来评定学生，感到踌躇的一个主要原因，是评估技术不适合，是因为学生可以很容易地探知哪些反应会得到奖励，哪些反应会受到惩处。”②我们很难评价，学生表现出的某种行为是因为真正地具有某种情感、价值观或是为了取悦教师、应付评价。“因为我们难以对逼真的或诚实的反应同只是为了取悦于教师的反应加以区分，我们甚至可以对学生回忆这些体验的精确性表示怀疑。”②

3）学生的情感态度与价值观能否评价。在西方文化里，一个人的信念、态度与价值观及个性特征被认为是私人的事情。“我对上帝、家庭和家庭成员的态度，是个人私事，这种私事一般是受到尊重的。”③的确，一个的价值观，如果从个人的角度，的确无法评价，因为选择什么样的价值观，那完全是个人的私事，但如果从学习效果或教学效果的角度来看，教学中的情感目标达成度仍是需要评价的，这种评价针对的是教的能力与学的能力，而不是情感、态度与价值观本身。

二、情感目标在国内课堂教学中评价中的特殊性与困难

情感目标的教学评价已成为一线中小学教师面临的亟待解决的问题，对情感目标的不恰当评价已严重影响了新课程改革理念的有效落实。对于情感目标的评价，许多教师“只闻其声，不见其踪”。不明白认知目标和情感目标的联系，分

① D. R. 克拉斯沃尔，B. S. 布卢姆，等. 1989. 教育目标分类学·第二分册·情感领域. 施良方，张云高译. 上海：华东师范大学出版社，220.

② D. R. 克拉斯沃尔，B. S. 布卢姆，等. 1989. 教育目标分类学·第二分册·情感领域. 施良方，张云高译. 上海：华东师范大学出版社，16.

③ D. R. 克拉斯沃尔，B. S. 布卢姆，等. 1989. 教育目标分类学·第二分册·情感领域. 施良方，张云高译. 上海：华东师范大学出版社：17.

不清两者的区别，也不清楚该目标的达成对教学效果的影响，在具体的教学中就无从把握情感目标。总之，教学中情感目标的达成效果的评价已困扰一线教师的教学实践。下面的案例可以有力地说明这种情况①，它表达了杭州一位中学教师对课堂教学中情感目标评价的困惑，他称自己是一位失败的教师。

我是一个失败的老师

我很重视学生的亲情、友情、爱情教育，在每节政治课上，除了布置学校规定的作业外，我常给学生提供情感教育的读物。一次，我在《读者》上看到一篇文章叫《男孩和他的树》，我看了非常感动，便印发给全班同学。学生读了以后也非常感动，下课后很多学生来找我，或者把感受写下来交给我，说他们看了这篇文章感触很深，以后一定会好好待自己的父母。那时我有这样一种感觉，一个是学生真的很可怜，除了读书，他们还能看到什么？另一个是，我真的应该好好工作，好好教他们做人的道理，让他们明确生活中更应该重视的是什么。学生使我有了当老师的成就感，但是，如果从学校考核来看，我是一名不合格的班主任，我并不是说学校的考核制度不好，毕竟它从某些数据中反映出我工作的不足。从毕业来到学校，我就重视学生的情感教育，不像其他老师那样只手抓成绩，但这也是我后来失败的地方——重视了学生的情感教育，却拿不出成绩，所以我是一个失败的老师。

教学中，无论从学生发展的角度还是教育的本质来看，重视情感目标的达成都是无可厚非的。但现实的评价机制却强烈地影响着教师的教学行为，进而会影响学生的发展。众所周知，素质教育强调培养德、智、体、美全面发展的人，“作为一个活生生的人，学生的德、智、体、美不是机械地割裂的，也不是简单并列的，而是有机地融合在一起的，融合的结果就是人格”②。但现实的教学评价只重视知识目标的评价，其最终结果只会导致畸形人格的生成，这在现实的生活中并不是危言耸听。

从理论上分析，教学目标是可以检测、评价的，但情感目标的特殊性导致对其评价存在一系列困难。

情感目标的特殊性，如达成过程的内蕴性与达成效果的滞后性使得情感目标的评价成为一个难点。但评价困难并不是意味着不可以评价，始于 20 世纪初的布卢姆的教育目标分类研究，就是为适应教育评价的需要而发展起来的，其中就包括了对情感目标分类评价的研究，本书试图以布卢姆对情感目标的分类为理论依据，探究如何对情感目标进行课堂评价。

情感态度与价值观目标是新课程改革的一大亮点，它有多种称谓，每种称谓

---

① 案例引自刘晓伟. 2007. 情感教育：塑造更完整的人生. 上海：华东师范大学出版社：234.

② 袁贵仁. 2009. 价值观的理论与实践. 北京：北京师范大学出版社：349.

意味着不同的意义。在课程标准中被称为体验性目标，这一称谓强调其达成过程的特殊性，要生成体验；实践界还称其为情感目标，这一称谓表明了该目标的另一性质，即与情感的生成密不可分；还有学者称其为情感目标或价值观目标，这一称谓是想表达情感、态度与价值观目标最终是学生生成相应的价值观。对新课程情感目标的不同称谓足以表明该目标具有与知识目标不同的特殊性。知识目标掌握的程度可以以“分数”作为评价手段，而情感目标达成的效果如何评价呢？情感目标达成的最终结果，应是情感目标内化为受教育者的品质，并指引个体行为过上美好的生活。比如，亚里士多德就质疑道：“在什么意义上才可以说，行为公正便成为公正的人，行为节制便成为节制的人？……这就像一个人如果按文法说话就已经是文法家，按乐谱演奏就已经是乐师了吗？”①的确，一个人做一件好事很容易，做一生的好事难。凭一件或几件事来判断某人是否具有某品质的确不科学。从这个意义来说，仅凭一节课试图判断情感目标达成效果非常困难，甚至几乎不可能。

总而言之，情感目标的特殊性或评价的困难主要来自两个方面。

1）它是体验性目标，它描述兴趣、态度和价值等方面的变化，属于意向过程和非智力素质方面的目标，它的达成过程及效果具有内蕴性。

情感作为一种心理过程具有三个基本组成成分：主观体验、生理反应和表情动作。三者的有机结合构成了一个完整的情感过程，态度则是个体对人、物或事件，以特定方式进行反应的一种心理倾向。这些过程都是心理过程，具有内蕴性，所以，它无法像评价知识目标那样，可进行完全的客观化与量化。正因为如此，语文课程标准中指出：“语文学习具有重情感体验和感悟的特点，因而量化和客观化不能成为语文课程评价的主要手段。”②

2）情感目标的达成周期较长，也制约着对该目标达成度的判断与评价。情感目标的达成绝对不是通过一两节课就能简单实现的，试图像评价知识目标那样，做到“堂堂清、节节清”是很困难的。“很显然，某种认知内容的掌握可以通过一次测验考察出来，但是，涉及价值情感方面的，如对祖国的热爱之情、对父爱的体察之情就可能不是教授一篇课文就能在学生身上确立巩固的。”③

综上所述，在教学中评价情感目标具有特殊性、困难性，但我们又不能放弃对它的评价。教学活动就是认知因素与情感因素交织而展开的活动，情感因素、情感目标在教学中的作用未受到人们的普遍重视，未被确立在教学中应有的地位，这不仅导致教学的种种失衡现象，使教学的功能得不到最大限度的发挥，而且影响现代教学的进一步发展。

---

① 亚里士多德. 2011. 尼各马可伦理学. 廖申白译. 北京：商务印书馆：41.

② 贺从蕾. 2003. 对中学语文教学情感目标评价体系建构的探索. 华东师范大学硕士学位论文：1.

③ 贺从蕾. 2003. 对中学语文教学情感目标评价体系建构的探索. 华东师范大学硕士学位论文：2.

三、情感目标教学评价的意义

众所周知，知识与技能目标是传统考试的重要或唯一的评价对象，考试成了教与学的风向标。考什么，就学什么，也就教什么。20 世纪 80 年代，我国教育界曾引进了布卢姆的教学评价体系，对改进我们的教育教学起到了积极的作用。但是我们只重视了认知目标的评价，忽略了对情感目标的评价。以数学为例，我们只注重认知目标的评价，在做了大量的认知目标习题化的工作后，却删掉了原《中学数学学习评价》中占 30%篇幅的“极重要的一个方面”——对数学情感成果的评价。研究者指出：“比如‘为什么学习数学？’、‘代数对一个家务劳动者有何用处？’、‘你最欣赏数学家的什么东西？’……这些问题，显然是评价一个学生对数学的态度、使用数学的意识、鉴赏数学的能力的重要依据，然而我们却将其丢掉了。”①

如果不把情感目标列入评价对象，情感目标作为新课程改革的重要理念，就难以在教学中落实。“重视情意领域的评价，不仅是因为……对于学生的终身发展以及素质教育的深入开展具有深远意义，还因为情意领域的评价可以和其他领域的评价一样，在教学实践中发挥着监督、导向、改进教学等多方面的功能。”②

因此，对教学中情感目标的评价，也成为学界关注的焦点。但在已有的文献中，关于情感目标的评价研究较为少见。

针对我国课堂教学与管理的传统与现状，情感目标的评价将会有以下三方面的作用。

（一）情感目标的评价是教与学的重要导向

评价的重要功能之一就是导向作用。关于教学评价的这一功能，课程标准写得非常清楚，以语文课程标准为例，关于“评价的建议”是这样阐述的：“语文课程评价的目的不仅是为了考查学生实现学习目标的程度，更是为了检验和改进学生的语文学习和教师的教学，改善课程设计，完善教学过程，从而有效地促进学生的发展。”③在我国，基本上中考、高考就是教与学的指挥棒，“‘为评价而教’的文化氛围十分浓厚，评什么以及怎么评，直接影响着教师的教学内容与方式。在这样的大背景下，重视情感、态度与价值观的评价，无疑是具有更加重要的现实意义”②。具有操作性的评价，无疑可以引起学校、教师在教学工作中对情感目标的重视，将促使一线教师重视、探索情感目标的达成策略，最终受益的将是学生。无论是从学生的终身发展还是素质教育角度，抑或是从国家的教育政策或教育的本质的角度考虑，重视情感目标的实施都将具有积极的作用。但是需要

---

① 王超. 2012. 中学数学教学情感目标的分类解析. 东北师范大学硕士学位论文：1.

② 赵德成. 2003. 新课程实施中的情感、态度与价值观评价. 课程·教材·教法，(9)：10-13.

③ 中华人民共和国教育部. 2001. 全日制义务教育语文课程标准(实验稿). 北京：北京师范大学出版社：1.

有两个前提条件存在，情感目标的评价才可以真正起到教与学的导向作用：①教学中的情感目标的评价程序或方法具有操作性、可行性与科学性；②行政部门真正把情感目标的教学评价纳入到国家考试中。

（二）情感目标的评价可以监督教育教学质量

何为教学质量？就一节课而言，教学质量是教学目标达成后的效果。因此，教学质量的评价，可以借助教学目标达成效果来评价。严格意义上的教学质量应包括所有教学目标达成的效果。这次新课程改革提出了三维目标，各学科都在课程标准中明确提出了情意领域的具体要求，制定出了具体的情感目标。从理论上分析，新课程标准所规定的教学目标，其教学效果都应纳入教学评价的范畴之内，这样才可以有效地监督学校和教师的教学质量，实现新课程改革的育人目标。“课程标准描述了学生在经过某一学段之后应达成的学习结果，是衡量教育教学质量的准绳，无论是外部评价，还是课堂评价，都应该辩证地依据课程标准的有关规定，既重视认知领域目标的评价，又要高度关注并采用科学合理的方式实施情感、态度与价值观的评价。”①但教学与方法目标、情感目标的特殊性，目前还无法将它们纳入到已有的考试评价体系中，因此，探索情感目标的评价方法，可以全面、有效地监督教育教学质量，具有重要的意义。

（三）情感目标的评价可以有效地改进教学

教学目标的评价与教学活动是紧密相连、相互促进的两个方面，仅凭一方面的改革很难有效地实现教育教学目标。在情感目标评价的导向作用下，教师有意识、有目的地在教学中设计教学活动，并达成相应的预设目标，将会有效地改进教学效果，实现教学的有效性。情感目标的达成往往是教学活动的升华，也是课堂教学中最为精彩之处。

从教学目标的角度来看，课堂教学无非可以分为两大类或者说两大领域：一类是认知目标的认知领域；另一类是情感目标的情感领域。这两个领域或两个目标可以互为达成的手段与目的。也就是说，认知目标可以作为实现情感目标的手段，情感目标也可以作为认知目标实现的手段。“由于情意因素和认知因素是紧密联系和相互促进的，学习态度、自我效能感、学习热情、合作态度等很多情意因素对学生的认知发展具有重要的影响。”①因此，教师在教学中重视情感目标的达成与评价，将会促进知识目标的达成，有效地改进教学。近年来，个别学科特殊的情感目标已出现在考试中，以考题的形式对学生进行评价。拿历史学科来说，历史人物、历史事件及历史现象本身就有丰富的情感因素，对学生进行历史知识

① 赵德成. 2003. 新课程实施中的情感、态度与价值观评价. 课程·教材·教法，（9）：10-13.

目标的考查，也能反映出学生的情感态度与价值观的状况，比如[①]：

例一：秦《田律》规定："春二月，毋敢伐林木山林及壅堤水。不夏月，毋敢夜草为灰……百姓犬入禁苑中不追兽及捕兽者，勿敢杀：其追兽及捕兽者，杀之。"这段材料最能反映出我国古代人民很早就知道：

A. 用犬进行狩猎　B. 不乱砍伐林木　C. 保护自然资源　D. 垄断自然资源

例二：列举中国古代荀子、董仲舒、刘禹锡关于人与自然关系的著名观点。

上述例子告诉我们，以考试这种最为传统的方式，对情感目标进行评价，对于特殊学科的特殊知识是可行的，并且一直被采用。但是对于多数学科中的众多的情感目标，采取以试题的方式进行评价存在着困难。并且，最为重要的是，学生选择了正确的知识与正确的价值观，并不代表学生具备了该价值观，这就是情感目标达成的特殊性，它为对其评价提出了一系列难题。

第三节　情感目标评价方法：价值指示[②]

我们很难像对知识目标的评价一样，采用客观、量化的评价手段，通过试卷来考查学生接收的目标信息量的多少。但是情感目标的评价并非无法实施，因为情感目标的达成必然引起人的情绪、行为的变化，内在心理过程一定具有外在的行为表现，我们可借助人的生理、行为的变化，对课堂教学中情感目标达成效果进行即时的评价。

人在接受情感信息时行为会发生相应的变化。不同的情绪与情感紧接着的是个体不同情绪行为的出现，苏联学者保罗·汤姆斯·扬就对人的情绪、情感变化引发的不同的行为做了对应的研究与分析（表 8-1）[③]。

表 8-1　保罗·汤姆斯·扬的情绪与相应行为的分析

情绪、情感	相应的行为语言	行为的功能
恐惧、恐怖	离开、逃跑	保护
愤怒、暴怒	攻击、搏斗	毁灭
憎恶、厌恶	呕吐、净化	拒绝
期待、戒备	注意、接触	探究
惊奇、惊讶	中止、警觉	定向

从表 8-2 的内容我们应该明白，良好的情绪、情感引起的学生的行为是注意、接受与探究，反之则是拒绝、自我保护与逃避。借助个体在接收情感信息过程中

① 李云霞. 2004. 中学历史教学中情感态度与价值观目标的评价. 南京师范大学硕士学位论文：23.

② 本节内容发表于《中国教育学刊》2012 年第 5 期。

③ 保罗·汤姆斯·扬. 1988. 情感、意志、个性. 魏庆安，等译. 厦门：鹭江出版社：59.

的行为的变化，可对学生接收的效果或情感目标达成的效果进行评价。比如，布卢姆等人在谈到对情感目标的评价时认为：“每个情感行为都有着某种性质的认知行为与其对应，反过来也是如此。”可见，国外学者早已认识到，情感与行为的相对应可以作为评价的手段来应用。[①]本书把这些随着情感信息的接收而变化的行为称为价值指示行为，它是对情感目标进行评价的重要工具。

一、课堂教学中情感目标评价的工具：价值指示

价值指示（value indicators）这一术语来自美国著名的道德教育“价值澄清理论”流派，其代表人物拉思斯在《价值与教学》一书中指出，“让我们简明扼要地探讨那些能表明价值的出现但其本身又异于价值的事物。我们称这些接近价值但也许并不都符合价值标准的词语为价值指示”[②]。需要说明的是，拉思斯所说的价值指的是价值观，价值指示可以理解为价值观的指示，即能表明个体价值观的指代物。拉思斯认为，这些价值观指示的词语包括目的、抱负、态度、兴趣、情感与信念等，个体在陈述这些词语如抱负、态度等的内涵时，这些词语所指示的内容，潜在地或间接地表明了个体所具有的价值或价值观，从而使内蕴的价值观外显出来。比如，就态度这一价值指示词来看，学生们对一事物表明的“态度”，可以清楚地反映出他们对待不同事物不同的价值观。

学生的陈述[②]如下。

生 1： 如果涌入的移民犹如过江之鲫，我想这会给其他人造成许多麻烦。

生 2： 据我看，现在我们必须过度补偿黑人，因为他们已经远远落后了。

生 3： 我搞不懂，我们为什么非等到 18 岁才能驾车。

学生的言语内容、态度所指示的价值或价值观如下。

生 1： 对待移民是持反对的态度与价值观。

生 2： 对待移民是持积极、支持的态度与价值观。

生 3： 反对 18 岁驾车的规定。

通过上述案例，从拉思斯对价值指示的描述可以得出这样的结论，价值指示是个体能表达其价值观的，且与价值观密切相关的个体对目的、抱负、态度、兴趣、情感与信念的表述内容与倾向。这些表述虽非价值观，但可以“指示”出个体的价值观。为何能指示出个体的价值观呢？我们可否这样去理解：俗话说“言为心声”，一个人谈话的内容及倾向基本可以表达出个体的价值观，特别是在自然、真实的状态下更是如此？在课堂教学师生的互动中，学生一般处于自然状态下，学生的言谈是真情实感，可以客观真实地反映出个体真正的价值观。教师完全可以依此判断学生的价值观倾向，分析情感目标达成的效果，并及时调整教学

---

① B. S. 布卢姆，等. 1987. 教育评价. 邱渊，王钢，夏孝川，等译. 上海：华东师范大学出版社：485.

② 拉思斯. 2003. 价值与教学. 谭松贤译. 杭州：浙江教育出版社：69.

行为。由此看来，通过学生关于“目的、抱负、态度、兴趣”等的谈话内容及不同的价值指示行为来判断学生价值观形成的情况是合理、可行的。

二、课堂教学中选定价值指示的依据与分类

根据对拉思斯有关价值指示核心内涵的理解，本书认为，课堂教学中情感目标达成效果也存在着价值指示，这就是学生在课堂教学中的言行与表情，这些言行或表情暗示或蕴含着价值观，但它们又异于价值观。

（一）课堂教学中学生价值指示行为选定依据

通过价值指示行为对情感目标达成的效果进行评价，需要以情感目标内化为个体价值观的过程与层次为依据。本书中的价值指示行为依据的是克拉斯沃尔、布卢姆等人对个体情感目标内化为价值观的过程阶段研究。

1964 年，克拉斯沃尔和布卢姆等人在编著的《教育目标分类学·第二分册·情感领域》中，将个体情感目标的达成顺序从低到高分为五个层级：接受（receive）、反应（responding）、价值评价（valuing）、组织（organization）及价值或价值复合体的性格化（characterization by value），如图 8-5 所示。

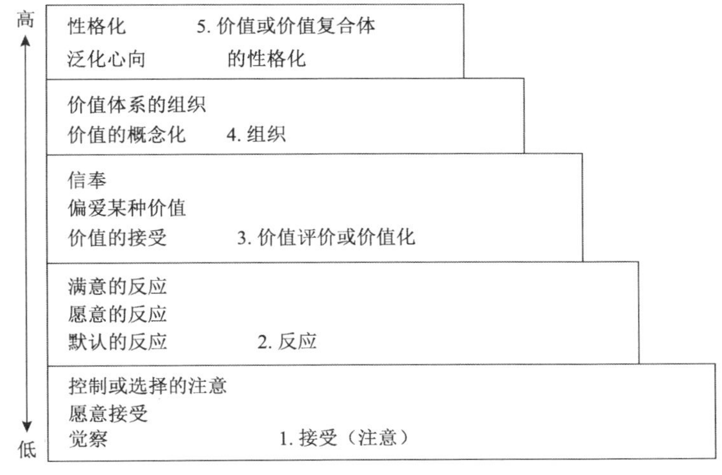

图 8-5 布卢姆与克拉斯沃尔的情感目标分类[①]

情感目标从接受开始，逐层递进直至性格化，也就是形成个体的价值观。在每一层次，个体都会有不同的行为表现，这五个层次的内涵及相应的价值指示行为分别描述如下。

---

① D. R. 克拉斯沃尔，B. S. 布卢姆，等. 1989. 教育目标分类学·第二分册·情感领域. 施良方，张云高译. 华东师范大学出版社：36-37. 为了便于理解，本书引用时略作改动。

第一层次是接受，指的是教师在进行有关融入情感目标的教学活动时，学生表现出的接受行为，指学生愿意注意特殊的现象或刺激。这一层次典型的价值指示行为是注意。如果教师的教学活动吸引了全体学生的注意力，并且注意力持久，那么情感目标在这一层次达成的效果良好。

第二层次是反应，指学生主动参与教师所设计的达成情感目标的活动，学习的结果包括默认的反应、愿意的反应及满意的反应等行为。典型的价值指示行为是对教学活动表现出兴趣，积极参与教学活动。

第三层次是价值评价或价值化，指学生将特殊的对象、现象或行为与一定的价值标准相联系，典型的价值指示行为是能运用价值原则进行解释、判断或示范，比如，能用价值观目标进行案例分析。

第四层次是组织，指学生能将许多不同的价值标准组合在一起，克服它们之间的矛盾、冲突，并开始建立内在一致的价值体系。典型的价值指示行为是解释与判断，个体外在的行为类似于第三层次。

第五层次是价值或价值复合体的性格化，指个人具有长时期控制自己的行为以致发展为性格化"生活方式"的价值体现。典型的行为如表现、实践、示范。这是价值观目标达成的最高层次，即形成了价值观并指引自身的实践行为，这一层次多数是在课外如生活中表现出来的，课堂上较难发现。

上述五个层次分别描述了情感目标逐渐内化为个体价值观的过程，它们依次递进，形成了一个由低级到高级的个体价值观发展连续体。在课堂教学情感目标达成的过程中，学生会依次表现出不同的言行，这些言行就是情感目标达成效果的价值指示，我们可以依据这些价值指示行为评价、判断情感目标达成的效果。

（二）情感目标达成效果的课堂价值指示行为设定

根据布卢姆情感目标达成的过程，在课堂教学中依次设定如下的价值指示行为（表 8-2）。

表 8-2 学生的课堂价值指示行为

层次	价值指示行为
1. 接受（注意）	全体学生持久的注意，情绪饱满
2. 反应	对教学内容表现出浓厚的兴趣及愉快的表情体验； 积极主动的学习态度、状态，积极的举手发言等
3. 价值评价或价值化	学生有关情感目标的评价、讨论，能运用目标内涵进行案例分析
4. 组织	
5. 价值的性格化	表现、实践、示范某类价值

课堂教学中，情感目标达成的五个层次都可能发生，需要说明的是，在第 1 层

至第 4 层可以进行课堂教学情感目标达成效果的即时评价。第 5 层次是价值教育的最终要求，即价值的性格化及内化为个体的价值观，因为价值观的形成需要一个长期的过程，可能经历一次教学就可以达成，也可能是需要一周还可能是更长的时间才可以形成，所以无法进行第五层次的课堂即时评价。此外，从操作的角度看，第 1、第 2 层次的价值指示行为比较相似；第 3、第 4 层次的价值指示行为也比较相似。如果从学生的外在行为来判断，比较难以区分其究竟属于哪一层次，所以，在现实的课堂教学评价中，可以将第 1、第 2 层次与第 3、第 4 层次的价值指示行为合起来进行判断。

三、课堂教学中运用价值指示进行评价的操作与说明

课堂教学中运用价值指示对情感目标达成效果的评价，从操作的角度来看，主要可分为两大类的评价。

（一）情感目标“接受、反应”阶段外在行为的评价、操作

在情感目标达成的“接受、反应”阶段，学生会表现出相应的情感与情绪状态，这一阶段的评价主要依赖于以学生外显的学习情绪、状态与注意力来判断情感目标达成的效果与程度。情感与情绪状态是学生接收某价值效果的价值指示，它反映了学生在接收情感目标时的体验效果，主要表现为学习的情绪、学习的注意度与参与学习的积极性（态度）。就学习的积极性或态度而言，加涅认为：“态度可以通过不引人注意地观察个体的行为而得以最好的测量。在某些情况下，这种测量可通过在一段时间内观察行为选择的频率来完成。”[①]比如，全体学生的注意力，可以即时观察出来；我们还可以通过学生在课堂上发言的主动性、配合教学活动的程度及学生举手发言的次数来判断学生学习的态度，进而判断情感目标达成的效果。这一评价可由任课教师随堂即时进行主观判断，也可由外来研究人员在观课时进行定量或定性评价。

通过学生在课堂教学中的行为表现对情感目标达成效果进行评价是一种值得倡导的评价方式，它有两点优势：①克服了前面所说的情感目标内蕴性较难评价的困难，通过学生外在的学习状态判断内蕴的教学效果，切合了情感目标的体验性与内蕴性特点；②克服了情感目标达成周期较长的特点，它只评价价值观形成的前四个阶段，间接地评价了价值观达成的效果，解决了情感目标达成周期长、评价困难的难题。

（二）情感目标“价值评价与组织”阶段的评价操作

这一类评价是对情感目标达成的第 3、第 4 层次的评价，即“价值评价与组织”的评价。这一阶段依据的价值指示是学生“讨论与评价”的内容，学生讨论与评价

① R. M. 加涅，W. W. 韦杰，K. C. 戈勒斯，等. 2007. 教学设计原理. 王小明，庞国维，陈保华，等译，上海：华东师范大学出版社：84.

的内容指示了学生对某价值的理解程度与取舍，指示了情感目标达成的效果。这一阶段的评价需要在教学活动中设计针对情感目标的评价程序，适宜由教师本人组织。

具体而言，教师在教学设计时，应设计出以讨论评价为主要形式的教学活动。在课堂教学中，有关情感目标达成的教学设计实施完成后，教师引导、组织学生进行有关情感目标的交流、评论，或进行案例分析，引导学生发表各自的见解，通过学生的“见解”判断学生是否已生成了相应的价值情感，或内化的效果如何。学生的“见解”实际上属于价值指示，它可以清楚地指示出学生是否理解了相应的情感目标或者理解到了何种程度。在新课程理念“发挥学生主体性、小组合作学习”等指引下，小组合作学习已成为课堂教学组织的主要形式。因此，引导学生结合教学内容进行价值评价与讨论，具有较强的适切性与操作性。

（三）依据价值指示行为对学生情感目标达成效果评价的不足

依据价值指示行为对情感目标达成效果进行评价也存在不足，具体分析如下。

1）情感目标内化为个体品质后具有内蕴性，人的行为可以分为内蕴的准备阶段和外显的表达阶段，如果在课堂中处于内蕴的准备阶段，则个体显示不出价值指示行为，就无法进行达成效果的准确判断。同时，情感目标内化为个体品质后，有时并不表现出行为，这时也无法根据行为进行判断。

2）对学生的行为加以完全彻底的分类是相当困难的事，虽然有时学生表现出相同的行为，但其认知过程可能完全不一样。所以，布卢姆的情感目标分类理论给我们情感目标的达成效果评价提供了有益的参考，本书虽对其进行了改造，使其具有操作性，但真正要在课堂教学中应用它，仍需要实践者在操作中做进一步的完善、探索。

综上所述，学生情感目标的评价是新课程改革中的一个重大课题，通过检索相关的文献发现，目前关于情感目标的评价可以分为量的方法和质的方法两大类，但量的方法比较复杂，需要量表的设计，问题设计比较困难，一线教师较难操作和掌握。另外，针对教学中三类目标的不同属性及不同特点，量化和客观化不应也不能成为课程评价的主要手段，质性评价更适合于情感目标的评价。

质性评价中的观察法是教师评价情感目标较为理想的方法之一，教师在师生互动的过程中都会有意无意地观察学生的各种表现。借助上述价值指示行为，获得客观、丰富的有关情感目标的达成效果是可行的。“针对目前国内外情意领域内涵以及评估方法的不完善给一线教师带来的困扰，在学生情感态度价值观的评估上需开拓新思路。”[①]通过课堂观察学生行为表现，评价学生情感目标达成的效果是一种新思路。

---

① 蒋奖，丁朝蓬，段现丽. 2009. 学生情感态度价值观的评估：给教师的建议. 课程·教材·教法，(11)：76.

第九章　情感目标达成课堂实录分析

既然我们现在的研究与其他研究不同，不是思辨的，而有一种实践的目的（因为我们不是为了解德性，而是为使自己有德性，否则这种研究就毫无用处），我们就必须研究实践的性质，研究我们应当怎样实践。

——亚里士多德[①]

课堂是教学现象发生与教学规律呈现的场所，因此，课堂研究是教学研究的主战场。课堂研究不仅仅是为了改进一堂课的教学效果，还为了促进教师专业发展重要途径，这就说明课堂研究具有“一体两面”的作用。课堂观察是课堂研究最常用的研究手段，它是研究者带有明确目的，凭借眼、耳、录像机等有关工具，从真实的课堂情境中收集资料的一种教学研究方法。课堂研究也是本书的重要研究手段，本书关注情感目标在课堂中达成的途径与策略，实践研究是本书的重要思路之一。走进课堂，通过课堂观察获取情感目标达成的真实情况，分析其优点及不足，呈现情感目标达成过程的典型片段是本书的重要内容。

第一节　语文课堂情感目标达成实录与分析

与数学、生物、英语等课程相比，语文课程更有利于学生情感态度价值观的培养。语文学科的人文性应是情感目标内涵的另一种表达，语文学科丰富的人文性是实施情感态度与价值观教育的重要载体。何为人文性？“人文”一词最早出现在《易经》当中：“刚柔交错，天文也。文明以止，人文语也。观乎天文以察时变，观乎人文以化成天下。”天文指的是天象，各种天文现象；人文指的是人类社会的各种文化现象。语文教学中的人文性，就体现在语文教材中，体现在一篇篇课文中，“它包括各种思想意识、情感态度、风俗习惯、礼仪规范，以及各种文化如建筑文化、雕塑文化、书法文化、服饰文化等”[②]。语文学科的人文性在某种程度上是先进思想或先进的价值观的代名词。这些人文内涵很容易被预设、生成相应的情感态度与价值观目标，这正如《普通高中语

---

① 亚里士多德. 2003. 尼各马可伦理学. 廖申白译. 北京：商务印书馆：37.

② 孙孝军. 2014. 高中语文人文性之我见. 中华活页文选，(11)：23.

文课程标准（实验）》中所述："语文课程必须充分发挥自身的优势，弘扬和培育民族精神，使学生受到优秀文化的熏陶，塑造热爱祖国和中华文明、献身人类进步事业的精神品格，形成健康美好的情感和奋发向上的人生态度。"①一线语文教师更是欢迎语文教学中的情感目标与情感教育："像笔者一样普通的一线语文教师们，都不愿意看到小学语文教育永远只会让充满热情的学生变得厌学，让充满毅力的学生失去情趣。大家充满热情地吸收着新课程改革带来的新鲜理念，并热忱地将理念付诸实践。"②

一、语文课程标准对情感目标的规定

情感态度与价值观的培养是语文课程的重要目标，《义务教育语文课程标准（2011 年版）》一共列出了十项语文课程总目标，其中前四项全部或部分是有关情感态度与价值观目标的描述，具体内容如下。③

1）在语文学习过程中，培养爱国主义、集体主义、社会主义思想道德和健康的审美情趣，发展个性，培养创新精神和合作精神，逐步形成积极的人生态度和正确的世界观、价值观。

2）认识中华文化的丰厚博大，汲取民族文化智慧。关系当代文化生活，尊重多样文化，吸收人类优秀文化的营养，提高文化品位。

3）培养热爱祖国语言文字的情感，增强学习语文的自信心，养成良好的语文学习习惯，初步掌握学习语文的基本方法。

4）在发展语言能力的同时，发展思维能力，学习科学的思想方法，逐步养成实事求是、崇尚真知的科学态度。

上述四条仅是课程总目标的表述，结合不同的教学内容，其可生成、预设的情感目标是异常丰富多彩的，下面是一位教师对人教版小学三年级语文上册课文中的情感目标进行的统计（表 9-1）④。

表 9-1　人教版小学三年级语文上册课文中的情感目标统计

单元	单元导读	课文题目	内容概括	文本传达的情感态度与价值观信息
一	感受生活的丰富多彩	1. 我们的民族小学	民族小学的校园生活	感受学校生活的丰富
		2. 金色的草地	观察蒲公英，发现草地的秘密	善于观察、热爱生活
		3. 爬天都峰	一老一小勇爬天都峰	相互鼓励，汲取力量
		4. 槐乡的孩子	槐乡孩子一天的生活	勤劳、热爱生活

① 中华人民共和国教育部. 2007. 普通高中语文课程标准(实验). 北京：人民教育出版社：2.

② 俞锦佳. 2014. 试论小学语文教学情感态度价值观目标的达成. 华中师范大学硕士学位论文：2.

③ 中华人民共和国教育部. 2011. 义务教育语文课程标准(2011 年版). 北京：北京师范大学出版社：4.

④ 俞锦佳. 2014. 试论小学语文教学情感态度价值观目标的达成. 华中师范大学硕士学位论文：13-15.

续表

单元	单元导读	课文题目	内容概括	文本传达的情感态度与价值观信息
二	名人小故事	1. 灰雀	列宁找灰雀	宽容、关爱儿童
		2. 小摄影师	高尔基接受小男孩采访	关爱儿童
		3. 奇怪的大石头	李四光质疑石头的来历	勤观察、爱思考、善提问
		4. 我不能失信	宋庆龄守信	守信
三	秋天的美景	1. 古诗两首	《夜书所见》 《九月九日忆山东兄弟》	思念故乡与亲人
		2. 风筝	孩子做风筝、放风筝、找风筝	对童年时光的怀念
		3. 秋天的雨	秋雨带来的美景	赞美秋雨带来的美丽
		4. 听听秋的声音	小诗：秋天的美丽	感受秋天的特色和美丽
四	留心观察身边的事物	1. 花钟	观察各种花不同的开放时间	善于观察、热爱科学
		2. 蜜蜂	通过观察实验验证蜜蜂的记忆力	善于思考、热爱科学
		3. 玩出了名堂	列文虎克的发现和发明	善于思考、热爱科学
		4. 找骆驼	根据特征寻找骆驼	善于观察
五	感受传统文化的灿烂	1. 孔子拜师	孔子千里拜师	谦虚、好学、坚持不懈、彬彬有礼
		2. 盘古开天地	盘古开天地	神话的神奇与力量
		3. 赵州桥	对赵州桥的描述	感受中国的桥梁建筑的魅力
		4. 一幅名扬中外的画	《清明上河图》的介绍	了解古都风貌风土人情、 感受名画魅力
六	感受祖国的美丽与富饶	1. 古诗两首	《望天门山》《饮湖上初晴后雨》	热爱祖国的美丽江山
		2. 富饶的西沙群岛	西沙群岛的美丽与富饶	热爱祖国海洋的美丽与富饶
		3. 美丽的小兴安岭	小兴安岭的美丽与丰富	热爱祖国森林的美丽与富饶
		4. 香港，璀璨的明珠	香港的美丽与繁华	热爱祖国都市的美丽与富饶
七	怎样看问题、想问题	1. 矛和盾的集合	发明家怎样发明坦克	将事物的优点融为一体、思考创造
		2. 科利亚的木匣	科利亚体会时间带来的改变	思考问题，考虑变化和发展
		3. 陶罐和铁罐	陶罐和铁罐的优缺点	学会辩证思考、 正确认识自己和他人
		4. 狮子和鹿	鹿对自己看法的改变	学会正确看待自己的优缺点
八	怎样去爱别人	1. 掌声	掌声给残疾的英子带来的改变	鼓励弱者、给予他们力量
		2. 一次成功的实验	用实验考验孩子	先人后己
		3. 给予树	选圣诞礼物	善良、仁爱、同情、体贴的可贵
		4. 好汉查理	用理解和尊重改变“好汉查理”	理解和尊重的重要性

从表 9-1 可以看出，语文教学中，情感态度与价值观目标是与教学内容紧密相关的，是由不同的教学内容所提炼、拓展而成的，是文本内容思想性的重要载体，其内涵丰富。正如上述表格作者所言："这张表格折射出一个明显的现象，语文学科在我国基础阶段，除了发挥工具性作用之外，更多地承担着'润德'、'启智'、'成人'、'教化'的审美功能。"①语文教学体现出丰富的人文价值，而这一价值的实现，则依靠教学中情感目标的预设与达成来实现。

二、情感目标达成视角下的教学实录与分析

语文课堂实录一

（一）教学内容：初一语文《再塑生命的人》

（二）执教教师：朱老师

（三）时间地点：2015 年 9 月 28 日，郑州某中学

（四）教学内容梗概

海伦·凯勒（1880—1968），美国著名女作家。一岁半时，她突患急性脑充血病，连日的高烧夺去了她的视觉和听觉，从此，她坠入了一个黑暗而沉寂的世界，陷入了痛苦的深渊。1887 年 3 月 3 日，对海伦·凯勒来说是她一生中最重要的一天。这天，家里为她请来了一位教师——安妮·莎莉文。莎莉文教会她写字和手语。然而，一个人在无声、无光的世界里，要想与他人进行有声语言的交流几乎不可能，但是，海伦·凯勒克服了常人难以想象的艰难，夜以继日地刻苦学习，从未放弃努力。

（五）本节课的教学设计（表 9-2）

表 9-2 《再塑生命的人》教学设计

教师姓名：朱老师　班级：初一（7）班　授课时间：9 月 28 日星期一

学　　科：语文　　内容：新授课《再塑生命的人》

学习目标	通过默读，感知文意；通过品读，分析人物；通过悟读，把握主旨；通过延读，启迪心灵		
活动	活动内容或主题	活动组织形式简述	试图达成何种预设目标
活动一	体验式导入	组织学生体验正常人和盲聋人学习汉字的不同过程并分享感受	通过两种体验的对比亲身感受残疾人学习的艰难，进而导入对海伦·凯勒学习奇迹的简介，激发学生对再塑她生命之人的兴趣
活动二	默读感知	学生通过默读课文，圈点勾画关键语句，找出莎莉文老师到来之前和之后，"我"的生活分别是什么样子并分享	通过默读和圈点勾画关键语句来初步感知文意，筛选信息

① 俞锦佳. 2014. 试论小学语文教学情感态度价值观目标的达成. 华中师范大学硕士学位论文：13-15.

续表

活动	活动内容或主题	活动组织形式简述	试图达成何种预设目标
活动三	品读合作	引领学生先自主批注，再小组交流，最后以合作展示的形式对描写人物的语句进行美读和品析	通过小组合作和交流，品析和美读，分析莎莉文老师与海伦·凯勒两个人物形象
活动四	悟读理解	在把握人物形象的基础上，借助课外资料补充阅读莎莉文老师关于“爱的教育”，让学生进一步谈谈对课题“再塑生命”内涵的理解	通过资料助读进一步加深学生对教学难点“再塑生命”内涵的理解，从而把握海伦·凯勒对莎莉文老师的赞美和感恩之情
活动五	延读分享提升	先引导学生关注站在海伦·凯勒这样身残志坚的成功者背后的那些再塑他们生命的人，调动学生积累，让学生讲述那些再塑生命之人的感人故事	通过学生分享故事来启迪他们的心灵，激发学生的感恩之心，达成本节课的情感目标

本节课中有关情感目标预设与达成活动分析如下。

1. 教学目标预设中的情感目标缺失

教师为本节课预设了四个教学目标，具体如下：通过默读，感知文意；通过品读，分析人物；通过悟读，把握主旨；通过延读，启迪心灵。

对于成功的课堂教学而言，科学地预设教学目标是成功的前提与基础。这里所谓的科学有两层含义：①全面，即预设目标不能缺失，特别是情感目标在语文课堂上是不可或缺的；②科学的叙写，也就是目标不能大而空，而应具体、清楚与可操作。

就全面性而言，上述四个目标，无法判断究竟是知识目标，还是能力目标，抑或情感目标，因为叙述不具体，比如，第一个目标是“感知文意”，感知什么样的文意，并没有清楚地表述出来；“分析人物”，分析人物的什么，也没有表述出来；“启迪心灵”，启迪什么，也没有表述出来。就目标叙写要“具体、清楚与可操作”而言，除了上述的分析中提到的具体内容没有表述清楚外，“过程与方法目标”“品读、悟读”也未表达清楚，未表达清楚“品读”与“悟读”的区别在哪里，无操作性。

综上所述，从目标预设可以看出，本节课中教学目标预设不理想，主要表现为目标预设不清晰、不具体，没有预设明显的情感目标。

2. 预设的情感目标达成分析

这篇课文主要是引导学生分析沙莉文老师对海伦·凯勒的关爱，以及海伦·凯勒对沙莉文老师的感恩，这是本节课所预设的情感目标。从教师预设的达成活动来看，与情感目标相关的分别是活动三与活动五。

活动三是“品读合作”，通过小组合作和交流，品析和美读，分析莎莉文老师与海伦·凯勒两个人物形象。分析人物形象的过程中，学生无形中感知、体验到了海伦·凯勒对莎莉文老师的感恩，以及莎莉文老师对海伦·凯勒的关爱。本节课的小组合作，学生参与积极性高，在讨论阶段气氛热烈，在成果汇报阶段学生发言积极。学生参与面广，在小组合作阶段，教师共提问 15 次，共 30 人参与课堂中的师生互动。应该说，该环节情感目标的达成比较理想。

活动四是“悟读理解”，该环节是通过资料助读进一步加深学生对教学难点“再塑生命”内涵的理解，从而把握海伦·凯勒对莎莉文老师的赞美和感恩之情。这一环节显然也是在有目的地达成情感目标。

3. 生成的情感目标分析

教学生成是相对于教学预设而言的。它是一种新的教学形态，强调教学过程的开放性、多元性，体现出教师的教学机智。生成性情感目标的达成，是指教师在教学过程中，恰当地抓住教学过程所生成的达成情感目标的机会，并科学地引导而达成情感目标的过程。由于它是生成的，因此具有偶发性，教师在教学之前是无法预设它的；由于它是生成的，因此具有情境性，生成总是在一定的情境中发生的；由于它是生成的，因此，生成事件中蕴含大量生成信息，这些信息不是显性的，而是隐蔽的，有的甚至是稍纵即逝的，这需要教师的机智与扎实的教学素养。

本节课有两个生成事件，皆是在教师提问过程中发生的，一个有利于情感目标的达成，一个不利于情感目标的达成。

生成事件一：小组合作完成后，进入到小组成果展示、教师提问阶段，其中两位学生站起回答教师的问题（要求是以小组的形式，两个或多个同学共同站起回答问题），在学生回答到一半的时候，教师发现这两位学生回答的不是她所提的问题，于是打断她们两个的发言，让她们坐下，接着提问其他同学继续回答问题，教学程序正常进行。

现场观课时笔者发现，那两位站起的学生，在教师打断她们回答让她们坐下时，表情显得很失落。该教学事件是生成的，两位站起回答问题的学生答非所问，如果从情感目标达成的角度，从培养学生自信心、学习兴趣的角度考虑，教师不应打断她们的回答，应学会倾听，在学生心中种下自信的种子，很可惜，教师为了教学进程，为了完成预设的教学任务，而没有充分利用这一生成事件，所以，在最后评课环节，观课教师指出：我们教学，究竟是为了完成教学任务还是育人，如果是为了完成教学任务，那么就可以打断，如果是为了育人，那么就请学会倾听，让学生讲完。

生成事件二：在教师提问过程中，一个很少参与课堂活动、平时很少举手的学生，举手要求发言，教师一边表扬他积极主动参与教学活动，一边请他起来回答问题。

这显然是一个生成事件，教师根据该学生以往的课堂表现及本节课中的举动，现场给他以表扬，培养了他学习的积极性、参与课堂的积极性，这体现了教师的教学智慧，达成了情感目标。

综上所述，语文内容是情感目标的重要载体，语文课程是实施情感教育的重要课程。但纵观目前的语文教学现状，情形依旧不容乐观。“很多一线的语文教师清楚地知道在教学中要实现情感态度与价值观目标，可究竟如何去实现，实现的程度怎样，却受到了如教师个人的素质、应试教育的选拔、评价方式的单一等主观或客观条件的限制。因此，当前的语文教学依然偏离了情感态度与价值观这一教育目标。”①

语文课堂实录二

（一）教学内容：苏教版四年级语文《黄河的主人》

（二）执教教师：廖老师

（三）时间地点：2016 年 3 月 10 日，濮阳某小学

（四）教学内容梗概及教材分析

《黄河的主人》是苏教版第八册第七单元的最后一篇课文，是我国著名散文家袁鹰的一篇叙事性散文，原题《筏子》。作者以生动形象的语言，向我们展示了母亲河——黄河那不可阻挡的磅礴气势，以及羊皮筏子在奔腾咆哮的黄河上鼓浪前进的壮观场景，并通过对黄河、羊皮筏子、“我”、乘客的描写衬托出“黄河主人”艄公的机智勇敢、战胜艰难险阻的伟大精神。本文也是一篇指导朗读的范文。

（五）本节课的教学设计

教学目标：

1）学习 8 个生字，重点学习“滚、磁”生字的写法，理解重点词语“胆战心惊、惊涛骇浪、如履平地”的意思，做到正确、流利、有感情地朗读课文；

2）通过采用个人自学、小组讨论、全班交流的方法培养孩子会自学、会讨论、会质疑、会表达的学习能力；

3）感受黄河波涛汹涌的气势，通过品读语句，领悟并学习“黄河主人”的机智勇敢及勇于与大自然抗衡的不屈精神；

4）初步了解“衬托”的写作手法。

重点：通过品读语句，体会黄河的险和羊皮筏子在黄河上漂流的惊心动魄，领悟并学习“黄河主人”的机智勇敢及勇于与大自然抗衡的不屈精神。

难点：领悟并学习“黄河主人”的机智勇敢及勇于与大自然抗衡的不屈精神。

教学用时：两课时

本次分析的为第二课时，重点是达成以下目标：①学习通过抓住重点词句品析

---

① 俞锦佳. 2014. 试论小学语文教学情感态度价值观目标的达成. 华中师范大学硕士学位论文：16.

语言，体会黄河的险和羊皮筏子在黄河上漂流的惊心动魄，领悟并学习“黄河主人”的机智勇敢及勇于与大自然抗衡的不屈精神；②在理解的基础上有感情地朗读课文。

本节课的教学环节如表 9-3 所示。

表 9-3 《黄河的主人》教学设计

教学环节	学生自学行为	教师引导行为
明确中心句（3 分钟）	品读词语，品读文章的中心句	引导学生找出文章的中心句
围绕重点自学（10 分钟）	自学提示（10 分钟） ①找一处；②读一处；③问一处	教师示范如何找一处、读一处、问一处
交流自学情况（19 分钟）	小组讨论（8 分钟） 1. 交流所划词句及自己内心感受 2. 把自己感受最深的语句读给本组同学听 3. 交流不理解的地方 全班交流（12 分钟） 1. 展示朗读，汇报感受 2. 交流不理解的地方	教师巡视，适时引导学生对于关键词句的体会（如衬托的作用），进行零散性点拨
点拨自学得失（2 分钟）	刚才我们用找、读、问的方法认识了黄河的凶险、筏子的小而轻、乘客的悠闲。其实它们都是从侧面衬托艄公的品质。就是这样一位时刻“身系乘客安全”的艄公，他不仅有战胜险恶风浪的自信心，也拥有高超驾驭筏子的技术和丰富的经验，这样才能凭着一根不粗不细的竹篙，顺着水势，破浪前行，在黄河上如履平地，彰显黄河主人的勇敢及勇于与大自然抗衡的不屈精神	
巩固自学成果	1. 配乐有感情地朗读课文 2. 同学们，你们想成为什么样的主人呢？请和同桌交流	

情感目标的预设与达成分析如下。

1. 情感目标预设诊断分析

本节课共两课时，这两课时的最初预设要达成三个目标，分别如下。

1）学习 8 个生字，重点学习“滚、磁”生字的写法，理解重点词语“胆战心惊、惊涛骇浪、如履平地”的意思，做到正确、流利、有感情地朗读课文；

2）通过采用个人自学、小组讨论、全班交流的方法培养孩子会自学、会讨论、会质疑、会表达的学习能力；

3）感受黄河波涛汹涌的气势，通过品读语句，领悟并学习“黄河主人”的机智勇敢及勇于与大自然抗衡的不屈精神。

第一课时已完成了目标 1），生字词的写法、理解及课文的有感情地朗读。第二课时重点是达成目标 2）、目标 3）。从目标属性上判断，目标 2）属于由教学活动所生成的情感目标——合作品质；目标 3）属于由教学内容所生成的情感目标——机智勇敢和勇于与大自然抗衡的不屈精神。但教师预设的第二课时的目标却如下：①通过抓住重点词句品析语言，体会黄河的险和羊皮筏子在黄河上漂流的惊心动魄，领悟并学习“黄河主人”的机智勇敢及勇于与大自然抗衡的不屈精神；②在理解的基础上有感情地朗读课文。

通过对比可发现，教师遗漏掉了由教学活动所生成的价值目标，即培养学生的合作品质。根据教师的教学设计及现场观课可以发现，小组合作学习是本节课最为核心的教学活动，教师预设了 19 分钟小组学习时间，占全部教学时间的 50%，这足以表明小组合作学习在本节课教学活动中所占的分量。在合作学习交流环节，教师共提问了五组学生来交流合作学习的成果，再加上个别提问，在这一环节几乎有一半的学生参与合作活动。在这一教学活动中，学生学习自学、学会讨论、会质疑、会表达的合作学习能力应是重要的需要达成的情感目标。教师在预设本课时目标时，忽略了该目标的预设，显示了教师的目标意识不强或情感目标达成意识不强。

2. 情感目标达成过程分析

对于语文课堂教学而言，教学目标的核心往往就是情感目标，因此，几乎整节课都是为达成情感目标而进行的活动，这再一次表明，情感目标在语文课堂教学中的重要性。本节课的两个情感目标是交织在一起的，培养学生的合作品质是在达成“彰显黄河主人精神”的活动中同时达成的。达成情感目标的环节设计如图 9-1 所示。

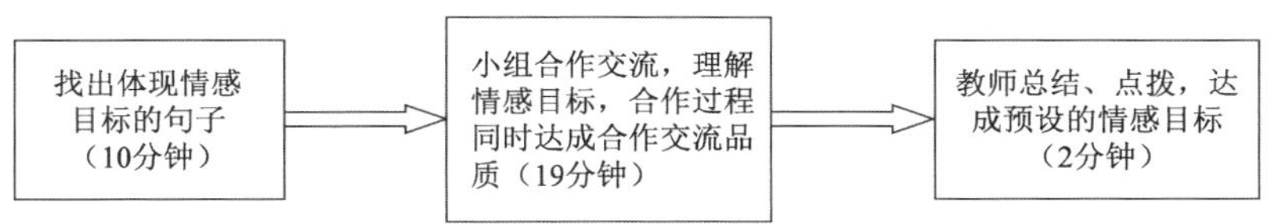

图 9-1　《黄河的主人》达成情感目标的环节设计

《黄河的主人》这篇课文，有多处以衬托手法体现黄河主人的勇敢及与大自然抗衡的不屈精神。比如：“那是什么，正在汹涌的激流里鼓浪前进？从岸上远远望去，那么小，那么轻，浮在水面上，好像只要一个小小的浪头，就能把它整个儿吞没。”“我不禁提心吊胆，而那艄公却很沉着。他专心致志地撑着篙，小心地注视着水势，大胆地破浪前行。”

因此，让学生找出能体现情感目标的句子，并自学、分析，有利于学生深刻理解本文的主旨，为小组合作交流，进一步让学生理解、体验本节课的情感目标做了铺垫。从教师预设的时间来看，这一环节占整节课 3/4 的时间，足以表明达成该目标的重要性。从现场观课效果来看，本节课情感目标，即让学生体验艄公勇敢及与大自然抗衡的不屈精神的达成效果较好。另一情感目标——培养学生的合作品质，在小组合作互动中也达成了良好的效果。自主学习不是放任自流，不是放弃教师的引导，教师引导、点拨仍是弥补学生自学的不足及有效达成预设目标的重要手段。在这一过程的结尾，教师的引导、总结恰到好处，起到了画龙点睛的作用：

刚才我们用找、读、问的方法认识了黄河的凶险、筏子的小而轻、乘客的悠闲，其实它们都是从侧面衬托艄公的品质。就是这样一位时刻"身系乘客安全"的艄公，他不仅有战胜险恶风浪的自信心，也拥有高超驾驭筏子的技术和丰富的经验，这样才能凭着一根不粗不细的竹篙，顺着水势，破浪前行，在黄河上如履平地，彰显黄河主人的勇敢及勇于与大自然抗衡的不屈精神。

这里需要强调的是，本节课的重要写作手法——衬托也是这节课的预设知识目标，对学生而言，这一目标显然是在分析有关体现艄公黄河主人精神的句子中达成的。具体的衬托内容如图 9-2 所示。

图 9-2　《黄河的主人》具体的衬托内容

综上所述，这节课的知识目标与情感目标是在同一个活动中达成的，是交织在一起的，再一次印证了三维目标不能割裂达成的内涵。从情感目标达成效果而言，这节课是一节成功的课。

第二节　数学课堂情感目标达成实录与分析

数学是研究数量关系和空间形式的科学，是人类文化的重要组成部分。数学课堂同样蕴含着丰富的情感态度与价值观，同样需要教师在教学过程中，有意识地促进学生在情感态度与价值观方面的发展。《义务教育数学课程标准（2011 年版）》指出："数学是人类文化的重要组成部分，数学素养是现代社会每一个公民应该具备的基本素养。"[①]其中，有关数学的情感态度与价值观是每一个个体数学素养的基本组成部分，数学教学中，情感目标的达成是数学教学中不可或缺的内容。

一、数学课程标准对情感目标的规定

义务教育阶段的数学课程是培养公民素质的基础课程，除培养学生必备的基础知识和基本技能外，促进学生在情感、态度与价值观等方面的发展是数学课程

① 中华人民共和国教育部. 2011. 义务教育数学课程标准(2011 年版). 北京：北京师范大学出版社：1.

的重要目标之一。义务教育阶段课程标准又根据学生的生理和心理特征，将九年的学习时间分为三个学段：第一学段（一至三年级），第二学段（四至六年级），第三学段（七至九年级）。有关情感目标的要求在不同的学段是不一样的，特别是要求的程度不一样。

课程标准关于义务教育阶段数学情感目标的规定如下①。

情感总目标：

了解数学的价值，提高学习数学的兴趣，增强学好数学的信心，养成良好的学习习惯，具有初步的创新意识和实事求是的科学态度。

情感总目标具体内容如下。

1）积极参与数学活动，对数学有好奇心和求知欲。

2）在数学学习过程中，体验获得成功的乐趣，锻炼克服困难的意志，建立自信心。

3）体会数学的特点，了解数学的价值。

4）养成认真勤奋、独立思考、合作交流、反思质疑等学习习惯。

5）形成坚持真理、修正错误、严谨求实的科学态度。

义务教育阶段，学生的身心发育迅速，各年龄段学生的生理、学习特点差异较大，因此，义务教育阶段情感目标在各学段也不相同，课程标准关于数学情感目标又分为三个学段进行阐述，分别如下。

第一学段（一至三年级）

1）对身边与数学有关的事物有好奇心，能参与数学活动。

2）在他人帮助下，感受数学活动中的成功，能尝试克服困难。

3）了解数学可以描述生活中的一些现象，感受数学与生活有密切联系。

4）能倾听别人的意见，尝试对别人的想法提出建议，知道应该尊重客观事实。

第二学段（四至六年级）

1）愿意了解社会生活中与数学相关的信息，主动参与数学学习活动。

2）在他人的鼓励和引导下，体验克服困难、解决问题的过程，相信自己能够学好数学。

3）在运用数学知识和方法解决问题的过程中，认识数学的价值。

4）初步养成乐于思考、勇于质疑、实事求是等良好品质。

第三学段（七至九年级）

1）积极参与数学活动，对数学有好奇心和求知欲。

2）感受成功的快乐，体验独自克服困难、解决数学问题的过程，有克服困难的勇气，具备学好数学的信心。

---

① 中华人民共和国教育部. 2011. 义务教育数学课程标准(2011年版). 北京：北京师范大学出版社：9-15.

3）在运用数学表述和解决问题的过程中，认识数学具有抽象、严谨和应用广泛的特点，体会数学的价值。

4）敢于发表自己的想法、勇于质疑，养成认真勤奋、独立思考、合作交流等学习习惯，形成严谨求实的科学态度。

上述三个学段情感目标的内容皆是根据总目标拓展、引申而得到的。根据不同的年龄段及数学知识的积累程度，目标内容逐渐加深，要求逐渐提高。以总目标中培养学生学习数学的兴趣为例，随着学段、年龄的增加，学习要求也在逐渐提高，如图 9-3 所示。

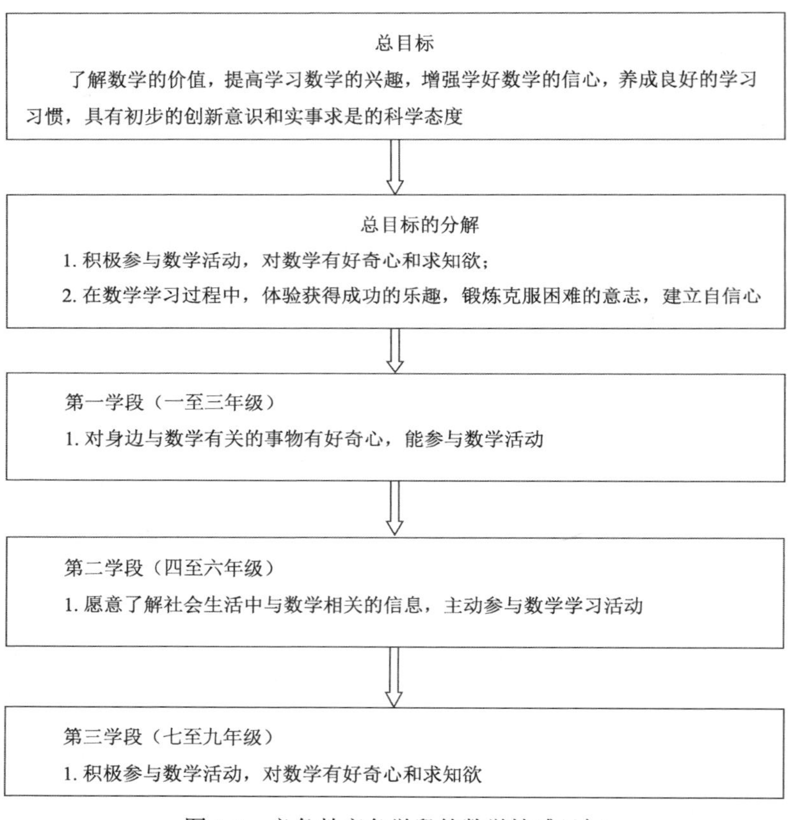

图 9-3　义务教育各学段的数学情感目标

从图 9-3 内容可以看出，培养学生学习数学的兴趣这一目标，在课程总目标中表述为一句话，其内容包含了学习兴趣、信心与习惯。在情感总目标分解为三维目标的方式表述时，有关这一目标的表述就包含了培养学生学习数学的乐趣、好奇心、求知欲和自信心。可以看出，目标内容进一步具体化、细化。这一目标在进入学段表述时，用词及语气都有不同，在第一学段，只要求学生“对身边与数学有关的事物有好奇心，能参与数学活动”。只要求培养初步的兴趣，并“能够”参与数学活动就达成了预期目的，这一过程是在教师带领下展开的，学生处于被动状态。在第二学段，目标的表述要求就提高了，“愿意了解社会生活中与数学相关的信息，主动参与数学学习活动”。用到的“愿意”“主动”这两个动词，进一步表明学生的主动性、自觉性与积极性，表明学生已由小学低年级的被动状态升级为主动、积极。在第三学段，该目标表述为“积极参与数学活动，对数学有好奇心和求知欲”。在义务教育的最后阶段，也就初中三年，这个阶段，学生至少已学习六年数学，关于“兴趣”这一目标是这样表述：“积极参与数学活动，对数学有好奇心和求知欲。”这时的学生已被要求形成学习数学的兴趣，并且能够积极、主动地参与数学学习活动。

综上所述，课程总目标是各级目标的“纲”，各级目标皆是以其为依据来制定的。并且随着年级的升高，学生年龄的增长，目标要求逐步提高。

在课程实施要求部分，关于数学课堂教学中情感目标的达成，有如下明确、清晰的要求：“根据课程目标，广大教师要把落实情感态度的目标作为己任，努力把情感态度目标有机地融合在数学教学过程之中。”[①]这一要求强调教师在教学过程中应有明确的目的意识，应努力在教学设计过程中，达成情感态度与价值观目标。如何有目的与有意识地达成情感目标呢？课程标准中强调，在教学设计过程中，每一位教师都要积极思考如下问题[①]。

1）如何引导学生积极参与教学过程？

2）如何组织学生探索，鼓励学生创新？

3）如何引导学生感受数的价值？

4）如何使学生愿意学，喜欢学，对数学感兴趣？

5）如何让学生体验成功的喜悦，从而增强自信心？

6）如何引导学生善于与同伴合作交流，既能理解、尊重他人的意见，又能独立思考、大胆质疑？

7）如何让学生做自己做的事，并对自己做的事情负责？

8）如何帮助学生锻炼克服困难的意志？

9）如何培养学生良好的学习习惯？

这九个问题，一方面是以问题驱动的形式，让一线教师形成情感目标的意识，另一方面，这九个问题是以数学学科情感目标的内容为依据而进行的提问，针对性较强。

二、情感目标达成视角下的教学实录与分析

数学课堂实录一

（一）教学内容：人教版小学三年级数学下册“平均数”

① 中华人民共和国教育部. 2011. 义务教育数学课程标准(2011 年版). 北京：北京师范大学出版社：47.

（二）执教教师：贾老师

（三）时间地点：2016 年 1 月 15 日，濮阳某小学

（四）课程标准对本单元及（或）本节课的教学要求：人教版、苏教版、北师大版教材都是从实际生活出发，帮助学生进一步理解平均数的意义，让学生在解决简单实际问题的过程中，进一步积累分析和处理数学的方法，发展学生的统计观念。

（五）教师对教学设计的说明

平　均　数

——对教材的认识与教学环节的说明

濮阳县某小学　贾老师

对平均数的认识：平均数在我们的生活中应用很广泛，求平均数的方法并不难，孩子在生活中已经有了一些关于平均数的经验，新课标注重统计学意义的学习。教学生平均数时应该注意让学生在情境中产生对平均数的需求，经历平均数的产生过程，体会平均数的必要性，掌握求平均数的方法：移多补少法、求和平均法。能应用所学的知识去解决贴近学生生活的实际问题，从而理解平均数的特点和作用，理解平均数的统计学意义。

在设计中，我力求体现学生的自主学习能力的培养，培养学生的教材阅读能力，引导学生从教材的编排上分析解决问题。

下面是教学流程设计的说明：

1. 课前热身

比较两位同学的铅笔的数量，他们分别有 5 支、3 支。谁的多？谁的少？

你有什么方法使两个人的铅笔数量同样多？

把多的给了少的，使两个人的支数变得同样多。

教学设计目的：在简单的活动中，渗透“移多补少”概念，为课堂服务。

2. 探究新知

（1）引入新课

图片出示：平均成绩，平均身高

李军、王宁参加歌咏比赛的成绩，北京奥运会男篮主力的成员的平均身高都是我们今天要学习的平均数。

平均成绩、平均身高都是平均数的应用。今天我们就走进平均数。

设计意图：利用学生熟悉的生活情境引入新课，让平均数以学生的生活经验走进课堂，让学生体会到生活中平均数的应用很广泛。

课题质疑：你想了解平均数的什么知识？

总结归类三个核心问题：什么是平均数？怎么求平均数？平均数有什么用？

就让我们带着问题，开始今天的学习。

设计意图：让学生对课题质疑，培养孩子的问题意识。带着这些问题开始学习，让学习更具有目的性。让知识网络更清晰。

（2）问题引领　自主阅读

1）从例1的主题图中你知道了什么信息？需要解决什么问题？

2）你怎么理解“你们小队平均每人收集了多少个”这个问题？

3）用小红、小兰、小亮、小明收集的个数能表示平均每人收集了多少个吗？

教学设计说明：

在回答与分析三个问题时，注重让孩子从如下几个方面分析问题，把思考引向深处：

1）平均每人收集了多少个与每人收集了多少个有什么不同？

培养学生抓住关键词分析问题的能力。

2）你怎么知道每个人收集的个数呢？统计图的观察引领。

3）怎样做才能让每人收集的数量同样多呢？理解：要求“你们小队平均每人收集多少个”，也就是假设每个人收集的瓶子数量同样多。

（3）讨论引领

这个过程是解决问题“怎样让每人收集的数量同样多”的过程，是孩子们必须经历方法探究的过程。

让学生自我归纳总结移多补少的方法与相加求和再平均分的方法。在探讨的过程中一些教师问题的引领思维走向深处：“四人收集的矿泉水瓶是怎样变成一样多的？”经历移多补少的过程。通过“13个是每个同学收集到的矿泉水瓶的实际数量吗”“13个这个数是怎么来的”，让学生体会“平均数是一个代表这组数据总体水平的数，是一个实际上不存在的数，一个虚数”。然后再通过两句话判断实数与虚数，以加深对平均数的理解。

设计意图：小学生学习探究学习的积极性很高，但同时他们的自主学习的能力还需要培养，特别是四年级的学生，思维正处在形象思维的逻辑思维的过渡时期，如果在自主学习的过程中缺少教师的引领，思维就不能深入，对教材的理解也便很肤浅。一些必要的问题引领能够让自主学习的能力得到提升。

把平均数13个与他们每人实际收集的矿泉水瓶的数量相比，你发现了什么？（平均数13个比最多的数量少，比最少的数量多，是一个处于最多和最少的数之间的数。）

（4）认识平均数的必要性

通过“请你当裁判”，经历“人数相同”到“人数不同”的矛盾处理，理解了用“相加求和”这个通用方法来解决问题的必要性。在解决问题的过程中，深刻地认识到“当两组数据进行比较时，我们需要找到一个数据来代表一组数据的总体水平，这个数就是平均数，平均数可以作为不同组的数据比较时的一个指标”的真正含义。

（5）发散思维进一步了解平均数的特征

在男生队的比赛输给女生队的结果中，通过“男生队的孙奇怎么样做，男生队可以胜过女生队”问题的引领，使学生对平均数的认识更加深入。从“他至少要再跳几个，男生队能胜过女生队”认识平均数的“任何一个数据的变化都能引起平均数的变化”这一特征。

3. 梯度练习

练习的设计分为三个层次。

（1）明辨是非

小东所在小组的同学的平均体重是36千克，小刚所在小组同学的平均体重是34千克，小东一定比小刚重。对吗？那小东体重和小刚的体重相比，有几种情况。

（2）活学活用

游泳池问题：游泳池的平均水深110厘米，康康的身高是135厘米，他下水游泳安全吗？

判断是否安全，用今天学习的知识给康康提出建议。

（3）小小裁判员

旅店要订购一批新床。

经理：根据旅客的平均身高来订购这批床。

采纳员：不行。

经理的说法合理吗？为什么？

认识到平均数的局限性易受到较大数据与较小数据的影响，所以有时候利用平均数做出决策是不合适的。

（4）信息分析

课后调查。体会数学和生活的密切联系。

结合同行现场评课，“平均数”这节课值得分析的典型教学设计片断如下：①教学目标预设；②教学情境创设；③教学任务出示；④提问的公平性、全面性；⑤教学重、难点处理；⑥情感目标达成。情感目标达成视角下的教学实录分析如下。

1. 教学目标预设诊断

（1）教学目标的教学功能与教学设计要求

教学目标对每一位教师来说都非常熟悉。“因为它是备课的必经之路。在您无数次地翻教材、写教案时，它都是第一个被写下的。不过，也许正是在这无数次地重复当中，它慢慢地变成了一个不需要思考的‘条件反射’，成了可以跳过的摆设。”[①]“教学目标是一节课的起点与终点”，目标预设科学、准确与否，直接决定着一节课的教学质量。

① 崔允漷. 2004. 教学目标——不该被遗忘的教学起点. 人民教育，(Z2)：16-18.

教学目标预设的基本标准是全面、准确、具体、清晰（可操作）。

1）全面主要指的是根据教学内容，一般要预设三维目标，特别要注重过程与方法目标、情感态度与价值观目标的预设。

2）准确，需要根据具体的教学内容、课程标准要求去判断。

3）具体、清晰、可操作这一要求，从教学目标叙写结构来判断，理想的叙写结构是：过程与方法目标+任务（知识、技能或情感）。

本节课的教学目标预设如下：

1）了解平均数产生的必要性，理解平均数的含义，体会平均数的作用。能解决生活中有关平均数的问题。

2）初步学会简单的数据分析。体会平均数在统计学的意义。

3）理解数学与现实生活的联系。

（2）目标预设全面性、可操作性诊断

从目标属性判断，目标1）、目标2）属于知识与技能目标，目标3）属于情感态度与价值观目标。但是，缺乏每一目标达成的“过程与方法”叙写。根据教师的教学设计意图，上述目标可改写为这样：

1）了解平均数产生的必要性，理解平均数的含义，体会平均数的作用。能解决生活中有关平均数的问题。

通过生活中熟悉的包含平均数的生活场景分析，理解平均数是一个虚数，代表一组数据的整体水平这一含义。

2）初步学会简单的数据分析。体会平均数在统计学的意义。

通过小组讨论及教师的引领，初步解决平均数问题及学会简单的平均数计算。

3）理解数学与现实生活的联系。

通过生活场景在教学中的反复呈现与分析，使学生理解数学与现实生活的紧密联系，生成数学知识为生活服务的意识。

（3）情感目标评价

本节课的情感目标是目标3）“理解数学与现实生活的联系”，但这一目标的预设存在以下问题。

1）情感目标表述分散。情感目标表述分散在目标1）与目标2）中，理想的目标叙写应把相同性质的目标集中表述。建议将目标1）中，“能解决生活中有关平均数的问题”叙写在目标3）中，因为这一目标应归结为“数学的应用意识”，属于情感目标的范畴。

2）情感目标表述不具体、不深入。教师预设的情感目标是“通过解决与平均数相关的数学问题，理解数学与生活的联系”。根据数学课程标准所规定的情感目标“在数学学习过程中，体验获得成功的乐趣，锻炼克服困难的意志，建立自信心；体会数学的特点，了解数学的价值”，本节课情感目标内容可以再具体些，比如，本节课情感目标可表述为：“通过解决与平均数相关的数学问题，让学生体验成功的乐趣，体会平均数在生活中普遍存在，引导学生产生数学可为生活服务的情感。”

从本节课情感目标的内涵来看，情感目标与知识、能力目标是不可分割的。这里的不可分割强调的是达成过程的不可分割。本节课达成情感目标的重要手段是“通过解决与平均数相关的数学问题”，从知识与技能的角度来看，是为了培养学生的数学“应用意识”，这一意识又包括两个方面的内容：一方面，有意识利用数学的概念、原理和方法解释现实世界中的现象，解决现实世界中的问题；另一方面，认识到现实生活中蕴涵着大量与数量和图形有关的问题，这些问题可以抽象成数学问题，用数学的方法予以解决。①但是，达成情感目标时所运用的途径是“通过解决与平均数相关的数学问题”，这一活动同时可以达成有关情感目标，比如“体验获得成功的乐趣，让学生感悟生活中普遍存在着数学问题，产生数学知识可为生活服务的情感、意识”。

2. 情境创设与教学任务的出示环节诊断

情境创设是营造教学氛围，吸引学生注意力，调动学生学习积极性的重要手段。优秀的情境创设其基本的要求如下。

1）选材要新颖激趣，常用手段是结合日常生活以激发兴趣，吸引学生的注意力。

2）结合教学内容制造认知冲突，在教学过程或结尾给予回应（要求一与要求二是并列关系，有的课堂采用其一有的课堂二者兼用）。

3）选材要紧密结合教学内容特别是教学目标的内容或与教学内容价值取向一致，以确保导入不偏离教学内容，并可顺利导入新知。

4）时间要求 3～5 分钟，不能过长而喧宾夺主。

本节课情境创设描述如下。

引入新课

教师：图片出示：平均成绩（李军、王宁参加歌咏比赛的成绩，图 9-4），平均身高（图 9-5）。

提问学生：你从图片中获取了什么样的信息呢？

北京奥运会男篮主力的成员的平均身高都是我们今天要学习的平均数。

像平均成绩、平均身高都是平均数。今天我们就学习平均数。

参加歌咏比赛成绩

	选手名称	
	李军	王宁
评委1	95分	92分
评委2	82分	96分
评委3	99分	86分
评委4	93分	97分
评委5	92分	97分
评委6	93分	93分
评委7	90分	97分
平均成绩	92分	95分

图 9-4　图片一

北京奥运会中国男篮主力队员的平均身高约为2.07米

图 9-5　图片二

① 中华人民共和国教育部. 2011. 义务教育数学课程标准(2011 年版). 北京：北京师范大学出版社：7.

这一情境创设素材的激趣效果一般，因为新颖度不够，也没有创设认知冲突。但值得肯定的一点是，在完成本节课知识目标的学习后，教师再一次利用了情境创设的素材，再次出示上述两个有关平均数的表格和图片（图 9-4、图 9-5），让学生重新体会平均数的含义，应用平均数的算法，巩固了知识目标，使情境创设环节显得厚重。

导入回应环节实录如下。

师：同学们，今天这节课，开始的时候，我们关注了两组数据，谁来说一下，李军的平均成绩 92 分是怎么得来的。

生：李军的平均成绩 92 分，是把所有的成绩加起来，再除以评委的人数，就得出他的平均成绩 92 分。

师：同意吗？

生：同意。

师：那么在这个篮球队里，这个平均身高又是如何得出来的？

生：是把他们每个人的身高加起来，再除以他们的人数。

这一环节是对导入素材的再利用与回应，体现了教学结构的完整性。情境导入的回应，一般是用来巩固本节课预设的教学目标。本次回应，复习巩固了知识目标——平均数的算法。但也存在不足或需要优化的地方。这是一个巩固、强化平均数统计学含义的契机——学习本节课难点的好机会。本节课的难点是平均数的统计学意义：反映了一组数的整体水平。可惜这一机会错过了。教师可再追问一句："这些平均数反映了这一组数据的何特征？"引导学生得出，平均分 92 分说明李军的成绩比较优秀，每位评委给出的成绩都在 90 分左右；篮球主力队员的平均身高 2.07 米，说明每个队员的身高都比较高，都在两米左右。遗憾的是，教师没有往这个方向引导。

本节课最为典型的教学设计活动是教学任务出示的设计。

任务出示活动简要叙述如下。

在情境创设引出平均数概念后，教师进行追问：平均数，大家想学习"平均数"的什么呢？

引导学生回答出：①什么平均数？②如何算平均数？③如何运用平均数？

这三个问题是本节课的教学任务，教师巧妙地与情境创设的教学氛围融合在一起，由学生参与提出本节课的教学任务。让我们看看教师此环节的设计意图：

让学生对课题质疑，培养孩子的问题意识。带着这些问题开始学习，让学习更具有目的性。让知识网络更清晰。

从教师最初的教学设计意图可以看出，教师具有较高的教学素养，本环节的教学设计意图在教学活动中完全实现。通过"教师引导、学生参与"出示了本节课的教学任务，给观课教师以深刻印象，是值得分析的典型教学设计切片，它改变了传统单调的由教师直接出示教学任务的方式。

3. 提问环节诊断——平等的视角

本书所指的情感态度与价值观是教师依据教学内容所预设的情感目标，其实除了教师预设的情感目标外，还有诸多优秀的价值观需要教师在教学中去达成，同时，也要求教师的教学行为在正确、合理的价值观指引下发生，以此才能确保教学行为的有效性与教育性。

公平是教学中引领教师教学行为的最为核心的价值观。公平是人和人之间的一种关系，是人对人的一种态度，它是人类的终极理想之一，也是班级教学中理想的价值追求之一。教学公平是教育公平的重要体现，提问是教学中师生互动的重要途径，有效提问的重要评价标准之一就是提问的公平性，也就是说，提问是一种教学机会，从理论上分析每位同学的机会都是平等的。本节课的提问诊断如下。

（1）提问的简单、重复分析

提问的低效性表现为多个方面，比如无目的提问、重复提问与不公平提问等。本节课提问的典型不足如下。

全班共 30 名同学，将“教师发问，学生站起回答”算做一次完整的提问。统计得出，本节课共提问 34 次。这 34 次提问中，有一些是无效提问或低效提问。其表现就是无目的性的提问或已达到提问目的了，但教师仍在重复发问，这里举一例。

本节课导入环节设计了提问，该教学设计的目的在于引出“平均数”概念，导入新知。教师在此处的教学设计与意图如图 9-6 所示（摘自教师自己撰写的教学设计分析）。

导入的教学设计与意图

图片出示：平均成绩，平均身高

李军、王宁参加歌咏比赛的成绩，北京奥运会男篮主力的成员的平均身高都是我们今天要学习的平均数。

平均成绩、平均身高都是平均数的应用。今天我们就走进平均数。

设计意图：从学生熟悉的生活情境引入新课，让平均数以学生的生活经验走进课堂，让学生体会到生活中平均数的应用很广泛。

图 9-6　“平均数”导入教学设计与意图

在这一环节，教师共提问了四次，实录如下。

上课了，我们先来关注两条信息，出示两组关于平均数的图片（图 9-5、图 9-6）。

师：这是李军和王宁参加歌咏比赛的成绩，你看了什么样的结果？

生 1：李军的平均成绩是 92 分，王宁的平均成绩是 95 分。

师：从这里我们知道了李军和王宁的平均成绩。请大家看第二条信息，这是姚明所在的篮球队，谁能把这里的信息给大家分享一下。

生 2：北京奥运会中国男篮主力队员的平均身高为 2.07 米。

师：从这里，我们发现了什么呢？

生 3：我发现中国男篮每个人的身高都是平均身高。

师：你的意思是每个人的身高都是 2.07 米吗？

生 4：他们所有人的平均身高是 2.07 米，有的比 2.07 米高，有的比 2.07 米矮。

师：像刚才我们所说的“平均身高、平均成绩”都是我们今天要研究的“平均数”。

在生 2 回答完后，基本上已达成了教师预设的目标“引出平均数”，对生 3 与生 4 的提问，其实是重复。虽然生 3 没有清楚地表达他的意思，答错了，但是，生 4 补答的效果还不错，对整个导入环节教学效果影响不大。

（2）提问的公平性、全面性分析

提问是一种有效的教学资源，对每一个学生来讲，提问的机会都应是平等的。提问也是树立学生学习自信心，在同学们中间树立自我威信的好机会。因此，教师的提问应体现出公平性，不应只是特别关注个别学生或无意识地关注个别学生，而冷落了大多数。

就整节课教师的教学提问频率而言，全班同学平均被提问次数接近一次。但在观课中发现，最前排有位学生一节课被教师提问了五次，他的发言机会是全班同学平均提问机会的五倍，略显得“不公平”。

4. 教学过程中重、难点的把握处理与情感目标达成效果

（1）本节课重、难点分析

教师预设的教学目标如下：

1）了解平均数产生的必要性，理解平均数的含义，体会平均数的作用。能解决生活中有关平均数的问题。

2）初步学会简单的数据分析。体会平均数在统计学上的意义。

3）理解数学与现实生活的联系。

教师预设的重难点如下。

教学重点：理解平均数的意义，掌握求平均数的方法。

教学难点：理解平均数的统计学的意义。

这节课的重点，其实也是这节课的难点，即理解平均数的统计学意义。这一预设是正确合理的，但是表述可以再具体一些，把统计学的意义表述出来。例如，教学难点：理解平均数是一个虚数，代表一组数据的整体水平这一含义。

这一平均数的意义，对于学生来讲，是一个难点。

（2）本节课情感目标分析

这节课的情感目标是：通过生活场景在教学中的反复呈现与分析，使学生理解数学与现实生活的紧密联系，生成数学知识为生活服务的意识。

（3）这节课可以达成重、难点与情感目标教学切片实录

在这节课的结尾，教师出示了以下生活中的数学问题（应用问题），试

图让学生充分理解平均数的意义，并达成预设的情感目标，如图 9-7、图 9-8 所示。

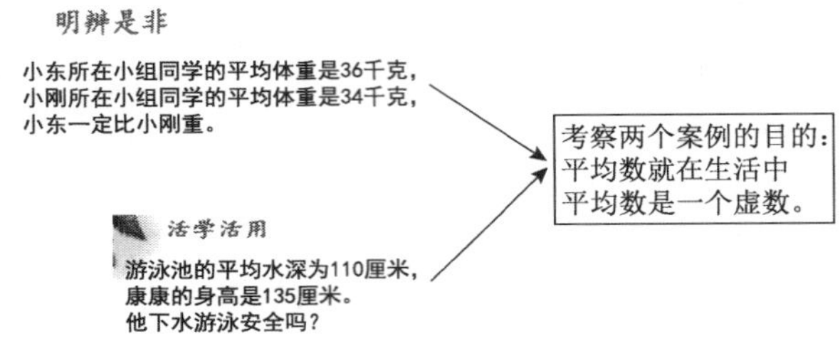

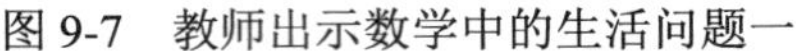
图 9-7 教师出示数学中的生活问题一

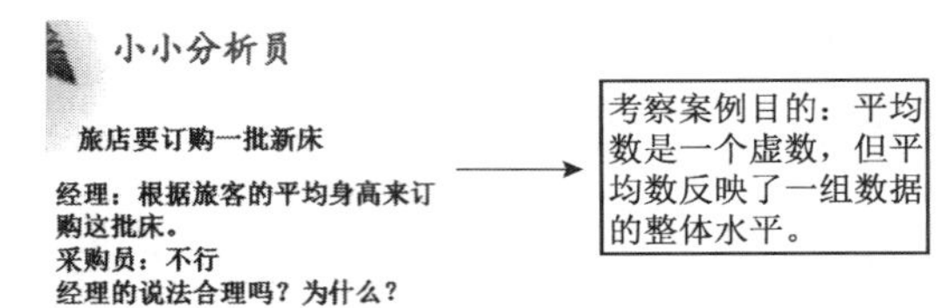

图 9-8 教师出示数学中的生活问题二

通过视频分析，这一环节教师整体处理得不错，基本达成预设的目标，即让学生理解平均数的含义——平均数是一个虚数。但是，该环节可进一步引导学生理解平均数的另一个统计学意义“反映一组数据的整体水平”，同时，还可以引导学生达成本节课的情感目标“生活中充满了数学现象，数学知识可以为生活服务”。该教师在这一方面处理得不到位。以第三幅图片“小小分析员”为例，说明该教学环节该如何优化？

教学实录如下。

师：你们认为经理的说法合理吗？

生：因为平均数是虚数，有的人比平均身高高，有的人比平均身高低。高的人睡这张床不行，低的人行。

师：平均代表了一组数的平均水平，用平均数对两组数据进行了比较，而这里利用平均数订床就不合适了。可见，有时我们利用平均数不合适。教师想表达的观点呈现在了 PPT 上，如图 9-9 所示。

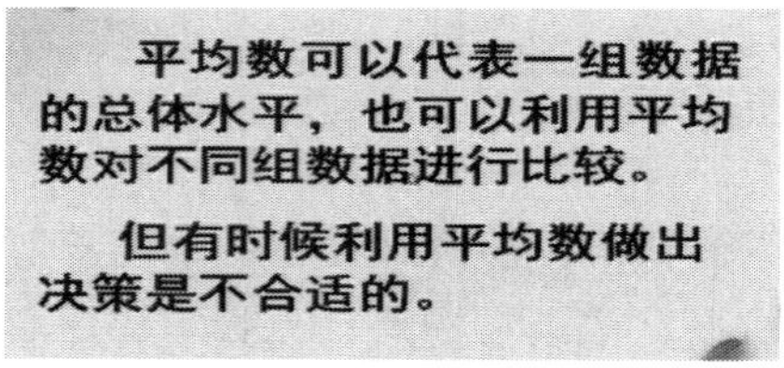

平均数可以代表一组数据的总体水平，也可以利用平均数对不同组数据进行比较。

但有时候利用平均数做出决策是不合适的。

图 9-9 PPT 展示

这个案例设计得非常好，它恰当地运用了平均数的意义。一是平均数是虚数，不能严格按照顾客身高的平均数来订床，二是平均数反映了一组数据的整体水平。因此可以利用平均数作为参照，来为旅店订床。这里可以设计一个问题“如何利用平均数这一意义，来为旅店订床”，引导学生进行讨论，深刻理解平均数的统计学意义，体会数学可以为生活服务的思想。实际的课堂教学在后一个预设目的的处理方面，显得不足。

数学课堂实录二

（一）教学内容：北师大版初中三年级上册数学“黄金分割”

（二）执教教师：李老师

（三）时间地点：2014 年 10 月 16 日下午，郑州某中学

该案例相应的教学设计如表 9-4。

表 9-4 “黄金分割”教学设计简表

学习目标	1）通过实例了解黄金分割，了解黄金分割概念的形成过程，发展归纳概括能力，掌握概念； 2）会用黄金分割的概念解决简单的问题； 3）通过生活中的黄金分割现象感受数学美，体会数学的应用价值		
活动	活动内容或主题	活动组织形式简述	试图达成何种预设目标
活动一	建立黄金分割的概念	提出问题、小组合作、形成概念	了解概念的提出、探究、形成过程，准确掌握概念
活动二	探究黄金比	根据导学案提示，独立完成求解过程	了解结果的推导过程，加深对结果的印象
活动三	运用黄金分割的概念进行计算	口头回答与学生演板相结合	巩固对概念的理解
活动四	生活中的黄金分割现象	图片欣赏	知识拓展，丰富学生理解概念在生活中的应用
活动五	大自然中的黄金分割现象	图片欣赏	丰富对概念的认识，了解黄金分割在自然界中的普遍存在，感受数学的魅力

情感目标达成视角下的课堂教学过程分析如下。

1. 教学目标预设诊断

教师预设了三个目标，从目标属性判断，目标 1）、目标 2）要求学生理解、掌握“黄金分割”概念，并能运用该概念解决简单的问题，这应属于过程与方法目标、知识与技能类目标。目标 1）的表述含有过程与方法目标，即“通过实例”，而目标 2）缺失“过程与方法目标”。目标 3）属于情感目标，让学生感受数学美，并体会数学的应用价值。如果进一步分解的话，本情感目标又可以分为两个，分别为感受数学美与体会数学的应用价值。当然，这两个目标在实现过程中是不能分割的，从心理过程的角度来思考，它们可能同时实现，

也可能是逐个实现。从目标制定的全面性角度判断，本节课的目标制定得比较全面。

从过程与结果的分类来看，数学课程标准中强调数学课程目标分为两大类：结果目标和过程目标。课时目标包括结果目标和过程目标。“结果目标使用‘了解’、‘理解’、‘掌握’、‘运用’等行为动词表述，过程目标使用‘经历’‘体验’‘探索’等行为动词表述。”[①]目标 3）预设的让学生体会数学与生活的联系，感受数学美，应属于过程目标。

2. 教学活动过程分析

教学活动过程是达成预设教学目标的重要途径。本节课可以通过以下活动达成预设的情感目标。

（1）导入环节

课堂导入是教学中最常运用的一个教学活动，也几乎是所有有效课堂教学的必备条件。从教学功能的角度来看，导入的基本功能有三个：①激发学生学习新内容的兴趣；②给学生设置认知疑问，促使他们产生学习困惑与期待；③导入新知。从数学课堂情感目标内涵来分析导入的功能，我们发现，激发学生学习新内容的学习兴趣这一导入功能可与“感受数学美”这一数学情感目标相结合，同时达成。

导入教学实录如下。

师：在数学发展史上，有两个定理非常非常著名，一个是勾股定理，另外一个就是黄金分割。数学家毕达哥拉斯曾经就说过，勾股定理和黄金分割是几何中的双宝，前者好比黄金，后者堪称珠玉。那可见黄金分割在人类发展史上有着非常重要的作用，今天这节课，我们一起来研究黄金分割。

这样的导入环节的最大特点有两个方面：①简洁、直奔主题，教师以介绍数学发展史上两个著名的定理，引用毕达哥拉斯的名言，强调黄金分割的在人类发展史上，在数学史上的重要作用而导入新课，既简洁，又与本节课的教学内容紧密相关，直奔主题，实现了导入新知的功能。②激发学生学习数学知识的兴趣，让学生初步感受数学美。教师以讲故事的方式，直接引用毕达哥拉斯的名言，向学生介绍两个重要的定理，可以让学生对学习这节课甚至数学知识产生兴趣，同时也可以感受数学美。

（2）建立黄金分割概念环节

这一环节，主要活动过程是教师出示符合黄金分割与不符合黄金分割的多幅图片，让学生凭直觉找出哪幅图最美。教师共出示了三组图片（图 9-10）。

---

① 中华人民共和国教育部. 2011. 义务教育数学课程标准(2011 年版). 北京：北京师范大学出版社：4.

(1) 以下3张图片，哪张构图最美？

(2) 芭蕾舞演员做相同的动作，踮脚尖和不踮脚尖，哪个更美？

(3) 脸型相同，五官基本相同的3张脸，哪个更美？

图 9-10　教师出示图片

教师展示了上述三组图片后，让同学们选出每组中最美的一幅，学生们集体选出图 9-11 中的图形。

图 9-11　学生选出的三幅最美图形

在同学们选出三幅最美图形（图 9-11）后，教师进一步追问：大家都认为这三幅最美，那么这种选择是一种巧合还是它们本身的的确确蕴含着某种规律呢？为何它们能带给我们美的感觉呢？然后，让学生在小组内，用测量工具量一量这些最美图形之间的结构关系，最后得出黄金分割比例关系。

3. 评析

正如教师预设的本环节的目标“了解概念的提出、探究、形成过程，准确掌握概念”，教师通过引导学生选出三幅最美图形，引出符合“审美标准”的黄金分割结构图形。这一教学设计过程，达成了三个目的。

1）让学生感受到数学的美。数学美体现在方方面面，比如严谨美、逻辑之美等，本节课的数学美体现在黄金分割这一概念在生活中的美的构型。

2）让学生感受数学与生活的密切联系。让学生感受数学与生活的联系，具有数学知识为生活服务的意识，这是数学课堂中重要的情感目标。

3）让学生了解数学概念形成过程以有利于掌握概念。

前两个目标属于数学教学中的情感目标，第三个目标属于知识与技能目标。但这三个目标是在同一个教学过程中达成的，这体现了三维目标的“三维”特点。

整个教学设计过程是以让学生了解黄金分割概念为主线，在这一过程中，让学生体会数学美及数学与生活的密切联系。由于数学概念比较抽象，初中学生受年龄、生活经验及数学知识积累度的影响，要接受黄金分割概念并不容易，因此，数学教师在教数学概念时的重要任务就是“返璞归真”，应通过模拟科学家发现知识时的场景，把学生被动接受数学概念的过程转化为积极了解数学概念的形成过程，变冰冷的概念知识成为学生内在的“火热”的思考。

从教学设计来看，每一个数学概念的产生都有丰富的生活背景，教师抓住这一生活背景，让学生了解概念的形成过程，应该说执教本节课的教师的教学基本理念比较超前，预设的教学目的基本实现。

第三节　英语课堂情感目标达成实录与分析

英语作为全球使用最广泛的语言之一，作为一种交际的语言，工具性是其重要特征。但我们又不能忽视其人文性。义务教育课程标准中明确了该阶段英语教学的双重任务：“义务教育阶段的英语课程具有工具性和人文性双重性质。”①

一、英语课程标准对情感目标的规定

何为英语教学中的工具性？课程标准中是这样描述的：学生通过英语课程掌握基本的英语语言知识，发展基本的英语听、说、读、写技能，初步形成用英语与他人交流的能力，进一步思维能力的发展，为今后继续学习英语和用英语学习其他相关科学文化知识奠定基础。①英语学科的人文性，即学生通过英语课程能够开阔视野，丰富生活经历，形成跨文化意识，增强爱国主义精神，发展创新能力，形成良好的品格和正确的人生观与价值观。①从教学目标的视角来看，英语教学中的工具性靠知识技能目标来实现，而人文性则靠情感目标来实现。英语课堂教学中的情感目标是指兴趣、动机、自信、意志和合作精神等影响学生学习过程和学习效果的相关因素，以及在学习过程中逐渐形成的祖国意

① 中华人民共和国教育部. 2011. 义务教育英语课程标准(2011年版). 北京：北京师范大学出版社：2.

识和国际视野。英语课程标准中，学习目标是分级规定的，二级目标是在小学六年级阶段应达到的最高目标，五级目标是高中三年级应达到的最高目标，具体内容如下（图 9-12）①。

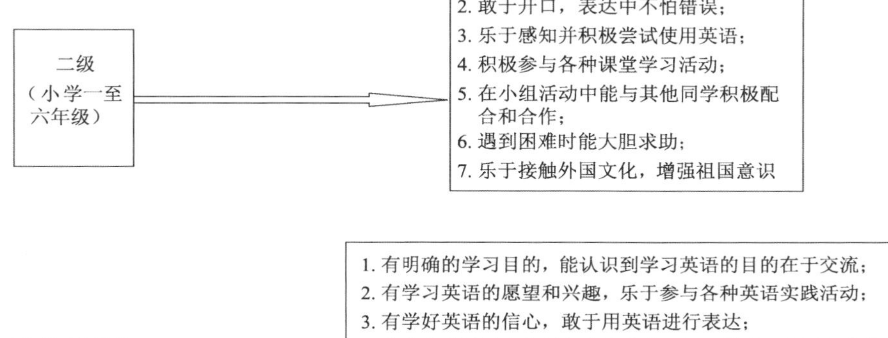

五级
（义务教育九年级结束）

1. 有明确的学习目的，能认识到学习英语的目的在于交流；
2. 有学习英语的愿望和兴趣，乐于参与各种英语实践活动；
3. 有学好英语的信心，敢于用英语进行表达；
4. 能在小组活动中积极与他人合作，相互帮助，共同完成学习任务；
5. 能体会英语学习中的乐趣，乐于接触英语歌曲、读物等；
6. 能在英语交流中注意并理解他人的情感；
7. 遇到问题时能主动请教，勇于克服困难；
8. 在生活中接触英语时，乐于探究其含义并尝试模仿；
9. 对祖国文化能有更深刻的了解，具有初步的国际理解意识

图 9-12 英语课程标准中二级目标和五级目标

从上述内容可以看出，英语学科课程标准对于情感目标仍然做了明确的规定，并且相同的目标，随着年级的增长，要求也是逐渐提高的。以学生学习英语的态度为例，在一至六年级阶段，要求能让学生“体会到英语学习的乐趣”，在高中阶段，已由被动的体会乐趣到主动的学习，该目标提升为“有明确的学习目的，能认识到学习英语的目的在于交流；有学习英语的愿望和兴趣，乐于参与各种英语实践活动”。关注英语学习中的情感目标，旨在：“关注学生的情感……增进跨文化理解和跨文化交际的能力，树立正确的人生观、世界观和价值观，增强社会责任感，全面提高人文素养。”②

二、情感目标达成视角下的教学实录与分析

2015 年 9 月 29 日，按照预定的研究计划，听了一节初一英语课 *This Is My Sister*，教师的教学设计如表 9-5 所示。

① 中华人民共和国教育部. 2011. 义务教育英语课程标准(2011 年版). 北京：北京师范大学出版社：20.

② 中华人民共和国教育部. 2011. 义务教育英语课程标准(2011 年版). 北京：北京师范大学出版社：3.

表 9-5 ***This Is My Sister*** **教学设计**

<table>
<tr><td>课标关于本节课的教学要求</td><td colspan="3">新课标对本节课的要求是能辨认人物，并能介绍他人</td></tr>
<tr><td>本节课预设目标</td><td colspan="3">1）通过单词游戏，能够记住新单词；
2）通过听说练习，能够掌握对人物提问和回答的基本句型；
3）通过巩固训练，能够综合运用所学知识介绍他人</td></tr>
<tr><td>活动</td><td>活动内容或主题</td><td>活动组织形式简述</td><td>试图达成何种预设目标</td></tr>
<tr><td>活动一</td><td>认识新单词
宾果游戏</td><td>课前预习生词，以及辨认人物认识新单词
与老师互动，玩 bingo 游戏</td><td>能够辨认人物，记住新单词</td></tr>
<tr><td>活动二</td><td>结对活动
小组活动</td><td>听力练习，并结对练习简单对话
阅读对话，并小组完成对话后的任务</td><td>通过听说练习能够掌握住基本句型</td></tr>
<tr><td>活动三</td><td>采访活动</td><td>拿出自己的全家福照片并给同伴进行介绍
老师进行随机采访</td><td>能够综合运用所学知识介绍他人</td></tr>
<tr><td>活动四</td><td>观看视频</td><td>观看一则公益广告，强化“family”在心中的概念</td><td>通过观看视频能够使学生进行情感升华</td></tr>
</table>

（一）教学目标全面性——情感目标的缺失

从课程标准中的规定可以看出，本节课的目标是让学生“能辨认人物，并能介绍他人”。教师预设了三个教学目标：

1）通过单词游戏，能够记住新单词；

2）通过听说练习，能够掌握对人物提问和回答的基本句型；

3）通过巩固训练，能够综合运用所学知识介绍他人。

从目标属性判断，教师预设的三个目标中，有过程与方法目标“单词游戏、听说练习、巩固训练”，也有知识技能目标“记住新单词、掌握句型与综合运用”，但缺失情感目标。从目标内涵来看，教师重视了英语学习中“字、词、句与运用”的教学，但忽视了情感目标，那么本节课能否制定与达成一个恰当的情感目标呢？我们从教师设计的本节课的活动四可以看出，教师预设了一个达成情感目标的活动：观看 *Family* 视频，培养学生的家庭亲情感。可见，教师在教学活动中预设了专门的教学活动来达成情感目标，实现本节课教学的升华，但在预设的教学目标中，却缺失了情感目标，这反映了一种什么样的现象呢？这反映出教师关于教学目标制定的全面性意识淡薄，情感目标预设意识的缺失。

（二）达成过程实录及恰当性判断

这节课相应的课程标准规定，让学生用英语介绍他人，教材内容是“介绍我的家人”，“家”的因素成为预设本节课情感目标的线索，在学生掌握了介绍家人的相关句型、相关重点单词后，播放了 *Family* 视频。该视频选自一则公益广告，以动画的形式展示了一个家庭的变化，孩子慢慢长大，父母逐渐老去，孩子慢慢懂了父母的养育之恩，给老去的父母遮风避雨。具体内容如图 9-13 所示。

图 9-13　*Family* 视频部分画面

培养学生的家庭亲情感，对父母养育的感恩，这一情感目标的预设非常恰当。

第四节　中小学教师教学生活中的情感目标达成故事

下面这些短文是安徽省合肥市包河区望湖小学教师在日常教育教学实践中，教师有意识地进行情感态度与价值观教育的典型案例，可谓精彩、真实！①

运算中的谦让

合肥市望湖小学　蒋腊梅

家长开放日那天，我带着学生们一起学习“含有中括号的混合运算”。

大家都在按照我事先设计好的教学提示有条不紊地自学着，整个教室里非常安静，静得能听到我来回巡视的脚步声甚至学生们的呼吸声。因为大家都想在爸爸、妈妈面前好好表现，而作为新老师的我，更是有这样的想法，希望这节课能够顺利进行，不要出现什么岔子，这样所有的家长们就能够接纳我，认为我是个好老师。就在这时，一个男生大声地说：“老师，为什么要先算小括号里面的再算中括号里面的呢？”此话一出，所有家长及同学们都转头向那位学生看去。只听那位学生的家长小声说：“让你先算什么你就先算什么，哪有这么多话。”有同学也小声地说：“真笨，书上就这样写的呀！”

这突如其来的问题打乱了我的教学结构，在几十双家长们眼睛的监督下，容不得我长时间思考，我必须在最短的时间内去寻找、确定一种最佳的既能解决这个问题又能保护学生不懂就问的幼小心灵的解决方案。于是我清了清嗓子说：“这位同学能够做到不懂就问，特别值得我们学习，古人云，三人行必有我师，人非生而知之者，孰能无惑？”接着追问：“谁能帮助我们回答这个问题呢？”因为

① 合肥市包河区是北京师范大学石中英教授所负责的教育部重大招标课题的试验区，笔者是子课题“教学中价值观教育”的负责人。这些短文记录的是包河区望湖小学教师在日常教育教学实践活动中进行的情感态度与价值观目标达成活动，精彩、真实！特向石中英教授及望湖小学的教师们致以谢意！

我们书中是直接给出一个含有中括号的算式，接着就是介绍中括号及定义“在一个算式里，既有小括号，又有中括号，要先算小括号里面的，再算中括号里面的”。所以，这个问题还是有一定难度的。这时班里学习特别优秀的一个学生运用已有的知识经验解释了此问题，但是提问题的那个学生很不满意此回答，说：“这些我都懂，我还是不明白为什么中括号要让小括号？”教室里一片哗然，家长们和同学们再次转头向那位同学看去。

我追问：“在我们概念中，‘中’要比‘小’大还是小？既然说到‘让’，你认为‘大’的是不是要让下‘小’的呢？你想到了什么？”没想到一石激起千层浪，大家你一言我一语。“中括号要比小括号大，要让一点，所以要先算小括号里面的。”“老师，我想到了‘孔融让梨’……”“老师，我想到了一个词‘谦让’。”……

我笑着说：“是啊，数学中处处隐藏着美，像今天学习的“含有中括号的混合运算”就给我们揭示了‘谦让’之美，‘中括号’是个谦谦君子，它让我们先算‘小括号’里面的。”灵活机动地调整了原计划的课堂教学结构，既突出了本节课的教学重点难点，又使课堂教学环节完整无缺，而且效果更好。因为同学们不仅在愉快的气氛中，快速地掌握并理解了含有中括号的混合运算的运算顺序，而且还学会了互相谦让的美德。

谦让一直是中华民族的一种传统美德，但在处处讲求竞争的现代社会，谦让似乎越来越受到人们的质疑，甚至越来越远离我们。不论是乘车、购物、排队、买票，还是与人合作、相处，都是优先考虑个人利益，由此而引发了很多悲惨的教训，还有现在的独生子女更是以自我为中心，不为他人着想，往往会因一点点鸡毛蒜皮的事情而吵架，甚至大打出手，甚至出现伤亡。我们呼唤谦让精神，我们需要谦让精神，就让我们从现代的教育先着手吧，适时引导学生多些谦让，让谦让无处不在，让世间充满“落霞与孤鹜齐飞，秋水共长天一色”的和谐吧。

图形教学中的价值引导

合肥市望湖小学　李娇

“价值观”这个词对于绝大多数人来说并不陌生，然而这个词是比较抽象的，过去大部分人只对这个词有个模糊的概念，并不是很清楚价值观的具体内涵。直到党的十八大用“富强、民主、文明、和谐；自由、平等、公正、法治；爱国、敬业、诚信、友善”这24个字从国家、社会、个人三个层面概括出社会主义核心价值观的基本内容，人民群众才对它有了更深刻的认识和更明确的方向。

小学生处在价值观的形成初期，帮助他们树立正确的价值观非常重要，因此，学校教育要把价值观教育落到实处。而课堂作为教育教学的主要阵地同样也是价值观教育的主要阵地，教师作为课堂的主导者具有举足轻重的作用，时刻要把价值观教育牢记在心，要有目的、有计划地对学生进行潜移默化的社会主义核心价值观教育。

作为一名小学二年级数学老师，我认为自己对于学生的社会主义核心价值观教育有着当仁不让的责任。所以，我时常会思考怎样使价值观教育与我的课堂教学很好地契合在一起，我想这必须要充分掌握学情、充分理解教材、充分利用资源才可以。如果我们能够做到以上几点，就会发现我们的课堂中可以更自然地融入价值教育的内容，使其成为我们课堂的有机组成部分，使我们的教学目标中的价值观目标真正得以实现。有人说类似语文这样的偏文学的课程比较适合对学生进行价值观教育，这其实是一种误解，有心的老师可以根据自己的学科特点挖掘可利用的素材对学生进行价值观教育。哪怕是数学中的图形教学也可以渗透社会主义核心价值观教育，我这样说并不是标榜自己做得有多好，仅仅是以自己教学中的一个案例来和大家分享一下，以抛砖引玉。

在教二年级上册第二单元的第一课“认识多边形”时，我先通过PPT课件展示了许多我国古代建筑上各种精美的窗户图片，其中有一些是我在北京等地旅游时拍的照片，上面有许多由多边形组成的窗格图案。我一边播放PPT一边为学生简单介绍窗格图案的历史和文化价值，学生一边观看一边听我讲解，不时发出赞叹声。当我问他们这些窗格图案美不美时，他们异口同声地告诉我“美”。我追问他们觉得美在哪，有学生说看着有古典美，有学生说图案很有艺术的感觉，有学生说不像我们家里的窗户那么单调。这时我说：“这些窗格图案是我国古代劳动人民智慧的结晶，也是我国特色文化的组成部分。其实，这些文化一直保留并流传至今，我们现代的一些建筑上也有这些窗格图案，这是对祖国优秀文化的传承。”接着，我展示了一些现代建筑上的一些仿古装饰图片，其中就有我们学校家乡廊的窗户图片，有的学生立马认出来了。然后我才引入例1的窗格图案，组织学生探究里面隐藏了哪些图形，正式进入多边形的教学。学生在经历这些活动中，心中不知不觉地油然而生一种文化认同感，对祖国优秀文化多了一些了解和热爱，进而更加热爱祖国。虽然这作为导入部分占用了几分钟的时间，但我觉得这几分钟对于孩子成长的影响却有可能是一辈子的，因为对于个人来说爱国是最基本的价值观。

这个单元的最后一课是“有趣的七巧板”。在这节课的教学中我组织学生利用已经学过的图形的相关知识进行有层次的探究活动，学生在独立思考和合作交流中发现从七巧板中选的块数越多，拼法也越多。学生在动手操作中，用七巧板拼出来了许多图形，获得成就感的同时也体会到了七巧板的趣味性。在学生们都爱上了七巧板时，我提问：“同学们，你们知道这么有趣的七巧板是哪个国家发明的吗？”学生们有的摇头，有的不敢给出肯定的回答，继而我引导学生们一起阅读课本19页下面的“你知道吗”。这时学生才知道了原来七巧板是我国一种传统的智力玩具，用它可以拼出千变万化的图形，也称“七巧图”。七巧板流传到国外后，引起了很多人的兴趣，被称作“唐图”。我又问：“现在知道了吗？”学生们大声告诉我：“是我们中国！”自信的语气、满脸的笑容传达出的是作为中华儿女的满腔的自豪感和强烈的爱国之情。

这个单元学习结束后我给学生们留了一个作业，让他们利用所学的这些图形画一幅画或者拼贴出一幅作品，可以在作品上添加文字说明。学生们做得都非常认真，有的学生的画里面有许多大树还有小鸟，大树下有人在休息、有人在看书，描绘的画面是人与自然和谐相处的场景；有的学生的作品里是工人们在辛勤地工作，描绘的是人们敬业奉献的场景；有的学生的作品里呈现的人们相互帮助、友善友爱的场景。还有许多许多，就不一一列举了。看了学生们的作品，我很感动，因为他们都有一双发现美的眼睛，这说明他们都有一颗能感受美的心。虽说我的这个案例并不能说明我在图形教学中渗透社会主义核心价值观教育有多么成功，但至少说明我在做有益的尝试。总之，我还会继续努力，自己多思考的同时多向优秀专家、老师学习，争取探索出更好更多的价值观教育方法，帮助孩子建立良好的价值观。

高尔基和他的“儿女们”

合肥市望湖小学　朱文彦

早上八点半，教室里语文课正如常进行，这节课的内容是《高尔基和他的儿子》。无意中，我发现胡×正趴在课桌上偷偷看课外书。这孩子，作业完成质量越来越差，现在连上课都不听了，这样下去可怎么得了！我不动声色地走过去，拍了拍胡×的肩膀，他条件反射似的一把把书塞进抽屉，然后抬头看着我，我朝他伸出一只手，他连忙用身子紧紧地堵住抽屉，两手抱着课桌，好像生怕我抢走了他的书。见此情景，我也没有坚持，转身接着上课了。

下课后，我让胡×来我办公室，等了好久也没见他人影。正好课代表来办公室送作业本，于是请他再去喊一次胡×，两分钟以后课代表回来了：“老师，胡×说他懒得来。”“懒得来？这话是你说的还是他说的？”“是胡×说的。他还在看书，我说老师找你去办公室，他就说懒得来。”“你有没有好好跟他说?”“我是好好说的。”听孩子这样说，我觉得有点奇怪，因为胡×绝对不是那种逆反心重的孩子，确切说，他是个很憨厚的孩子，平时即使被老师严厉地批评了，到最后也就“嘿嘿”笑笑，说声“知道啦”。不知道今天这样一件小事他为什么有这样反常的表现。既然他“懒得来”，就让他再“懒”一会，等等再说吧。

下午第一节课上课前，我在教室门口等到了胡×。看见我站在那儿，他明显愣了一下，好在他的“懒劲儿”终于过去了，这回乖乖跟我去了办公室。“说说吧！”“我就是不想听这一课！”“哪一课？《高尔基和他的儿子》？”“嗯！”看着孩子涨红的小脸，我有点明白了。

《高尔基和他的儿子》这篇课文处处洋溢着父子之间的幸福，尤其是高尔基给儿子的那封信，字里行间饱含父亲对孩子的期待与爱意。而这种父子亲情却是胡×再也享受不了的。大约在胡×二年级的时候，他的爸爸患上了肾脏病，虽然倾尽所有，奇迹依然没有出现，胡×四年级时，爸爸永远离开了他。自那以后，这个原本乐观活泼的孩子变得越来越沉默，拒绝跟任何人谈任何和“爸爸”相关的话题，上课、写作业都存在问题，甚至有一次在学校大便失禁。虽然对他也进行了心理干预辅导，但看起来效果并没有那么快显现。确实，面对这样的家庭剧变，你让一个十岁的孩子如何承受？也许只有时间能慢慢抚平他心上的创伤吧。想到这些，一种无力感涌上心头。

第二天学习这篇课文时，胡×仍和昨天一样，埋头看课外书，可时不时地，他会抬起头来看我一眼，然后又低下头接着看书。我心中一动：面对这篇课文，也许胡×并不是不愿意听，而是不敢听。心里的痛苦让他极力回避与爸爸有关的内容，可出于本心，他对此又是渴望的。作为老师，我可以通过这篇课文从侧面给他一些鼓励。

“高尔基和儿子虽然感情深厚，但他们却不得不面对一次次分离。虽然他们不在一起，却都给对方留下了美好的东西，是什么呢？”

“儿子给高尔基留下了鲜花，高尔基教给儿子做人的道理。”

“什么道理？”

“‘给’永远比‘拿’愉快。高尔基希望儿子成为被别人需要的人。”

“你们觉得儿子会按照爸爸的话去做吗？”

“肯定会啊！他那么爱自己的爸爸。”“他按照爸爸的话去做，那他帮了别人以后就会想起自己的爸爸，觉得爸爸一定会为自己骄傲的。”“他想爸爸的时候就可以去帮助别人。”

“是呀，记住爸爸对自己的教育，并且努力去做，这也是爱的一种表现，而且是更深刻的表现。虽然儿子不能和爸爸在一起，但他们都找到了爱彼此的方式，这样就会觉得自己一直和家人在一起。”

“有时候家人因为各种原因，不能和我们在一起，孩子们，你们遇到过类似的情况吗？”孩子们纷纷举起手，有的说家长常年在外出差，只有节假日才能见到；有的说最喜欢的小表姐只有寒暑假才能在一起玩几天；这时有个孩子站起来说：“我爷爷几年前去世了。”“那你想他吗？”“想啊！”“想爷爷的时候怎么办呢？”孩子歪着头思考了一会，“那我就回忆我以前和爷爷在一起时做的事情，我每次去钓鱼的时候都会想起爷爷，我爷爷以前经常带我去钓鱼”。“你觉得爷爷想你吗？”“应该会想吧，我可是爷爷的大孙子！”听到这里，孩子们都笑了起来。“是呀，有时候，咱们和家人虽然不能总在一起，但我们思念彼此的心情是不会变的，只要我们记得和他们在一起的时光，他们就会一直和我们在一起！”

课上到这儿，我又用眼角瞄了一下胡×，他还是趴在那儿看课外书，没什么反应。“其实高尔基教给儿子的道理也是能令人保持快乐的法宝。如果你能学会帮助别人，被别人需要，那么你的生活也一定会变得更加幸福。你们能为周围的人做些什么呢？”听到这，孩子们都沉默了，也有孩子小声说着：“帮爸爸妈妈做家务呗，要不就是在学校打扫打扫卫生。”“大家都好好想想，咱们能做些什么，让自己被需要！”

下课后，课代表又来送作业了。“老师，胡×今天的作业又没交！组长检查他的作业全没写！”这个孩子，这学期不写作业简直就成了家常便饭。把他叫来一问原因，只是低头不语，既不辩解，也不认错，让我感觉有劲没处使。

大课间时，我把几个班干部集中到一起，跟他们商量关于胡×不交作业的事情，大家有的说重罚，有的说要跟他家长联系，这时，班长说话了：“这样的办法只会让胡×更加不喜欢写作业，我们可以成立一个小组来帮助他！一个人负责督促他记录作业，一个人负责检查他作业，还有一个人督促他交作业。”听到这，孩子们都举手赞成，我也觉得这确实是个不错的办法：“那这个小组由哪些人组成呢？”孩子们七嘴八舌提了很多候选人。“我们征求一下胡×的意见再决定吧。”还没等我跟胡×谈这事儿，就有很多孩子来找我，表示愿意帮助胡×，督促他完成作业，有些甚至已经自己分好工了，这着实令我非常意外：“这是个辛苦活，你为什么愿意去做呢？”

“因为胡×平时总是帮助我啊！每次换大组调桌椅，都是胡×帮我搬！”

“对呀，我有次放学老等不到妈妈，也是胡×留下来陪我的。”

“胡×每天都带几条红领巾，看谁忘记了就把自己的借给他。”

“他还总把水粉颜料借给我用。”

……

看着孩子们稚气的脸庞，我把胡×找来，想听听他的意见。听说这么多同学愿意帮助自己，胡×始终没有表情的脸上终于露出了不好意思的笑容：“老师，我不用别人帮我，我只喜欢帮别人，我保证以后每天都要完成作业，不拖拉了！”下午上课跟孩子们提起这事，大家都纷纷转向胡×：“胡×加油！”“胡×加油！”“胡×你肯定行！”“胡×你是最棒的！”“我看好你哦！”说着还鼓起掌来。班里最调皮的子轩大声说道：“我们都成了高尔基的儿子啦！”

大伙儿先是一愣，随后都大笑起来！是呀，当你总被别人需要，留给人们美好时，你得到的快乐是无法想象的。当课本上的美好被传递到生活中，被传递到我们的班级中，成为一种集体行为时，那这个集体也是充满温暖和善意的。作为老师，作为一名语文老师，要做的就是在课堂内外发现这些温暖，并把它们传播出去，让更多的孩子感受到，并参与其中，也成为这传递美好的一员。

此后的胡×最大的改变就是不再沉默寡言，又开始和同学们嬉戏打闹，偶有作业没完成，也会悄悄补上。依然每天带很多条红领巾，帮别人搬桌椅，给需要的同学陪伴……只不过，现在做这些的不再是只有胡×，而成为一种集体行为了。

高尔基的“儿女们”，谢谢大家！

纵观全局找方法

合肥市望湖小学 罗齐卫

“平均数”是苏教版四年级上册第四单元的相关内容。这部分内容主要是平均数的认识和求平均数的方法。在日常生活中，特别是在工农业生产中人们常用平均数来描述一组数据的总体水平，或比较不同组别在某些方面的差异，平均数的运用在日常生活中非常广泛。平均数的学习能够让孩子们体会平等、公正，让孩子们发挥自己的想象，找出解决问题公正的方法，也为以后走向社会，树立公平、公正的意识奠定基础。老师课堂的引导显得至关重要，如何让孩子在以后的生活和学习中，真正地做到平等、公正地对待每一件事，值得我们共同思考，这也告诉我们公平、平等的价值观教育对孩子的一生有重大意义。

导学时，我让学生感受在一次唱歌比赛中，每个评委都要为选手打分，此时提出疑问，根据评委的打分，如何计算选手的得分比较公正？让学生想出方法，大家一起讨论哪种方法比较公平、公正。最后讨论出的结果是，计算选手得分时，往往要去掉一个最高分和一个最低分，然后计算平均分。这是由于欣赏角度不同，每个评委给同一位选手打出的分数也就不同。去掉一个最高分和一个最低分，可以去掉一些极端数据，使最后的得分更加趋向公平合理，更能代表选手的实际水平。通过这样的案例，让学生感受日常生活中我们如何尽可能做到平等、公正，我们有哪些方法让我们身边发生的事情尽可能公平、平等地展现出来。作为一个现代社会的人，我们都有自己思考问题的角度和自己思考问题的方式，对待差别比较大的问题，我们是不是应该想办法弄清楚差异的所在，让事情朝着良好的状态发展？集思广益，发挥学生的想象，让学生从中感受社会需要公平、平等。现在的课堂中对于价值观的教育就显得必不可少，帮助孩子树立正确的价值观也是作为老师一项重要的课堂任务。

《义务教育数学课程标准（2011 版）》注重学生情感态度价值观的培养强调“实事求是的科学态度”。整节课要引导学生体会平均数在分析和比较数据过程中的作用，又要引导学生以实事求是的态度看待问题，要注意分析形成差异的原因，并进行客观评价，让学生感受到平等、公正就在我们的日常生活中，引导他们树立平等、公正的价值观。

本节课中学生初步感受到尽可能公平、公正地对待每一件事，学生在课堂案例中潜移默化地受到了影响，基本上达成了本节课安排的公平、公正的价值观教育。学生在课堂上指出，以后遇到一些事情，我们有哪些方法来公正地处理？由此可以看出，这节课给学生很深的印象，让学生深有体会。但是这节课也有很多不足之处，孩子们举出的事件，我们没有一一找出解决的方法，孩子们的内心受到一些小的冲击。在以后的课堂中，应该更加注重学生的生成性知识，让孩子们更好地感受到公平、公正其实就在我们每个人的身边，作为当代青少年也应该具有公平、平等解决问题的意识。当然一节课之前老师应该对价值观教育做出可能的假设，以更好地解决学生提出的问题，同时帮助他们树立正确的价值观，使学生受到潜移默化的影响，久而久之，孩子一定会有自己的价值观意识，对一些事情有自己的看法。老师的基本功也需要进一步加强，面对这样的价值观渗透，提前做好假设并且思考课堂可能会发生怎样的情景，并且想一想如何解决，以便在以后的课堂中可以更好地改进。当然，公平、平等只是价值观教育的一小部分，价值观教育体现在课堂的方方面面。

参 考 文 献

保罗・汤姆斯・扬. 1988. 情感、意志、个性. 魏庆安, 等译. 厦门: 鹭江出版社.

布迪厄, 华康德. 1998. 实践与反思: 反思社会学导论. 李猛, 李康译. 北京: 中央编译出版社.

蔡铁权. 2005. 物理教学丛论. 北京: 科学出版社.

蔡永芬. 2014. 尊重生命, 善于欣赏. 学术研究, (6): 207.

陈成国. 2009. 新课程背景下的课堂德育. 北京: 北京师范大学出版社.

陈发军. 2006. 课堂德育渗透机制研究. 华东师范大学硕士学位论文.

陈佼. 2007. 中学地理情感、态度与价值观的评价. 华中师范大学硕士学位论文.

陈虑. 2003. 合作学习对认知能力和良好品质的培养. 雅安职业技术学院学报, (4): 19.

陈小辉. 2015. 尊重主体, 爱心教育. 新教师教学, (7): 121.

陈瑶. 2000. 课堂观察方法之研究. 华东师范大学硕士学位论文.

成尚荣. 2015. 回到教学的基本问题上去. 课程・教材・教法, (1): 21-28.

崔允漷. 2004. 教学目标——不该被遗忘的教学起点. 人民教育, (Z2): 16-18.

淡书村. 2001. 略论课堂教学平等性原则. 思想政治课教学, (2): 13.

邓立言. 1991. 谈谈普通高中毕业会考的目的和意义. 课程・教材・教法, (9): 33-34.

丁锦宏. 2005. 品格教育论. 北京: 人民教育出版社.

东长孟, 明庆华. 2013. 弱势关怀视野下师生课堂教学互动不平等的审视. 现代教育论丛, (5): 79-84, 96.

董吉贺. 2013. 论负面教育中尊重的在场. 当代教育科学, (23): 9-11.

董建华. 2011. 要学会对学生说声对不起. 生活教育, (15): 60-61.

杜威. 2001. 民主主义与教育. 王承绪译. 北京: 人民教育出版社.

段昌平. 2012. 语文课堂教学操作艺术. 北京: 中央编译出版社.

段玉裁. 1988. 说文解字注. 上海: 上海古籍出版社.

范俐. 2003. 论新课程分目标: 情感态度与价值观. 南平师专学报, (1): 36-39.

方迪启. 1986. 价值是什么——价值学导论. 黄藿译. 台北: 台湾联经出版事业公司.

方志华. 2004. 关怀伦理学与教育. 台北: 洪叶文化事业有限公司.

冯函秋. 2004. 新课程中的情感、态度与价值观目标. 柳州师专学报, (2): 138-140.

弗洛姆. 2010. 爱的艺术. 李健鸣译. 上海: 上海译文出版社.

高远, 张洪彩. 2007. 将情感态度与价值观培养贯穿课堂教学. 新课程, (1): 61-62.

顾颖. 2014. 场域理论视域下解读两个舆论场之间的博弈. 苏州大学硕士学位论文.

郭红霞. 2010. 良好教学氛围营造的思路. 当代教育科学, (6): 44-45.

国家教育委员会. 1990. 全日制中学语文教学大纲(修订本). 北京: 人民教育出版社.

国家研究理事会. 1999. 美国国家科学教育标准. 金庆和, 戢守志, 梁静敏, 等译. 北京: 科学技术文献出版社.

何克抗, 郑永柏, 谢幼如. 2010. 教学系统设计. 北京: 北京师范大学出版社.

贺从蕾. 2003. 对中学语文教学情感目标评价体系建构的探索. 华东师范大学硕士学位论文.
胡白云. 2012. 女性主义视野中的教学民主研究. 西南大学博士学位论文.
胡萨. 2013. 现象学视域中的“价值教育意识”. 浙江学刊, (4): 20-26.
胡塞尔. 2002. 哲学作为严格的科学. 倪梁康译. 北京: 商务印书馆.
花洪英. 2008. 高中政治课情感、态度与价值观目标的实现研究. 苏州大学硕士学位论文.
黄甫全. 2005. 高中新课程目标的研究与开发. 天津: 天津教育出版社.
黄梅. 2009. 基于三维目标的化学教学策略研究. 西南大学博士学位论文.
简成熙. 2005. 教育哲学专论: 当分析哲学遇上女性主义. 台北: 高等教育文化事业有限公司.
江锡钧, 沈理明. 2011. “情感态度与价值观”目标在中学化学教学中落实的建议. 化学教育, (8): 15-16.
姜明伟. 2010. 教学中的尊重学生. 教育旬刊, (7): 54-55.
蒋奖, 丁朝蓬, 段现丽. 2009. 学生情感态度价值观的评估: 给教师的建议. 课程·教材·教法, (11): 76-81.
金剑. 2012. 高中地理教材情感、态度、价值观目标体现比较研究——以四个版必修一为例. 广西师范大学硕士学位论文.
金晓忠, 周芳, 陈海光. 2012. 语文教学如何在尊重中凸显实效. 中学语文教学, (3): 72-75.
鞠玉翠. 2012. 教育场景中尊重意涵的审思. 南京社会科学, (9): 116-121.
克里夫·贝克. 1997. 学会过美好生活——人的价值世界. 詹万生, 等译. 北京: 中央编译出版社.
肯尼思·A. 斯特赖克, 乔纳斯·F. 索尔蒂斯. 2007. 教学伦理. 洪成文, 张娜, 黄欣译. 北京: 教育科学出版社.
邝丽湛. 2010. 中学德育学科教学论. 北京: 北京大学出版社.
拉思斯. 2003. 价值与教学. 谭松贤译. 杭州: 浙江教育出版社.
赖金良. 1997. 人道价值的概念及其意义. 天津社会科学, (3): 40-44.
兰杏芳, 郑曼华. 2007. 论课堂教学中的隐性课程. 浙江交通职业技术学院学报, (1): 45-48.
黎琼锋. 2008. 导向美好生活——教学过程的价值追寻. 华中师范大学博士学位论文.
李德顺. 1987. 价值论. 北京: 中国人民大学出版社.
李德显, 杨淑萍. 2002. 人种志方法与课堂研究. 教育理论与实践, (7): 42-44.
李飞, 林珩, 陈裕森. 2014. “情感态度与价值观”实施情况观察报告. 闽南师范大学报(自然科学版), (4): 110-114.
李红博. 2006. 师爱的情感现象学解读. 首都师范大学硕士学位论文.
李琴. 2008. 教师如何让课堂更加生动有趣. 长春: 吉林大学出版社.
李擎. 2008. 初中科学课程中“科学态度、情感与价值观”教育的研究. 华中师范大学硕士学位论文.
李申申, 李小妮. 2010. 教学中的对话与平等之辨. 河北师范大学学报(教育科学版), (3): 99-103.
李铜玉. 2005. 高考历史对“情感态度与价值观”的考查. 中国考试(高考版), (6): 43-45.
李文新. 2012. “教学平等”存在的误区及对策. 教学实践, (9): 24-25.
李晓芬, 王春征, 张亚茹. 2010. 高中物理教学中情感态度与价值观的培养. 河北师范大学学报(教育科学版), (8): 92-94.
李秀伟. 2007. 唤醒情感——情境体验教学研究. 济南: 山东教育出版社.
李岫泉. 2013. 课堂教学情感目标测评初探. 辽宁教育, (9): 86-88.

李育林. 2008. 对高中历史“情感态度与价值观”目标的认识. 福建论坛(人文社会科学版), (S3): 159-160.
李云霞. 2004. 中学历史教学中情感态度与价值观目标的评价. 南京师范大学硕士学位论文.
李镇西. 2005. 民主教育的特征. 天津教育, (12): 16-17.
梁柏健. 2010. 学科课堂教学德育渗透设计. 珠海: 珠海出版社.
梁黎丽. 2014. 小学语文教学中培养学生小组合作品质的研究. 小学时代(教育研究), (4): 15.
廖传珠, 李育民. 2015. 情感、态度、价值观是“三维目标”的首要目标. 陕西教育, (1-2): 74-76.
刘爱东. 2004. 学生权利的回顾与前瞻. 现代教育科学, (6): 101-108.
刘德华. 2009. 小学科学课程与教学. 北京: 中国人民大学出版社.
刘建国. 2003. 论科学精神的层次. 江汉论坛, (3): 88-91.
刘惊铎. 2002. 道德体验论. 南京师范大学博士学位论文.
刘晶晶. 2014. 中学理科课堂情感态度与价值观目标达成研究. 河南大学硕士学位论文.
刘然. 2003. 辞海. 沈阳: 辽海出版社.
刘晓明. 2008. 视觉融合: 心理教育中的价值问题研究. 长春: 东北师范大学出版社.
刘晓伟. 2007. 情感教育: 塑造更完整的人生. 上海: 华东师范大学出版社.
娄雨. 2011. 价值秩序与价值教育——基于舍勒价值现象学的教育哲学研究. 北京师范大学硕士学位论文.
卢家楣. 1993. 情感教学心理学. 上海: 上海教育出版社.
卢家楣. 2001. 情感教学心理学. 上海: 上海教育出版社.
卢家楣. 2007. 教学领域情感目标的形成性评价研究. 教育研究, (12): 85-89.
罗明基. 1987. 教学论教程. 哈尔滨: 黑龙江人民出版社.
罗闲贤. 2012. 制度视角下教学民主的生成机制. 四川师范大学硕士学位论文.
罗兴才. 2002. 不能小看教师对学生的评价. 人民教育, (9): 34-35.
吕宏宇. 2006. 中学化学实验教学中培养学生科学品质的理论与实践. 化学教学, (4): 41-44.
马东贤. 2005. 直面课堂“意外”. 北京教育(普教版), (10): 58.
马克斯・范梅南. 2008. 教学机智——教育智慧的意蕴. 李树英译. 北京: 教育科学出版社.
毛豪明, 吴娟. 2010. “情感态度与价值观”课程目标的理解与践行. 安庆师范学院学报(社会科学版), (3): 103-108.
毛景焕. 2001. 论教学中的平等思想的发展及其含义. 教育科学, (4): 18-22.
毛景焕, 毛景香. 2006. 教学平等的独特性及其张力. 教育科学, (6): 36-40.
美国科学促进协会. 2001. 面向全体美国人的科学. 中国科学技术协会译. 北京: 科学普及出版社.
南亦双. 2010. 高中物理课堂教学中培养学生情感态度与价值观的实践研究. 东北师范大学硕士学位论文.
尼尔・霍克斯. 2010. 如何在课堂中激励并培养积极的价值观. 魏宏聚译. 第5页(内部稿, 未发表).
倪娟. 2010. 理科课程标准之适切性. 南京: 南京师范大学出版社.
欧阳文珍. 2005. 品德心理学. 合肥: 安徽大学出版社.
漆洵. 2011. 浅谈课堂教学的目标意识. 中国教育学刊, (8): 74-75.
齐标. 2007. 论隐性课程及其在英语教学中的辅助作用. 上海师范大学硕士学位论文.
乔建中, 熊文琴, 王云强. 2003. 从新课程标准看未来初中各学科德育渗透. 思想・理论・教育, (11): 64-69.

乔治·萨顿. 1987. 科学的生命——文明史论集. 刘珺珺译. 北京: 商务印书馆.
秦艳. 2007. 教学程序伦理原则探析. 华东师范大学硕士学位论文.
任大春. 2012. 历史科高考对情感态度与价值观的考查研究. 四川师范大学硕士学位论文.
阮朝辉. 2011. 现象学直观的教育价值及其评价. 教育学报, (5): 22-28.
桑国元, 于开莲. 2007. 基于人种志视角的课堂观察理论与实践. 中国教育学刊, (5): 48-51.
单中惠, 杨汉麟. 2007. 西方教育学名著提要. 南昌: 江西人民出版社.
舍勒. 1995. 爱的秩序. 林克, 等译. 北京: 生活·读书·新知三联书店.
舍勒. 1999. 舍勒选集. 刘小枫选编. 上海: 上海三联书店.
舍勒. 2004. 伦理学中的形式主义与质料的价值伦理学. 倪梁康译. 北京: 生活·读书·新知三联书店.
申荷永. 1990. 团体动力学的理论与方法. 南京师大学报(社会科学版), (1): 101-106.
石中英. 2009a. 价值教育的时代使命. 中国民族教育, (1): 18-20.
石中英. 2009b. 教育学研究中的概念分析. 北京师范大学学报(社会科学版), (3): 29-38.
石中英. 2010. 关于当前我国中小学价值教育几个问题的思考. 人民教育, (8): 6-11.
孙孝军. 2014. 高中语文人文性之我见. 中华活页文选, (11): 22-25.
孙志毅. 2009. 学学名师那些事. 重庆: 西南师范大学出版社.
唐瑞芬. 1993. 关于布卢姆教育目标分类学的思考. 数学教育学报, (2): 10-14.
特纳. 1988. 现代西方社会学理论. 范伟达译. 天津: 天津人民出版社.
童阜兰. 2009. 课堂教学偶发事件的处理策略. 教育理论与实践, (1): 41-42.
汪昌华, 王守恒. 2003. 论课堂教学的差异性平等. 天津市教科院学报, (5): 51-54.
汪燕. 2008. 强化目标意识, 避免"教学过度". 江苏教育, (12): 5-6.
王超. 2012. 中学数学教学情感目标的分类解析. 东北师范大学硕士学位论文.
王超. 2014. 教育爱: 师爱中的高贵谎言——兼论尊重与理解应是教育之底线. 大学教育科学, (7): 64-69.
王江松. 2007. 论自由、平等与正义的关系. 浙江学刊, (1): 37-44.
王金国. 2005. 试论中小学课堂教学民主化. 太原师范学院学报, (3): 133-136.
王凯. 2008. 教学作为德性实践. 华东师范大学博士学位论文.
王葎. 2009. 价值观教育的合法性. 北京: 北京师范大学出版社.
王伟. 2011. "尊重教育"在学校教学管理中的实践. 现代中小学教育, (11): 75-76.
王艳喜, 杨志平. 2006. 浅谈教学目标的陈述. 黑龙江教育学院学报, (6): 72-74.
王映学, 米加德. 2006. 论课堂教学中学生面临的不平等现象. 当代教育科学, (3): 29-36.
魏宏聚. 2013. 论师生交往中"师爱"发生的价值秩序——以霍懋征、斯霞"师爱"实践探寻"师爱"发生机制. 河南大学学报(社会科学版), (3): 143-148.
魏宏聚. 2014. 情感态度与价值观目标预设与达成的实证研究. 课程·教材·教法, (5): 92-97.
魏宏聚, 金保华. 2010. 价值教育——一个命题的诠释. 教育理论与实践, (4): 33-36.
魏宏聚, 孙海峰. 2015. 教学技能视频训练的内涵、原理与步骤. 教育理论与实践, (1): 53-55.
温明丽. 2008. 教育哲学——本土教育哲学的建构. 台北: 三民书局.
沃夫冈·布雷钦卡. 2008. 信仰、道德和教育. 彭正梅, 张坤译. 上海: 华东师范大学出版社.
吴红耘, 皮连生. 2009. 修订的布卢姆认知教育目标分类学的理论意义与实践意义. 课程·教材·教法, (2): 92-96.

吴式颖. 1985. 马卡连柯教育文集(下卷). 北京: 人民教育出版社.
吴淑凤. 2008. 教学交往中的道德教育意蕴及路径探析. 陕西师范大学硕士学位论文.
吴志华, 邹翠霞. 2004. 情感教育——新的课程目标. 教育科学研究, (6): 47-49.
武宝生. 2010. 无人认领就归你. 东南西北, (12): 53.
希尔伯特·迈尔. 2012. 课堂教学方法. 黄雪媛, 马媛, 夏利群, 等译, 上海: 华东师范大学出版社.
肖小明. 2001. 中学生化学学习情感领域教育目标的达成与调控. 湖南师范大学硕士学位论文.
熊春玲. 1993. 实施情感教学目标评价, 促进教学任务全面完成. 课程·教材·教法, (6): 29-32.
熊华生. 1991. 论教育是一门艺术. 教育研究与实验, (2): 20-24.
胥丹丹. 2007. 情感态度与价值观——该怎样教. 光明日报, 2007-01-24, 第 010 版.
徐碧波. 1988. 信息加工理论与加涅的学习观. 外国教育动态, (1): 19-23.
徐丽盼. 2013. 让孩子在尊重中成长. 北京: 国家行政学院出版社.
许军. 2003. 中小学校本课程中隐性课程的开发. 内蒙古师范大学硕士学位论文.
许连举. 2015. 浅谈师生平等与素质教育. 中国校外教育, (1): 24.
亚里士多德. 2011. 尼各马可伦理学. 廖申白译. 北京: 商务印书馆.
严明, 张晓书. 2005. 情感教育: 梳理与反思. 教育探索, (1): 103-104.
阎金铎. 2004. 科学教育研究. 合肥: 安徽教育出版社.
燕国材. 2009. 非智力因素研究三十年. 上海师范大学学报(基础教育版), (1): 1-10.
杨景玉. 2013. 对不起, 我迟到了. 读与写, (5): 165.
杨林国. 2007. 追寻斯霞的教育爱——兼对师爱工具化作反思. 江苏教育学院学报(社会科学版), (7): 1-8.
杨茕杰, 苏仕艳. 2012. “课堂切片”助推教师成长. 科学大众(科学教育), (2): 37.
杨四耕. 1998. 语文教学德育渗透艺术简论. 江西教育科研, (5): 4.
杨希文. 2014. 基于布卢姆情感目标分类这理论的幼儿责任感的研究. 首都师范大学硕士学位论文.
杨元璋. 2008. 中学生物教学中生态德育体验式教学研究. 华中师范大学硕士学位论文.
姚本荔. 2010. 高中生物教材情感态度价值观目标体现研究. 东北师范大学硕士学位论文.
叶澜. 1997. 让课堂焕发出生命活力——论中小学教学改革的深化. 教育研究, (9): 3-8.
易法建. 2001. 道德场论. 长沙: 湖南教育出版社.
于宏伟. 2007. 学生权利受侵现象的原因及对策分析. 首都师范大学硕士学位论文.
鱼霞, 夏仕武, 吴正宪. 2009. 人文数学教育思想探究. 北京: 教育科学出版社.
俞锦佳. 2014. 试论小学语文教学情感态度价值观目标的达成. 华中师范大学硕士学位论文.
袁贵仁. 2009. 价值观的理论与实践. 北京: 北京师范大学出版社.
约翰·杜威. 2015. 民主主义与教育. 陶志琼译. 北京: 中国轻工业出版社.
张奠宙. 2006. 数学学科德育的基点和层次. 数学教学, (6): 1-2.
张立昌, 郝文武. 2011. 教学哲学. 北京: 中国社会科学出版社.
张鲁川. 2006. 关于新课程背景下学科德育的若干思考. 思想·理论·教育,(10): 45-48.
张圣华. 2006. 在怎样的尺度下诊断课堂. 中国教育报, 2006-02-23, 第 005 版.
张熙. 1999. 课堂教学民主三题. 中小学管理, (4): 10-12.
张新. 2013. 通过切片分析课例透视课堂提问基本功. 现代教学, (1-2): 110.
张雅君. 2011. 论教学的科学性与艺术性. 河南教育, (8): 48-49.
张悦群. 2009. 目标尴尬处境的归因探析. 江苏教育研究, (1A): 30-34.

张志平. 2006. 情感的本质与意义. 上海: 上海人民出版社.
赵德成. 2003. 新课程实施中的情感、态度与价值观评价. 课程・教材・教法, (9): 10-13.
赵希斌. 2014. 魅力课堂: 高效与有趣的教学. 上海: 华东师范大学出版社.
赵小雅. 2006. 课堂: 如何让"预设"与"生成"共精彩. 中国教育报, 2006-04-14, 第005版.
赵一笔. 1998. 当代教育哲学大纲. 台北: 正中书局.
赵振洲. 2010. 现代西方道德教育策略研究. 济南: 山东人民出版社.
郑慧. 2004. 何谓平等. 社会科学战线, (1): 161-167.
郑满利. 2010. 道德情感体验: 德育实效性的促力. 华北水利水电学院学报(社会科学版), (3): 133-135.
郑其恭, 周康年. 1993. 教书育人新探. 广州: 广东教育出版社.
中华人民共和国教育部. 2001. 全日制义务教育物理课程标准. 北京: 北京师范大学出版社.
中华人民共和国教育部. 2003. 普通高中化学课程标准(实验). 北京: 人民教育出版社.
中华人民共和国教育部. 2007. 全日制义务教育普通高级中学英语课程标准(实验稿). 北京: 北京师范大学出版社.
中华人民共和国教育部. 2008. 全日制义务教育物理课程标准(实验稿). 北京: 北京师范大学出版社.
中华人民共和国教育部. 2009. 全日制义务教育普通高级中学英语课程标准. 北京: 北京师范大学出版社.
中华人民共和国教育部. 2011. 义务教育地理课程标准(2011年版). 北京: 北京师范大学出版社.
中华人民共和国教育部. 2011. 义务教育美术课程标准(2011年版). 北京: 北京师范大学出版社.
中华人民共和国教育部. 2011. 义务教育数学课程标准(2011年版). 北京: 北京师范大学出版社.
中华人民共和国教育部. 2011. 义务教育思想品德课程标准(2011年版). 北京: 北京师范大学出版社.
中华人民共和国教育部. 2011. 义务教育物理课程标准(2011年版). 北京: 北京师范大学出版社.
中华人民共和国教育部. 2011. 义务教育英语课程标准(2011年版). 北京: 北京师范大学出版社.
中华人民共和国教育部. 2011. 义务教育语文课程标准(2011年版). 北京: 北京师范大学出版社.
钟华. 2006. 营造良好体育教学氛围的研究. 北京体育大学学报, (8): 1121-1122.
周军. 2007. 教学策略. 北京: 教育科学出版社.
周治华. 2009. 伦理学视域的尊重. 上海: 上海人民出版社.
朱小蔓. 1994. 当代情感教育的基本特征. 教育研究, (10): 68-75.
朱小蔓. 2008. 情感教育论纲. 北京: 人民出版社.
朱小蔓, 梅仲荪. 2001. 道德情感教育初论. 思想理论教育, (10): 28-32.
筑波大学教育学研究会. 1986. 现代教育学基础. 钟启泉译. 上海: 上海教育出版社.
B. A. 苏霍姆林斯基. 1980. 给教师的建议. 杜殿坤译. 北京: 教育科学出版社.
B. S. 布卢姆, 等. 1987. 教育评价. 邱渊, 王钢, 夏孝川, 等译. 上海: 华东师范大学出版社.
D. R. 克拉斯沃尔, B. S. 布卢姆, 等. 1989. 教育目标分类学・第二分册・情感领域. 施良方, 张云高译. 上海: 华东师范大学出版社.
L. W. 安德森, D. R. 克拉斯沃尔, P. W. 艾雷辛, 等. 2008. 学习、教学和评估的分类学: 布卢姆教育目标分类学修订版. 皮连生主译. 上海: 华东师范大学出版社.
Ozmon H A, Craver S M. 2006. 教育的哲学基础(第七版). 石中英, 邓敏娜译. 北京: 中国轻工业出版社.

P. L. 史密斯, T. J. 雷根. 2013. 教学设计. 庞维国, 等译. 上海: 华东师范大学出版社.

R. M. 加涅. 1999. 学习的条件和教学论. 皮连生, 等译. 上海: 华东师范大学出版社.

R. M. 加涅, W. W. 韦杰, K. C. 戈勒斯, 等. 2007. 教学设计原理. 王小明, 庞国维, 陈保华, 等译. 上海: 华东师范大学出版社.

Hawkes N, Redsell C. 2005. How to Inspire and Develop Positive Values in Your Classroom. Cambridge: LDA.